Rolf Krauss
Das Moses-Rätsel

Rolf Krauss

Das Moses-Rätsel

Auf den Spuren einer
biblischen Erfindung

Ullstein

Der Ullstein Verlag ist ein Unternehmen der
Econ Ullstein List Verlag GmbH & Co. KG
ISBN 3-550-07172-8
© 2000 by Rolf Krauss
Lektorat: Annalisa Viviani
Copyright der deutschsprachigen Ausgabe
© 2001 by Econ Ullstein List Verlag GmbH & Co. KG, München

Satz: LVD GmbH, Berlin
Druck und Bindung: Wiener Verlag, Himberg bei Wien
Printed in Austria

Inhalt

MOSES, EIN ÄGYPTER 7

Der Moses-Mythos 9
Das Märchen von der Aussetzung des Moses 16
Die ägyptische Herkunft des Namens Moses 32
Moses, ein Jünger von Pharao Echnaton? 39
Moses, ein aussätziger ägyptischer Priester? 63

MOSES, EIN PHARAO 85

Moses, Prinz von Ägypten 87
Suche nach einem ägyptischen Mann namens Moses 118
Der ägyptische Prinz Mase-saja als Vorbild
des biblischen Prinzen Moses 149

MOSES UND DIE BIBLISCHE GESCHICHTE:
DICHTUNG ODER WAHRHEIT? 173

Die sagenhaften Wanderungen der Erzväter 175
Die historische Unzuverlässigkeit der Josephsgeschichte 198
Die Exodus-Legende 212
Die angebliche Eroberung von Kanaan
durch die Israeliten 226

MOSES, EIN ERFUNDENER RELIGIONSSTIFTER 263

Fromme oder gottlose Könige:
biblische Geschichtsdichtung über
die israelitisch-jüdische Königszeit 265

Der dunkle Ursprung der biblischen Religion   *293*
Persische Wurzeln der biblischen Religion   *306*
Die biblische Moses-Legende
als Dichtung der Perserzeit   *321*

Anhang   *331*
Bibliographie   *333*
Bildnachweis   *347*
Register   *349*

MOSES, EIN ÄGYPTER

Der Moses-Mythos

»Ich bin Jahwe, dein Gott, der dich aus Ägypten, aus dem Sklavenhaus, weggeführt hat: Du sollst keine anderen Götter haben neben mir.« (2. Moses 20, 2)

So lauten die ersten Verse der Zehn Gebote für das Volk Israel, die Jahwe seinem Propheten Moses auf dem Berg Sinai verkündete. Und wenn man der Bibel Glauben schenkt, dann war es Gott selbst, der die Zehn Gebote mit eigener Hand auf Steintafeln schrieb. Für Cecil B. de Milles Monumentalfilm »Die Zehn Gebote« benutzten die Tricktechniker Feuerwerkskörper, um mit einem gleichsam feurigen Gottesfinger die Buchstaben aus dem Stein herauszusprengen.

Gott ließ seinem ersten Gebot ein zweites folgen: »Du sollst dir kein Bildnis verfertigen, noch irgendein Abbild, von etwas, das im Himmel droben oder auf der Erde drunten oder im Wasser unter Erde ist. Du sollst dich vor solchen nicht niederwerfen und sie nicht verehren.« Aber noch während Gott auf dem Berg Sinai Moses dieses Gesetz verkündete, wurden die Kinder Israel am Fuß des Bergs ungeduldig und sprachen zu Aaron, Moses' Bruder: »Auf, mach uns einen Gott, der vor uns herziehe; denn der da, Moses, der Mann, der uns aus Ägypten weggeführt hat – wir wissen ja nicht, was ihm zugestoßen ist.« (2. Moses 32, 1) Aaron erfüllte den Wunsch des Volkes, ließ sich die goldenen Ohrringe geben, die das Volk trug, fertigte eine Skizze an und goss aus dem Gold ein Kalb, um das die Kinder Israel fröhlich herumtanzten. Als aber Moses mit den Gesetzestafeln vom Berg hinunterkam und das Volk um das Goldene Kalb tanzen sah, entbrannte sein Zorn, und er schleuderte die Tafeln weg und zerschmetterte sie am Fuß des Berges.

Die Wankelmütigkeit der Israeliten überraschte Jahwe, denn schließlich war er es gewesen, der sie von ihrer Zwangsarbeit in Ägypten erlöst und als freies Volk an den Berg Sinai geführt hatte. Ohne eigenes Verschulden, nur durch die Böswilligkeit eines Pharaos, waren die Kinder Israel Sklaven der Ägypter geworden. Moses jedoch, der künftige Befreier der versklavten Israeliten, genoss in seiner Jugend einen Sonderstatus, denn er wuchs als Adoptivsohn einer Tochter des Pharaos auf. Wer weiß, was aus ihm geworden wäre, hätte er als junger Mann nicht einen Ägypter totgeschlagen, der sich seinerseits an einem Hebräer vergriffen hatte! Moses musste Ägypten verlassen und nach Osten ins nordarabische Midian fliehen, wo er eine neue Heimat fand und eine Einheimische heiratete. Es vergingen viele Jahre, und der Pharao starb. Als Moses einmal die Schafe seines Schwiegervaters hütete, kam er an den Berg Horeb. Hier erschien ihm Gott und gab ihm den Auftrag, nach Ägypten zurückzukehren, um die Kinder Israel aus der Knechtschaft in die Freiheit zu führen. Moses weigerte sich zunächst, als Sendbote Gottes vor den neuen Pharao zu treten, und bat Gott: »Bitte, Herr! bestelle es lieber durch irgend einen andern!« (2. Moses 4, 13) Erst als Gott sehr zornig wurde, machte sich Moses auf den Weg nach Ägypten.

Der Pharao ließ aber die Kinder Israel erst fortziehen, nachdem Moses zehn furchtbare Plagen über Ägypten heraufbeschworen hatte. Kaum waren die Hebräer aus Ägypten ausgezogen, da jagte der Pharao mit all seinen Reitern und Streitwagen hinter ihnen her, um sie mit Gewalt zurückzuholen. Gott aber ließ den Pharao mit seinen Wagen und Reitern im Meer versinken. Aber weder die Befreiung aus Ägypten noch die Vernichtung des Pharaos und seiner Reiter machte aus den Kindern Israel ergebene Anhänger des von Moses verkündeten Gottes. Erst als Moses auf Gottes Befehl neue Gesetzestafeln machte, zum zweiten Mal auf den Berg Sinai stieg, um die Gesetze noch einmal zu empfangen, da stimmten die Israeliten einem Bundesschluss mit Gott zu.

Bald jedoch brach wieder eine schwere Krise aus, als die Israeliten sich weigerten, das von Gott verheißene Land Kanaan zu erobern. Denn die Kundschafter, die Moses nach Kanaan entsandt hatte, kamen mit der Botschaft zurück, dass ein Angriff der Israeliten aufgrund der militärischen Stärke der

Kanaaniter nicht erfolgreich sein könne. Nun wollten die Israeliten lieber in die ägyptische Knechtschaft zurückkehren, statt einen zum Scheitern verurteilten Angriff zu wagen. Darauf verhängte Gott über sie die Strafe einer vierzigjährigen Wanderung in der Wüste. Alle Erwachsenen, die aus Ägypten ausgezogen waren und den Angriff auf das Verheißene Land verweigert hatten, sollten in der Wüste sterben. Nach Ablauf dieser Frist führte Moses die Kinder Israel aus der Wüste an den Jordan, wobei sie unterwegs als Sieger aus dem Kampf gegen den feindlichen König Sihon hervorgingen. In Sittim, am Ostufer des Jordan, gegenüber der am Westufer gelegenen Stadt Jericho, schlugen die Israeliten ein Lager auf. Moses stieg auf den Berg Nebo, von dessen Gipfel Gott seinem Propheten das Verheißene Land zeigte: »Ich habe es dich mit eigenen Augen schauen lassen; aber hinüber (d. h. über den Jordan) sollst du nicht gelangen!« (5. Moses 34, 4) Danach starb Moses, »und er (d. h. Gott selbst) begrub ihn in der Schlucht, im Lande Moab« (5. Moses 34, 5).

Ein Koloss auf tönernen Füßen?

So steht es in der Bibel geschrieben – aber was ist dichterische Erfindung, und was ist historische Wirklichkeit? Die Geschichtlichkeit des Propheten Moses wird seit Jahrhunderten angezweifelt. Der protestantische Reformator Calvin wusste »wohl, was die Narren in ihren Winkeln schwatzen, um in der Bestreitung der Wahrheit ihren Scharfsinn zu zeigen. Sie fragen nämlich, wer uns beweisen könne, dass die Schriften, die unter dem Namen des Moses und der Propheten gehen, auch wirklich von ihnen stammten. Ja, sie wagen sogar die Frage zu stellen, ob denn Moses je gelebt habe. Wollte jemand in Zweifel ziehen, ob Platon oder Aristoteles oder Cicero je gelebt hätten – wer würde nicht sagen, dass ein solcher Wahnsinn die Züchtigung mit Peitsche oder Rute verdiene?«
Zweihundert Jahre nach Calvin kamen die Zweifler aus

ihren Winkeln heraus. Voltaire, der führende Kopf der Aufklärung, berief sich auf Gelehrte, denen die Gestalt des Moses als phantastisch galt: »Es ist unwahrscheinlich«, so lautete ihre Meinung, »dass ein Mann existierte, dessen ganzes Leben aus einer Kette von Wundern bestand. Es ist unwahrscheinlich, dass er in Ägypten, Arabien und Syrien so viele erschreckende Wunder tat, ohne dass sie ihren Widerhall in der ganzen Welt gefunden hätten. Es ist unwahrscheinlich, dass kein ägyptischer oder griechischer Schriftsteller diese Wunder der Nachwelt überliefert hat.«

Noch in den letzten Lebensjahren von Voltaire machten sich die Theologen zögerlich daran, die Bibel philologisch und historisch zu erforschen. Im Laufe des 19. Jahrhunderts einigten sich die meisten Alttestamentler schließlich darauf, dass die so genannten Fünf Bücher des Moses aus mindestens drei Erzählwerken bestehen. Eines dieser Erzählwerke beginnt mit der Weltschöpfung und kulminiert in der Verkündigung der Zehn Gebote auf dem Berg Sinai. Dem Verfasser liegt vor allem der Tempelkult in Jerusalem am Herzen. Mit großer Detailfreude beschreibt er nicht nur seinen Ablauf, sondern legt auch fest, wer an ihm teilnehmen darf. Da Status und Aufgaben der Priester im Mittelpunkt stehen, wird dieses Erzählwerk die »Priesterschrift« genannt. Lange Zeit galt die »Priesterschrift« als der älteste Bestandteil der Fünf Bücher des Moses. Ende des 19. Jahrhunderts bewies jedoch der Theologe Julius Wellhausen, dass die Gesetzgebung am Sinai nicht in die uralten Zeiten des legendären Moses zurückreicht, sondern erst aus dem 5. und 4. Jahrhundert v. Chr. stammt, als die Juden in Jerusalem einen von Priestern geleiteten Gottesstaat errichteten, der unter persischer Oberherrschaft stand.

Als zweitältestes Erzählwerk erwies sich das 5. Buch Moses, in dem der Verfasser noch im Sinne eines Programms forderte, was später im Gottesstaat von Jerusalem kultpolitische Realität wurde. Der Älteste der drei wichtigsten biblischen Schriftsteller erzählt über Adam und Eva, die Sintflut, den Turmbau zu Babel, die Wanderungen von Abraham, Isaak und Jakob, die Urväter der Israeliten, und schließlich über die Knechtschaft der Israeliten in Ägypten und ihre Befreiung durch Moses. Er wird als der Jahwist bezeichnet, weil er Gott häufiger als andere Autoren in der Bibel bei seinem Namen Jahwe nennt. Lange Zeit nahmen die Alttestamentler an, dass die Aufzeichnungen des Jahwisten aus dem 10. oder 9. Jahrhundert v. Chr. stammten, also mindestens drei Jahrhunderte nach Moses. Diese postumen Aufzeichnungen über Moses und die Israeliten sind aber vorwiegend ein Produkt der Phantasie, wie John van Seters, ein führender zeitgenössischer Alttestamentler, provokativ formuliert hat: »Die Suche nach dem historischen Moses ist eine vergebliche Mühe. Moses gehört heute nur in die Legende.«

Sollten die zugegebenermaßen phantastisch ausgeschmückten Moses-Sagen in der Tat gar keinen geschichtlichen Kern haben? Könnte es denn nicht sein, dass ein Mann namens Moses einen hebräischen Stamm aus Ägypten herausgeführt, unterwegs auf der Wanderung Kämpfe bestanden und schließlich in Kanaan für die von ihm geführten Menschen eine neue Heimat erobert hätte?

Auch nach hundertfünfzig Jahren intensiver Ausgrabungen sind in Ägypten nicht einmal die Spuren eines einzigen Stammes der Kinder Israel zutage gekommen. Darum liegt die Vermutung nahe, dass der biblische Bericht über den Aufenthalt der Israeliten in Ägypten eine dichterische Fiktion sei. Aber selbst wenn es wider alle archäologische Kenntnis doch Israeliten in Ägypten gegeben haben sollte und sie unter der Führung von Moses das Land verlassen hätten – warum finden die Archäologen keine Spuren des Wanderzugs? Die Bibel berichtet beispielsweise, dass Moses zusammen mit den Kindern Israel längere Zeit in der Oase Kadesch-Barnea lagerte. Wo sind die Spuren dieses Aufenthalts in der Oase Ain el-Qudeirat, die man gewöhnlich mit dem biblischen Kadesch Barnea gleichsetzt? Bereits 1956 entdeckte Mosche Dothan in der Oase einen kleinen Ruinenhügel, den Rudolph Cohen von 1976 bis 1982 vollständig ausgrub. Ihm zufolge enthält der Hügel die Überreste von Festungsbauten, die höchstens bis ins 10. Jahrhundert v. Chr. zurückreichen. Israelische Archäologen haben die Oase und ihre Umgebung regelrecht durchkämmt und keine einzige Gefäßscherbe gefunden, die vor dem 10. Jahrhundert v. Chr. – zur Zeit der Könige David und Salomo, also viele Generationen nach Moses – hätte datiert werden können. Wo sind die Spuren der unter Führung von Moses in Kadesch Barnea lagernden Kinder Israel?

Jahrzehnte später, nach der vierzigjährigen Wüstenwanderung, marschierte Moses – laut Bibelbericht – mit den Kindern Israel friedlich durch die Länder von Edom und Moab in Richtung Ostjordanland. Sihon, der König von Hesbon, verwehrte den von Moses geführten Israeliten den Durchzug durch sein Land, ohne dass sie ihn herausgefordert hätten. Sie besiegten aber Sihon und eroberten die Stadt Hesbon.

1968 begannen amerikanische Forscher, den Ruinenhügel von Hesbon auszugraben. Den Grabungsergebnissen zufolge hat hier nie eine kanaanäische, von einem König namens Sihon beherrschte Stadt existiert. Als die Israeliten angeblich in Kanaan einwanderten, gab es an der Stelle des späteren Hesbon noch keine Siedlung. Erst später entstand hier ein kleines Dorf, das im Lauf der Jahrhunderte wuchs und ab 800 v. Chr. groß genug war, um als königlich gelten zu können – zumindest erhielt der Ort damals eine Stadtmauer. Die in der Bibel geschilderte Eroberung der Königsstadt Hesbon durch die Israeliten ist offensichtlich nicht historisch belegt.

Archäologen und Historiker zweifeln aber nicht nur die Geschichtlichkeit der Taten von Moses bei der Wanderung und den Kriegszügen der Kinder Israel an. Schon der Bericht über das Schicksal des Knaben Moses erweckt den Verdacht, dass die Bibel ihren Lesern ein Märchen auftischt. Angeblich hat der Pharao angeordnet, alle neugeborenen Knaben der hebräischen Sklavenarbeiter umzubringen. Eine hebräische Mutter setzt ihren Sohn aus, um ihn vor der Anweisung des Herrschers zu retten. Eine Tochter des Pharaos findet den Knaben, rettet ihn und zieht ihn als ihren eigenen Sohn auf.

War es denn so einfach, Mitglied des regierenden ägyptischen Königshauses zu werden? Hätte ein Mann, der als Prinz von Ägypten aufwächst, nicht doch ein gebürtiger Ägypter sein sollen? War Moses, der größte der biblischen Propheten, kein Hebräer, sondern ein Ägypter, ein Prinz aus dem Pharaonenhaus? Ist die Erzählung über die Aussetzung und Rettung des Kindes mehr als nur ein durchsichtiger Kunstgriff, um aus einem Ägypter einen angeblich gebürtigen Hebräer zu machen? Wie kam es überhaupt zur Aussetzung?

Das Märchen
von der Aussetzung

Mord an den hebräischen Knaben

Wie die Bibel erzählt, wanderten die Vorfahren der Israeliten in alten Zeiten nach Ägypten ein. Bei der Einwanderung sollen es siebzig Personen gewesen sein, später aber »waren die Israeliten fruchtbar und vermehrten sich und wurden sehr stark und wurden überaus zahlreich, so dass das Land von ihnen voll wurde«. (2. Moses 1, 7)

Diese unerwartete und den Ägyptern zu Recht unerwünschte Vermehrung erregte die Sorge des ägyptischen Königs, der gesagt haben soll: »Seht, das Volk der Israeliten wird zu zahlreich und zu stark für uns. Wohlan, wir wollen es mit List daran verhindern, sich zu vermehren.« (2. Moses 1, 10) Die List des ägyptischen Königs erschöpfte sich darin, die israelitischen Männer durch harte Arbeit beim Bau der Städte Pithom und Ramses müde zu machen, um ihre Lust am Kinderzeugen zu dämpfen. Die Hoffnung des Pharaos, die durch ihr Tagewerk erschöpften israelitischen Männer würden weniger Kinder zeugen, erfüllte sich nicht: »Aber je mehr sie es bedrückten, desto mehr nahm es zu und breitete sich aus.« (2. Moses 1, 12)

Bis zu diesem Punkt gibt das 2. Buch Moses die Erzählung des Jahwisten wieder, des ältesten biblischen Dichters, der über Moses geschrieben hat. Auf die vom Jahwisten stammende Einleitung über das Schicksal der Israeliten in Ägypten folgt der Zusatz eines dem Priestertum angehörenden Verfassers, der die Erzählungen des Jahwisten auch an anderen Stellen ergänzte. Hier hat er eingefügt, dass die Ägypter auch allerlei Feldarbeit »zwangsweise von ihnen (den Israeliten) ausführen ließen«. (2. Moses 1, 14)

Auf diese Ausschmückung folgt, wiederum aus fremder Hand, eine kurze Erzählung darüber, dass der Pharao versuchte, zwei Hebammen zum heimtückischen Mord an den neuge-

borenen israelitischen Knaben zu bewegen: »Wenn ihr die He-
bräerinnen entbindet, so solltet ihr die Geburt scharf beobach-
ten; wenn es ein Knabe ist, sollt ihr ihn töten; wenn es ein Mädchen ist, mag es am Leben bleiben.« (2. Moses 1, 16)

Der heimtückische Anschlag misslingt aber, weil die Hebammen den Mordauftrag aus Gottesfurcht nicht ausführen.
Dem Pharao gegenüber geben die Hebammen vor, bei den
hebräischen Frauen sei es nicht wie bei den Ägypterinnen,
sondern wie bei den Tieren: »Wenn die Hebamme zu ihnen
kommt, haben sie schon geboren.« Da entschließt sich der
Pharao zu offener Gewaltanwendung und befiehlt seinem ganzen Volk: »Alle Knaben, die (den Hebräern) geboren werden,
werft in den Nil; alle Mädchen aber mögt ihr am Leben lassen!«
(2. Moses 1, 22)

Noch vor oder erst während der vom Pharao befohlenen allgemeinen Knabenverfolgung heiratet ein Mann vom israelitischen Stamm Levi eine Frau vom selben Stamm: »Da wurde
die Frau schwanger und gebar einen Sohn. Als sie nun sah, dass
es ein prächtiges Kind war, verbarg sie ihn drei Monate lang.«
(2. Moses 2, 1–2) Wie der biblische Erzähler andeutet, will die
Mutter ihr Kind vor dem Ertränktwerden durch die Ägypter
retten, weil es ein »prächtiges«, ein »schönes« Kind war, nicht
etwa schwach und kümmerlich. Schließlich aber kann Moses
Mutter ihr Kind nicht länger verbergen und setzt es lieber aus,
statt es seinen ägyptischen Mördern auszuliefern. Wie bekannt,
findet die Tochter des Pharaos das ausgesetzte Kind und zieht
es als ihren eigenen Sohn auf.

Bei der Lektüre der zusammengestückelten biblischen Erzählung könnte man zunächst meinen, der Pharao habe den Kin-
dermord aus Angst vor der starken Vermehrung der Israeliten
befohlen. Aber ein solcher Schluss wäre voreilig, weil die biblische Erzählung an dieser Stelle folgenlos bleibt: Nach der
Rettung eines einzigen Knaben, Moses, ist keine Rede mehr
von einer allgemeinen Verfolgung. Diese Situation erweckt
den Verdacht, dass erst der Herausgeber, der die einzelnen Er-
zählteile zusammenfügte, die Verfolgung, die ausschließlich

dem Knaben Moses galt, zu einer Verfolgung aller neugeborenen israelitischen Knaben gemacht habe.

Darüber hinaus gibt es ein weiteres Indiz dafür, dass der allgemeine Knabenmord nur eine vorübergehende Maßnahme war, die nicht das Ziel hatte, die starke Vermehrung der Israeliten einzuschränken. Die Tötung der Neugeborenen wirkt sich nicht aus, denn trotz der angeblich allgemeinen Knabenverfolgung bleiben die Kinder Israel so zahlreich wie zuvor: Später sollen 600 000 erwachsene israelitische Männer Ägypten verlassen haben. Diese Widersprüche in der Erzählung lösen sich auf, wenn man davon ausgeht, dass die allgemeine Verfolgung ursprünglich zeitlich beschränkt war und nur einem einzigen Neugeborenen galt.

Wie man einen allgemeinen Knabenmord, dem jedoch nur ein einziges Kind zum Opfer fallen soll, mit glasklarer Logik erzählt, führt der Evangelist Matthäus vor Augen. Denn als der jüdische König Herodes von den drei Weisen aus dem Morgenland hörte, es sei ein künftiger König der Juden geboren, ließ er in dem als Geburtsort verdächtigen Bethlehem alle Knaben bis zum Alter von zwei Jahren töten. So jedenfalls lautet der aus zeitgenössischen Geschichtsquellen nicht bekannte Gräuelbericht des Evangelisten. Der Verfolger wusste nicht genau, wann der bedrohliche Knabe geboren war, und musste daher alle Altersgenossen des Kindes verfolgen. Hier wird das verfolgte Kind gerettet, weil Josef im Traum ein Engel erscheint und ihn veranlasst, mit Maria und ihrem Kind nach Ägypten zu fliehen.

Beim Lesen der Erzählung im 2. Buch Moses kommt man bei näherer Überlegung zu dem Schluss, der Pharao habe eigentlich nur einen einzigen Knaben töten wollen. Hingegen berichtet der jüdische Historiker Josephus Flavius ohne Umschweife von einer Weissagung, die den Pharao vor einem noch ungeborenen hebräischen Kind gewarnt hätte. Laut Weissagung würde dieses Kind als Erwachsener den Ägyptern schaden, den Hebräern aber nützen. Und schließlich berichtet das jüdische *Buch der Jubiläen*, dass der ägyptische König vom zweiten Monat nach Moses Zeugung bis zum dritten Monat

nach seiner Geburt die neugeborenen hebräischen Knaben töten ließ.

In diesen beiden zwar nicht biblischen, aber alten jüdischen
Moses-Sagen löst der prophezeite Gegner des Pharaos als unge-
borenes Kind im Mutterleib die Verfolgung aller gleichaltrigen
hebräischen Knaben aus. Anders als in der biblischen Erzählung ist in diesen jüdischen Sagen die Knabenverfolgung zur
Zeit von Moses Geburt sinnvoll, weil der Pharao nur mit einer
allgemeinen Verfolgung den einen, ihm unbekannten Knaben
treffen kann.

Märchenhafte Aussetzung und Rettung von Kindern

Moses entgeht der Verfolgung, weil die Tochter des Pharaos
das ausgesetzte Kind findet und adoptiert. Was aber hätte der
Pharao, der die hebräischen Kinder im Nil ertränken ließ, zu
dieser Adoption gesagt? Hätte nicht sein dringendster Verdacht
auf den adoptierten hebräischen Knaben als einen dem Kin-
dermord Entkommenen fallen sollen? Wie kann man die Un-
gereimtheit von der unverhüllten Adoption eines Kindes aus
dem hebräischen Sklavenvolk ins regierende ägyptische Königshaus mit dem gesunden Menschenverstand vereinbaren? Wie
dem auch sei, der biblischen Erzählung zufolge entkommt der
ausgesetzte Moses der Verfolgung. Die Absicht des ägyptischen
Königs verkehrt sich in ihr Gegenteil, als seine eigene Tochter
das ausgesetzte Kind aufnimmt und adoptiert. Statt dass der
Pharao seinen künftigen Gegner vernichtet, gelangt der Feind
als Enkel in sein eigenes Haus.

Diese Verkehrung der bösen Absicht eines Verfolgers ist ein
bekanntes Märchenmotiv, wie auch das von den Brüdern
Grimm aufgeschriebene Märchen vom *Teufel mit den drei gol-
denen Haaren* bezeugt: »Es war eine arme Frau, die gebar ein
Söhnlein, das hatte eine Glückshaut um, wie es zur Welt kam.
Da ward ihm geweissagt, dass es im vierzehnten Jahr die Königs-

tochter zur Frau haben würde.« Als der König unerkannt ins Dorf kommt und die Neuigkeit erfährt, will er das Kind aus der Welt schaffen und überredet die Eltern, ihm den Knaben zu überlassen. »Der König nahm das Kind, legte es in eine Schachtel und ritt dann mit ihm fort; als er zu einem tiefen Wasser kam, warf er es hinein und dachte, nun wird es nicht der Mann meiner Tochter werden.« Müllersleute retten das Kind aus dem Wasser und ziehen es auf.

Eine spätere Zufallsbegegnung des Königs mit dem Glückskind führt zu einem weiteren Anschlag. Der König kommt zu den Müllersleuten, erfährt vom Schicksal des inzwischen 14-jährigen Knaben und bittet, der Junge möge der Königin einen Brief überbringen. Unterwegs verirrt sich der Junge und gerät in das Haus von Räubern. Da er aber ein Glückskind ist, bringen die Räuber ihn nicht um, sondern lassen sich den Brief zeigen, den er mit sich führt. Und sie »lasen darin, dass der Knabe sollte ermordet werden. Da zerriss ihn der Anführer und schrieb einen anderen Brief, darin stand, sobald der Knabe käme, sollte er mit der Königstochter vermählt werden«. Als aber die Königin den Brief gelesen hatte, »ließ sie gleich die Hochzeit anstellen und weil das Glückskind schön war, nahm es das Königsfräulein gern zum Mann, und sie lebten vergnügt miteinander«.

Moses und das Glückskind sind nicht die einzigen Kinder, denen Sagen und Märchen eine Aussetzung und wunderbare Rettung angedichtet haben. Seit dem 19. Jahrhundert wurden die Einzelsagen von Wissenschaftlern gesammelt und geordnet. Aus den verschiedenen Einzelsagen lässt sich eine Durchschnittssage konstruieren: »Der Held ist das Kind vornehmster Eltern, meist ein Königssohn. Seiner Entstehung gehen Schwierigkeiten voraus, wie Enthaltsamkeit oder lange Unfruchtbarkeit oder heimlicher Verkehr der Eltern infolge äußerer Verbote oder Hindernisse. Während der Schwangerschaft oder schon früher erfolgt eine vor seiner Geburt warnende Verkündigung (Traum, Orakel), die meist dem Vater Gefahr androht. Infolgedessen wird das neugeborene Kind meist auf Veranlassung des Vaters oder der ihn vertretenden Person zur Tötung oder Aussetzung bestimmt; in der Regel wird es in einem Kästchen dem Wasser übergeben. Es wird dann von Tieren oder geringen Leuten (Hirten) gerettet und von einem weiblichen Tiere oder einem geringen Weibe gesäugt. Herangewachsen, findet es auf einem sehr wechselvollen Wege die vornehmen Eltern wieder, rächt sich am Vater einerseits, wird anerkannt andererseits und gelangt zu Größe und Ruhm.«

Freuds Deutung der Aussetzungssage

Es war Sigmund Freud, der Begründer der Psychoanalyse, der die zitierte Fassung der durchschnittlichen Aussetzungssage formulierte und im Sinn seiner psychoanalytischen Lehre deutete: »Die Quelle der ganzen Dichtung ist aber der sogenannte ›Familienroman‹ des Kindes, in dem der Sohn auf die Veränderung seiner Gefühlsbeziehungen zu den Eltern, insbesondere zum Vater, reagiert. Die ersten Kinderjahre werden von einer großartigen Überschätzung des Vaters beherrscht, der entsprechend König und Königin im Traum und Märchen immer nur die Eltern bedeuten, während später unter dem Einfluss von Rivalität und realer Enttäuschung die Ablösung von den Eltern und die kritische Einstellung gegen den Vater einsetzt. Die beiden Familien des Mythus, die vornehme wie die niedrige, sind demnach Spiegelungen der eigenen Familie, wie sie dem Kind in aufeinanderfolgenden Lebenszeiten erscheinen.«

Im allgemeinen lehnen die Historiker diese von Freud ersonnene psychologische Deutung ab. Nicht der Familienroman oder kindliche Tagträume bilden die Quelle einer Heldensage, sondern die reale Position, die der Held als Erwachsener erreicht hat. Freud berücksichtigte nicht konsequent, dass eine Sagenbildung erst dann beginnt, wenn der Held die allgemeine Aufmerksamkeit durch einen Aufsehen erregenden Erfolg auf sich lenkt. In dieser Situation darf der miterlebende Zeitgenosse eine Erklärung verlangen, die wohl oder übel die Wurzeln der Heldenleistung in der Vergangenheit suchen muss.

Wenn die Aussetzungssage in Freuds Sinn allgemein menschlich wäre, dann müsste sie auch im präkolumbischen Amerika belegt sein. Denn Amerika war bis zu seiner Entdeckung vor 500 Jahren isoliert, und folglich hätte die Aussetzungssage vor Kolumbus nicht aus der Alten Welt in die Neue Welt wandern können. Die Amerikanisten kennen aber weder aus Nord- noch aus Mittel- und Südamerika Sagen von der Aussetzung und Rettung eines späteren Helden. Andererseits lässt sich die Aussetzungssage im Fernen Osten nachweisen, aber wiederum nicht in Schwarzafrika. Diese geographische Verteilung ist keine Empfehlung für die Deutung der Aussetzungssage als allgemein menschliche Spiegelung des Familienromans.

Verteidiger von Freuds Auffassung könnten immerhin auf das hohe Alter der antiken Aussetzungssagen hinweisen, deren älteste von König Sargon handelt, der in Mesopotamien herrschte. Sargon, der im 3. Jahrtausend v. Chr. lebte, spricht selbst in einem Keilschrifttext von seiner Aussetzung und Rettung: »Sargon, der mächtige König, der König von Akkade bin ich. Meine Mutter war eine *en*-Priesterin, meinen Vater kannte ich nie. Meines Vaters Bruder bewohnt die Hochländer. Meine Stadt ist Azupiranu, welche am Ufer des Euphrat liegt. Sie empfing mich, meine *en*-Priesterin-Mutter, in Verborgenheit gebar sie mich. Sie legte mich in einen Rohrkorb, mit Bitumen machte sie meine Öffnung (Luke) wasserdicht. Sie setzte mich nieder in den Strom von dem ich nicht aufsteigen konnte. Der Strom führte mich, zu Akki, dem Wasserschöpfer, brachte er mich. Akki, der Wasserschöpfer, als er seinen Eimer herunterliess, hat mich emporgehoben. Akki, der Wasserschöpfer, zog mich auf als seinen adoptierten Sohn. Akki, der Wasserschöpfer, bestellte mich zu seiner Gärtnerei. Als ich (noch) ein Gärtner war, fand Ischtar Gefallen an mir, und daher für […] regierte ich als König, das schwarzköpfige Volk regierte und beherrschte ich.«

Aber Sargon hat die schöne Geschichte weder selbst geschrieben noch aufschreiben lassen. Man kennt Sargons Geburtslegende nicht bereits aus dem 3. Jahrtausend v. Chr., sondern erst aus der Tontafel-Bibliothek des assyrischen Königs Assurbanipal, der um 650 v. Chr. regierte. Die heutigen Assyriologen sind davon überzeugt, dass Sargons Geburtslegende keinesfalls in das 3. Jahrtausend v. Chr., d. i. Sargons Lebenszeit, zurückreicht. Nach Ansicht des Assyriologen Brian Lewis (1980) steht im Hintergrund der Sagen über die ausgesetzten und geretteten Heldenkinder die in der Antike nicht seltene Praxis, unerwünschte Kinder auszusetzen. Anscheinend verbreitete sich die Aussetzungs-Sage seit dem Ende des 2. Jahrtausends v. Chr. vom Zweistromland aus nach Osten und Westen. Diese Tatsache gibt uns einen ersten Hinweis auf das Alter der Moses-Sage. Denn der biblische Erzähler hat offensichtlich den mit Pech abgedichteten Schilfrohrkasten aus der Sargon-Legende entliehen, als er über Moses' Mutter schrieb: »Da verschaffte sie sich für ihn ein Kästchen aus Papyrus, dichtete es mit Asphalt und Pech, legte das Kind hinein und setzte es ins Schilf am Ufer des Nils.« (2. Mose 2, 3) Es wäre sinnlos anzunehmen, die Assyrer hätten dieses Detail der Moses-Sage im 8. oder 7. Jahrhundert v. Chr. von den Juden entliehen, um die Sargon-Sage damit auszuschmücken. Die Juden übten damals noch keinen geistigen Einfluss auf ihre Umwelt aus. Die Moses-Sage ist von der Sargon-Sage abhängig. Die Sargon-Sage ist ihrerseits nicht vor der neuassyrischen Zeit nachweisbar. Daher kann kaum die Rede davon sein, dass die Moses-Sage aus dem 2. Jahrtausend v. Chr. stammt, als Moses gelebt haben soll.

Die Aussetzung von Romulus und Remus: eine Parallele zur Moses-Sage

Vermutlich war Sigmund Freud von der großen Zahl und dem scheinbar hohen Alter der Aussetzungssagen geblendet und schlussfolgerte daher auf ihren allgemein menschlichen Charakter. Allerdings berief er sich bei seiner Analyse der Moses-Sage letzten Endes nicht darauf, dass die Aussetzungssage den Familienroman widerspiegelt. Wie Freud selbst zugibt, reicht im Fall von historischen Personen die Erklärung aus dem Familienroman nicht aus, weil die Sage hier noch die zusätzliche Funktion der Verherrlichung und Legitimation von Emporkömmlingen übernehmen kann. In diesem Sinn zitierte er das Beispiel von Romulus, dem Gründer und ersten König von Rom.

Vermutlich hat Freud diese Sage nicht in all den von Römern und Griechen im Lauf der Jahrhunderte ersonnenen Verästelungen gekannt. Ihm wird folgende Fassung geläufig gewesen sein, die sich zuerst beim römischen Geschichtsschreiber Fabius Pictor am Ende des 3. Jahrhunderts v. Chr. findet:

»König Numitor von Alba Longa wird von seinem Bruder Amulius zur Abdankung genötigt. Um männliche Nachkommenschaft des Numitor zu verhindern, zwingt Amulius seiner Nichte Rea Silvia, der einzigen Tochter des Numitor, das Amt einer Priesterin der Göttin Vesta auf – ein mit dem Gebot der Ehelosigkeit verbundenes Amt.

Als Rea Silvia einmal Wasser in einem Hain schöpft, nähert sich ihr der Kriegsgott Mars und vergewaltigt sie. Die Vestalin bringt Zwillinge zur Welt, die Amulius an Räuber mit dem Auftrag übergibt, sie in den Tiber zu werfen. So geschieht es: Die Knaben werden in einem Holztrog an den Fluss gebracht. Aber zufällig führte der Tiber gerade Hochwasser, und weite Gebiete waren überschwemmt. Daher setzen die Räuber den Holztrog nur in das ausgetretene Wasser am Rande des Palatinischen Hügels, und als das Wasser wieder zurücktritt, bleibt der Holztrog an einem Baum hängen. Da taucht eine Wölfin auf, die den Knaben ihre Zitzen anbietet. Hirten kommen hinzu und sehen das Wunder, die Wölfin verschwindet im nahen Wald. Vielleicht hatte Mars selbst die Wölfin geschickt, um seinen Kindern beizustehen, denn die Wölfe waren dem Mars heilig.

Einer der Hirten, Faustulus, nimmt sich der Knaben an und lässt sie bei sich aufwachsen. Später werden Romulus und Remus Hirten und geraten einmal mit den Hirten des Numitor in Streit. Die Hirten nehmen Remus gefangen und bringen ihn vor Amulius, der ihn aber dem Numitor übergibt; der Großvater erkennt seinen Enkel. Faustulus enthüllt nun Romulus die Wahrheit über seine Herkunft, worauf die Brüder sich mit ihrem Großvater Numitor verständigen, Amulius überfallen und töten. Numitor übernimmt wieder die Königsherrschaft in Alba.

Nach ihrer Anerkennung als Prinzen des Königshauses von Alba Longa beschließen Romulus und Remus, an der Stätte, wo sie ihre Jugend verbrachten, eine Stadt zu gründen. Zwischen den Brüdern bricht aber ein Streit darüber aus, wer König sein, die Stadt gründen und ihr den Namen geben soll. Die Brüder holen ein Orakel ein, das für Romulus günstig ausfällt. Sogleich schreitet Romulus auf dem Palatinischen Hügel zur Gründung der Stadt. Als erstes legt er die Höhe der künftigen Stadtmauer fest, Remus aber überspringt höhnend die Markierung, worauf ihn der erzürnte Romulus erschlägt. Romulus selbst findet sein Ende bei einer Volksversammlung oder Heerschau, bei der sich der Himmel verfinstert und ein Unwetter losbricht. Nach dem Unwetter ist Romulus nicht mehr zu sehen, und das Volk beklagt das Verschwinden des Heldenkönigs. Da kommt ein Mann und teilt mit, Romulus sei ihm als ein Gott begegnet, den die himmlischen Götter während des Unwetters zu sich entrückt haben.«

Die beiden Familien der Aussetzungssage: erzählerischer Zweck

Nach Freud soll der Familienroman in diesem Fall nicht zur Erklärung des sozialen Unterschieds ausreichen, der zwischen den hoch gestellten angedichteten Eltern des Helden und seinen niedrig gestellten Hirteneltern besteht. Stattdessen geht es seines Erachtens hier darum, dem Helden eine Herkunft anzudichten, die seinem Rang als Stadtgründer und König entspricht. In diesem Sinn sagt Freud einleuchtend, »wenn eine Romulus entsprechende Person gelebt hat, so war es ein hergelaufener Abenteurer, ein Emporkömmling; durch die Sage wird er Abkomme und Erbe des Königshauses von Alba Longa«.

Freud berücksichtigt aber nicht, dass die Sage von Romulus und Remus in vielen Jahrhunderten und aus zusammengefügten Einzelheiten der griechischen Sagen- und Geschichtsdichtung erwachsen ist. Darum wäre es falsch, wenn man hier auf die Möglichkeit eines historischen Kerns schließen würde – und sei es nur auf Romulus als hergelaufenen Abenteurer.

Für Freud war es vor allem wichtig, dass die beiden Familien des Helden in der erdichteten Romulus-Sage eine andere Rolle spielen als die beiden Familien in der offensichtlich gleichfalls erdichteten Moses-Sage. In der Moses-Sage gehört die erste Familie, in die das Kind hineingeboren wird, zu einem in Ägypten versklavten ausländischen Volksstamm. Hingegen ist die zweite Familie, in der das ausgesetzte Kind aufwächst, die ägyptische Königsfamilie: Die Tochter des Pharaos nimmt Moses als Sohn an.

Diese Abweichung vom Sagentypus hat, wie Freud festhält, auf viele Wissenschaftler befremdend gewirkt. Der Althistoriker Eduard Meyer, der Historikerpapst im ersten Drittel des 20. Jahrhunderts, hat angenommen, dass die Sage in einer ursprünglichen Fassung anders lautete: »Der Pharao sei durch einen prophetischen Traum gewarnt worden, dass ein Sohn seiner Tochter ihm und dem Reiche Gefahr bringen werde. Er lässt darum das Kind nach seiner Geburt im Nil aussetzen. Aber es wird von jüdischen Leuten gerettet und als ihr Kind aufgezogen.« Doch Freud lässt sich durch Meyers Hypothese nicht täuschen: »Die Sage ist entweder ägyptischen oder jüdischen Ursprungs. Der erste Fall schließt sich aus; Ägypter hatten kein Motiv, Moses zu verherrlichen, er war kein Held für sie.«

Um zu verstehen, warum die beiden Familien der Moses-Sage von der Durchschnittssage abweichen, erinnert Freud daran, dass die beiden Familien der Aussetzungssage auf der Ebene der psychoanalytischen Deutung identisch sind und sich lediglich auf mythischer Ebene als die vornehme und niedrige Familie unterscheiden: »Wenn es sich aber um eine historische Person handelt, an die der Mythus geknüpft ist, dann gibt es ein drittes Niveau, das der Realität. Die eine Familie ist

26

die reale, in der die Person, der große Mann wirklich geboren wurde und aufgewachsen ist; die andere ist fiktiv, vom Mythus in der Verfolgung seiner Absichten erdichtet. In der Regel fällt die reale Familie mit der niedrigen, die erdichtete mit der vornehmen zusammen. Im Falle von Moses schien irgendetwas anders zu liegen. Und nun führt vielleicht der neue Gesichtspunkt zur Klärung, dass die erste Familie, die, aus der das Kind ausgesetzt wird, in allen Fällen, die sich verwerten lassen, die erfundene ist, die spätere aber, in der es aufgenommen wird und aufwächst, die wirkliche. Haben wir den Mut, diesen Satz als eine Allgemeinheit anzuerkennen, der wir auch die Mossessage unterwerfen, so erkennen wir mit einem Male klar: Moses ist ein – wahrscheinlich vornehmer – Ägypter, der durch die Sage zum Juden gemacht werden soll.«

Freuds Argument läuft darauf hinaus, dass ein Mann, der im ägyptischen Königshaus als Sohn einer Königstochter aufwächst, offensichtlich ein Ägypter ist – ein Ägypter, dessen angeblich hebräische Abstammung sich nur mit Hilfe des Kunstgriffs der Aussetzungssage behaupten lässt. Freuds Gedankengang wäre nicht ganz schlüssig, hätte der biblische Erzähler stillschweigend vorausgesetzt, dass der Moses-Knabe als Fremdling im ägyptischen Königshaus aufwuchs, der äußerlich und innerlich ein Hebräer blieb. Diesen möglichen Einwand hat Freud nicht bedacht und in diesem Zusammenhang auch die einzige Bibelstelle übersehen, aus der er seine These der ägyptischen Abstammung des Mannes Moses direkt hätte ableiten können.

Dem Alttestamentler Martinus Beek zufolge handelt es sich um die Stelle, an der die Töchter von Moses späterem Schwiegervater sagen: »Ein ägyptischer Mann errettete uns von den Hirten …« (2. Moses 2, 19). Dieser ägyptische Mann ist der erwachsene Moses, der vor dem Pharao nach Midian flüchtete und an einem Brunnen den Hirtinnen half, ihre Tiere zu tränken. Mithin präsentiert der biblische Erzähler selbst den Mann Moses äußerlich als einen Ägypter, und daher waren Freuds Überlegungen zur ägyptischen Abstammung von Moses schlüssig.

Die Sage von der Aussetzung und Rettung des persischen Königs Kyros

Letztlich hat Freud bei seinen Überlegungen schon vorausgesetzt, was er eigentlich erst beweisen sollte, dass nämlich Moses eine geschichtliche Figur war. Denn nur wenn Moses tatsächlich gelebt hätte, wäre es sinnvoll, seine königlich-ägyptische Familie als geschichtlich, seine hebräische Familie hingegen als erfunden anzusehen.

Vergleichsweise erkennt man bei einer geschichtlichen Gestalt wie dem Perserkönig Kyros, der, wie es heißt, als Kind ausgesetzt und gerettet wurde, sofort, welche seiner beiden Familien geschichtlich und welche erfunden ist.

Kyros trat als König eines kleinen Landes, Persien, als Vasall des mächtigen Medien und seines Königs Astyages auf den Schauplatz der Geschichte. Der persische König lehnte sich gegen Astyages auf, besiegte ihn im Jahr 553 v. Chr., schenkte ihm aber das Leben und schuf eine Großmacht, indem er das medische mit dem persischen Reich vereinte. Herodot, der Vater der Geschichtsschreibung, kennt drei Erzählungen über die Jugend des Kyros, teilt aber nur eine einzige Fassung mit, nach der Kyros der Enkel des Mederkönigs Astyages war. Astyages soll seine Tochter mit dem von ihm abhängigen persischen König verheiratet haben, der dann Kyros zeugte. Vor der Geburt des Kyros hatte der Großvater Astyages schlimme Vorausahnungen, die von den Traumdeutern dahingehend ausgelegt wurden, dass das Kind an seiner Statt König werden würde.

Als Kyros geboren war, rief Astyages einen Verwandten und treuen medischen Stammesgenossen, Harpagos, zu sich und befahl ihm, das neugeborene Kind in sein Haus zu tragen, es zu töten und zu begraben. Harpagos führte aber den Befehl des Königs nicht aus, sondern übergab das Kind einem medischen Hirten mit dem Auftrag, es im Gebirge an einer Stelle auszusetzen, wo es die meisten wilden Tiere gab. Die Frau dieses Hirten war aber schwanger und gebar zu der Zeit ein Kind, das entweder gleich bei der Geburt oder bald danach starb. Als der Hirt seiner Frau den Knaben Kyros zeigte und als diese sah, »wie groß und schön er war, weinte sie, fiel ihrem Mann zu Füßen und beschwor ihn, den Knaben nicht auszusetzen«. Die Frau überredete den Mann, ihr eigenes totes Kind auszusetzen und das fremde lebende Kind anzunehmen, von der Vertauschung aber nichts verlauten zu lassen. So kam es, dass Kyros gerettet wurde und bei dem Hirten und seiner Frau aufwuchs.

Blicken wir zurück auf die Moses-Sage: Warum entging Moses gleich nach der Geburt der Gefahr, von seiner Mutter preisgegeben und den ägyptischen Mördern ausgeliefert zu werden? Als Grund nennt der Erzähler, die Mutter habe gesehen, dass Moses »ein prächtiges Kind war«. Das Motiv, dass ein zur Aussetzung bestimmtes Kind gerettet wird, weil es einer Frau schön, groß und kräftig erscheint, findet sich auch in der Kyros-Sage wieder. Diese Übereinstimmung deutet auf die Abhängigkeit der Moses-Sage von der Kyros-Sage; eine umgekehrte Abhängigkeit kommt nicht in Frage. Da die Kyros-Sage nicht vor dem späten 6. Jahrhundert v. Chr. entstanden und zu den Juden gewandert sein kann, wäre die biblische Moses-Sage auf keinen Fall vor dem Jahr 500 v. Chr. zu datieren.

Der Hirt, der Kyros auf Drängen seiner Frau heimlich adoptierte, übergab sein eigenes totes Kind einem Boten des Harpagos, der es bestattete. Kyros aber wurde von der Frau des Hirten aufgezogen. Als Kyros zehn Jahre alt war, erfuhr König Astyages die Wahrheit über die Abstammung des Knaben, aber er ließ ihn zu seinen leiblichen Eltern nach Persien gehen. Die Märchenhaftigkeit dieser Erzählung ist offenkundig; selbstverständlich wurde Kyros in die persische Königsfamilie hineingeboren und wuchs dort auf, ohne zeitweilig bei einer medischen Hirtenfamilie zu leben. Wie Freud erkannt hat, ist die Familie, in der das angeblich ausgesetzte Kind tatsächlich aufwächst und aus deren Mitte es als Erwachsener seinen Weg in die Welt antritt, die geschichtlich reale.

Märchenhaftigkeit aller Aussetzungssagen

Auch ein von seiner Kritikfähigkeit überzeugter Grieche wie Herodot akzeptierte die Kyrossage und durchschaute ihre sachlichen Unstimmigkeiten nicht. Herodot war lediglich nicht gewillt, jener anderen Fassung Glauben zu schenken, nach der es eine Hündin war, die Kyros säugte: Die Hirtenfrau, die Spaka hieß, was auf Medisch »Hündin« bedeutet, habe Kyros aufgezogen und mit aller Liebe gepflegt. »Kyros sprach immer wieder nur von der ›Hündin‹. Die Eltern merkten sich diesen Namen, und damit die Erhaltung ihres Sohnes den Persern noch wunderbarer vorkäme, verbreiteten sie das Gerücht, der kleine ausgesetzte Kyros sei von einer Hündin aufgezogen worden.«

In der Antike fanden überschlaue Zweifler eine Erklärung auch für die wölfische Amme von Romulus und Remus: Nicht eine Wölfin habe die Zwillinge gesäugt, sondern die Frau des Hirten Faustulus, die man Lupa (Wölfin) genannt habe. Doch das sei nicht der richtige Name der Frau des Faustulus gewesen, sondern man habe sie so genannt, weil sie vor ihrer Ehe mit Faustulus eine Hure bzw. eine Lupa war, wie damals die Römer eine Hure nannten.

Die Erklärungen sowohl zur »Hündin« des Kyros als auch zur »Lupa« von Romulus und Remus sind jedoch nicht stichhaltig. Herodot und andere Kritiker hätten nicht ein merkwürdiges Sagendetail rational erklären, sondern die Aussetzungssagen von Grund auf als Märchen erkennen sollen. Die Aussetzungssage mag einem naiven Hörer genügen, damit er Moses für einen geborenen Hebräer hält. Der gesunde Menschenverstand erkennt aber, dass die Kindesaussetzungen, von denen die antiken Sagen erzählen, in der Wirklichkeit nicht stattgefunden haben; in Wirklichkeit stammen die angeblich ausgesetzten Kinder aus eben jenen Familien, in denen sie tatsächlich aufgewachsen sind.

Wenn von Aussetzungen und Rettungen berichtet wird, so wird in der Regel eine beliebte Schablone verwendet, in die sowohl historische Persönlichkeiten als auch Phantasiegestalten gepresst wurden. Darum kann man sich nur Freuds Urteil anschließen und in Moses einen dem Königshaus entstammenden Ägypter sehen, der mit Hilfe einer Sagenschablone zum Juden gemacht werden soll. Die Tatsache, dass man »Moses« nicht als jüdischen, wohl aber als ägyptischen Namen erklären kann, stützt dieses Urteil.

Die ägyptische Herkunft
des Namens Moses

Wie Moses zu seinem Namen kam

So wie man den Namen Moses in der hebräischen Sprache und Schrift des Alten Testaments schreibt, muss man ihn »Mosche« lesen, mit einem langen »o« und einem kurzen betonten »e«. Als jüdische Übersetzer die Bücher des Alten Testaments ins Griechische übertragen haben, fügten sie zur Angleichung an die übliche Endung griechischer Männernamen auch bei Mosche ein Schluss-»s« hinzu. Später haben die lateinischen Bibelübersetzer dieses »s« übernommen. Als jedoch Luther das Alte Testament direkt aus dem Hebräischen übertrug, ließ er das griechische Schluss-»s« von Moses weg. Daher ist den deutschen Protestanten das lutherische Mose, den Katholiken eher das griechisch-lateinische Moses vertraut. Was das »sch« des hebräischen »Mosche« angeht, so konnten es die ersten Übersetzer in Alexandria nur als »s« wiedergeben, weil die Griechen kein »sch« kannten und daraus bei fremden Wörtern stets ein »s« machten. In entsprechender Weise haben die hebräischen Namen Schemuel und Schelomo in den Formen Samuel und Salomo Eingang in die europäischen Sprachen gefunden.

Das Alte Testament bietet einen vergeblichen Versuch, den Namen Mosche aus dem Hebräischen abzuleiten. In der nach Martin Luthers Urteil »seer fein einfeltig« erzählten Geschichte von der ägyptischen Prinzessin, die das Kind im Binsenkörbchen findet und rettet, heißt es: »Sie nahm es als Sohn an und gab ihm den Namen Mosche; denn sie sagte: Ich habe ihn ja aus dem Wasser gezogen.« (2. Moses 2, 10)

Aber sollte die ägyptische Prinzessin wirklich *meschiti* (hebräisch: »ich habe gezogen«) gesagt haben? Sprach sie denn Hebräisch und konnte das Perfekt des sehr selten vorkommenden Zeitworts *maschah* (herausziehen) konjugieren? Im gesamten Alten Testament kommt dieses Zeitwort nur noch in einem

König David zugeschriebenen Psalm vor, der sicher Jahrhunderte nach Davids Tod verfasst wurde (wenn denn David gelebt haben sollte).

Luther griff den Hinweis auf das hebräische Zeitwort *maschah* in seiner Bibelübersetzung auf und ließ in den Ausgaben von 1523 und 1545 als Randglossen drucken: »*(Masa)* Heißt ziehen, daher heißt Mose gezogen, nemlich, aus dem wasser.« Wenn aber das gerettete Kind »der (aus dem Wasser) Herausgezogene« heißen würde, dann müsste sein Name auf Hebräisch *Maschui* lauten – das wäre die richtige Form des passiven Partizips. Dagegen kann der Name Mosche im Hebräischen nur »der Herausziehende« bedeuten, denn »Mosche« hat die Form eines aktiven Partizips. Dieser sprachlich richtige Sinn des Namens würde aber nicht auf die Situation des passiv aus dem Wasser gezogenen und geretteten Kindes passen.

Was die Bibel ihren Lesern an dieser Stelle bietet, ist eine naive Volksetymologie, eine irrige, unwissenschaftliche Erklärung des einem Juden unverständlichen – weil fremden – Namens Mosche auf der Grundlage eines zufälligen und bedeutungslosen Anklangs an das hebräische Zeitwort *maschah*. Der biblische Erfinder der Namenserklärung hatte wohl lediglich ein hebräisches Wortspiel im Sinn und dachte nur an die gleichen Konsonanten von *Mosche* und *mascha*. Die Vokale und damit die genaue sprachliche Bedeutung sind bei hebräischen Wortspielen in der Regel ohne Bedeutung. Abgesehen von dieser Erklärung gibt es keinen anderen ernsthaften Versuch, den Namen Mosche aus dem Hebräischen abzuleiten.

Ägyptologische Erklärung der Namen Moses und Moyeses

Die biblische Erklärung, wie Moses zu seinem Namen kam, muss bereits jene Juden befremdet haben, die vor rund 2200 Jahren das Alte Testament ins Griechische übersetzten. Vermutlich hielten sie es für wenig sinnvoll, von einer ägyptischen

Prinzessin zu erwarten, sie habe sich einen hebräischen Namen für den Findling ausgedacht. Vor der möglichen Ausrede, die Ägypterin habe nur mangelhaft Hebräisch gesprochen, scheuten sie wohl zurück und glaubten, das Problem gelöst zu haben, als sie die biblische Namensform Mosche durch *Moyses* wiedergaben. Dabei bildet das »o« mit »y« einen Doppellaut, so dass *Moyses* etwa *Mouses* lautete. Spätere christliche Bibelübersetzer haben den Doppellaut aufgelöst, und daher heißt der biblische Moses heute im französischen Sprachbereich *Moïse,* was man *mo-i-se* ausspricht. Analog dazu sprach und schrieb man im Italienischen und Englischen des 16. und 17. Jahrhunderts nicht Moses, sondern *Moyses (Moises).*

Was sich die Bibelübersetzer bei der Namensform *Moyses* dachten, geht aus zwei Äußerungen des jüdischen Geschichtsschreibers Josephus Flavius hervor. An einer Stelle schrieb er zwar *Moyses,* an einer anderen buchstabierte er korrekt den Namen *Moyeses,* der *Mou-eses* auszusprechen ist. Josephus Flavius erklärte, der Name *Moueses* drücke die Rettung aus dem Wasser aus, denn die Ägypter würden das Wasser *mou* nennen. Demnach scheinen die jüdischen Bibelübersetzer in Alexandria vermutet zu haben, die ägyptische Prinzessin habe den Knaben in ihrer Muttersprache *Mou-eses* genannt, was »Wasser-Geretteter« bedeuten würde.

Wie der englische Ägyptologe Sir Alan Gardiner festgestellt hat, ist »Wasser-Geretteter« keine richtige Übersetzung von *Moyeses.* In einem 1936 veröffentlichten Artikel über den altägyptischen Ursprung einiger englischer Personennamen erklärte Gardiner beiläufig den Namensteil -eses in *Moyeses* als die aus späten ägyptischen Quellen wohlbekannte Bezeichnung *Eses,* was »der Gepriesene« bedeutet. Vor der Drucklegung zeigte Gardiner das Manuskript seinem tschechischen Kollegen Jaroslav Cerny, der wenige Jahre später bei einer ägyptologischen Fachzeitschrift einen Artikel einreichte, in dem auch er *Eses* als »Gepriesener« auslegte, allerdings ohne Gardiner zu erwähnen. Cerny ging aber weit über Gardiners kurze Bemerkung hinaus und stellte alle Notizen der griechischen und lateinischen Schriftsteller zu *Moy(e)ses* zusammen. Aufschlussreich war für Cerny eine Bemerkung des frühen Christen Clemens von Alexandria, der im 2. Jahrhundert n. Chr. viel über Altägypten geschrieben hat. Clemens berichtet, einige Autoren würden mit dem Namen *Moy(e)ses* einen Menschen bezeichnen, der im Wasser gestorben ist. Was Clemens sagt, trifft nicht zu. Einen ägyptischen Ausdruck »Moyeses« hat es nie gegeben, sondern nur *Eses* mit der Bedeutung »Gepriesener«. Die Wortverbindung »Wasser-Gepriesener« war im Altägyptischen sprachlich nicht möglich. Vermutlich haben die in Alexandria tätigen jüdischen Bibelübersetzer diese unägyptische Wortbildung zu verantworten.

Die jüdischen Bibelübersetzer lebten mit zahlreichen Volksgenossen als Minderheit in der damaligen ägyptischen Hauptstadt Alexandria. Die Mehrheit in der Stadt stellten aber nicht die Ägypter, sondern die Griechen, die seit Alexander dem Großen das Land am Nil beherrschten. Die damals in der Verwaltung und Wirtschaft Ägyptens geltende Sprache war darum selbstverständlich Griechisch. Auch die jüdischen Einwanderer bedienten sich des Griechischen, so dass sie ihre damalige aramäische Umgangssprache vergaßen. Denn seit langem hatten die Juden ihre alte hebräische Umgangssprache aufgegeben und die in Syrien beheimatete aramäische Sprache übernommen. Dies fiel ihnen umso leichter, weil Hebräisch und Aramäisch nah verwandt waren. Hebräisch – die Sprache der Bibel – war im Lauf der Zeit eine tote Sprache geworden, ähnlich wie heutzutage Latein. Die nur noch Griechisch sprechenden Juden in Alexandria konnten und wollten ihre heiligen Schriften nicht mehr im hebräischen Urtext, sondern in ihrer griechischen Umgangssprache lesen.

Aber genauso wenig wie die Griechen in Ägypten waren auch die Juden in Alexandria der ägyptischen Sprache mächtig, allenfalls kannten sie einzelne ägyptische Ausdrücke. Den jüdischen Bibelübersetzern waren vielleicht die ägyptischen Wörter *mou* (Wasser) und *eses* (Gepriesener) geläufig; beide deuteten sie in den Namen Moses hinein.

35

Aber mit *Moy(e)ses* haben die Bibelübersetzer nicht nur ein grammatisch falsches Wortungetüm geschaffen, sondern auch den Sinn des ägyptischen Wortes *Eses* verdreht. Denn ein *Eses* war nicht ein vor der Gefahr des Ertrinkens aus dem Wasser Geretteter, vielmehr ein im Wasser Ertrunkener, dessen Leichnam gerettet und bestattet werden konnte. Dahinter verbirgt sich ein religiöses Vorbild: Der Gott Osiris war in mythischer Urzeit von seinem Bruder Seth erschlagen worden. Die Leiche warf der Mörder in den Nil; Isis aber, die Schwestergattin des Osiris, rettete den Leichnam aus dem Wasser und bestattete ihn. Darum lag es für die Bibelübersetzer nahe, den Sinn von *Eses* zu verdrehen, weil die richtige Wortbedeutung nicht zur Erzählung passte, dass die ägyptische Prinzessin den Knaben Moses aus dem Wasser rettete.

Moses als ägyptischer Name

Als Sigmund Freud seine These von Moses' ägyptischer Abstammung ausarbeitete, durfte er sich auf die ägyptologische Lehrmeinung berufen, dass der biblische Name Mosche auf einen ägyptischen Namen zurückgeht. In einem Buch des amerikanischen Ägyptologen James Henry Breasted las Freud: »Das Wort ›mose‹ bedeutet ›Kind‹ und wurde als Abkürzung für Namen wie ›Amun-mose‹ (Amun-ein-Kind) oder ›Ptah-mose‹ (Ptah-ein-Kind) gebraucht, wobei diese Namen ihrerseits wiederum Abkürzungen für ›Amun (gab) ein Kind‹ und ›Ptah (gab) ein Kind‹ sind. Das Wort Mose hatte sich als Name in der Umgangssprache eingebürgert und ist oft auf ägyptischen Denkmälern zu finden. Der Vater des Moses hatte dem Namen des Kindes zweifellos den Namen eines Gottes wie Amon oder Ptah vorangesetzt, und dieser Göttername verlor sich allmählich im täglichen Gebrauch, so dass der Knabe einfach Moses genannt wurde.«

Freud war befremdet darüber, dass Breasted keine Beispiele von Pharaonennamen nannte, die wie Ah-mose oder Thut-mose mit -*mose* zusammengesetzt sind. Breasted hat aber die von Freud genannten Königsnamen nicht zitiert, weil er sie nicht für Vorlagen des biblischen Namens Moses hielt. Das von Breasted gemeinte Wort für Kind lautet im Altägyptischen *mas* oder *mes* und unterscheidet sich um einiges von *Mose*. Zwar klingt *mose* in den Königsnamen Ah-mose und Thut-mose ähnlich wie der biblische Name Mose(s), aber *mose* bedeutet hier nicht »Kind«, wie Freud in seiner Unkenntnis des Altägyptischen annahm. Vielmehr ist -*mose* in diesen Königsnamen eine besondere grammatische Form des Zeitwortes *mesi* (gebären, erzeugen), und man übersetzt es mit »ist geboren«. In diesem Sinn können die Königsnamen Ah-mose und Thut-mose bedeuten: »(Der Mondgott) Ah ist geboren« bzw. »(Der Mondgott) Thoth ist geboren.« Dem Ägyptologen Hermann Ranke, einem Spezialisten für altägyptische Namen, zufolge spielen diese Namen auf den Geburtstag des Mondgottes an.

Geschrieben wird das Zeitwort *mesi* – genauer gesagt nur seine Konsonanten *m* und *s* – mit einer Hieroglyphe, die in detaillierter Form (1) ein Bündel Fuchsfelle zeigt, während in der einfachen Form (2) die Felle auf Striche reduziert sind. Wenn der Name des biblischen Moses jemals in Hieroglyphen auftauchen sollte, dann wäre zu erwarten, dass er mit der MES-Hieroglyphe geschrieben ist.

Die Feinheiten der altägyptischen Sprache und Schrift durften Freud gleichgültig sein. Zu Recht war für ihn der sachliche Umstand ausschlaggebend, dass der hebräische Findling Mosche als Adoptivkind einer ägyptischen Prinzessin auch einen ägyptischen Namen bekommen haben sollte – ein nahe liegender Schluss, weil sich der Name des Findlings nicht aus dem Hebräischen erklären lässt.

Freud wunderte sich zu Recht darüber, dass niemand bisher diesen Schluss auf die ägyptische Abstammung des Namensträgers gezogen hatte: »Für moderne Zeiten gestatten wir uns solche Schlüsse ohne Bedenken, obwohl gegenwärtig eine Person nicht nur einen Namen führt, sondern zwei, Familiennamen und Vornamen, und obwohl Namensänderungen und Angleichungen an neue Bedingungen nicht ausgeschlossen sind. Wir sind daher keineswegs überrascht, bestätigt zu finden, dass der Dichter Chamisso französischer Abkunft ist, Napoléon Buonaparte dagegen italienischer, und dass Benjamin Disraeli wirklich ein italienischer Jude ist, wie sein Name erwarten lässt. Und für alte und frühe Zeiten, sollte man meinen, müsste ein solcher Schluss vom Namen auf die Volkszugehörigkeit noch weit zuverlässiger und eigentlich zwingend erscheinen. Es stellt sich die Frage, was diese Schlussfolgerung im Falle von Moses verhindert hat? Vielleicht war der Respekt vor der biblischen Tradition unüberwindlich? Vielleicht erschien die Vorstellung zu ungeheuerlich, dass der Mann Moses etwas anderes als ein Hebräer gewesen sein sollte.«

Schließt man sich Freuds Schlussfolgerung an, dass Moses in der geschichtlichen Wirklichkeit ein Ägypter war, dann sollte man sich allerdings auch in seinem Sinn die Frage stellen, ob der ägyptische Moses die Juden seine eigenen ägyptischen Sitten oder gar die ägyptische Religion gelehrt hat.

Moses, ein Jünger von Pharao Echnaton?

Lebte Moses in der Epoche von Echnaton?

Mit den Worten »Wenn Moses ein Ägypter war …« leitet Sigmund Freud ein Kapitel seines Buchs über Moses ein und stellt die Frage, was wohl einen vornehmen Ägypter – vielleicht Prinz oder hoher Beamter – bewogen haben mochte, sich an die Spitze eines Haufens von eingewanderten, kulturell rückständigen Fremdlingen zu stellen und mit ihnen das Land zu verlassen.

Neben der ersten Schwierigkeit – wie kann sich ein vornehmer Ägypter zu rückständigen Fremdlingen herablassen? – sieht Freud eine zweite: Sollte Moses – wenn er denn tatsächlich ein Ägypter war – den Israeliten nicht seine eigene altägyptische Religion gebracht haben? Dies scheint unmöglich zu sein, denn zwischen der biblischen und der altägyptischen Religion bestehen unversöhnliche Gegensätze. Da der biblische Gott den Anspruch erhebt, der einzige Gott zu sein (oder vielmehr da seine Anhänger den Anspruch erheben, ihr Gott sei der einzige Gott), ist die biblische Religion monotheistisch. Die altägyptische Religion kennt hingegen viele Göttinnen und Götter und ist darum polytheistisch. Viele Götter sowie Bilder von Göttern hat der mosaische Gott in seinen Zehn Geboten ausdrücklich verboten. Dagegen bildeten die Ägypter ihre Götter sowohl menschen- als auch tiergestaltig ab. Die Auswahl ägyptischer Götter in der Abbildung S. 40 illustriert am besten den Unterschied zwischen den Kulten der alten Ägypter und der Juden.

Freuds Argumentationsfaden reißt, weil ein ägyptischer Moses den fremden Juden doch nur die eigene, altägyptische Vielgötterei hätte vermitteln können. Freud verfällt auf die zündende Idee, Moses sei ein Anhänger des Ketzer-Pharao Echnaton gewesen und knüpft dadurch den gerissenen Faden

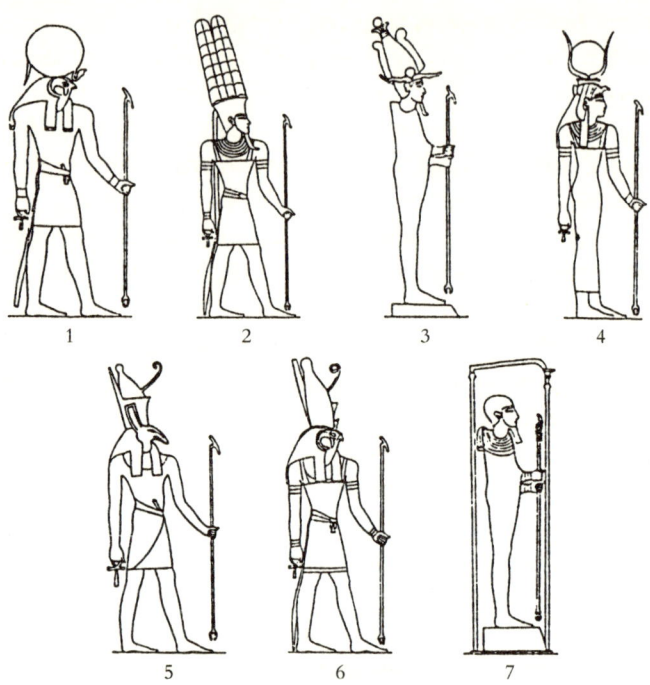

Ägyptische Gottheiten:
(1) Sonnengott Re, Schöpfergott, in Heliopolis verehrt,
Mann mit Falkenkopf;
(2) Amun, Gott der alten Hauptstadt Theben, menschengestaltig;
(3) Osiris, Totengott, menschengestaltig;
(4) Isis, Schwester und Gattin des Osiris, menschengestaltig;
(5) Seth, Bruder von Osiris und Isis, tiergestaltig;
(6) Horus, Sohn von Isis und Osiris, falkengestaltig;
(7) Ptah, Gott der Landeshauptstadt Memphis, menschengestaltig.

wieder an. Freud hatte gelesen, dass Echnaton im 14. Jahrhundert v. Chr. eine strenge Eingottreligion einführte. Unseres Wissens ist Echnatons Kult des Sonnengotts Aton der erste Monotheismus in der Weltgeschichte. Aber die Regierung Echnatons währte nur siebzehn Jahre, bald nach seinem Tod wurde die neue Religion hinweggefegt und das Andenken des ketzerischen Königs geächtet.

Unter dieser Voraussetzung wagt Freud den Schluss: »Wenn Moses ein Ägypter war, und wenn er den Juden seine eigene Religion übermittelte, so war es die des Echnaton, die Aton-Religion. Gehen wir von der Voraussetzung aus, dass Moses ein vornehmer und hochstehender Mann war, vielleicht wirklich ein Mitglied des königlichen Hauses, wie die Sage von ihm behauptet. Er war sich gewiss seiner großen Fähigkeiten bewusst, ehrgeizig und tatkräftig; vielleicht schwebte ihm selbst das Ziel vor, eines Tages das Volk zu leiten, das Reich zu beherrschen. Dem Pharao nahe, war er ein überzeugter Anhänger der neuen Religion, deren Grundgedanken er sich zu eigen gemacht hatte. Mit dem Tod des Königs und dem Einsetzen der Reaktion sah er all seine Hoffnungen und Aussichten zerstört. In dieser Notlage fand er einen ungewöhnlichen Ausweg. Der Träumer Echnaton hatte sein Weltreich zerbröckeln lassen. Moses' energischer Natur entsprach der Plan, ein neues Reich zu gründen, ein neues Volk zu finden, dem er die von Ägypten verschmähte Religion zur Verehrung schenken wollte.«

Freud spekuliert, dass Moses vielleicht als Statthalter einer Grenzprovinz mit einem semitischen Volksstamm in Berührung stand, einem Volksstamm, der dort vor einigen Generationen eingewandert sein mochte. In der Not der Enttäuschung und Vereinsamung nach Echnatons Ende habe sich der Statthalter Moses diesen Fremden – den biblischen Israeliten – zugewandt und versucht, seine Ideale an ihnen zu verwirklichen.

Pharao Echnaton war seit dem Ende des 19. Jahrhunderts eine populäre Gestalt, auf die nicht nur Freud, sondern auch andere Laien sowie archäologische Wissenschaftler gleichermaßen ihre Ideale und Phantasien projizierten. Freud hielt es mit dem amerikanischen Ägyptologen James Henry Breasted, der Echnaton als »erstes Individuum in der Geschichte« gepriesen hat. Freud hat Breasteds unkritischer Verherrlichung Echnatons vorbehaltlos zugestimmt. Warum hat er als Psychologe diese Verherrlichung nicht als eine Projektion von Breasteds eigenen Idealen auf den alten Pharao dekonstruiert?

Echnatons Gründung einer Stadt für
den neuen Sonnengott Aton

Was aber hat es mit Echnatons vielgerühmter Eingottreligion auf sich, in der Freud den Kern von Moses' Botschaft an die Juden sehen wollte? Die auch außerhalb der Ägyptologie populäre Meinung, Echnaton sei der erste Monotheist gewesen, ist aber nicht unangefochten. In seinem Buch *Echnaton. Die Religion des Lichts* (1995) hat zwar der führende Ägyptologe Erik Hornung den Sonnenkult Echnatons vorbehaltlos als Eingottglauben gewertet, aber doch auch bemerkt, dass »immer wieder darum gestritten wurde, ob wir es hier mit einem ›echten‹ und konsequenten Monotheismus zu tun haben«. Die Einwände gegen die Bewertung von Echnatons Religion als echten Monotheismus sind durchaus begründet.

Aton, der Gott Echnatons, war der in Ägypten schon seit über tausend Jahren vor Echnaton bekannte Sonnengott, den sich die Ägypter traditionell in der Gestalt eines Mannes mit Falkenkopf vorstellten und Re nannten. Auch Echnaton verehrte den Sonnengott zunächst in der Falkengestalt. Das abgebildete Reliefbruchstück stellt die Hälften von zwei Szenen dar: rechts Echnaton beim Opfer; links der falkenköpfige Sonnengott. Der Sonnengott trägt über seinem Falkenkopf eine große Sonnenscheibe, um die sich eine Kobra ringelt. Als Partnerin und Schützerin des Sonnengotts kannten die Ägypter diese göttliche Kobraschlange von alters her.

Der Block mit diesem Relief stammt aus einem Tempel für den Sonnengott, den Echnaton zu Beginn seiner Regierung in der Hauptstadt Theben errichtete. Ein Steinwurf vom Sonnentempel entfernt befand sich der Tempel des Amun, jenes anderen großen ägyptischen Gottes, den der König schließlich verfolgte und vernichtete. Echnatons Vorfahren hatten Amun vom thebanischen Stadtgott zum Reichsgott Ägyptens erhoben. Sie führten ihre Eroberungen im Sudan und in Syrien im Namen von Amun; Teile der Kriegsbeute bereicherten den Tempelschatz des Gottes. Bei diesem Tempel handelte es sich um einen

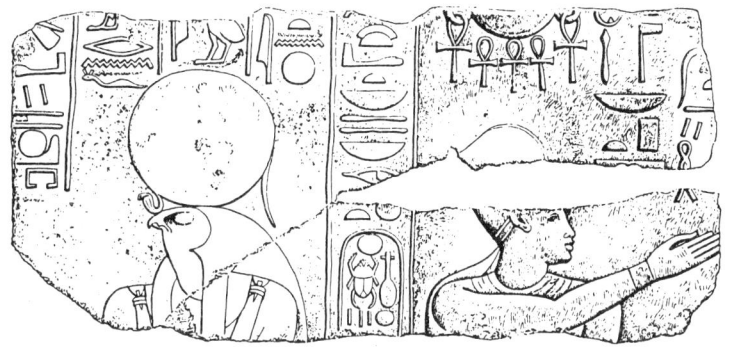

Echnaton und der Sonnengott

Gebäudekomplex, der bei Echnatons Regierungsantritt eine
Fläche von zwei Hektar einnahm. Bis zur Zeit Echnatons hat-
ten die ägyptischen Könige schon 600 Jahre lang an diesem
Tempel gebaut.

Auch Echnaton folgte dem Beispiel seiner frommen Vorgänger und setzte nach der Thronbesteigung die Arbeiten im
Amun-Tempel fort. Aber lediglich ein Wandstück, das noch
sein Vater errichtet hatte, wurde im Auftrag des neuen Königs
dekoriert. Dieses Relief zeigt Echnaton, genauso wie seine Vorgänger und später seine Nachfolger, beim Erschlagen von ausländischen Gefangenen. Der Kultbetrieb im Amun-Tempel
fand anscheinend mehrere Jahre unbehelligt statt, während Echnaton nebenan den Sonnengott verehrte. Der König verehrte
damals keinesfalls nur den Sonnengott als Gott, denn, wie die
erhaltenen Inschriften zeigen, er ließ aus allen anderen Götter-
tempeln Ägyptens Opfergaben in den Sonnentempel schicken:
Echnaton erkannte die Kulte der anderen Götter Ägyptens an,
ordnete sie aber dem Kult des Sonnengottes Aton unter.

In den ersten Monaten seines fünften Regierungsjahrs gründete der König die neue Hauptstadt »Horizont des Aton« auf
halbem Weg zwischen der alten Hauptstadt Theben und der
Mittelmeerküste. Heute hat sich für diese Stadt der Name

Amarna eingebürgert. Laut Gründungsinschriften verbarg sich hinter der Stadtgründung die Absicht, eine Kultstätte einzig und allein für den Gott Aton zu schaffen. Daraus folgt jedoch nicht, dass in der damaligen Vorstellungswelt Echnatons nur der eine Gott Aton existierte, denn der König selbst spricht in den Gründungsinschriften über andere Gottheiten. Als wichtigen Grund für die Ortswahl führt Echnaton an, es habe sich bei dem Stadtgelände nicht gehandelt »um den Besitz eines Gottes, nicht um den Besitz einer Göttin, nicht um den Besitz eines Herrschers, nicht um den Besitz einer Herrscherin, nicht um den Besitz von irgendwelchen Leuten, die irgendetwas damit zu tun hatten«.

Offensichtlich wollte Echnaton bei der Stadtgründung auch auf die allfälligen Rechtsansprüche der anderen Götter Rücksicht nehmen. Unter diesen Umständen bedeutete die Gründung von Amarna als exklusive Kultstätte für den Gott Aton zunächst nur, dass die anderen ägyptischen Gottheiten dort keine Opfer erhielten. In sich widersprüchlich wäre der Schluss, der König hätte in Amarna ausschließlich Aton verehrt, weil er diesen Gott als einzigen Gott überhaupt anerkannt hätte.

Die Gründung dieser Kultstadt ist jedoch für altägyptische Verhältnisse eine Besonderheit. Nach dem Willen des Königs sollte hier ein einziger Gott verehrt werden, und von den sonst in Ägypten üblichen Gastkulten anderer Gottheiten ist keine Rede. Allerdings spielen die in Amarna gefundenen Inschriften gelegentlich noch auf einen anderen Gott an, und zwar auf den Gott Schu. Nach religiösen Ideen, die zu Echnatons Zeit bereits ein Jahrtausend alt waren, hat der Sonnengott Re die Welt erschaffen, die Herrschaft aber seinem Sohn, dem Gott Schu übergeben. Echnaton akzeptierte dieses mythologische Konzept, und beanspruchte für sich die Rolle des Schu.

Eine der kolossalen Statuen aus Echnatons thebanischem Sonnentempel stellte den König als Gott Schu dar. Diese Identifizierung geht aus den vier Straußenfedern auf dem Kopf hervor, die zur Ikonographie des Gottes Schu gehören. Die Untertanen Echnatons haben den Anspruch ihres Königs auf Identität

Kopf einer Statue Echnatons als Gott Schu

mit dem Sohn des Sonnengottes akzeptiert. Beispielsweise sagt
ein hoher königlicher Beamter in einem Gebet, das er an König
Echnaton richtet: »Du bist Schu, ich lebe von deinem Anblick.«

In diesem Sinn trägt der König in seinen offiziellen Inschriften auch Beinamen wie: »der, den Aton erzeugt hat« oder
»schöner Sohn des Aton«. Noch deutlicher ist der Beiname
»Ältester Sohn des Sonnengottes«, der auch für sich allein genommen nur so zu verstehen ist, dass der König sich mit Schu,
dem ältesten Sohn des Sonnengottes, gleichsetzte. Wenn diese
Interpretation richtig ist, sollte man dann nicht die Auffassung
korrigieren, dass Echnatons Religion ein strenger Monotheismus war? Denn wie könnte der König die Rolle des Gottes Schu spielen, ohne gleichzeitig mit der tatsächlichen Existenz eines zweiten Gottes neben Aton zu rechnen?

Duldung des alten Sonnengottes Atum

Nach der Gründung von Amarna änderte der König seinen Namen. Von Geburt an hieß der König wie sein Vater Amunhotep, was bedeutet »(Der Gott) Amun ist zufrieden«; statt Amunhotep ist in der deutschen Ägyptologie die falsche Namensform »Amenophis« üblich. Noch im Jahr der Gründung von Amarna nannte sich der König »Amenophis«; es ist nicht bekannt, wann genau er den Namen Echnaton annahm. Der neue Name bedeutet so viel wie »(Der König ist) nützlich für den Aton: Ech-(e)n-Aton«. Überall wo der alte Name »Amenophis« geschrieben stand, ließ der König seinen neuen Namen darüber setzen.

Es ist eine offene Frage, wann Echnaton den Gott Amun direkt angegriffen hat und die Bildnisse und Namensinschriften dieses Gottes überall zerschlagen und ausmeißeln ließ. Echnatons Beauftragte löschten den Namen des Amun in Tausenden von Inschriften; sie hackten den verfemten Namen an den Tempelwänden von ganz Ägypten aus, drangen in die Gräber der Toten ein, um auch dort den Namen Amun aus den Texten zu tilgen. Sie durchsuchten selbst die Inschriften auf Statuen und kleinen Figuren, um den verhassten Namen auszukratzen, und gingen in die abseits vom Nil in der Wüste liegenden Steinbrüche, um »Amun« in den Inschriften früherer Besucher auszulöschen. Als die ersten Ägyptologen im 19. Jahrhundert daran gingen, die altägyptischen Denkmäler zeitlich zu klassifizieren, richteten sie sich dankbar nach diesen Tilgungsspuren: Waren auf einem Denkmal Name und Bild von Amun getilgt, musste es noch vor Echnatons Zeit entstanden sein. Noch heute stützen sich die Ägyptologen auf diesen untrüglichen Datierungshinweis.

Echnatons Tilgungsaktion beschränkte sich nicht auf den Gott Amun, sondern griff auch auf andere Götter über: In den thebanischen Tempeln des Amun ließ der König die Bildnisse und Namen der meisten anderen Götter entfernen. Es gibt aber auch Ausnahmen: Echnaton verschonte beispielsweise den Gott

Amenophis III. opfert dem sitzenden Atum

Atum, einen alten ägyptischen Sonnengott, eine Nebenform des Sonnengottes Re. Der Kult des Atum war zur Zeit Echnatons bereits seit über einem Jahrtausend in der unterägyptischen Stadt Heliopolis etabliert. Auch die Ägyptologen sind sich darüber einig, dass Echnatons Kult des Sonnengottes Aton auf den Sonnenkult von Heliopolis zurückgeht.

In Heliopolis kam bei einer Ausgrabung das Bruchstück von einem Gefäß mit einer Dekoration zutage, die König Amenophis III., Echnatons Vater, in Verehrung vor dem Gott Atum zeigt.

Der König kniet und opfert dem sitzenden Atum eine Figur der ägyptischen »Wahrheitsgöttin«. Während Figur und Name Atums unbeschädigt sind, haben Echnatons Beauftragte den einen Ringnamen des Königs mit seinem Geburtsnamen Amenophis getilgt, weil er den verfemten Gottesnamen Amun enthielt. Auch in den Reliefs der thebanischen Tempel des Amun verschone Echnaton den Gott Atum. Obwohl die Ägyptolo-

47

Amenophis III. spendet Amun Weihrauch in einer Brandschale.

gen nicht genau wissen, in welcher Weise Echnaton den alten
Sonnengott Atum mit dem jungen Sonnengott Aton verein-
bart hat, sehen sie keinen gravierenden Widerspruch zwischen
einer alleinigen Verehrung des Aton und der gleichzeitigen To-
lerierung des Atum.

Ein Kult für den vergöttlichten Vater von Echnaton

Neue Erkenntnisse vermittelt Susanne Bickels Veröffentlichung
einer Gruppe von Reliefdarstellungen aus dem Totentempel
von Amenophis III. (1997). Auch in diesem Tempel, der dem
Opferkult für seinen toten Vater gewidmet war, ordnete Echnaton an, die Darstellungen und Namen des Amun zu entfernen.

Echnaton ließ die Gestalt des Amun mit den beiden hoch aufragenden Federn auf dem Kopf des Gottes tilgen. Die Arbeiter verdeckten die Hackspuren mit Gipsstuck und schufen in der Stuckfläche ein neues Reliefbild, und zwar von König Amenophis III. selbst. Nach der von Echnaton angeordneten Veränderung war auf dem Relief Amenophis III., der Vater Echnatons, zu sehen, der einem Bild seiner selbst, statt wie vorher Gott Amun, Weihrauch spendet. Aus altägyptischer Sicht ist das kein Widerspruch, denn die an die Stelle von Amun gesetzte Königsfigur kann als vergöttlichte Form von Amenophis III. aufgefasst werden. Noch aus der Lebenszeit von Amenophis III. stammen Reliefs, in denen der König einer vergöttlichten Form seiner selbst Opfer darbringt. Offensichtlich räumte Echnaton seinem Vater den für tote Pharaonen üblichen Status eines Gottes ein.

Auch Echnaton selbst ließ sich von seinen Untertanen als Gott anrufen. In einer Inschrift preist beispielsweise ein königlicher Sekretär seinen Herrn mit folgenden Worten: »Mein Gott, der mich schuf.« Ein anderer Sekretär des Königs steht ihm nicht nach und betet zu Echnaton: »Mein Gott, der mich schuf und meinen Schutzgeist entstehen ließ.« Und der oberste Priester des Aton richtet folgendes Gebet an König Echnaton: »Lob dir, mein Gott, der mich schuf, der mir Gutes bestimmte.« Wie kann man behaupten, Echnaton hätte ausschließlich Aton als Gott anerkannt?

Duldung des Totengottes Osiris

Das von Echnaton geänderte Relief des Totentempels von Amenophis III. bietet aber noch eine weitere Überraschung: Hinter der ursprünglichen Figur des Amun steht ein zweiter Gott: der Totengott Osiris. Hier blieb die Figur des Totengottes unangetastet, während sonst in den thebanischen Tempeln des Amun auch Osiris entfernt wurde. In scheinbarem Widerspruch hierzu verschonte Echnaton den Osiris in den Gräbern der al-

Osiris und vier andere Totengötter

ten Hauptstadt Theben. Ein Beispiel hierfür bietet das gemeinsame Grab der Beamten Neb-Amun und Ipuki, die zur Zeit von Echnatons Vater lebten. Da Neb-Amuns Name mit dem Namen des Gottes Amun zusammengesetzt war, wurde sein Name überall im Grab ausgehackt.

Mit Ausnahme von Amun blieben die Namen anderer Gottheiten erhalten. An einer Stelle findet sich eine Malerei, die einen der Grabbesitzer vor dem Totengott Osiris und vier anderen Totengöttern zeigt. Weder die Figuren noch die Namen dieser fünf Totengötter wurden zur Zeit Echnatons beschädigt oder gar ausgehackt.

Echnaton scheint seinen Untertanen nicht verboten zu haben, den alten Totengott Osiris anzurufen, obwohl er im Totenkult von Amarna keine Rolle spielte und offensichtlich unerwünscht war. Soweit der König für seine Beamten und Höflinge in Amarna Gräber bauen ließ, plante er für sie ein besonderes Jenseits: Die Nacht sollte eine »lebende Seele« im Grab verbringen, am Tag aber die Speisen und Getränke genießen, die der König im Atontempel opferte. Vermutlich wollte der König auch im Jenseits ihre vollständige Abhängigkeit auf-rechterhalten. Die traditionellen Totengötter hätten die Macht gemindert, die Echnaton auch noch über seine toten Höflinge ausüben wollte. Denn von den traditionellen Totengöttern er-wartete man die Versorgung der Toten im Jenseits mit Speisen, Getränken und Kleidern – lauter Dinge, die nur der König zur Verfügung stellen wollte.

Wer nicht zur der vom König abhängigen Elite von Amarna gehörte, musste sich darum den alten Totengöttern – wie Osiris einer war – empfehlen. Aber auch der König selbst ging wohl von der Existenz und Wirksamkeit dieses Totengottes aus, als er die Osiris-Darstellung im Totentempel seines Vaters nicht antastete. In der Wallfahrtsstadt Abydos, dem wichtigsten Kul-tort des Osiris, gab es keine Angriffe auf Osiris. Die aus Ech-natons Zeit bekannten Tilgungen von Namen und Figur des Osiris beschränken sich auf die thebanischen Tempel, in denen dieser Gott gewissermaßen als Gast des Amun auftrat.

Förderung der Kulte von Ptah und Sokar

Über die stillschweigende Duldung eines Gottes wie Osiris ging Echnaton jedoch hinaus, als er im Totentempel seines Vaters eine Figur des Amun aushacken und in den Gott Ptah umarbeiten ließ. Ptah war der Hauptgott von Memphis, der zweiten Landeshauptstadt Ägyptens, südlich vom heutigen Kairo gelegen. Obwohl Ptah nicht in erster Linie für die Toten sorgte, riefen ihn die Ägypter als einen im Jenseits nützlichen Gott an. Als Totengott vereinte sich Ptah mit den Göttern Osiris und Sokar zu einer dreigestaltigen Gottheit Ptah-Osiris-Sokar. Diesen dreigestaltigen Totengott hielt Echnaton für geeignet, im Totentempel seines Vaters abgebildet zu werden.

Man muss also zwingend annehmen, dass Echnaton Ptah, Osiris und Sokar als Götter anerkannte – als Götter, an deren Verehrung ihm persönlich vielleicht nicht viel lag, die er aber im Rahmen des Totenkultes für seinen Vater akzeptierte. Den

Echnatons Vater vor einem Gott und der Göttin Hathor. Als Gott war
ursprünglich Amun dargestellt, aber Echnatons Beauftragte zerhackten
seinen Oberkörper und seinen Kopf mit den hoch aufragenden Federn;
der Unterkörper, ein Schurz und die Beine blieben erhalten. Nach der
Glättung der Hackspuren mit Stuck formten Echnatons Handwerker einen
neuen Oberkörper und setzten den Falkenkopf des Gottes Ptah-Sokar-
Osiris darauf. Darüber schrieben sie Namen des Gottes in Hieroglyphen.

Ägyptologen ist aus Memphis, der zentralen Kultstadt des
Gottes Ptah, zudem keine einzige Tilgung des Abbildes oder
Namens dieses Gottes bekannt. Tilgungen gab es nur in den
thebanischen Tempeln des Amun, sonst nirgendwo in Ägypten.

Echnatons Duldung
der meisten ägyptischen Götter

Es gibt aber auch andere, seit längerem bekannte Beispiele für Götter, die Echnaton nicht verfolgte. So dokumentiert zum Beispiel ein Relief des Tempels von Amada die Verfolgung des Amun bei gleichzeitiger Verschonung des Mondgottes. Der Mondgott Thoth in Gestalt eines Mannes mit Ibiskopf und Mondsymbol führt Thutmosis IV., Echnatons Großvater, vor den Gott Amun. Die Figur des Amun wurde unter Echnaton getilgt und in späterer Zeit restauriert, darum weist die Figur des Gottes teilweise zwei Profillinien auf.

Darstellung und Name des Mondgottes blieben nicht nur

Der Mondgott Thoth mit Ibiskopf und Mondsymbol führt Thutmosis IV., Echnatons Großvater, vor den Gott Amun.

in Amada, sondern in ganz Ägypten verschont. Das gilt insbesondere für Hermopolis, den Hauptkultort des Mondgottes und die nördliche Nachbarstadt von Amarna. Auch aus dem Totentempel Amenophis III. ist jetzt eine Szene bekannt, die den unversehrten Mondgott Thot neben dem von Echnaton getilgten Amun zeigt.

Jedoch nicht nur den Bildnissen von Osiris, Ptah, Hathor und dem Mondgott wurde kein Schaden zugefügt, sondern Echnaton duldete ganz allgemein in seinem Reich die meisten alten ägyptischen Götterkulte – was jedoch nichts an der Tatsache ändert, dass der König die meisten der sonst geduldeten Götter in den thebanischen Tempeln des Amun tilgen ließ. Möglicherweise hat der König durch diese Tilgungsaktion die thebanischen Tempel des Gottes Amun als Kultstätten zerstören und entweihen wollen und dabei die Kränkung anderer Götter in Kauf genommen, gegen die er an ihren eigenen Kultorten jedoch nicht vorgegangen ist.

Echnatons Angriff auf die Gottheiten der 3. und 4. oberägyptischen Provinz

Tilgungen von Namen und Figuren sind in der altägyptischen Geschichte nichts Neues. Meistens wurden Namen und Bildnisse der Beamten und Günstlinge der Könige getilgt, wenn sie in Ungnade fielen. Drei Mal aber kam es in der Geschichte Altägyptens vor, dass ein Gott durch Namenstilgung und Zerstörung seiner Bildnisse magisch vernichtet oder zumindest geschädigt werden sollte: Zunächst vergriff sich Echnaton am Gott Amun, dann widerfuhr als Vergeltung Echnatons Gott Aton das Gleiche.

Einige Jahrhunderte später kam es zu einer Tilgungsaktion der Namen und Bildnisse des Gottes Seth. Dieser Gott galt den alten Ägyptern als stark, unberechenbar, bösartig, ja frevlerisch, tötete er doch seinen eigenen Bruder, den Gott Osiris. Und doch genoss Seth seit Beginn der ägyptischen Geschichte einen Kult, wie es ihm als einem starken, wenn auch gefährlichen Gott gebührte. Warum die Verehrung nach Jahrtausenden in Verfemung umschlug, ist nicht bekannt. Über die Verfolgung des Gottes Seth durch den Sieger Horus, den Sohn des Osiris, heißt es: »Horus zerstörte Seth's Städte und seine Provinzen; er kratzte seine Namen aus in diesem Land, nachdem er seine Statuen in allen Provinzen zerbrochen hatte.«

So ähnlich hätte Echnaton seinen erfolgreichen Kampf gegen Amun schildern können. Aber während die Verfemung des Seth angesichts der bösartigen Natur dieses Gottes verständlich ist, gilt dies nicht für die Verfemung des Amun durch Echnaton, denn Amun war ein wohltätiger Gott: Amun hatte den königlichen Vorfahren Echnatons ihre militärischen Siege verliehen und erhörte die Gebete der Armen. Verfolgt wurden auch die anderen Gottheiten, die wie Amun in der 4. oberägyptischen Provinz beheimatet waren, sowie Nechbet, die Hauptgöttin der südlichen Nachbarprovinz von Theben. Möglicherweise verfolgte Echnaton Thebens Gottheiten, weil sie in engen familiären Beziehungen zu Amun standen. Doch warum ging er gegen die Göttin Nechbet in ihrer eigenen Provinz und in ganz Ägypten vor?

Schon mehr als 1500 Jahre vor Echnaton wurde Nechbet zusammen mit der Göttin Uto als Beschützerin des ägyptischen Königs angerufen. Echnaton ließ aber Uto nicht verfolgen. Ein Beispiel dafür bietet eine Statuengruppe im Museum von Kairo: Ursprünglich saß Echnatons Vater zwischen den Göttinnen Nechbet und Uto, beide in Frauengestalt. Nechbet wurde zu Echnatons Zeit sorgfältig weggemeißelt, während die Figuren des Königs und der Göttin Uto verschont blieben. Allerdings wurde der eine Ringname des Königs getilgt, der den Gottesnamen Amun enthielt.

Nechbet wurde üblicherweise entweder als Frau oder als Geier dargestellt. Sie galt nicht nur als Beschützerin des Königs, sondern verkörperte die Weiße Königskrone, die Krone der oberägyptischen Landeshälfte. Uto zeigte sich als Frau sowie als Geier wie Nechbet, beschützte wie Nechbet den König

und verkörperte die Rote Königskrone, die Krone der unterägyptischen Landeshälfte.

Darstellungen von Uto und Nechbet als Geier kommen in
den Reliefs des Tempels von Amada vor. Ein Relief zeigt einen
königlichen Vorfahren Echnatons unter dem Schutz des Nech-
bet-Geiers und einen anderen unter dem Schutz des Uto-
Geiers. Wie sonst auch ließ Echnaton hier nur den Namen der
Nechbet tilgen, nicht aber ihre Darstellung als Geier. So konnte
der altägyptische Betrachter das namenlose Geierbildnis als
Geier der Uto auffassen. Somit wirkte sich hier die Tilgung
von Nechbets Namen zum Vorteil der Uto aus. Es ist naheliegend anzunehmen, dass Nechbet zugunsten der Uto verfolgt
wurde. Uto galt ja nicht nur als Rote Krone, sondern auch als
Kobraschlange an der Krone von König und Königin. Die
gleiche göttliche Kobra wurde in dem Jahrtausend vor Echnatons Thronbesteigung als Partnerin des Sonnengottes Re verehrt, die ihren Herrn mit ihrem Feueratem schützte.

Solange die Ägyptologen von Echnatons Monotheismus
überzeugt waren, konnten sie die Kobra an der Aton-Scheibe
als symbolische Dekoration erklären, statt in ihr eine göttliche
Gestalt zu sehen. Aber wenn Echnaton kein Monotheist war,
dann kann für ihn die Kobra an der Aton-Scheibe das Gleiche
bedeutet haben, was sie schon lange vor seiner Zeit bedeutete –
nämlich Uto, die göttliche Partnerin des Sonnengottes.

Durch die Verfolgung der Geiergöttin Nechbet hat Echnaton wohl versucht, den Status der Kobragöttin zu erhöhen, indem er ihr die Rolle der einzigen Beschützerin des Königs
verschaffte. Aus Echnatons Zeit sind keine Texte mit Aussagen
über die Kobra überliefert, aber unbeschriftete Fundstücke
helfen weiter. Während der König in Amarna nur den Sonnengott verehrte, brachten nicht wenige Stadtbewohner einer
anderen Gottheit Opfer dar, und zwar einer Kobra. Mehrere
Dutzend kleine Tonfiguren aus den Wohnhäusern von Amarna
stellen eine Kobra dar, manchmal mit einem Opferständer davor. Galt dieser Kult der Kobra an der von Echnaton verehrten
Sonnenscheibe? Da aber solche Figuren auch bei Ausgrabun-

gen außerhalb von Amarna zutage gekommen sind, handelt es sich möglicherweise um eine andere ägyptische Schlangengottheit.

Tilgungen des Wortes »Götter«

Nach James Henry Breasted, der sich auf die allgemeinen Tilgungen von Götternamen in den thebanischen Tempeln stützte, ist der Angriff auf Amun nur ein besonders auffallender Aspekt in Echnatons Kampf gegen den Polytheismus: »Auch das Wort ›Götter‹ wurde als ein ketzerischer Plural fortgemeißelt, und die Namen der Götter erfuhren dieselbe Behandlung wie der Name Amun.« Echnatons Anhänger sind aber auch in die thebanischen Privatgräber eingedrungen, wo sie nur den Namen von Amun tilgten, die Namen der anderen Götter jedoch nicht. Wenn aber die individuellen Namen der Götter nicht getilgt wurden, wie könnte dann Breasteds allgemeine Aussage stimmen, dass Echnaton das Wort »Götter« als ketzerischen Plural wegmeißeln ließ?

Es gibt in der Tat viele Tilgungen des Wortes »Götter«. In einem Relief des Tempels von Amada bringt ein Vorgänger Echnatons dem Amun ein Opfer dar. Die Gestalt des Amun wurde zu Echnatons Zeit ausgehackt, desgleichen die Beischrift zu Amun, die ihn als »König der Götter« bezeichnet. Breasted zufolge bezog sich die Tilgung auf den Plural »Götter«. Im Widerspruch dazu steht jedoch die Tatsache, dass über der Königsfigur der Titel »Fürsorger aller Götter« steht und hier der Plural »Götter« nicht getilgt ist.

In einem anderen Relief in Amada empfängt einer der königlichen Vorfahren Echnatons die Lebenshieroglyphe aus Amuns Hand (Abb. S. 58). Die Gestalt des Amun wurde zu Echnatons Zeit ausgehackt und später restauriert. Links ist noch einmal der König zu sehen, der ein Opfer darbringt und den Titel »Fürsorger aller Götter« trägt. Wie in gleichartigen Fällen wurde auch hier der Plural »Götter« nicht angetastet,

Ein Vorfahre Echnatons empfängt die Lebenshieroglyphe
aus Amuns Hand.

obwohl unmittelbar daneben Name und Titel des Amun getilgt wurden.

Im Tempel von Amada wurde der Plural »Götter« meistens
nur in Amuns Titel »König der Götter« getilgt; an allen anderen Stellen haben Echnatons Getreue ihn belassen. So wurde
beispielsweise in einer Inschrift mit dem Wortlaut »Amun-Re,
König der Götter« nur »Amun« getilgt, so dass nach der Tilgung eine Aussage über den Status des Sonnengottes übrig
blieb: »Re, König der Götter«. In einem anderen Fall lautete
die Inschrift vor der Tilgung »Amun-Re, Oberhaupt der Götter, Herr des Himmels«. Nur der Name Amun wurde entfernt,
so dass sich dann nur eine Aussage über den Sonnengott ergab: »Re, Oberhaupt der Götter, Herr des Himmels«.

Aus zahlreichen Belegen kann man also folgern, dass Echnaton nicht gegen die Idee von vielen Gottheiten vorging, sondern gegen die Anmaßung des Amun, der »König der Götter« zu sein. Bei Echnatons Thronbesteigung kam der Status des Amun dem des Sonnengottes gleich. Da aber Echnaton dem Sonnengott unbedingten Vorrang einräumen wollte, konnte er einem Konflikt mit Amun kaum ausweichen.

Echnatons religionspolitisches Ziel

Es ist irrig anzunehmen, dass Echnaton gegen Amun vorging, um die Priesterschaft des Amun zu treffen, die ihn zu bevormunden suchte. In Echnatons Epoche gab es keine ägyptische Priesterkaste, keinen altägyptischen Klerus, der versucht hätte, dem Pharao als weltlichem Herrscher vorzuschreiben, was er tun sollte. Der Konflikt zwischen König Echnaton und dem Gott Amun war kein Vorläufer des späteren Kampfes zwischen Kaiser und Papst. Wenn man die Verfolgung des Gottes Amun aus einem antiklerikalen Vorurteil heraus erklären wollte, fiele man einem grundlegenden Missverständnis des pharaonischen Staates zum Opfer, denn der weltliche und der geistliche Herrscher standen sich in Altägypten nicht konkurrierend gegenüber wie später im feudalistischen Europa. Der Pharao war eher Kaiser und Papst in einer Person. Diese Charakterisierung gilt für die Pharaonen vor und nach Echnaton und für Echnaton selbst in gesteigerter Weise: Tausende von Reliefs zeigen König Echnaton als obersten Priester des Sonnengottes, wie er seinem Gott Opfer darbringt. Wenn in diesen Reliefs überhaupt ein Priester dargestellt ist, dann nur als unbedeutender Gehilfe des Königs. Hinter dem König steht in der Regel die Hauptgemahlin Nofretete, die gleichfalls opfert, während eine Prinzessin die Opferhandlung mit ihrer Rassel musikalisch begleitet. Da Echnaton Nofretete zu einem bis dahin für eine Gemahlin des Königs unerhörten Rang erhöht hat, wird sie zuweilen als eine Art Mitregentin Echnatons betrachtet.

Ungeachtet der Kultstadt Amarna und der verwüsteten Tempel von Theben bestanden die Götterkulte in den anderen Teilen Ägyptens unbehelligt fort. Daraus folgt also nicht, dass Echnaton ein Monotheist war, sondern dass er der traditionellen altägyptischen Vielgötterei eine neue Gestalt gegeben hat. Das Besondere an diesem religiösen System war der gleichsam königliche Status, den Echnaton für den Sonnengott sowie für die Kobraschlange, die Partnerin des Sonnengottes, durchgesetzt hat. Es sieht so aus, als hätte Echnaton Amun wie einen politischen Gegner bekämpft, weil dieser als bisheriger »Götterkönig« ein Rivale des Sonnengottes war. Die göttliche Familie des Amun teilte das Schicksal ihres Vorstehers. Aus einem ähnlichen Grund scheint Echnaton die Göttin Nechbet beseitigt zu haben, weil sie als Beschützerin des Königs mit der Kobragöttin Uto rivalisierte. Alle anderen Gottheiten bedrohten wohl aus Echnatons Sicht den königlichen Status des Sonnengottes nicht.

Auch in der Götterwelt wollte der König die gleichen Rangstellungen schaffen wie in seinem weltlichen Reich für sich und seine Hauptgemahlin. Als er für den Sonnengott und die Kobragöttin einen monopolistischen Status durchsetzte, schuf er ein religiöses Vorbild für seine eigene unumschränkte Königsmacht, die er mit seiner Hauptgemahlin Nofretete teilte.

Die Aton- und die Jahwe-Religion

Im Sinne Freuds könnte man wegen der Verengung des Kultes auf einen einzigen Gott, der als Weltschöpfer gilt, eine Verwandtschaft zwischen dem Sonnenkult Echnatons und der jüdischen Religion vermuten. Aber bei näherer Betrachtung zeigt sich, dass Echnaton den Sonnengott zwar in exklusiver Weise in der eigens für den Gott erbauten Stadt Amarna verehrte, gleichzeitig aber außerhalb von Amarna die Kulte der meisten anderen Götter Ägyptens tolerierte. Die Behauptung von Echnatons Monotheismus ist darum hinfällig. Als Freud den mosaischen Monotheismus aus dem Monotheismus Echnatons abgeleitet hat, ist er von einer nicht vorhandenen historischen Voraussetzung ausgegangen.

Auch die Inhalte der beiden von Freud verglichenen Religionen weisen kaum Ähnlichkeiten auf. Der Ägyptologe Donald B. Redford, der in den 1980er Jahren die Ruinen von Echnatons Sonnentempeln in Theben fand, hat die inhaltlichen Unterschiede zwischen Echnatons Aton-Kult und der biblischen Religion aufgelistet: Echnatons Gott ist zwar der Weltschöpfer, vor allem aber ist Echnatons Gott der Sonnengott – der biblische Gott Jahwe ist hingegen zwar Weltschöpfer, jedoch kein Sonnengott. Aton war in erster Linie ein himmlischer König; zwar hat auch Jahwe königliche Eigenschaften, aber diese sind sekundär. Aton erscheint immer zusammen mit seinem »Sohn« Echnaton, während es keinen irdischen Halbgott als Stellvertreter Jahwes gibt. Die Grundlage von Echnatons Ideologie ist die vom König aufrechterhaltene richtige soziale Ordnung. Jahwe dagegen stellt an seine Anhänger zwei Forderungen, die sich mit Echnatons Lehre nicht überschneiden: eine ethische Lebensführung und die Einhaltung kultischzeremonieller Vorschriften. Angesichts dieser Unterschiede ist es ausgeschlossen, dass hinter dem von Moses gepredigten biblischen Gott der von Echnaton verehrte Sonnengott steht.

Ein Detail, in dem sich Echnatons Gott und der biblische Gott unterscheiden, hebt Redford besonders hervor: Die ägyptischen Götter nehmen sich des Menschen, der sie anruft, an: »Amun hörte auf die Gebete dessen, der zu ihm rief; er war der Anwalt der sozial Schwachen, und er war der Minister des armen Mannes.« Diese Fürsorglichkeit, die auch den biblischen Gott auszeichnet, ist ein hervorstechendes Merkmal der ägyptischen Götter – ein Merkmal, das jedoch bei Echnatons Sonnengott fehlt. Stattdessen beansprucht Echnaton eine Mittlerrolle zwischen seinen Untertanen und dem Sonnengott. Redford zufolge wird Echnatons Religion zu einem sterilen Staatskult, der dazu dient, den absoluten Herrschaftsanspruch des Königs ideologisch zu untermauern.

Dieser Staatskult war aber nicht unpersönlich, denn im Mittelpunkt stand Echnaton als halbgöttlicher König und Mittler zwischen dem Weltschöpfer und den Menschen. Wenn man den Bildern und Texten in den Gräbern der hohen Beamten in Amarna Glauben schenken will, dann fühlten sie sich persönlich an Echnaton als König und Mittler zum Sonnengott gebunden. Die biblische Religion gründet hingegen auf der unmittelbaren Beziehung zwischen Gott und den einzelnen Angehörigen des israelitischen Volkes.

Aber auch wenn Echnatons kultisch-politisches System nicht das Vorbild der biblisch-mosaischen Religion gewesen sein kann, ist ein anderes altägyptisches Vorbild nicht ohne weiteres auszuschließen. Denn Berichten aus der griechisch-römischen Antike zufolge war Moses ein aus Ägypten ausgewanderter oder vertriebener Priester, der den Juden eine altägyptische religiöse Lehre übermittelte.

Moses, ein aussätziger ägyptischer Priester?

Berichte griechischer Autoren über
Moses und die Juden

Zur Zeit des römischen Kaisers Augustus verfasste der Geograph Strabon eine *Erdbeschreibung*. Im Kapitel über Land und Leute in Syrien kommt Strabon auf die Juden und ihre aus der Sicht der Griechen und Römer abergläubischen Sitten – wie Speiseverbote, Beschneidung und andere merkwürdige Vorschriften – zu sprechen. Aber, so versichert Strabon seinen Lesern, in der ursprünglich reinen Lehre des Moses sei von diesem Aberglauben keine Rede gewesen: Moses war ein ägyptischer Priester, der sein Heimatland aus religiöser Unzufriedenheit verlassen hatte und zusammen mit vielen gleichgesinnten Ägyptern nach Judäa ausgewandert war. Strabon zufolge soll dieser ägyptische Moses gelehrt haben, dass Gott jenes eine Wesen sei, das uns alle und Erde und Meer umfasst. Da kein Bild diese Gottheit wiedergeben könne, müsse man jegliche Bildnismacherei unterlassen und die Gottheit ohne Bild verehren. Denn nur ein Leben in Gerechtigkeit und Tugend bringe den Menschen Gott nahe. Erst spätere Generationen der Juden seien von dieser reinen Lehre abgefallen.

Strabons Schilderung entspricht durchaus den Vorstellungen Freuds über die Lehre, die Echnatons Jünger Moses den Juden übermittelte, die Lehre von einem allmächtigen Gott, der, »allem Zeremoniell und Zauber abhold, den Menschen ein Leben in Wahrheit und Gerechtigkeit zum höchsten Ziel setzte«. Freud mag sich wohl getäuscht haben, als er meinte, dass die biblische Religion aus Echnatons Sonnenstadt Amarna zu den Juden gewandert sei. Hat aber vielleicht ein ägyptischer Priester namens Moses den Juden zwar nicht Echnatons Lehre, sondern eine andere, ähnliche ägyptische Religionslehre vermittelt?

Die Griechen und Römer kannten aber noch andere Berichte über den jüdischen Religionsstifter, die folgendermaßen resümiert werden können: »Moses war ein ägyptischer Priester. Da er wegen einer kultisch unrein machenden Hautkrankheit aus seiner Priesterstelle vertrieben wurde, erfüllte ihn unbändiger Hass gegen die Menschheit, und er verkehrte alle in Ägypten bestehenden Gesetze in ihr Gegenteil.« Das wäre freilich eine ganz andere Geschichte als diejenige, die Strabon seinen Lesern aufgetischt hat. Freud kannte zwar die Sagen, die Moses und die von ihm angeführten Juden als Aussätzige schildern, maß ihnen aber keinen geschichtlichen Wert bei und begnügte sich mit einer psychologischen Deutung. Die Schmähung der Juden als »Aussätzige« legte er als eine Projektion aus: »Die Juden halten sich von uns Nicht-Juden so fern, als ob wir Aussätzige wären.«

Die Aussätzigen-Sage findet man bei verschiedenen Schriftstellern der griechisch-römischen Antike. Der genaue Zeitpunkt ihrer Entstehung ist nicht bekannt, die älteste sicher datierte Fassung ist in einem auf das Jahr 134 v. Chr. zurückgehenden Bericht enthalten, als der seleukidische König Antiochos VII. die gegen ihn aufständische Stadt Jerusalem belagerte. Damals gaben die »Freunde des Königs«, die Männer in der engsten Umgebung des Herrschers, den Rat, Jerusalem zu erstürmen und das Volk der Juden zu vernichten. Ferner erzählten die Ratgeber, wie die Vorfahren der Juden in alter Zeit aus Ägypten vertrieben worden waren. Die Ägypter versammelten alle Personen mit weißen oder leprösen Flecken am Körper und trieben sie über die Grenze, um das Land von jenen Einwohnern zu reinigen, die unter einem göttlichen Fluch standen. Die aus Ägypten Vertriebenen nahmen das Gebiet um Jerusalem in Besitz, organisierten sich als jüdische Nation und machten später aus ihrem Hass auf die Menschheit eine Tradition. Wie der Vorwurf lautete, pflegten die Juden keine Tischgemeinschaft mit Angehörigen fremder Völker, noch erwiesen sie Fremden irgendeinen guten Willen.

Drangen die Kinder Israel als Eroberer in Ägypten ein?

Über zweihundert Jahre nach der Belagerung Jerusalems durch Antiochos VII. hat der jüdische Geschichtsschreiber Josephus Flavius die ihm bekannten Sagen über die ägyptisch-jüdischen Aussätzigen in seinem Buch *Über das hohe Alter der jüdischen Nation* (auch unter dem Titel *Gegen Apion, Contra Apionem* bekannt) zusammengetragen und kritisiert. Apion war ein führender Antisemit in Alexandria, der damaligen Hauptstadt Ägyptens, wo es in dem Jahrhundert vor und nach Christi Geburt immer wieder zu gewalttätigen Auseinandersetzungen zwischen den griechischen und jüdischen Stadtbewohnern kam. Apions antisemitische Schriften erfreuten sich lange Zeit großer Beliebtheit. Daher war es für Josephus Flavius noch Jahrzehnte nach Apions Tod sinnvoll, eine Schrift gegen die antisemitischen Angriffe des Alexandriners zu verfassen.

Die detailreichste Schilderung, wie die aussätzigen Vorfahren der Juden Ägypten verwüsteten, fand Josephus Flavius in Manethos *Geschichte Ägyptens*. Manetho war ein ägyptischer Priester, der um das Jahr 280 v. Chr. historisch bezeugt ist, rund zwei Generationen nach der Eroberung Ägyptens durch Alexander den Großen. Er arbeitete mit den neuen griechischen Herren zusammen. Als König Ptolemaios I. in Alexandria den neu geschaffenen Kult des Gottes Serapis einführte, gehörte Manetho zu seinen Beratern. Manetho verfasste verschiedene Bücher in griechischer Sprache. Seine *Geschichte Ägyptens* scheint aber die Aufmerksamkeit der Zeitgenossen nicht erregt zu haben. Josephus Flavius zitierte daraus als erster vierhundert Jahre später.

In Manethos *Geschichte Ägyptens* las Josephus Flavius, dass in sehr alter Zeit ein »Hyksos« genanntes Volk unerwartet aus Asien nach Ägypten eindrang, die Städte verbrannte, die Göttertempel dem Erdboden gleichmachte und in grausamer Weise mit allen Einheimischen verfuhr. Salitis, der König der Eindringlinge, soll das Land von Memphis aus, der damaligen

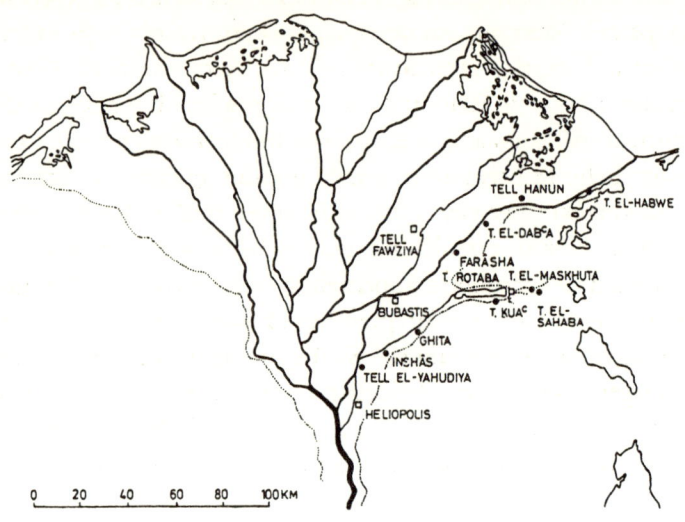

Kanaanäische Fundorte im Nildelta
• sichere Fundorte
□ unsichere Fundorte

Hauptstadt Ägyptens, regiert, als östliche Grenzfestung die ägyptische Stadt Avaris gewählt, mit starken Mauern befestigt und 240 000 Krieger als Garnison dort stationiert haben.

Wie verlässlich ist diese Schilderung, die Josephus Flavius von Manetho übernommen hat? Der Name Salitis ist beispielsweise bisher archäologisch nicht nachgewiesen. Doch sind wirklich seit 1800 v. Chr. Menschen aus Kanaan-Palästina nach Ägypten eingewandert? Die eingewanderten Kanaanäer sind an den Waffen, die man in ihren Gräbern in Ägypten findet, wiederzuerkennen; die gleichen Waffen sind auch aus zeitgleichen Funden in Kanaan bekannt. Die Einwanderer ließen sich am Ostrand des Nildeltas nieder, vor allem in der ägyptischen Stadt Avaris, wo seit den 60er Jahren Österreicher unter der Leitung des Ägyptologen Manfred Bietak mit außerordentlichem Erfolg graben.

Um 1650 v. Chr. gelang es den Einwanderern, die ägyptische Hauptstadt Memphis zu besetzen und ein Reich zu gründen, das ganz Unterägypten umfasste und zeitweise nach Oberägypten übergriff. Während dieser Herrschaft blieb Avaris das Zentrum der kanaanäischen Ansiedlung. Der allgemeine geschichtliche Hintergrund von Manethos Hyksos-Bericht ist somit korrekt, aber vieles, was er über die Eroberung Ägyptens durch die Hyksos erzählt, ist fragwürdig. Die angeblichen Grausamkeiten der Eroberer scheinen spätere Ausschmückungen zu sein, denn aus dem Ägypten der Hyksos-Zeit sind den Archäologen keine verbrannten Städte und keine dem Erdboden gleichgemachte Tempel bekannt. Und eine Stadtgarnison von 240 000 Kriegern, wie sie der Erobererkönig Salitis in Avaris einquartiert haben soll, ist in alter und neuer Zeit nahezu unmöglich.

Zu berücksichtigen ist außerdem, dass lange Passagen der von Josephus Flavius aus Manetho mitgeteilten Texte als gefälschte Zusätze gelten. Hinzu kommt, dass schon im 19. Jahrhundert einige Wissenschaftler bezweifelten, dass Manetho tatsächlich eine Geschichte Ägyptens geschrieben hat. Es ist doch bedenklich, dass griechische und römische Geschichtsschreiber zwar gelegentlich Manetho und gewisse von ihm stammende Schriften nennen, aber nie eine von Manetho verfasste *Geschichte Ägyptens*.

Es ist also möglich, dass Josephus Flavius auf einen gefälschten Manetho hereingefallen ist. Für eine Fälschung spricht etwa, dass Josephus Flavius aus »Manetho« mitteilt, die Ägypter hätten das fremde Eroberervolk »Hyksos« genannt. Es gab zwar ein ägyptisches Wort »Hyksos«, aber die Ägypter meinten damit nicht das kanaanäische Eroberervolk, sondern einzelne Fremdherrscher. Als Manetho lebte, war die Bezeichnung »Hyksos« für einen fremden Herrscher gang und gäbe. Noch lange nach Manetho benutzten die Ägypter den Titel »Hyksos« für ihre griechischen oder römischen Fremdherrscher. Sollte der geschichtliche Manetho die Bedeutung des Wortes »Hyksos« nicht gekannt haben?

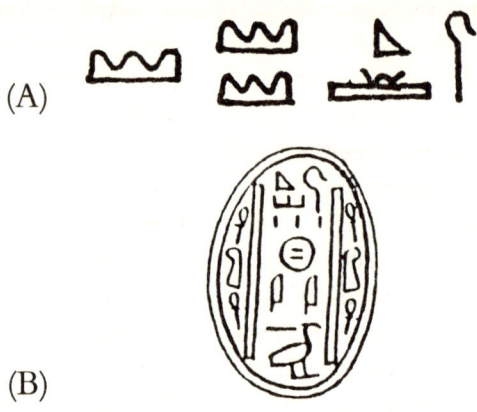

(A) Der Hyksos-Titel von Philipp Arrhidaios (Urk. II,9) aus griechischer Zeit; (B) der gleiche Titel, den der kanaanäische Fremdherrscher Chajan etwa 1250 Jahre früher, in der Hyksos-Zeit, führte. (Quelle: Petrie, 1905)

Beispielsweise ehrten Manethos ägyptische Schreiberkollegen Philipp Arrhidaios, den Halbbruder Alexanders des Großen, unter anderem mit dem Titel eines »Herrschers der Fremdländer«.

Die Hieroglyphen werden von rechts nach links gelesen. Das Zeichen des Krummstabes in A genügt, um das Wort »hyk« (Herrscher) zu schreiben; bei den folgenden Hieroglyphen handelt es sich lediglich um ergänzende Zeichen. Die drei Hügel-Hieroglyphen verdeutlichen den Plural »sos« (Fremdländer). (B) bietet den gleichen Titel. Das Hügelzeichen ist in (B) nur einmal geschrieben, aber darunter stehen drei Striche, was bedeutet, dass das Hügelzeichen als Mehrzahl zu verstehen ist.

Josephus Flavius behauptet, er habe bei Manetho zwei Übersetzungen für das Wort »Hyksos« gefunden. In einem Exemplar von Manethos Buch soll die Übersetzung »Königshirten«; in einem anderen soll sie »Gefangenen-Hirten« lauten. Das in »Hyk-sos« enthaltene »sos« hat eine entfernte Ähnlichkeit mit dem ägyptischen Wort für »Hirte«; »Hyk« wiederum klingt ähnlich wie ägyptisch »Beute«. So können die falschen Übertragungen »Königs-Hirten« und »Gefangenen-Hirten« zustande gekommen sein.

An den falschen Worterklärungen fand Josephus Flavius Gefallen, denn er konnte daraus ableiten, dass es sich bei den Hyksos um niemand anderen handelte als die zur Zeit des biblischen Erzvaters Joseph nach Ägypten eingewanderten Israeliten. Insbesondere in der Übersetzung »Gefangenen-Hirten« wollte Josephus Flavius ein überzeugendes Argument für die ihm genehme Gleichsetzung erkennen. Josephus Flavius erinnerte seine Leser daran, unter welchen Umständen die 70-köpfige Sippe Israel zur Zeit Josephs nach Ägypten kam: »Denn Joseph, unser Ahn, sagte dem König von Ägypten, er wäre ein Gefangener und später rief er mit des Königs Zustimmung seine Brüder nach Ägypten.« Und weil diese ältesten Vorfahren der Juden Schafe hielten und als Nomaden lebten, konnte man sie wohl auch als Hirten bezeichnen.

Immerhin hat Josephus Flavius seinen Lesern gegenüber durchblicken lassen, dass Manethos Bericht über die Herrschaft der Hyksos in Ägypten nicht mit der biblischen Geschichte vom gastweisen Aufenthalt der 70-köpfigen israelitischen Hirtensippe in Ägypten übereinstimmt. Aber wenn ein ägyptischer Geschichtsschreiber wie Manetho sich nicht scheute, den Aufenthalt der Kinder Israel als israelitische Herrschaft über Ägypten aufzufassen, musste Josephus Flavius sich nicht aufgefordert fühlen, diesen Fehler zu korrigieren.

Gründeten die aus Ägypten vertriebenen Hyksos Jerusalem?

Eine in Oberägypten ausgebrochene Empörung führte das Ende der Hyksos-Herrschaft herbei. Nach langen Kämpfen eroberte König Ahmose, der über die oberägyptische Stadt Theben herrschte, Avaris (heute Tell el Dab'a), die Hauptstadt der Hyksos, und setzte der kanaanäischen Fremdherrschaft ein Ende. Es stimmt darum nicht mit der Geschichte überein, wenn

Josephus Flavius im Anschluss an die von ihm benutzte Fassung des »Manetho« erzählt, dass König Misphragmuthoses und sein Sohn Thutmoses den endgültigen Sieg über die Hyksos errungen hätten. In dem verballhornten Namen Misphragmuthoses sind der Thronname Mesphre und der damit zusammen geschriebene Geburtsname Thutmoses zu erkennen, die beiden Namen jenes Pharaos, der heute als Thutmoses III. bekannt ist. Als Thutmoses III. im Jahre 1479 v. Chr. König wurde, lag der unter Pharao Ahmose errungene Sieg über die Hyksos schon über ein halbes Jahrhundert zurück. In geschichtsfälschender Weise zitiert Josephus Flavius dagegen aus dem ihm vorliegenden »Manetho«, dass König Misphragmuthoses die Hyksos im Gebiet von Avaris zusammentrieb und sein Sohn Thutmoses die befestigte Stadt belagerte. Da Thutmoses die Stadt nicht einnehmen konnte, sah er sich zu einem Vertrag mit den Belagerten gezwungen. Aufgrund des Vertrags verließen 240 000 Hyksos die Stadt Avaris, wanderten durch die Wüste in das Land, das heute Judäa heißt, und erbauten dort die Stadt Jerusalem.

Josephus Flavius hat diese phantastische Erfindung um das Jahr 100 n. Chr. aus »Manetho« übernommen. Aber noch ein halbes Jahrhundert früher wusste der Antisemit Apion, dass Pharao Ahmose die Stadt Avaris zerstört hatte. Apion berief sich dabei auf die *Geschichte Ägyptens,* deren Verfasser ein gewisser Ptolemäus von Mendes war. Was Josephus Flavius seiner Manetho-Vorlage entnahm, ist daher eine Geschichtsfälschung, die aus der Zeit zwischen 50 und 100 n. Chr. stammt.

Josephus Flavius lag nichts daran, die geschichtliche Zuverlässigkeit seiner Manetho-Vorlage in Frage zu stellen, denn dort fand er einen Beleg für das von griechischen Antisemiten wie Apion angezweifelte hohe Alter des jüdischen Volkes. Die Antisemiten bestritten dieses hohe Alter, weil die alten griechischen Dichter – angefangen mit Homer – nichts von einem Volk der Juden wissen. Und noch Herodot nennt die Juden nicht beim Namen, obwohl er über Palästina und die Syrer in Palästina spricht. Josephus Flavius jedoch entnahm der ihm vorliegenden Fassung des Manetho, dass die Hyksos nach ihrer Vertreibung aus Ägypten – also rund ein Jahrtausend vor Homer! – Jerusalem gründeten.

Josephus Flavius scheint nicht daran zu zweifeln, dass Manetho mit den Hyksos die biblischen Israeliten meinte. Einem Juden gegenüber hätte er wohl zugegeben, dass seine Beweisführung falsch war. Die Bibel lässt keinen Zweifel daran, dass es die einheimischen Kanaanäer waren, die Jerusalem gründeten, und nicht die aus Ägypten eingewanderten Israeliten. Einem heidnischen Leser aber, der die Bibel nicht kannte und in dessen Vorstellung Jerusalem die jüdische Stadt par excellence war, musste das von Josephus Flavius vorgebrachte Argument einleuchten.

Sind die aus Ägypten vertriebenen Hyksos mit den Kindern Israel identisch?

Aber nicht nur Josephus Flavius ist auf den gefälschten Manetho hereingefallen, sondern auch ein moderner Historiker wie Donald Redford, der scharfe Kritiker von Echnatons Ideologie. Im Anschluss an den gefälschten Manetho hat sich Redford ausgemalt, dass die in Avaris belagerten Hyksos vor Pharao Ahmose kapitulierten, einige jedoch über die Halbinsel Sinai nach Scharuhen flüchten konnten. Die Hafenstadt Scharuhen lag unweit vom heutigen Gaza, und Ahmose hat auch diese Stadt angegriffen und erobert. Redford zufolge erzählten sich die Kanaanäer Sagen über Aufstieg, Fall und Vertreibung der Hyksos, ein biblischer Dichter griff später diese Sagen auf und machte daraus die Legende vom Auszug der Kinder Israel aus Ägypten.

Wenn es tatsächlich eine Flucht der Hyksos gegeben hätte, dürfte man mit Redford spekulieren, ob das Schicksal der Hyksos das Vorbild für die biblische Legende vom Auszug der Israeliten aus Ägypten widerspiegelt. Tatsache ist jedoch, dass es für eine Abwanderung der besiegten Hyksos aus Ägypten keine Belege gibt. Von der Eroberung von Avaris, der Hauptstadt der Hyksos, weiß man durch eine Inschrift im Grab eines ägyptischen Schiffsoffiziers, der lakonisch berichtet: »Avaris wurde genommen. Ich brachte von dort Beute: 1 Mann und 3 Frauen, zusammen 4 Köpfe. Sie wurden mir (vom ägyptischen König) zu Sklaven gegeben.« Ferner existiert eine bronzene Speerspitze aus der in Avaris gemachten Beute. Wahrscheinlich hat der siegreiche König Ahmose dieses Beutestück als Weihegabe einem Tempel gestiftet. Neben dem Namen des Königs steht die eingravierte Notiz, der König habe die Speerspitze von seinen Siegen in Avaris mitgebracht.

In diesen Inschriften ist nur von der Eroberung, jedoch nicht von der Kapitulation der belagerten Stadt Avaris die Rede. Andere zeitgenössische Inschriften, die über die Eroberung von Avaris informieren könnten, existieren nicht. Die kanaanäischen Soldaten der Hyksos, die von Ahmoses Kriegern nicht erschlagen wurden, blieben vermutlich als kriegsgefangene Sklaven in Ägypten.

Der Schiffsoffizier, der an der Eroberung von Avaris teilgenommen hat, berichtet anschließend noch über die Eroberung der Stadt Scharuhen im südlichen Kanaan: »Man belagerte Scharuhen drei Jahre. Seine Majestät nahm es. Ich brachte Beute von dort: 2 Frauen, 1 Hand. Mir wurde ›Gold der Tapferkeit‹ verliehen, und es wurde mir die Beute zu Sklaven gegeben.«

Es ist strittig, ob die Stadt Scharuhen zum Reich der Hyksos gehörte oder politisch selbstständig war. Ägyptische Texte berichten jedenfalls nicht über Flüchtlinge aus Avaris, die in Scharuhen Schutz gesucht hätten. Wenn sich keine aus Ägypten flüchtenden und vertriebenen Hyksos bzw. Kanaanäer nachweisen lassen, wie kann man dann vermuten, dass in Kanaan Sagen über Flucht und Vertreibung der Hyksos weiterlebten, bis ein biblischer Dichter daran anknüpfte? Als Redford die biblische Exoduserzählung auf eine Sage über die Hyksos zurückführte, folgte er jenem Geschichtsklitterer, der seine Fälschung unter Manethos Namen verbreitete, auf die schon Josephus Flavius hereinfiel.

Moses – ein ägyptischer Priester namens Osarsef

Warum aber erfand der Geschichtsklitterer die Abwanderung der in Avaris belagerten Kanaanäer? Warum berichtete er nicht im Sinn der tatsächlichen politischen und militärischen Geschichte über die Eroberung dieser Stadt und die Vernichtung der kanaanäischen Fremdherrschaft? Die Antwort auf diese Frage bietet Manetho, so wie Josephus Flavius ihn abgeschrieben hat: Der Geschichtsklitterer hat die Abwanderung der Hyksos nach Asien sowie die Gründung von Jerusalem erfunden, um später über ein Bündnis zwischen den Nachkommen der Hyksos und sagenhaften aussätzigen Ägyptern erzählen zu können. Denn in späteren Jahren sollen aussätzige Ägypter die Nachkommen der Hyksos zu Hilfe gerufen haben, um eine gemeinsame Schreckensherrschaft über Ägypten zu errichten.

Der Geschichtsklitterer behauptet nicht, dass die Nachrichten über die Aussätzigen in den offiziellen ägyptischen Geschichtsquellen stehen. Vielmehr sagt er ausdrücklich, er würde mündlich tradierte Sagen weitergeben. Diesen Sagen zufolge lebte eine Generation nach der Vertreibung der Hyksos ein König namens Amenophis, der den Wunsch hegte, die Götter zu sehen. Offensichtlich hielten sich die Götter damals verborgen und infolge fehlender göttlicher Zuwendung ging es dem Land Ägypten schlecht. König Amenophis suchte Rat bei einem weisen Mann, der gleichfalls Amenophis hieß, mit Beinamen aber Sohn des Pa-apis. Bei diesem Namensvetter des Königs handelt es sich um Amenophis, genannt Sohn des Hapu, einen Zeitgenossen von Echnatons Vater Amenophis III. Schon zu seinen Lebzeiten genoss der weise Amenophis außerordentlichen Ruhm, und noch über ein Jahrtausend nach seinem Tod erwiesen ihm die Ägypter göttliche Ehren.

Der weise Amenophis riet König Amenophis, das Land von den Aussätzigen und anderen unreinen Menschen zu reinigen; danach würden sich die Götter wieder zeigen. Also versammelte der König alle durch Aussatz und andere Unreinheiten befleckten Ägypter, darunter auch Priester. Allerdings vertrieb der König die Unreinen nicht aus Ägypten, sondern steckte sie zur Schwerarbeit in die Steinbrüche östlich vom Nil.

So hatte sich aber der weise Amenophis die Reinigung des Landes nicht vorgestellt. Ihn ergriff die Furcht, der göttliche Zorn könne ihn und König Amenophis treffen, wenn die Götter die Misshandlung der Kranken bemerkten. Erst jetzt sah der weise Amenophis voraus, dass sich Verbündete zu den unreinen Ägyptern gesellen und gemeinsam dreizehn Jahre lang von Ägypten Besitz ergreifen würden. Da er nicht wagte, dem König diese Prophezeiung der Zukunft persönlich mitzuteilen, schrieb er alles in ein Buch und nahm sich darauf das Leben. Als der König diese Weissagung las, überkam ihn tiefe Verzweiflung.

Nachdem sie aber lange genug in den Steinbrüchen schwer gearbeitet hatten, flehten die unreinen Ägypter den König um eine bleibende Wohnstätte an. Dieser gestattete ihnen, sich in Avaris, der alten Festung der Hyksos, niederzulassen. Über diese unkluge Handlungsweise des Königs ereiferte sich bereits Josephus Flavius, aber sie erklärt sich aus der Ungeschicklichkeit des Geschichtsklitterers, dem nichts Besseres eingefallen ist, um die unreinen Ägypter und die Hyksos erzählerisch miteinander zu verknüpfen.

Noch bevor es zu einem Kontakt mit den Nachkommen der Hyksos in Jerusalem kam, ernannten die aussätzigen Ägypter einen der ihren zum Anführer, und zwar einen Priester aus Heliopolis namens Osarsef. Diesem Priester schworen sie in allen Dingen Gehorsam, und eben dieser Mann war es, der sich später Moses nannte. Zuerst gab Osarsef-Moses seinen Leuten ein ketzerisches Gesetz, sie sollten weder die Götter verehren noch jene Tiere schonen, die in Ägypten als besonders heilig galten, sondern alle Tiere gleichermaßen opfern und verzehren. Ferner verordnete er, dass seine Leute nur untereinander Gemeinschaft pflegen dürften – eine Verordnung, auf die vermutlich die von den Griechen als so unangenehm bemerkte jüdische Fremdenfeindlichkeit zurückging.

Schließlich befahl Moses seinen Anhängern, die Mauern von

Avaris wiederherzustellen und sich für einen Krieg mit König Amenophis zu rüsten. Um Verbündete für den Krieg zu gewinnen, schickte Osarsef-Moses Boten nach Jerusalem und forderte die dort lebenden Nachkommen der Hyksos auf, nach Ägypten zu ziehen. Überglücklich gingen die Bewohner Jerusalems auf diesen Vorschlag ein und rückten mit 200 000 Mann nach Ägypten aus – fast so viele, wie seinerzeit Avaris verlassen hatten. Der ägyptische König wagte keine Schlacht, sondern zog sich mit seinem Heer in das befreundete Reich Äthiopien zurück, wohin er auch den Stiergott Apis und andere Tiergötter in Sicherheit brachte. Der äthiopische König postierte jedoch ein Heer an der Grenze zu Ägypten, um ein Vordringen der Feinde nach Äthiopien zu verhindern. Im Bündnis mit den Bewohnern Jersalems verwüsteten die unreinen Ägypter dreizehn Jahre lang ihr Heimatland und behandelten die Einwohner so gottlos und barbarisch, dass die frühere Herrschaft der Hyksos vergleichsweise als Goldenes Zeitalter erschien. Die Frevler zwangen die ägyptischen Priester, die heiligen Tiere zu schlachten – insofern Amenophis sie nicht nach Äthiopien gebracht hatte –, und benutzten die Tempel als Küchen, um die Tiere zu braten. Aber nach dreizehn Jahren kehrte der ägyptische König Amenophis aus Äthiopien zurück und vertrieb die verbündeten Übeltäter nach Asien bzw. nach Jerusalem – und zwar die aussätzigen Ägypter zusammen mit den Nachkommen der Hyksos.

Es ist klar, worauf die Geschichte hinausläuft, die Josephus Flavius bei Manetho gelesen hat: Die den antisemitischen Ägyptern und Griechen so verhassten Juden sind aus der Verschmelzung von zwei verabscheuungswürdigen Menschengruppen entstanden. Die Hyksos, jene grausamen Eroberer Ägyptens in alter Zeit, stellen die eine Gruppe, und aussätzige, landesverräterische und ketzerische Ägypter stellen die andere Gruppe.

Moses-Osarsef und die aussätzigen Religionsfrevler – eine Erinnerung an die Amarnazeit?

Mit König Amenophis, dem Zeitgenossen des weisen Amenophis, ist offensichtlich Amenophis III., Echnatons Vater, gemeint. Darum haben seit langem die Ägyptologen hinter den von Osarsef-Moses und seinen Gefolgsleuten begangenen Freveln die Erinnerung an die Kultfrevel zur Zeit Echnatons vermutet. Bei näherer Betrachtung gehört aber kein Detail, das Manetho über Osarsef-Moses erzählt, in diese Zeit, denn wenn es beispielsweise heißt, die Anhänger von Osarsef-Moses hätten die heiligen Tiere Ägyptens geschlachtet und verzehrt, ist kein Bezug auf Echnatons Zeit auszumachen.

Frevel an den heiligen Tieren sind erst tausend Jahre nach Echnaton belegt. Den persischen Eroberern sagten die Ägypter schwere Verbrechen vor allem gegen den heiligen Apis-Stier nach. Der Apis-Stier war in der damaligen ägyptischen Hauptstadt Memphis die wichtigste Gottheit. »Man muss annehmen, dass die Fanatiker in ihm einen Gott sahen, die Weisen ein einfaches Symbol, und dass das blöde Volk den Ochsen verehrte«, schrieb Voltaire.

Herodot berichtet, dass schon Kambyses, der erste persische Eroberer Ägyptens, den heiligen Apis-Stier durch einen Dolchstoß schwer verletzt haben soll, so dass das Tier schließlich verendete. Den zweiten persischen Eroberer, Artaxerxes Ochos, provozierten die Ägypter zu einem noch schlimmeren Frevel, als sie ihn »Esel« nannten. Vermutlich sollte dieses Schimpfwort den Perserkönig als Verkörperung des bösen Gottes Seth kennzeichnen, als dessen Tier der Esel galt. Artaxerxes reagierte auf den Schimpf mit den Worten: »Der Esel wird euren Ochsen essen!« Er ließ den heiligen Apis-Stier schlachten, zubereiten und verzehrte ihn zusammen mit seinen Gefolgsleuten.

Wenn es über die Anhänger von Osarsef-Moses heißt, sie hätten die heiligen Tiere geschlachtet und verzehrt, dann hat der Erzähler sich von den Schauergeschichten über die Perserkönige und ihre an den heiligen Tieren verübten Freveltaten anregen lassen. Um eine Erinnerung an einen Frevel der Echnaton-Zeit kann es sich nicht handeln, weil Echnaton dem Tierkult nicht feindlich gesonnen war. Denn der König hat in der Gründungsinschrift für Amarna festlegt, dass in der Stadt auch ein Grab für den heiligen Mnevis-Stier vorbereitet werden solle. Aus den Zeiten vor und nach Echnaton ist der Kult des heiligen Mnevis-Stiers aus der Stadt Heliopolis, dem alten Zentrum des ägyptischen Sonnenkultes, bekannt. Der Mnevis-Stier galt dort als »Herold« des Sonnengottes. Forschungsergebnissen zufolge hat Echnaton – sei es, dass er den damals lebenden Mnevis-Stier aus Heliopolos nach Amarna bringen ließ, sei es, dass er in Amarna den Kult eines zweiten Mnevis-Stiers einrichtete – den alten Kult am lebenden Mnevis-Stier nicht verworfen, sondern beibehalten.

Was die Ablehnung des Tierkultes angeht, so kann Osarsef-Moses nicht Echnaton zum Vorbild haben. Unabhängig davon sind in der Erzählung über Osarsef-Moses keine urkundlich belegten Informationen über Echnatons Religionspolitik enthalten. Es ist nicht belegt, dass Osarsef-Moses in erster Linie den Sonnengott verehrt, den rivalisierenden Gott Amun aber verfolgt hätte, während die anderen Gottheiten Ägyptens weiterhin verehrt worden wären. Die Legende über Osarsef-Moses berührt sich nur in zwei Punkten mit der Geschichte Echnatons: In beiden Fällen handelt es sich um politisch-religiöse Krisen, und der zeitliche Ansatz ist ungefähr derselbe. Vermutlich wollte der Erfinder die Osarsef-Moses-Erzählung in eine Epoche verlegen, in der laut ägyptischer Geschichtsüberlieferung eine Krise bekannt war.

Die Wahl hätte auch auf eine andere politisch unruhige Epoche fallen können, wie das Beispiel des griechischen Gelehrten und Mythographen Lysimachos zeigt, der die Vertreibung der aussätzigen Juden in die Zeit von Pharao Bokchoris datierte. Der geschichtliche Bokchoris regierte um 700 v. Chr., viele Jahrhunderte nach der Zeit, in der laut Bibel Moses gelebt haben soll. Kein anderer griechischer Schriftsteller hat die Auswanderung der Juden aus Ägypten so spät angesetzt wie

Lysimachos. Lysimachos zufolge flohen zur Zeit von Bokchoris die mit Aussatz sowie mit Krätze und anderen Krankheiten behafteten Juden in die ägyptischen Tempel und bettelten dort um Nahrung. Die Krankheit breitete sich immer weiter aus; überdies wurde Ägypten von Unfruchtbarkeit heimgesucht. Da holte sich der Pharao Rat bei einem Orakel, das zwei Weisungen gab: Zum einen sollte der König die Heiligtümer von den unreinen und gottlosen Juden reinigen und sie aus den Tempeln in die Wüste jagen, zum andern aber sollte der König die an Aussatz und Krätze erkrankten Juden ertränken lassen. Bokchoris folgte dem Orakelspruch und vertrieb die Juden aus Ägypten.

Aber genauso wie die Götter zürnten, weil König Amenophis die Aussätzigen zur Schwerarbeit in die Steinbrüche gesteckt hatte, so scheinen die Götter über die von Bokchoris begangenen Morde an den krätzigen und aussätzigen Juden erbost gewesen zu sein. Während König Amenophis sein Land für die Dauer von dreizehn Jahren verlor, musste Bokchoris eine härtere Strafe erleiden. Ein König von Kusch, dem Land am oberen Nil, griff ihn an und besiegte ihn. In der Manetho zugeschriebenen *Geschichte Ägyptens* heißt es, dass der Sieger Bokchoris bei lebendigem Leib verbrannt hätte. Diese Gräuelgeschichte ist aus anderen Quellen nicht bekannt. Um seine Version der Aussätzigen-Fabel datieren zu können, scheint Lysimachos in der ägyptischen Geschichte nach einem König gesucht zu haben, den ein großes Unglück getroffen hat, ein Unglück, das als Strafe für eine Freveltat ausgelegt werden konnte – eine Freveltat wie die Ermordung und Austreibung von Aussätzigen.

Wer erfand die Sage über die Juden als aussätzige Ägypter?

Die Annahme, aus Echnaton und seinen Anhängern seien im Lauf einer Sagenüberlieferung Aussätzige geworden, hat sich als falsch erwiesen. Wie sollte diese Verwandlung stattgefunden haben? Die Logik der Erzählung über Osarsef-Moses liegt darin, dass die Hautkranken sich entschlossen hatten, eine neue exklusive Gemeinschaft zu gründen und die religiösen Werte ihrer ehemaligen Mitbürger auf den Kopf zu stellen. Ausgelöst wurde dieser Entschluss dadurch, dass sie sich von ihren Mitbürgern und ihren heimatlichen Göttern ausgestoßen fühlten. Die Reihenfolge von Ausstoßung und Trotzreaktion kann man nicht umkehren. Offensichtlich bezieht sich die Sage über die Aussätzigen nur auf die geschichtlichen Juden, und von einer Erinnerung an die Amarnazeit kann keine Rede sein.

Woher aber kam die merkwürdige Vorstellung, die Vorfahren der Juden seien aussätzige Ägypter gewesen? In späteren Zeiten haben Leser dieser Sagen, so beispielsweise auch Schiller, den Aussatz der Juden in Ägypten für historische Wahrheit gehalten.

1790 veröffentlichte Schiller einen Aufsatz über »Die Sendung Moses«. Darin erklärte er die Entstehung und Verbreitung des »Aussatzes« bei den Juden in scheinbar einleuchtender Weise aus der zunehmenden Enge der ägyptischen Provinz Gosen, wo die Kinder Israel wohnten: »Da sich nun der Wohnplatz der Ebräer nicht in gleichem Verhältniß mit ihrer Bevölkerung erweiterte, so mußte sie mit jeder Generation immer enger und enger wohnen, bis sie sich zuletzt, auf eine der Gesundheit höchst nachtheilige Art, in dem engsten Raum zusammendrängten. Was war natürlicher, als daß sich nun eben die Folgen einstellten, welche in einem solchen Fall unausweichlich sind? – die höchste Unreinlichkeit und ansteckende Seuchen. Hier also wurde der Grund zu dem Übel gelegt, welches dieser Nation bis auf die heutigen Zeiten eigen geblieben ist; aber damals mußte es in einem fürchterlichen Grade wüthen. Die schrecklichste Plage dieses Himmelsstrichs, der Aussatz, riß unter ihnen ein, und erbte sich durch viele Generationen hinunter.«

Schiller hatte Ende der 1770er Jahre auf der Hohen Karlsschule in Stuttgart Medizin studiert. Die damalige Schulmedizin lehrte, dass Lepra bzw. Aussatz durch mangelnde Hygiene hervorgerufen, ansteckend und erblich ist. Erst 1869 entdeckte der norwegische Arzt Gerhard Henrik A. Hansen den bakteriellen Erreger der Lepra und entkräftete diese Vorurteile. Schillers Erklärung, wie sich die Vorfahren der Juden in Ägypten die Lepra zugezogen haben sollen, ist darum sachlich falsch.

Im Sinne der Schulmedizin seiner Zeit hat Schiller den Aussatz, an dem die Juden in Ägypten vermeintlich litten, mit jener Krankheit gleichgesetzt, die man heute »Hansens Krankheit« oder Lepra nennt und die bei den Griechen nicht Lepra, sondern Elephantiasis hieß, wegen der an Elephantenhaut erinnernden Veränderungen an der Haut der Erkrankten. Den griechischen Ärzten war diese Krankheit erst etwa aus der Zeit um Christi Geburt als sehr seltenes Leiden bekannt. Vielleicht hatten die Soldaten Alexanders des Großen diese Krankheit aus Indien ins Mittelmeergebiet eingeschleppt.

Die Lepra, über die man bei den älteren griechischen Schriftstellern liest, war dagegen keine lebensgefährliche Krankheit und äußerte sich durch Hautflecken. Und wenn es in den griechischen Sagen über die Juden heißt, sie hätten lepröse und weiße Flecken auf der Haut, dann sind damit aller Wahrscheinlichkeit nach Hautkrankheiten gemeint, die man heute als Scheckhaut (Vitiligo) und Schuppenflechte (Psoriasis) bezeichnet.

Eine massenweise Vertreibung von an Scheckhaut und Schuppenflechte Erkrankten aus Ägypten ist historisch nicht belegt. Sie entspringt der Phantasie genauso wie die Geschichte der aussätzigen Juden in Ägypten. Wo hat aber der Erfinder der Sage seine Anregungen und Vorbilder gefunden? Über die Vertreibung von Hautkranken berichtet in der Antike als erster Herodot um 450 v. Chr. Laut Herodot durfte ein Perser, der die so genannte Lepra oder die »weiße Krankheit« hatte, weder eine Stadt betreten noch mit den anderen Persern verkehren. Ihre eigenen Hautkranken behandelten die Perser also in sprichwörtlicher Weise als Aussätzige. Wenn aber diese Krankheit einen Fremden befallen hatte, dann trieben die Perser ihn, nach Herodots Aussage, aus dem Land. Das ist die einzige Stelle in der gesamten antiken Literatur, die der Geschichte von der Vertreibung der mit leprösen und weißen Flecken auf der Haut behafteten Juden als Vorbild gedient haben kann.

Herodot zufolge erklärten die Perser diese Hautkrankheiten als Strafe für ein Vergehen gegen die Sonne. Eine ähnliche Ansicht vertraten auch die Freunde von Antiochos VII., denn sie berichteten, dass die aus Ägypten vertriebenen Aussätzigen gottlos waren und von den Göttern verachtet und verflucht wurden. Lysimachos griff die entsprechende Stelle bei Herodot sinngemäß auf, als er ausdrücklich feststellte, dass die Sonne über die Existenz der Hautkranken gezürnt hätte.

Möglicherweise fragte sich der unbekannte Sagenerfinder, warum die Ägypter die Juden aus Ägypten vertrieben hatten und warum die Juden nach ihrer Vertreibung fremdenfeindlich wurden und eine andere Religion annahmen als alle ihre Nachbarn. Vermutlich kannte der Erfinder der Sage die biblische Erzählung von der Auswanderung der Juden aus Ägypten. Die Bibel schildert diese Auswanderung als Befreiung der Juden aus ägyptischer Knechtschaft. Da aber diese Auslegung für einen Antisemiten nicht tragbar war, verwandelte der antisemitische Erfinder der Aussätzigensage die von den Israeliten ersehnte und schließlich erreichte Befreiung in eine gewaltsame Vertreibung durch die Ägypter. Dabei kam ihm die biblische Darstellung entgegen. In der Bibel steht, dass Gott Jahwe selbst es war, der vorausgesagt hatte, dass der Auszug der Israeliten in einer Vertreibung enden würde: »Noch eine einzige Plage will ich über den Pharao und Ägypten kommen lassen, hernach wird er euch von hier abziehen lassen, ja, er wird euch sogar gewaltsam von hier wegtreiben.« (2. Moses 11, 1)

Als Gründe für die Vertreibung einer Volksgruppe konnte der Erfinder der Sage politische Uneinigkeit, Bürgerkrieg, Hungersnot und Bevölkerungsüberschuss in Erwägung ziehen. Aus solchen Gründen sollte aber auch bei gewaltsam Vertriebenen keine allgemeine Menschenfeindlichkeit und keine Feindschaft gegen ihre heimatlichen Götter resultieren. Anders verhielt es sich jedoch, wenn es sich um die Vertreibung aller

Hautkranken eines Volkes handelte, weil sie den Göttern wegen ihrer Krankheit verhasst waren. Angesichts der Ablehnung durch die Götter und der Vertreibung durch die Menschen wäre es verständlich, wenn sich die aus Ägypten Ausgestoßenen gegen Fremde abgeschottet und die religiösen Werte Ägyptens umgekehrt hätten.

So gesehen darf man die Hautkrankheiten der Juden für eine antisemitische Erfindung halten. Es gibt keine zeitgenössischen Belege für Antisemitismus, die älter wären als der Kampf zwischen dem seleukidischen König Antiochos IV. und den rechtgläubigen Juden. Daher ist die Sage der Aussätzigen auch als Bestandteil des griechischen Propagandakriegs gegen die aufständischen rechtgläubigen Juden zu sehen. Mit Hilfe dieser Erfindung ließ sich nicht nur die biblische Auswanderungslegende, sondern auch die Fremdenfeindlichkeit und religiöse Eigenart der Juden sinnvoll und denunziativ zugleich erklären. Vermutlich war der Erfinder der Sage ein Grieche, der die rechtgläubig-jüdische Fremdenfeindlichkeit selbst erlebt hatte, aber auch die jüdische Legende über den Auszug aus Ägypten kannte. Bei Herodot fand dieser antisemitische Geschichtsdichter die sachlich glaubwürdige Vertreibung von einzelnen hautkranken Fremden aus Persien. Die massenweise Vertreibung von Hautkranken, die sich der antisemitische Erfinder ausdachte, ist zwar sachlich nicht glaubwürdig, unter anderem weil Scheckhaut und Schuppenflechte nicht als Epidemien auftreten, aber die leichtgläubigen Menschen der Antike nahmen die Aussätzigenfabel dennoch für bare Münze. Sogar noch 1928 hielt Alfred Gudemann, ein verdienter Altphilologe, die Sage von der Abstammung der Juden von ägyptischen Aussätzigen für historische Wirklichkeit. Zwar sei eine solche Abstammung für die Juden nicht eben schmeichelhaft, könne »aber von einigen Übertreibungen im einzelnen abgesehen, sehr wohl der historischen Wahrheit entsprochen haben«.

Die griechischen Sagen über die unreinen ägyptisch-jüdischen Hautkranken und ihren Anführer Osarsef-Moses führen in eine Sackgasse, weil sie keine historischen Informationen, sondern nur antisemitische Fabeleien enthalten. Zur Zeit von Echnatons Vater hat es keine aussätzigen Ägypter gegeben, die unter Führung eines Priesters namens Osarsef-Moses das Land verlassen haben, um sich in Judäa anzusiedeln. Die Wurzeln dieser Erzählung reichen nicht bis in die Amarnazeit zurück, es handelt sich lediglich um eine antisemitische Erfindung und Verdrehung der biblischen Auszugslegende. Darum sind sie keine zuverlässige Quelle, die Aufschluss darüber geben könnte, ob ein ägyptischer Mann Moses tatsächlich an der Spitze des in der Bibel erzählten Auszugs der Kinder Israel aus Ägypten stand.

Doch vielleicht kann man das Ende des mosaischen Fadens mit Erfolg an der Stelle aufnehmen, wo Freud sein richtiges Ergebnis über die ägyptische Abstammung des Mannes Moses in historisch nicht stichhaltiger Weise an Echnatons Sonnenkult geknüpft hat. Möglicherweise lässt sich doch eine Spur des historischen Moses finden, wenn man die über den biblischen Moses vorhandenen biographischen Angaben kritisch sichtet, worauf sich Sigmund Freud erst gar nicht eingelassen hat.

Moses, ein Pharao

Moses, Prinz von Ägypten

Jüdische Legenden über den jungen Moses

Ohne sich auf einen bestimmten Status festzulegen, charakterisierte Freud Moses als vornehmen Ägypter – vielleicht war er ein Prinz, Priester oder hoher Beamter. Von Moses als einem hohen Beamten ist aber im Alten Testament keine Rede, allenfalls gilt Moses in der Bibel als Prinz. Schließt doch die Erzählung von der Aussetzung des Moses-Knaben und seiner Rettung damit, dass die ägyptische Königstochter ihn als ihren Sohn annimmt. Als Sohn einer Königstochter sollte Moses selbst ein Prinz gewesen sein, doch das Alte Testament berichtet nichts, was dieser Erwartung entspricht. Vielmehr überspringt es die fünfzehn bis zwanzig Jahre, die zwischen der Zeit des Abstillens und des landflüchtigen Totschlägers liegen. Das einzige, was das Alte Testament über das Leben des Prinzen Moses in Ägypten berichtet, ist jener Totschlag, den Moses an einem Ägypter begeht und um dessentwillen er aus Ägypten flieht. Viele Jahre später – der alte Pharao ist gestorben – lässt der Erzähler Moses als Boten des hebräischen Gottes nach Ägypten zurückkehren und den neuen Pharao um die Entlassung der Kinder Israel bitten.

Der biblische Erzähler spielt mit keinem Wort auf die verwandtschaftlichen Beziehungen des zurückgekehrten Moses zum ägyptischen Königshof an, so effektvoll sie sich hätten verwerten lassen können. Vielleicht verknüpft aber die Bibel den Gottesboten Moses mit dem Prinzen Moses, wenn es anlässlich der Vorbereitungen für den Auszug der Kinder Israel aus Ägypten heißt (2. Moses 11, 3): »Der Mann Moses galt sehr viel in Ägypten, bei den Leuten des Pharao und bei dem Volk.« Es ist fraglich, ob der biblische Erzähler hier an den hohen Status erinnert, den Moses als Prinz innehatte, bevor er wegen Totschlags das Land verließ. Es ist eher anzunehmen, dass er damit zum

Ausdruck bringen will, Moses habe durch die seit seiner Rückkehr nach Ägypten gewirkten Wunder großes Ansehen bei den Ägyptern erlangt.

Jüdische Sagen, die nicht in der Bibel stehen, geben eigentlich mehr Aufschluss über den Prinzen Moses als das Alte Testament und führen möglicherweise auf die Spur des geschichtlichen Moses. Auch Freud gab seinen Lesern einen Hinweis auf die zahlreichen jüdischen Moses-Sagen, die nicht in der Bibel stehen: Eine solche Sage schildert in ansprechender Weise, dass sich der Ehrgeiz des Moses schon in seiner Kindheit äußerte. Als der Pharao ihn einmal in die Arme nahm und im Spiel hoch hob, riss ihm der dreijährige Knabe die Krone vom Haupt und setzte sie auf das eigene. Der König erschrak über dieses Vorzeichen und versäumte nicht, seine Weisen darüber zu befragen.

Mitteilenswerter als diese zur Ausschmückung der Kindheitsgeschichte erfundene Anekdote sind die siegreichen Kriegstaten, die Moses als ägyptischer Feldherr in Äthiopien vollbrachte, sowie seine Heirat mit einer äthiopischen Prinzessin. Später aber soll er aus Ägypten geflohen sein, weil er den Neid einer Partei am Königshof oder den Neid des Pharaos selbst zu fürchten hatte. Freud war der Meinung, in diesen Sagen seien wohl auch Erzählungen aus der guten Tradition versprengt, die im Alten Testament keinen Platz gefunden hätten. Allerdings bemühte er sich kaum, in dieser vermeintlich guten Tradition nach Spuren des geschichtlichen Moses zu suchen. Vielleicht hätte er in diesen Sagen Belege für seine These von der ägyptischen Abstammung des biblischen Moses finden können.

Familienverhältnisse des Prinzen Moses nach Josephus Flavius und Philo

Nicht nur die biblischen Autoren, auch die anderen jüdischen Sagenerzähler berichten über den Mosesknaben im Sinne der Schablone vom ausgesetzten und geretteten Kind. Die biblische Erzählung mutet dem Leser ohne weiteres zu, dass eine ägyptische Königstochter ein Kind adoptieren konnte. In diesem Fall würde es sich sogar um ein Zwangsarbeiterkind handeln, denn es heißt ja: »Sie nahm ihn (Moses) als Sohn an.« (2. Moses 2, 10) Ähnlich unüberlegt wie das Alte Testament, nur ausführlicher erzählt der jüdische Historiker Josephus Flavius, der um 100 n. Chr. schrieb, aber aus älteren Quellen zitierte: »Als Thermuthis« – wie Josephus Flavius die Tochter des Pharaos nennt – »erkannte, welch außerordentliches Kind Moses war, adoptierte sie ihn als ihren Sohn, da sie kein eigenes Kind hatte.«

Thermuthis ist zwar ein ägyptischer Name, aber kein Personenname, sondern der Name einer Göttin, die in den letzten Jahrhunderten der pharaonischen Geschichte besonders beliebt war. Um sich aus der Verlegenheit zu ziehen und die Mutter des Moses nicht namenlos zu lassen, hatte man also auf einen geläufigen ägyptischen Namen zurückgegriffen.

Wie Josephus Flavius weiter berichtet, zeigte Thermuthis ihrem Vater einmal den Knaben Moses. Dabei teilte sie ihm mit, sie gedenke das Kind zu seinem Nachfolger zu machen, »wenn es Gott gefalle, dass sie kein eigenes Kind haben solle«. Josephus Flavius unterlässt es mitzuteilen, was der Pharao zu dieser launenhaften und ihn sicher überraschenden Regelung seiner Nachfolge sagte.

Anders als Josephus Flavius und die Bibel muten die jüdischen Schriftsteller Philo und Artapanos ihren Lesern keine ungereimte Adoptionsfabel zu. Philo hält auch daran fest, dass Moses als Säugling untergeschoben wurde, doch seine Version ist zwar abenteuerlich, aber widerspruchsfrei. Denn Philo zufolge täuschte die Prinzessin Moses als ihren eigenen Sohn vor, nachdem sie schon vorher listigerweise eine Schwangerschaft vorgetäuscht hatte, um ihn als echt, nicht untergeschoben, gelten zu lassen.

Wusste die Prinzessin schon Monate vor der Aussetzung des Moses, dass sie ihn finden würde? Oder täuschte die Prinzessin ihre Schwangerschaft nach der Auffindung vor und stellte den Knaben erst nach angemessener Zeit als ihr eigenes Kind vor? Philo erzählt weiter, dass Moses für den Sohn der Tochter und unbestrittenen Erben und Nachfolger eines mächtigen Königs gehalten und immer schon der »junge König« genannt wurde. Was man bei Philo vermisst, ist ein ausdrücklicher Hinweis auf einen Ehemann der Prinzessin. Wie konnte eine ägyptische Prinzessin unehelich ein Kind zur Welt bringen und es ihrem Vater, dem König, später als geeigneten Nachfolger vorschlagen? Philos Erzählung lässt auf einen Ehemann der Prinzessin und folglich auf einen Adoptivvater des Prinzen Moses schließen.

Philo schrieb ein halbes Jahrhundert vor Josephus Flavius; er hielt sich eng an die biblische Moses-Sage, berief sich aber auch auf Informationen, die er von den »Ältesten des jüdischen Volkes« erhalten hatte. Wenn er im Unterschied zur Bibel erzählt, dass die Tochter des Pharaos den Findling als ägyptischen Prinzen unterschiebt und dass der Findling zum Thronfolger wird, dann gibt er vermutlich die Erzählungen der »Ältesten« wieder.

Die Eltern des Prinzen Moses nach Artapanos

Der jüdisch-griechische Schriftsteller Artapanos berichtete fabulös etwa um 200 v. Chr. über die ägyptischen Erlebnisse von Abraham, Joseph und Moses. Sein Werk über die Juden ist in Auszügen in der Schrift *Praeparatio Evangelica* des Kirchenvaters Eusebius erhalten. Er schildert detailliert die Familienverhältnisse der königlich-ägyptischen Adoptiveltern von Moses, aber die Details halten einer Nachprüfung nicht stand: »König Palmanothes zeugte eine Tochter Merris, die er einem gewissen Chenephres, König der Gegend südlich von Memphis gab – denn zu dieser Zeit gab es viele Könige in Ägypten – und da sie unfruchtbar war, nahm sie ein untergeschobenes Kind jüdischer Herkunft an und nannte ihn Moyses.«

Artapanos täuscht aber die Echtheit seiner Informationen lediglich vor. Palmanothes ist kein Personenname, sondern der Name des 7. Kalendermonats der alten Ägypter. Immerhin steckt in Palmanothes ein Königsname, wie die Grundform Pa-en-Amenothes verrät, was so viel heißt wie »Der (Monat) des (Königs) Amenothes«. »Amenothes« lautete in der ägyptischen Spätzeit die Aussprache des als Amenophis geläufigen Namens, wie zum Beispiel Echnatons Vater hieß und zunächst auch Echnaton selbst. König »Palmanothes« hat aber weder mit Amenophis IV. (Echnaton) noch mit seinem Vater Amenophis III. zu tun. Vielmehr spielt der Name Palmanothes auf den ersten König an, der den Namen Amenophis trug. Die Verbindung von Königsnamen und Monat rührt von einem Fest her, das man jedes Jahr in Theben für den vergöttlichten Amenophis I. feierte und das dem 7. ägyptischen Monat seinen Namen gegeben hat.

Während ein König namens »Palmanothes« nie existierte, gab es wohl einen König namens Chenephres, doch er kommt als Ziehvater von Moses nicht in Frage. Chenephres lautete der Thronname von König Amasis, der 570–526 v. Chr. über Ägypten regierte. Weit davon entfernt, ein Zeitgenosse von Moses zu sein, lebte Amasis während der babylonischen Gefangenschaft der Juden über ein halbes Jahrtausend nach dem biblischen Moses. Amasis regierte über ein ungeteiltes Ägypten, anders als der König Chenephres bei Artapanos, der nur südlich von Memphis geherrscht haben soll. Artapanos hatte mit Chenephres wohl auch nicht den historischen König Chenephres-Amasis im Sinn, sondern er bediente sich lediglich eines pharaonischen Namens, um den königlichen Vater des untergeschobenen Moses nicht namenlos lassen zu müssen.

Aus diesen Sagen erfährt man nicht viel über die ägyptische Königsfamilie, in der Moses aufgewachsen sein soll. Es fehlen verlässliche Angaben über die Namen der anderen Familienangehörigen und ihre Lebenszeit. Immerhin ist klar, dass Moses' Mutter als Prinzessin gilt, weil ihr Vater ein König ist; sie gilt aber auch als Königstochter, die mit einem König verheiratet ist. Unter diesen Voraussetzungen kann Moses nur dann die Rolle eines Thronfolgers einnehmen, wenn nicht nur sein Großvater, sondern auch sein Ziehvater ein Pharao ist.

Der gesunde Menschenverstand sagt einem, dass ein solcher ägyptischer Prinz nicht ursprünglich von Zwangsarbeitern ausgesetzt und dann von einer kinderlosen Pharaonentochter gefunden wurde, die den Knaben ihrem königlichen Gatten als eigenen Sohn und zukünftigen Nachfolger untergeschoben hat. Befreit man die jüdischen Sagen über den jungen Moses von allen naiv-phantastischen Zusätzen, dann ergibt sich, dass Moses Sohn einer Pharaonentochter, ein Prinz und Thronerbe war, und dass sowohl sein Großvater als auch sein Vater aus dem Königshaus stammten.

Die Schlangenplage auf dem äthiopischen Feldzug des Prinzen Moses

Im Anschluss an den Bericht über die Adoption bzw. Unterschiebung des Findlings Moses überspringen die jüdischen Sagen die frühe Jugend von Moses und nehmen den Erzählfaden erst wieder bei dem erwachsenen, jungen Prinzen auf. Artapanos zufolge wollte König Chenephres seinen herangewachsenen Sohn Moses beseitigen. Darum schickte er ihn in den Krieg: »Aber als Chenephres die Tüchtigkeit von Moses erkannte, beneidete er ihn und überlegte, wie er ihn unter einem Vorwand töten könne. Und daher, als die Äthiopier in Ägypten einfielen, glaubte Chenephres, er habe eine passende Gelegenheit gefunden und sandte Moses als Befehlshaber einer Truppe gegen sie. Und er hob ein Bauernheer aus für ihn und dachte, Moses würde aufgrund der Schwäche seiner Truppen leicht vom Feind geschlagen werden.«

Während Philo kein Wort über diesen äthiopischen Feldzug verliert, schildert Josephus Flavius detailliert, wie das vom Prinzen Moses gegen die Äthiopier geführte ägyptische Heer durch einen Landstrich marschierte, der von einer Schlangenplage befallen war.

Gegen eine solche Schlangenplage war der Prinz Moses gewappnet, denn er hatte aus Ägypten Ibisse mitgebracht und

Stich einer Schlangenplage aus einem Reisebuch
des 19. Jahrhunderts

ließ seine Marschroute durch diese großen Vögel von den
Schlangen säubern. In der Tat soll, wie der römische Schriftsteller Aelianus im 2. Jahrhundert n. Chr. schreibt, der Weiße
Ibis die aus Äthiopien nach Ägypten, der Schwarze Ibis dagegen die aus Asien kommenden Schlangen getötet haben.

Da der Weiße Ibis und die äthiopischen Schlangen bekanntlich einander feindlich gesinnt sind, ist anzunehmen, dass der
Erfinder der mosaischen Sage bei den Ibissen des Prinzen Moses an den Weißen Ibis gedacht hat. Dagegen berichten die mittelalterlichen jüdischen Bücher *Chronik des Moses* und *Jaschar,*
dass Moses mit Hilfe von Störchen Herr über die Schlangenplage wurde.

In diesen in Mitteleuropa entstandenen Büchern ersetzten
ihre Verfasser die fremden Ibisse durch die hierzulande bekannten Störche.

Die Einführung des Ibis-Kultes

Josephus Flavius hat seinen Bericht über Moses und die Ibisse abgebrochen, wohl in der Überzeugung, weitere Informationen seien überflüssig, weil seine griechischen Leser den Ibis aus anderen Quellen kannten.

Moses schlug mit seiner Armee ein Lager auf, aus dem er seine Feldherren gegen den Feind in den Kampf schickte. Die Männer, die bei Moses im Lager zurückblieben, gründeten dort die Stadt Hermopolis und wählten als heiliges Tier den Ibis, »weil dieser Vogel die Tiere vertilgt, die den Menschen schaden«. Für die Ägypter war darum Hermopolis das »Haus« des Ibis-gestaltigen Gottes Thoth, wie eine Inschrift auf dem Relief eines Tempels bezeugt.

Die Heiligung des Ibis erfolgte unter Anleitung von Moses. Artapanos schildert auch, dass Moses für jeden ägyptischen Landstrich die Verehrung eines Gottes bestimmte und dass diese Götter »Katzen und Hunde und Ibisse« sein sollten. Auf diese Weise schildert Artapanos den Prinzen Moses als aufgeklärten und gegenüber Heiden toleranten Anhänger des wahren Gottes der Bibel, nicht als Heiden, der sogar Tiere verehrt. Artapanos stellte sich wohl Moses als Kenner des griechischen Philosophen Euhemeros vor. Nach seiner Lehre sind die heidnischen Götter nicht übernatürlichen Ursprungs, sondern Menschen der Vorzeit, die aber wegen ihrer Leistungen göttliche Ehren empfangen. In ähnlicher Weise ließ sich der ägyptische Kult der heiligen Tiere durch den Nutzen dieser Tiere für die Menschen begründen.

Etwa in diesem Sinne erklärte Herodot schon über zweihundert Jahre vor Artapanos die ägyptische Hochschätzung des Ibis aus seiner Nützlichkeit: Denn im Frühling pflegten geflügelte Schlangen aus Arabien nach Ägypten zu kommen, denen Ibisse entgegentreten würden, die den Schlangen den Zutritt verwehrten und sie sogar töteten: »Und darum steht auch der Ibis bei den Ägyptern so hoch in Ehren (wie die Araber behaupten), und die Ägypter geben selber zu, dass das der Grund ist.«

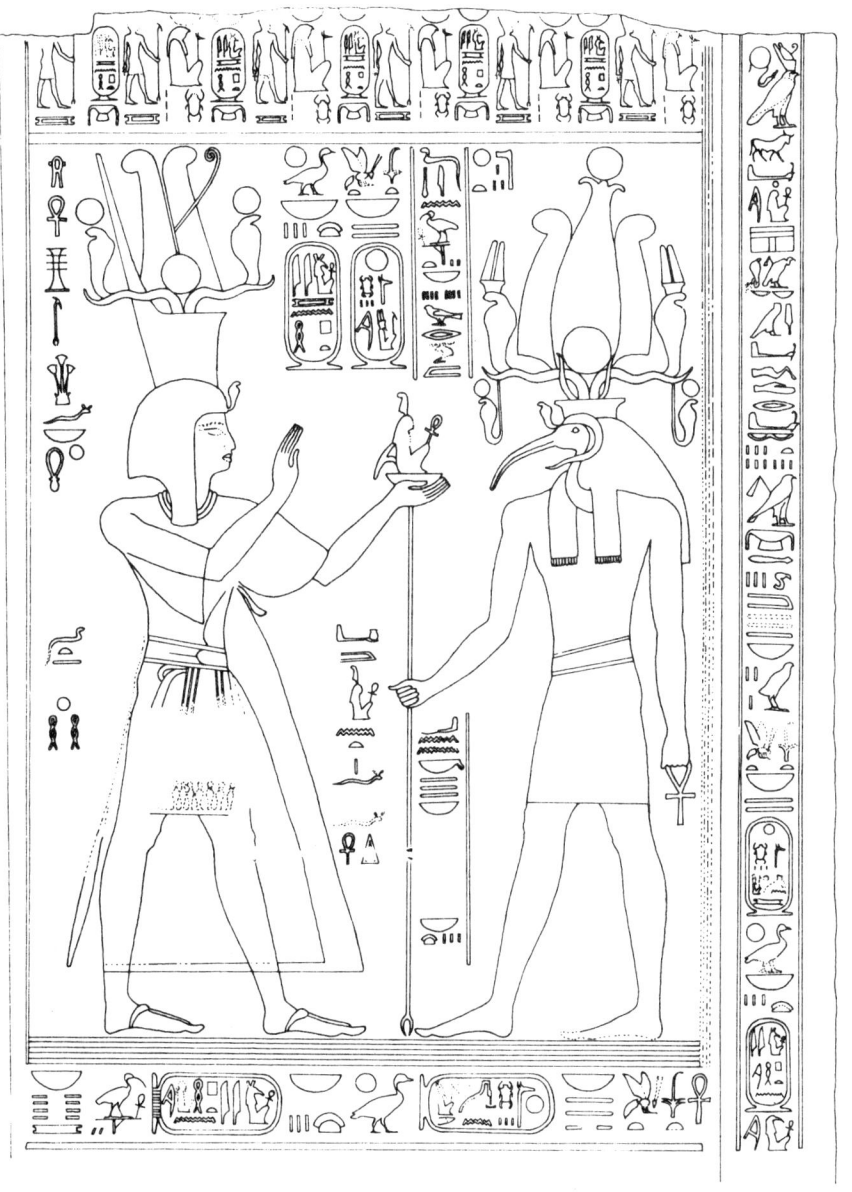

Pharao Sethos II. reicht dem Ibis-gestaltigen Gott Thoth
eine Figur der Wahrheitsgöttin.

Vielleicht glaubte der jüdische Schriftsteller Artapanos, seine griechischen Leser würden einen toleranten und euhemeristisch gebildeten Moses sympathisch finden, ohne sich an der ansonsten intoleranten und nicht-euhemeristischen biblischen Theologie zu stören. Dreihundert und mehr Jahre später dürfte die Strategie des Artapanos bei dem konservativen Juden Josephus Flavius auf kein Verständnis gestoßen sein. Jedenfalls berichtete Josephus Flavius nicht über die Einführung heidnischer Tierkulte durch den Propheten Moses, den Stifter des Glaubens an Jahwe als einzig zu verehrenden Gott.

Josephus Flavius hätte sich aber an einem heidnischen Tierkult nicht stören müssen, den Moses in seiner ägyptischen Zeit einführte, denn die Einführung des Ibiskultes fand lange vor der Offenbarung Gottes an Moses statt, und sicher lag es Moses, dem Propheten des wahren Gottes, nach der an ihn ergangenen Offenbarung fern, einen Tierkult einzurichten. Überraschenderweise gibt es aber im Alten Testament eine merkwürdige Episode, in der Moses den Israeliten den Anlass zu einem Schlangenkult gibt.

Die Aufrichtung der Ehernen Schlange

Auf der Wüstenwanderung lehnten sich die Kinder Israel gegen Gott und Moses auf, weil Gott ihnen außer dem himmlischen Manna keine andere Speise anzubieten hatte: »Warum habt ihr uns aus Ägypten weggeführt, dass wir in der Wüste sterben? Es gibt ja kein Brot und kein Wasser und diese ärmliche Speise widert uns an. – Da schickte Jahwe ›feurige Schlangen‹ gegen das Volk; die bissen die Leute, und daran starben viele Leute von den Israeliten.« (4. Moses 21, 5 – 6)

In dieser Situation kamen die Israeliten zu Moses, gestanden ihre Verfehlung ein und forderten ihn auf, er möge Fürbitte einlegen bei Jahwe, so dass dieser die Schlangen wieder weichen lasse. Als Moses Fürbitte einlegte, sprach Jahwe zu Moses: »Fertige dir eine ›feurige Schlange‹ und hänge sie an

Julius Schnorr von Carolsfeld,
»Die Aufrichtung der Ehernen Schlange«

eine Stange, und dann soll jeder, der gebissen wird, sie an-
schauen, so wird er am Leben bleiben.‹ Da verfertigte Moses
eine eherne Schlange und hängte sie an eine Stange; wenn
dann die Schlangen jemand bissen, so blickte er auf die eherne
Schlange und blieb am Leben.« (4. Moses 21, 8–9)

Die Abbildung zeigt, wie sich der bekannte Bibel-Illustrator
Julius Schnorr von Carolsfeld die Aufrichtung der ehernen
Schlange vorstellte. Schnorr hat die von Gott empfohlene Stange
durch einen mannshohen Pfahl ersetzt, denn eine lange Stange
hätte das ausgewogene Bildformat gesprengt. Um die Eherne
Schlange überall im israelitischen Lager sichtbar zu machen,
hätte Moses sie aber entsprechend hoch anbringen müssen.

Die Aufrichtung einer ehernen Schlange als Heilgott durch
Moses wirkt im rechtgläubigen Rahmen der Bibel wie ein

97

heidnischer Akt. Liegt hier nicht ein Widerspruch vor zum zweiten der Zehn Gebote, dem Verbot, Abbilder Gottes zu machen und zu verehren? Sollte der Ägypter Moses für die Israeliten die Figur einer ägyptischen Schlangengottheit aufgerichtet haben? Wäre Moses gegen alle geschichtliche Wahrscheinlichkeit doch ein Anhänger Echnatons gewesen, dann hätte er eine Figur der Kobragöttin aufstellen können, die in Echnatons religiösem System eine so bedeutende Rolle spielt.

Die Eherne Schlange als Verletzung des Bilderverbots

Die Eherne Schlange lässt sich aber nicht als ägyptische Schlangengöttin erklären. Dagegen kann man die Schlangenplage auf der Wüstenwanderung der Israeliten mit der Schlangenplage auf dem äthiopischen Feldzug des Prinzen Moses in Verbindung bringen: In beiden Fällen bedrohen die Schlangen eine Menschengruppe, die unter Moses' Führung durch fremdes Gebiet einem Feind entgegenmarschiert – die Kinder Israel marschieren den Kanaanäern entgegen, das ägyptische Bauernheer den Äthiopiern. In beiden Fällen ist es Moses, der ein Rettungsmittel einsetzt, wenn es auch jeweils ein anderes ist. Doch mündet die Erzählung jedes Mal in die Einführung eines Kultes, der dem Rettungsmittel gilt – zum einen dem Ibis, zum andern dem Schlangenbild. In beiden Fällen handelt Moses nicht biblisch-rechtgläubig, sondern eher heidnisch.

Diese Parallelen genügen, um in der von Artapanos erzählten äthiopischen Episode die Vorlage der biblischen Geschichte zu erkennen. Der biblische Erzähler, der die Geschichte von der Ehernen Schlange dichtete, ließ sich von der Fabel des Artapanos über die Schlangenplage und die Begründung des Ibiskultes auf dem äthiopischen Feldzug des Prinzen Moses anregen.

Der umgekehrte Schluss ist nicht möglich. Denn in der äthiopischen Episode hausen die Schlangen in ihrem natürlichen Lebensbereich und werden auf natürliche Weise durch die Ibisse vernichtet. In der biblischen Erzählung dagegen kommen und gehen die »feurigen Schlangen« in übernatürlicher Weise auf den Befehl von Jahwe. Unklar bleibt, ob es sich bei diesen Schlangen um Wundertiere oder um eine tatsächlich in der Wüste lebende Schlangenart mit einem merkwürdigen Namen handelt. In der äthiopischen Episode ist die Rettung durch die Ibisse sachlich sinnvoll, während die Rettung vor den Schlangen durch die metallene Schlange des biblischen Erzählers sehr weit hergeholt ist. Und schließlich passt die Rettung durch das Schlangenbild schlecht zu Moses und seinen kultischen Handlungen während der Wüstenwanderung. Dieser Vergleich zeigt, dass der biblische Erzähler eine naive Vorlage aufgegriffen und in gekünstelter Weise umgeformt hat.

Von einer kultischen Verehrung der rettenden Ehernen Schlange zur Zeit von Moses ist noch keine Rede. Aber im *Buch der Könige* heißt es, dass der fromme jüdische König Hiskia diese eherne Schlange zerschlagen ließ, nachdem die Israeliten ihr wie einem Götzenbild Jahrhunderte lang Rauchopfer dargebracht hatten. (2 Könige 18, 4) Die Alttestamentler sind geteilter Meinung, ob die Zerstörung der Ehernen Schlange durch König Hiskia wirklich als Fortsetzung und Schluss der Geschichte von Moses und der Ehernen Schlange zu verstehen ist. Da die Eherne Schlange von Moses auf Gottes Befehl gegossen wurde, sollte sie doch nicht als Götzenbild gelten, das ein frommer König wie Hiskia zerstören musste.

Es ist zwar richtig, dass Moses hier auf Gottes ausdrücklichen Befehl handelte, doch haben die Israeliten später die Eherne Schlange gegen Gottes Absichten zu einem Götzenbild gemacht. Die biblischen Geschichten über Entstehung und Zerstörung der Ehernen Schlange wollen eigentlich deutlich machen, dass eine Bildfigur unter keinen Umständen kultisch verehrt werden darf. Diese strikte Ablehnung gilt auch dann, wenn sich diese Bildfigur mitsamt dem Nutzen, den sie einmal gehabt hat, auf Gottes eigene Anweisung zurückführen lässt.

Die biblische Erzählung über die Eherne Schlange scheint eine theologische Richtigstellung gegenüber Artapanos zu sein, der Moses als Begründer des Ibiskultes darstellte. Denn in der biblischen Umformung stellt Moses die Tierfigur nicht aus eigenem Antrieb her, sondern im Auftrag Gottes; die Verehrung der Figur setzt erst später ein und hat mit Moses nichts mehr zu tun.

Da Artapanos vermutlich um das Jahr 200 v. Chr. schrieb, wurde die Geschichte über die Eherne Schlange nicht vor dieser Zeit erdichtet und in den Bibeltext aufgenommen. Somit hat hier eine jüdische Moses-Sage auf die biblischen Moses-Erzählungen eingewirkt. Dagegen nahm man in der Forschung bisher an, es handle sich bei den jüdischen Moses-Sagen, die nicht in der Bibel stehen, um Midrasch – Erdichtungen, die erst viele Jahrhunderte nach den biblischen Moses-Erzählungen entstanden sind. Ein Beispiel für einen Midrasch – die dichterische Auslegung eines schwierigen Bibeltextes – ist beispielsweise Freuds Wiedergabe der Moses-Sage nach Josephus Flavius, derzufolge der Pharao einmal den dreijährigen Knaben in die Arme nahm und im Spiel hoch hob, Moses ihm die Krone vom Haupt riss und sie sich selbst aufsetzte. In den rabbinischen Schriften gibt es aber auch andere Versionen. Wie in Midrasch-Texten üblich, schmücken Anekdoten die knappen biblischen Angaben aus: Laut Bibel hat die Pharaonentochter Moses adoptiert – darum schildern die Midrasch-Bibelausleger, dass der Pharao selbst als Adoptivgroßvater mit dem kleinen Moses spielt, und sie deuten auf das künftige katastrophale Schicksal des Pharaos und seiner Streitmacht hin, indem sie Moses die Krone des Pharaos zu Boden werfen lassen. Und schließlich verknüpfen sie auch noch die Bibelstelle über die schwere Zunge des erwachsenen Mannes Moses mit einer Szene aus der pharaonischen Kinderstube. Bekanntlich diente dem erwachsenen Moses seine angeblich schwerfällige Zunge als Ausflucht, um Gottes Auftrag, die Kinder Israel aus Ägypten zu führen, nicht übernehmen zu müssen. Damals sagte Moses zu Gott: »Bitte, Herr! ich bin kein Mann der Rede, ich bin es bis heute nicht gewesen und bin es auch jetzt nicht, seit du mit deinem Knechte redest, sondern bin mit Mund und Zunge unbeholfen.« (2. Moses 4, 10)

Offensichtlich ist hier nicht von einem Sprachfehler die Rede, sondern von mangelnder rhetorischer Begabung. Aber bereits die alten jüdischen Ausleger dachten an einen Sprachfehler und erfanden eine Geschichte, wie Moses zu diesem Sprachfehler kam. Ihnen zufolge wollte der Pharao feststellen, ob Moses wusste, was er tat, als er ihm die Krone vom Kopf riss: Der Pharao ließ ihm gleichzeitig Gold und eine glühende Kohle vorlegen; das unschuldige Kind nahm die glühende Kohle und steckte sie in den Mund – kein Wunder, dass der erwachsene Moses eine schwere Zunge hatte!

Die von Artapanos wiedergegebene Geschichte, wie der Prinz Moses mit der äthiopischen Schlangenplage fertig wurde, ist auf jeden Fall kein Midrasch, der zur Erklärung einer dunklen Bibelstelle erfunden ist. Die biblischen Erzähler scheinen die fromme Geschichte von der Ehernen Schlange erfunden zu haben, um die theologisch schiefe Darstellung der von Artapanos erzählten Geschichte zurechtzubiegen.

Moses kuschitische Ehefrau

Eine andere Moses-Erzählung mutet auf den ersten Blick auch wie eine Midrasch-Erfindung an: Es ist die Sage von der äthiopischen Ehefrau, die Moses auf seinem Äthiopien-Feldzug heiratet. Jüdische Wissenschaftler wie Rappaport und Shinan sind sich aber darin einig, dass diese Sage von der Bibel unabhängig und somit kein Midrasch ist.

Das Alte Testament berichtet, dass Moses einen Ägypter erschlägt und vor dem Pharao flüchtet. Im asiatischen Land Midian heiratet der Flüchtling eine Landestochter. Moses wohnt zunächst in der Nähe eines Brunnens, zu dem die sieben Töchter eines einheimischen Priesters kommen, um die Schafe ihres Vaters zu tränken: »Aber die Hirten kamen dazu und drängten sie weg. Da stand Moses auf, nahm sich ihrer an und tränkte ihre Schafe.« Als die Töchter überraschend früh zu ihrem Vater zurückkommen, fragt er sie: »Warum kommt ihr heute so früh?« Die Töchter geben ihrem Vater jene Antwort, die Freud beim Sammeln der Indizien für Moses ägyptische Nationalität übersehen hat – sie sagen nämlich: »Ein ägyptischer Mann hat uns gegen die Hirten geholfen und hat uns dazu noch fleißig geschöpft und die Schafe getränkt.« (2. Moses 2, 19)

Wie nicht anders zu erwarten, spricht der Vater von sieben Töchtern eine Einladung an den hilfsbereiten Ägypter aus und gibt ihm schließlich eine seiner Töchter zur Frau; ihr Name soll Zippora (Vögelchen) gelautet haben. Bis hierher handelt es sich um eine typische Flüchtlingsgeschichte, die auch von einem anderen Mann erzählt werden könnte. Historisch überprüfbar ist nichts, und erzählerische Einzelheiten können aus anderen Quellen entlehnt sein, wie beispielsweise der Geschichte des Höflings Sinuhe, der um 1900 v. Chr. aus Ägypten nach Asien floh, sich dort mit einer Nomadin verheiratete, später aber – anders als Moses – vom Pharao hochgeehrt in seine Heimat am Nil zurückkehrte.

Außer von der Midianiterin erfährt der Bibelleser noch von einer anderen, gleichfalls nicht hebräischen Frau des Moses. Der hebräische Bibeltext bezeichnet diese andere Frau als eine Kuschitin, die von weit exotischerer Abstammung als Zippora ist. Denn eine Kuschitin ist eine Einheimische des Landes Kusch, womit die Bibel hier und an anderen Stellen das südlich von Ägypten liegende afrikanische Gebiet am Nil meint. Den Ländernamen Kusch haben nicht nur die alten Juden, sondern auch die Assyrer und Babylonier von den Ägyptern übernommen. Die alten Griechen dagegen sprachen von Äthiopien, wenn sie die Länder der Kuschiten meinten. Die griechische Bezeichnung Äthiopier für die Landesbewohner bedeutet wörtlich »Brandgesichter« in Anspielung auf ihre dunkelbraune bis schwarze Hautfarbe.

Der Streit wegen der kuschitischen Ehefrau

Über Moses' äthiopisch-kuschitische Ehe berichtet die Bibel eher beiläufig, dass die Geschwister des Moses diese Ehe zum Anlass nahmen, die Autorität ihres Bruders zu bestreiten: »Mirjam und Aaron aber lehnten sich auf gegen Moses, wegen des kuschitischen Weibes, das er genommen hatte. Und sie sprachen: ›Hat denn Jahwe bloß mit Moses geredet? Hat er nicht auch mit uns geredet?‹« (4. Moses 12, 1–2) Anscheinend hielten sie diese Ehe ihres Bruders für eine Fehlleistung und leiteten daraus einen Anspruch auf gleichen Rang mit ihm ab.

Vielleicht beschuldigten sie ihren Bruder, dass er sich selbst erlaubte, was er anderen verboten hatte, als er die fremde, zudem schwarzhäutige Frau heiratete. In der Tat gibt es viele Bibeltexte, aus denen hervorgeht, dass ausländische Frauen das Missfallen der biblischen Gesetzgeber erregten. Beispielsweise soll Nehemia um 450 v. Chr. gegenüber den Einwohnern von Jerusalem geäußert haben: »Und nun müssen wir von euch hören, dass ihr all dasselbe große Unrecht tut, unserem Gott treulos zu werden, indem ihr fremde Frauen heiratet!« (Nehemia 13, 27) In diesem Sinne ermahnte selbst der ungläubige Jude Sigmund Freud in einem Brief vom 16. Juli 1873 seinen jüdischen Freund Eduard Silberstein, der anscheinend Gefallen an christlichen Mädchen fand: »Du sollst nicht wählen unter den Mädchen dieses Landes, das ein Land von Götzendienern und Ruchlosen ist.«

Im Streit der Geschwister mit ihrem Bruder geht es aber weniger um die Ehe mit einer Frau aus einem anderen Land als vielmehr von fremder Rasse. Jahwe lässt die Kritik an seinem Propheten Moses nicht zu und weist den Anspruch auf Gleichrangigkeit der Geschwister mit Moses zurück. Denn als er von dem Streit vernimmt, spricht er zu Moses, Aaron und Mirjam: »Geht alle drei hinaus (vor das Lager der Israeliten) zum Offenbarungszelt!« In einer Wolke fährt Jahwe vom Himmel herab, tritt in die Tür des Zeltes und klärt Aaron und Mirjam in wohlgesetzter Rede über den Sonderstatus von

Moses auf. Jahwe verweist darauf, dass Gott »von Mund zu Mund« mit Moses redet und dass Moses die »Gestalt« Jahwes sehen darf, während er zu allen anderen Propheten nur in Visionen und Träumen spricht. Schließlich stellt Jahwe Aaron und Mirjam die Frage: »Warum habt ihr euch nicht gescheut, gegen meinen Diener, gegen Moses, euch aufzulehnen?« Dann entbrennt sein Zorn über die beiden, »und er ging weg, und die Wolke wich von dem Zelt. Mirjam aber war plötzlich aussätzig wie Schnee«. Moses ruft daraufhin Jahwe an, er möge Mirjam heilen, was der Gott auch tut. (4. Moses 12, 4–14)

Der biblische Erzähler hat Mirjam mit dem weißen Aussatz geschlagen, um eventuelle böse Worte wegen der dunklen Hautfarbe von Moses kuschitischer Ehefrau zu bestrafen. So wie der Streit der Geschwister ausgeht, scheint der Verfasser dieser biblischen Geschichte dem Mann Moses Recht geben zu wollen: Moses hat eine Ausnahmestellung; daher darf er, anders als alle anderen, sogar eine Kuschitin heiraten.

Allgemeine Missbilligung der kuschitischen Ehefrau

Um keinen rassistischen Anstoß zu erregen, haben die Drehbuchautoren von Cecil B. de Milles Monumentalfilm »Die Zehn Gebote« (»The Ten Commandments«, 1956) die Zuschauer über die kuschitische Ehefrau des Moses im Unklaren gelassen.

In de Milles Film kehrt der Prinz Moses (Charlton Heston) siegreich vom äthiopischen Feldzug zurück; in seiner Begleitung befinden sich der äthiopische König (Woody Strode) und dessen Tochter Tharbis (Esther Brown) als neu gewonnene Verbündete. Moses wird von seinem Onkel, König Sethos (Sir Cedrick Hardwicke), seiner Cousine Nefert-ari (Ann Baxter) und seinem Vetter Ramses (Yul Brynner), dem späteren König Ramses II., begrüßt. Die Filmprinzessin Nefertari liebt ihren vermeintlichen Vetter Moses und möchte ihn gerne heiraten; es wird ihr später nichts anderes übrig bleiben, als ihren Bruder

Ramses zur Ehe zu nehmen. Tharbis, eine dunkelhäutige äthiopische Prinzessin, die offensichtlich von Moses sehr angetan ist, nimmt ihren Halsschmuck und schenkt ihn Moses, nachdem sie die Erlaubnis des ägyptischen Königs eingeholt hat. Der Pharao lobt die Schönheit des Halsschmucks, und auch Nefertari schließt sich diesem Lob an, nicht ohne eine eifersüchtige Bemerkung über die Schönheit der Schenkenden hinzuzufügen.

Um das Problem von Moses' dunkelhäutiger Ehefrau aus der Welt zu schaffen, setzte in der Antike ein Bibelkommentator sie mit der Midianiterin Zippora gleich und beschrieb sie als eine »Negerin an Schönheit«. Dieser besonders schlaue Kommentar steht im so genannten *Fragmenten-Targum,* einer Bibelübersetzung aus dem Hebräischen ins Aramäische: »Die Kuschitin! – Aber war sie denn eine Kuschitin? Sie war ja eine Midianiterin. Warum denn nennt die (heilige) Schrift sie eine Kuschitin? – Wie ein Kuschit sich auszeichnet durch seine Hautfarbe, so zeichnete sich Zippora durch ihre Schönheit vor allen Frauen aus.«

Die Empörung über Moses' kuschitische Ehefrau war nicht recht am Platz, weil sie aus einem Missverständnis resultierte. In griechisch-römischer Zeit mag man sich einen »Äthiopier« als Schwarzen vorgestellt haben. Aber tausend Jahre früher – zur Zeit, als Moses gelebt haben soll – herrschten im äthiopisch-kuschitischen Kolonialgebiet der Ägypter andere Bevölkerungsverhältnisse. Eine Kuschitin oder Äthiopierin wäre damals keine Schwarze gewesen, sondern eine nahe Stammesverwandte der Ägypter, nicht viel dunkelhäutiger als Moses selbst. Die Äthiopier waren ausnehmend schöne Menschen, und zumindest Herodot pries sie als das »höchstgewachsene und schönste Volk der Welt«.

Königliche Herkunft der kuschitischen Ehefrau

Nach dem Streit der Geschwister des Moses kommt das Alte Testament nicht mehr auf das Thema der kuschitischen Ehefrau von Moses zu sprechen, Herkunft und Schicksal dieser Frau bleiben in der Bibel offen. Die Erwähnung dieser Frau in der Bibel stürzte den Historiker Eduard Meyer in Ratlosigkeit: »Wann soll aber Moses eine Mohrin geheiratet haben?« Meyer hielt Moses für einen midianitischen Hirten, der keine Kontakte mit Ägypten hatte. Wie sollte dieser midianitische Moses außerhalb von Ägypten zu einer kuschitischen Frau gekommen sein? Das Alte Testament bietet auf die von Eduard Meyer aufgeworfene Frage keine Antwort. In seiner Hilflosigkeit vermutete Meyer einen »aus den Fingern gesogenen Einfall«.

Gäbe es nicht die jüdischen Sagen außerhalb der Bibel, würde man nicht erfahren, wie die äthiopische Heirat von Moses zustande kam. Ausführlich erzählt Josephus Flavius den Zusammenhang zwischen Moses' Feldzug und seiner Ehe: »Tharbis war die Tochter des äthiopischen Königs; sie erblickte Moses, als er das Heer an die Mauer heranführte und mit großer Kühnheit kämpfte; sie verliebte sich in ihn und da diese Leidenschaft so stark war, sandte sie den vertrauenswürdigsten ihrer Diener zu ihm, um ihrer beiden Heirat zu beraten. Moses nahm das Angebot an unter der Bedingung, dass sie die Stadt ausliefern würde; er sicherte ihr durch einen Eid zu, sie zu seiner Frau zu machen, und dass er – einmal im Besitz der Stadt – diesen Eid nicht brechen würde. – Sobald der Vertrag geschlossen war, wurde er ausgeführt, und als Moses die Äthiopier besiegt hatte, dankte er Gott, ging seine Ehe ein und führte die Ägypter in ihr Land zurück.« Man sollte annehmen, dass Moses die eben geheiratete Frau nach Ägypten mitnahm – Josephus Flavius schweigt sich jedoch über diesen Punkt aus.

Wie eine treulose Fürstentochter den eigenen Vater an einen fremden Feind verrät, ist ein bekanntes antikes Sagenmotiv, das man als »Tarpeja-Motiv« bezeichnen kann: Nach römischen Sagen belagerten die Sabiner unter König Titus Tatius die Capitolinische Burg zur Zeit des Romulus, des ersten Königs von Rom. Befehlshaber der Burg war Spurius Tarpejus, dessen Tochter Tarpeja den Sabinern einen Zugang zur Festung öffnete. Der einen Fassung der Sage zufolge handelte Tarpeja aus Habgier, nach der anderen aus Liebe zu einem der Feinde. Das Motiv spielt keine Rolle, getötet wird die Verräterin in jeder Fassung der Sage.

Tarpeja hatte sich als Lohn für ihren Verrat das ausbedungen, was die Sabiner am linken Arm trugen, wobei sie wohl an die goldenen Armspangen dachte. Die Sabiner sollen sie aber betrogen und es ihr mit den Schilden, die sie am linken Arm trugen, schlecht vergolten haben: Sie warfen ihre Schilde auf Tarpeja und töteten sie auf diese Weise.

Eine andere treulose Königstochter, die ihren Vater an einen Fremden verriet, war Komaitho. Sie verriet König Pterelaos an Amphitryon, den König der griechischen Stadt Theben. Pterelaos war so gut wie unbesiegbar und überdies unsterblich, und zwar aufgrund eines goldenen Haares, das er dem Meeresgott Poseidon verdankte. Aus Liebe zu Amphitryon schnitt Komaitho ihrem Vater das goldene Haar ab, aber der Sieger Amphitryon verschmähte und tötete sie.

Wie diese Beispiele zeigen, kann man das Tarpeja-Motiv kaum für Moses' äthiopische Ehefrau in Anspruch nehmen, da die sagentypische Strafe für die Verräterin an Vater und Heimatstadt fehlt. Offensichtlich ist das Tarpeja-Motiv, das Josephus Flavius seinen Lesern präsentiert, der Sage von der Ehe des Prinzen Moses mit einer Äthiopierin aufgesetzt. Wenn es sich so verhält, ist es nicht zwingend, dass der ägyptische Prinz Moses seine Prinzessin auf dem äthiopischen Feldzug findet. Schließlich hielt sich Moses laut Artapanos zehn Jahre in Äthiopien auf, lange genug, um auch eine Ehe einzugehen. Und zudem war er damals im Heiratsalter.

Der Feldzug soll zwar, Artapanos zufolge, zehn Jahre gedauert und den gesamten Aufenthalt von Moses in Äthiopien in Anspruch genommen haben, aber vermutlich übertreibt Artapanos und denkt an den zehn Jahre währenden Trojanischen

Krieg oder an die neun Jahre, die der sagenhafte Pharao Sesostris in Äthiopien Krieg führte.

Warum aber musste der junge Mann gleich eine Einheimische des Landes Kusch/Äthiopien heiraten und sei sie auch eine Prinzessin gewesen? Folgt man Thomas Manns Erzählung *Das Gesetz,* so war es der sexuelle Reiz der Äthiopierin, der Moses zur Heirat bewog: »In ihrer Art war sie ein prachtvolles Stück, mit Bergesbrüsten, rollendem Augenweiß, Wulstlippen, in die sich im Kuss zu versenken ein Abenteuer sein mochte.« Diese Reize sollen aber nicht der äthiopischen Prinzessin – über die Thomas Mann nichts erzählt –, sondern Moses' Bett-Mohrin zu eigen gewesen sein, die aus jenem »losen Volk« stammte, das sich den Kindern Israel bei ihrem Auszug aus Ägypten angeschlossen hatte. Um seiner sexuellen Entspannung willen tat sich der vielgeplagte Prophet Moses mit dieser Frau zusammen. Und ein solcher Grund könnte wohl auch schon früher gegolten haben, als der junge Moses eine äthiopische Prinzessin heiratete.

Vielleicht war es die Missbilligung und Anstößigkeit einer gemischtrassigen Ehe, die Artapanos davon abhielt, die äthiopische Prinzessin in seine Erzählung aufzunehmen. Josephus Flavius teilte diese Bedenken nicht, während der betuliche Philo wiederum kein Wort über diese Ehe verlor, die den Propheten Gottes aus rechtgläubiger Sicht in einem bedenklichen Licht erscheinen ließ. In der Zeit vor Philo scheute sich jedoch der hellenistische jüdische Schriftsteller Ezekielos (Ezechiel) nicht, in seinen dem griechischen Muster folgenden Tragödien eine Kuschitin als Ehefrau des Propheten Moses auftreten zu lassen.

Wenn Moses in der Tragödie über den Auszug der Kinder Israel aus Ägypten zum ersten Mal mit seiner späteren Frau Zippora zusammentrifft, ist er auf der Flucht vor dem Pharao. Zippora teilt dem Flüchtling mit, dass er sich jetzt in Libyen befindet. Libyen, so sagt Zippora, wird von verschiedenen Stämmen dunkelhäutiger Äthiopier bewohnt, die jedoch einem einzigen Herrscher – ihrem Vater – gehorchen. Auch wenn Zippora sich selbst nicht direkt als Äthiopierin bezeichnet, kann man ihren Worten entnehmen, dass sie zu einem äthiopischen Stamm gehört und dunkelhäutig ist.

Auf diese einfache Weise brachte Ezekielos die biblische Information über eine midianitische Ehefrau des Flüchtlings Moses in Einklang mit der anderen Information über eine äthiopische Ehefrau. Dabei weicht der Tragödiendichter Ezekielos nur wenig von der Bibel ab, wenn er Moses vor dem Pharao nicht nach Midian fliehen lässt, sondern nach »Libyen«, denn in der Antike galt der Nil als die östliche Grenze Libyens. Aber man konnte von »Libyen« auch im Sinn von »Afrika« sprechen und es zu beiden Seiten des Nils lokalisieren. Wohl in diesem Sinn lässt Ezekielos Moses nach »Libyen« fiehen, wo dunkelhäutige Äthiopier wohnen und weiter östlich das biblische Midian liegt.

Da Ezekielos den Vater Zipporas als Landesherrscher schildert, sollte es sich bei ihr um eine äthiopische Prinzessin handeln. Was Ezekielos über die äthiopische Ehefrau nur andeutet, ist uns in größerer Ausführlichkeit erst aus einer jüdischen Moses-Sage der nachchristlichen Zeit bekannt. In einem so genannten »Targum« – einer Bibelübersetzung aus dem Hebräischen in die damalige aramäische Umgangssprache der Juden – kommt auch der Streit von Moses' Geschwistern über die kuschitische Frau vor.

Der hebräische Bibeltext gibt zu verstehen, dass Moses die Kuschitin aus eigenem Antrieb heiratete. Dagegen heißt es im Targum Pseudo-Jonathan, die Kuschiten hätten diese Frau mit Moses verheiratet, als er vor dem Pharao fliehen musste. Der Verfasser des Targums kannte also, genauso wie Ezekielos, eine Sage, nach der Moses vor dem Pharao nicht ins asiatische Midian floh, sondern nach Äthiopien bzw. Kusch. Aber anders als bei Ezekielos ist bei ihm die kuschitische Ehefrau des Moses keine Prinzessin, sondern die Königin von Kusch.

Weitere Einzelheiten über diese Moses-Sage erfährt man noch aus mittelalterlich-jüdischen Werken, der *Chronik des Moses* und dem Buch *Ha-Jaschar:* Nicht als Feldherr des Pharaos kommt der Prinz Moses ins Land Kusch, sondern als Flüchtling vor dem Pharao. Als Moses die Hauptstadt von Kusch erreicht, findet er die Stadt belagert durch ihren rechtmäßigen König, während in der Stadt selbst seit neun Jahren ein Usurpator herrscht. Der kuschitische König und seine Männer finden Gefallen an dem Flüchtling Moses, und der König macht ihn zu seinem Ratgeber. Bald nach Moses' Ankunft stirbt der kuschitische König; die Kuschiten wählen Moses zu seinem Nachfolger und geben ihm die Königswitwe zur Frau. Moses aber nähert sich seiner Frau nicht, weil er Gottes Gesetz achtet und dieses Gesetz den Frommen die Ehe mit ausländischen Frauen verbietet. Nach vierzig Jahren kommen die Königsherrschaft des Moses und seine nie vollzogene Ehe zu einem Ende, als die ungeliebte Frau die kuschitischen Adligen über das spröde Verhalten ihres Ehemanns aufklärt. Moses muss sein äthiopisches Königtum verlassen, darf sich aber mit reichen Geschenken auf den Weg nach Midian machen.

Moses' Flucht vor dem Pharao

Auf den kuschitischen Feldzug und die Ehe des Prinzen Moses folgt in den Erzählungen von Artapanos und Josephus Flavius bald die Flucht, die Moses aus Ägypten nach Midian führt. Moses erschlägt einen Ägypter, der einen Hebräer drangsaliert hatte. Er glaubte, es hätte ihn niemand beobachtet, aber »der Pharao erfuhr diese Sache und trachtete danach, Moses umbringen zu lassen. Moses aber ergriff die Flucht vor dem Pharao.« (2. Moses 2, 15)

Laut Julius Wellhausen, der höchsten Autorität in der Bibelkritik, bildet die biblische Erzählung über Moses' Flucht vor dem Pharao keine geschlossene Einheit, denn der Satz »der Pharao erfuhr diese Sache« enthalte nicht den gleichen Fluchtgrund wie der Satz »der Pharao trachtete danach, Moses umbringen zu lassen. Moses aber ergriff die Flucht vor dem Pharao.«

Wellhausen zufolge erforderte der Totschlag eine gerichtliche Untersuchung seitens der pharaonischen Gerichtsbehörde, während die Absicht des Pharaos, Moses das Leben zu nehmen, auf ein anderes, in der Bibel ungenannt bleibendes Motiv schließen lässt. Eduard Meyer folgte Wellhausen und argumentierte seinerseits: Wenn Moses sich nach dem Bekanntwerden des Totschlags fürchtete, könne die logische Fortsetzung nur gelautet haben, dass er sofort die Flucht ergriff. Stattdessen folgt aber im Text: »und der Pharao hörte diese Begebenheit und suchte Moses zu töten; da floh Moses vor dem Pharao«.

Nach Meyer war die »Begebenheit«, die der Pharao vernahm, nicht der Totschlag, sondern die Adoption des hebräischen Knaben durch die Königstochter. Dagegen ist allerdings einzuwenden, dass in diesem Fall der ägyptische König doch sehr spät von der Adoption erfahren hätte. Darum erscheint es sinnvoller, wie die griechischen Moses-Sagen die Flucht aus einem politischen Motiv zu erklären. Den Sagen zufolge lachte Moses bei seinem Feldzug in Kusch noch das Glück, das ihn bald verlassen sollte. Denn Neid auf den erfolgreichen Prinzen erwachte im Pharao, der ihm nach dem Leben zu trachten begann. Darum floh Moses vor dem Pharao nach Asien. Zur Vorgeschichte dieser Flucht gehört aber auch die Verleumdung, der Prinz Moses trachte seinerseits nach dem Thron des Pharaos.

Der jüdische Historiker Josephus Flavius berichtet nicht nur über den Neid des Pharaos, sondern auch über die Furcht des ägyptischen Königs und seiner Ratgeber im Anschluss an den äthiopischen Feldzug: »Die Ägypter hegten einen Hass gegen Moses, nachdem sie durch ihn gerettet waren. Sie waren sehr eifrig darin, ihre Pläne gegen ihn zu richten, da sie ihn in Verdacht hatten, er würde die Gelegenheit ergreifen, aufgrund seines Erfolges einen Aufstand zu erregen und neue Dinge in Ägypten einzuführen. Und sie sagten dem König, Moses solle getötet werden. Auch der König hatte im selben Sinne Absichten und dieses sowohl aus Neid auf seine ruhmreiche Unternehmung in Äthiopien an der Spitze seines Heeres als auch aus Furcht, er würde seine (des Königs) Macht brechen. Da die heiligen Schreiber in den König drangen, war er schließlich bereit, Moses zu töten, aber als Moses erfuhr, was gegen ihn geplant war, ging er heimlich davon.«

Josephus Flavius sagt nicht, ob der Prinz Moses in der Tat plante, sich des ägyptischen Throns zu bemächtigen. Und so wie Josephus Flavius die Geschichte erzählt, hatte Moses nicht vor, sich gegen die ungerechte Verfolgung zu wehren, sondern er floh heimlich aus Ägypten, um sich seinen Gegnern zu entziehen. In ihrer Heimlichkeit erinnert diese Flucht an die heimliche Flucht, von der die Bibel berichtet, nachdem Moses einen Ägypter totgeschlagen hatte. Aber Josephus Flavius erwähnt diesen Totschlag nicht. Vermutlich mit Absicht verschweigt der bibelfeste Josephus Flavius die Geschichte vom Totschlag, denn wegen dieser Tat könnte den größten der Propheten ein moralischer Vorwurf treffen.

Josephus Flavius zufolge hatte der heranwachsende Prinz Moses keinen Kontakt mit seinen hebräischen Brüdern und wusste nichts von seiner hebräischen Abstammung. In der Tat wäre der später an den erwachsenen Moses ergehende göttliche Befehl, die Hebräer aus Ägypten herauszuführen, denkbar, ohne dass Moses vorher Kontakt mit den Hebräern hatte oder dass er früher von seiner hebräischen Herkunft wusste.

Der jüdische Philosoph Philo verknüpfte hingegen das Motiv vom Prinzen Moses und seinen unrechtmäßigen Absichten auf den ägyptischen Thron in erzählerisch nicht ungeschickter Weise mit der biblischen Episode des Totschlags eines Ägypters. Während die Bibel nur von einem »Ägypter« spricht, macht Philo aus ihm einen Aufseher der versklavten Israeliten. Philo entschuldigt den von Moses begangenen Totschlag mit der Unmenschlichkeit des Aufsehers und teilt wortreich mit, wie bösartig der von Moses erschlagene Aufseher gewesen sei: »Und war es nicht gut, denjenigen wegzuschaffen, der nur zum Verderben seiner Mitmenschen lebte?«

Nach Philos Darstellung zürnte aber der Pharao Moses nicht wegen seiner Bluttat, sondern aus politischen Überlegungen: »Der Pharao hielt es für sehr gefährlich, dass sein Enkel anderer Gesinnung wäre als er selbst und nicht dieselben Freunde und nicht dieselben Feinde hätte.« Auf diese Gelegenheit hatten die Höflinge gewartet, die den jungen Prinzen Moses schon lange fürchteten. Sie wussten, dass Moses ihnen wegen ihrer Frevel zürnte und sie bestrafen würde, sobald sich ihm die Gelegenheit bot. Darum trugen sie dem Pharao, der ein offenes Ohr dafür hatte, unzählige Verleumdungen zu und stellten ihm sogar den Verlust seiner Herrschaft in Aussicht: »Moses wird dich angreifen«, prophezeiten sie ihm. »Er denkt an nichts Kleines, stets hat er wichtige Dinge im Kopfe, vor der gesetzmäßigen Zeit trachtet er nach der Königswürde. Einigen schmeichelt er, andere schreckt er, er tötet ohne gerichtliche Untersuchung, er verfolgt diejenigen, die dir ergeben sind. Was zögerst du noch? Erwartest du etwa die Ausführung seiner Pläne?« Vor diesen Verfolgungen rettete sich Moses in den angrenzenden Teil Arabiens, wo er sich in Sicherheit aufhalten konnte.

Philo weiß also auch Bescheid über unrechtmäßige Absichten des Prinzen und Thronfolgers Moses auf den ägyptischen Königsthron oder zumindest von entsprechender übler Nachrede. Aber wie Josephus Flavius lässt auch Philo offen, ob die Furcht des Pharaos und seiner Höflinge vor einem Aufstand des Prinzen Moses berechtigt war, oder ob der Prinz als unschuldig Verfolgter aus Ägypten fliehen musste. Bereits Philo hat also erkannt, dass das Alte Testament zwei Motive für Moses' Flucht bietet, darum hat er den biblischen Totschlag und den in der jüdischen Sage angedeuteten politischen Streit miteinander verwoben.

Wieder anders berichtet Artapanos, der zunächst nur vom Neid des ägyptischen Königs Chenephres auf seinen Adoptivsohn Moses spricht, nicht aber von der Angst des Königs, Moses könne ihm die Krone streitig machen. Der König fasste einen Plan zur Ermordung des Prinzen, aber die vom König für den Mord bestimmten Männer weigerten sich, die Tat auszuführen. Daraufhin wandte sich der König an einen Mann namens Chanethotes, der zur Mordtat bereit war, sobald sich eine Gelegenheit dazu bieten würde. Und als Merris, Moses' Adoptivmutter, zu gelegener Zeit starb, erteilte der König Moses und Chanethotes den Auftrag, Merris außerhalb Ägyptens zu bestatten.

König Chenephres hoffte, Chanethotes würde auf dieser Reise eine Gelegenheit finden, Moses zu töten. Auf der Reise verriet aber einer der Eingeweihten die Verschwörung, worauf Moses sich von Chanethotes trennte und Merris allein begrub. Bei der Gelegenheit gab Moses dem Fluss und der an ihm gelegenen Stadt den Namen Meroe in Anlehnung an Merris, den Namen seiner Adoptivmutter. Und Artapanos beteuert, dass die Einwohner jenes Landes die tote Merris genauso hoch verehrten wie die ägyptische Hauptgöttin Isis. Von der ägyptischen Südgrenze am ersten Katarakt aus gerechnet, liegt Meroe 1050 Kilometer nilaufwärts. Die Stadt existierte jedoch noch nicht zu Moses' Lebzeiten im 2. Jahrtausend v. Chr. Die phantastische Anekdote über die Stadt Meroe hat Artapanos aus der griechischen Literatur entlehnt, denn nach der antiken Überlieferung soll Kambyses, der erste persische Eroberer Ägyptens, die Stadt Meroe nach seiner Mutter benannt haben.

Nach Merris' Beisetzung macht sich Moses auf den Weg nach Arabien, um sein Leben zu retten. Als Chanethotes von der Flucht hört, überfällt er Moses aus dem Hinterhalt, doch der Überfallene wehrt sich und erschlägt den Angreifer. Nicht ungeschickt verknüpft Artapanos in dieser Weise den biblischen Totschlag an einem Ägypter mit dem politischen Fluchtmotiv der Moses-Sagen von Josephus Flavius und Philo und entlastet Moses vom Vorwurf eines Totschlags ohne vorangehende Provokation. Artapanos musste nicht wie Philo die Bösartigkeit des erschlagenen Ägypters als Grund für die Bluttat des biblischen Propheten Moses erfinden. Die einfachere Lösung für ihn war, Moses in eine Notwehrsituation zu bringen.

Der Flüchtling Moses erreicht Arabien bzw. das, was Artapanos unter Arabien verstand, nämlich das dem Nildelta nächstgelegene asiatische Grenzgebiet, wo noch weiter östlich auch das biblische Land Midian anzusiedeln ist. Dort lebt Moses bei Reguel, dessen Tochter er heiratet, und dort ergeht an ihn die göttliche Berufung, die Israeliten aus Ägypten herauszuführen.

Die Geschichtlichkeit der jüdischen Sagen über den Prinzen Moses

Allen jüdischen Moses-Sagen zufolge wurde Moses von hebräischen Eltern ausgesetzt, aber im ägyptischen Königshaus aufgezogen. Moses' ägyptische Mutter gilt als Prinzessin, die mit einem König verheiratet ist; der Pharao wird als (Adoptiv-) Großvater oder auch als (Adoptiv-)Vater von Moses angesehen. Entweder heißt es ausdrücklich, dass Moses als Prinz aufwächst, oder man kann dies aus den Gegebenheiten schließen. Der Prinz weiß zumindest nach der von Josephus Flavius wiedergegebenen Sagenfassung nichts von seiner hebräischen Abstammung. Noch als junger Mann führt der ägyptische Prinz Moses einen erfolgreichen Feldzug in Äthiopien-Kusch; der Feldzug bzw. der Aufenthalt in Kusch dauert neun oder zehn Jahre, und der ägyptische Prinz Moses heiratet eine kuschitische Prinzessin.

In einem Sagenstrang folgt auf den Aufenthalt in Kusch ein Zerwürfnis zwischen Moses und dem ägyptischen König, der Moses vorwirft, er habe geplant, den ägyptischen Thron zu usurpieren; in einem anderen Sagenstrang heiratet Moses die Tochter des äthiopisch-kuschitischen Landesherrn oder gar die Königin von Kusch und wird Landeskönig, verliert aber sein kuschitisches Königtum nach einiger Zeit.

Die nicht-biblischen Moses-Sagen werden erst in der Zeit greifbar, als die Juden nach dem Eroberungszug Alexanders des Großen unter griechischer Herrschaft standen. Vermutlich gehen diese Sagen noch in die Zeit vor dem Alexanderzug zurück, als die Juden zu den Untertanen der Perser zählten. Diese Auffassung von den nicht-biblischen Moses-Sagen ist nichts Neues. Neu ist aber, dass die Moses-Sagen des Alten Testaments von diesen zwar nicht-biblischen, aber gleichfalls jüdischen Moses-Sagen der griechischen Zeit beeinflusst wurden. Denn die Erzählung über den Prinzen Moses und die äthiopische Schlangenplage hat ja erst die biblische Geschichte von der Schlangenplage auf der Wüstenwanderung hervorgerufen.

Ferner knüpft die biblische Schilderung des Geschwisterstreits an die Anstößigkeit von Moses kuschitischer Ehe an und setzt damit eine dem Bibelleser bekannte Sage über diese Ehe voraus. Und schließlich sind die biblische Moses-Sage und die anderen jüdischen Moses-Sagen durch die zwei Fluchtmotive miteinander verknüpft: Wie Wellhausen herausgefunden hat, lässt der biblische Text ein zweites Fluchtmotiv durchblicken, in dem man das politische Fluchtmotiv des Prinzen Moses erkennen kann, über das Philo und Josephus Flavius berichten.

Wegen dieser Verzahnung mit den anderen jüdischen Moses-Sagen kann man auch die Entstehung der biblischen Moses-Sagen in die griechische oder persische Zeit ansetzen. Man kann sogar einen gemeinsamen Ursprung aller Moses-Sagen in der griechischen oder persischen Epoche annehmen. Allerdings ging die Forschung lange Zeit davon aus, dass die biblischen Moses-Sagen schon im 10. Jahrhundert v. Chr., etwa unter den biblischen Königen David und Salomo, schriftlich fixiert wurden. Die Grundlage dieser ersten schriftlichen Fixierung sollen mündliche Traditionen gewesen sein, die bis in Moses' Lebenszeit zurückreichten.

Diese frühe Datierung der Moses-Erzählungen war aber nichts anderes als eine Vermutung. Wie unbegründet diese Vermutung war, zeigt sich beispielsweise daran, dass heute die kritischen Archäologen die Geschichtlichkeit der biblischen Könige David und Salomo anzweifeln. Aufgrund heutiger Forschungsergebnisse kann man davon ausgehen, dass die biblischen Moses-Erzählungen nicht vor Mitte des 6. Jahrhunderts v. Chr. geschrieben wurden, wahrscheinlicher erst Mitte des 5. Jahrhunderts v. Chr., als die Juden unter persischer Herrschaft standen. Darum lassen sich die jüdischen Moses-Sagen, die nicht in der Bibel stehen, heute nicht mehr als erfunden abtun. Mit der gleichen Begründung könnte man sonst auch den biblischen Moses-Sagen als ungeschichtlich keine Bedeutung beimessen, denn sie wurden wahrscheinlich erst in der persischen Zeit aufgeschrieben, sind also jung und überdies mit den aus griechischer Zeit überlieferten jüdischen Moses-Sagen verzahnt: Die biblische Notiz über Moses kuschitische Frau sowie die Erzählung über Moses' und die Eherne Schlange sind von den erst aus griechischer Zeit bekannten Moses-Sagen abhängig.

So gesehen ist anzunehmen, dass alle Sagen über den Prinzen Moses auf eine einzige Quelle zurückgehen. Vermutlich hat der Jahwist, der als erster biblischer Schriftsteller von Moses erzählte, den Prinzen als Feldherrn in Kusch, Ehemann einer Kuschitin, König in Kusch und als Rivalen Pharaos geschildert. Bearbeiter des Jahwisten haben die meisten dieser biographischen Einzelheiten weggelassen. Noch spätere Bearbeiter der Bibel sahen sich veranlasst, auf die Geschichten einzugehen, die der Jahwist ursprünglich aufgeschrieben hatte und die noch immer mündlich über Moses im Umlauf waren. Ein Beispiel dafür ist die Tradition über Moses' kuschitische Ehefrau.

Es drängt sich darum die Frage auf, ob es einen geschichtlich nachweisbaren ägyptischen Prinzen gab, in dem sich der aus den jüdischen Sagen bekannte Prinz Moses wiederfinden lässt: Gab es einen geschichtlichen ägyptischen Prinzen, der »Moses« hieß, einen Feldzug in Kusch führte und mit dem Pharao in einen Thronstreit geriet?

Suche nach einem
ägyptischen Mann namens Moses

Biblische Zeitangaben zu Moses

Will man den biblischen Moses in der ägyptischen Geschichte wiederfinden, so muss man nach einem alten Ägypter mit gleichem oder zumindest sehr ähnlichem Namen suchen. Aber aus der Jahrhunderte alten pharaonischen Geschichte sind Dutzende von Männern mit einem ähnlichen Namen wie »Moses« bekannt. Zu berücksichtigen wären aber nur diejenigen, die zur Zeit des biblischen Moses gelebt haben, aber die jüdische Tradition gibt keine genaue Antwort auf die Frage nach der Lebenszeit des biblischen Moses.

Im *Buch der Könige* heißt es zwar, Salomo habe 480 Jahre nach dem Auszug der Israeliten aus Ägypten, entsprechend seinem 4. Regierungsjahr, den Jahwe-Tempel in Jerusalem gebaut, aber bis heute ist Salomo durch keine zeitgenössische Inschrift nachgewiesen. Was die Bibel an Einzelheiten über ihn erzählt, könnte durchweg Jahrhunderte später erfunden sein, und es ist überhaupt fraglich, ob dieser biblische König tatsächlich gelebt hat.

Nach dem biblischen *Buch der Könige* soll Salomos Regierung um 970 v. Chr. begonnen haben. Wenn der von Moses angeführte Auszug der Israeliten 480 Jahre vor dem 4. Regierungsjahr von Salomo stattfand, dann wäre Moses um 1450 v. Chr. anzusetzen. Aber nach den biblischen Priester-Stammbäumen soll Moses um 1250 v. Chr. gelebt haben. Diese sind allerdings geschichtlich nicht zuverlässig; aber es ist für uns unerheblich, ob ein frommer Fälscher reihenweise die Namen von Oberpriestern erfunden hat oder nicht, wichtig ist hingegen, dass der Fälscher Moses in eine bestimmte Zeit setzen wollte. Bekannt sind die biblischen Priesterstammbäume erst aus dem unzuverlässigen *Buch der Chronik*, das vermutlich um 200 v. Chr. verfasst wurde und nirgends den Eindruck erweckt, um historische Wahrheit bemüht zu sein. (1. Chronik 5, 29 – 34)

1. Aaron
2. Eleasar
3. Pinchas
4. Abisua
5. Bukki
6. Ussi
7. Serachja
8. Merajot
9. Amarja
10. Achitub
11. Zadok

Über den an erster Stelle genannten Aaron heißt es, er sei ein Bruder von Moses gewesen. Das Alte Testament berichtet umständlich darüber, dass Moses selbst Aaron als höchsten Oberpriester einsetzte. Zehn Generationen später und kurz nach seiner Thronbesteigung soll König Salomo den Zadok, einen direkten Nachkommen Aarons, zum Oberpriester ernannt haben. Nach dem *Buch der Könige* begann Salomos Regierung um 970 v. Chr., und da der Abstand zwischen zwei Generationen realistischerweise auf 25 bis 30 Jahre zu veranschlagen ist, hätte Moses 250 bis 300 Jahre vor Salomo gelebt, also um 1250 v. Chr.

Diese Berechnung von Moses' Lebenszeit bestätigt eine Angabe im Alten Testament. Bekanntlich sollen die Kinder Israel beim Bau der Städte Pithom und Ramses noch vor Moses' Geburt Zwangsarbeit geleistet haben. Wie im Fall der Stammbäume, wäre es auch hier gleichgültig, ob die biblische Erzählung über die Zwangsarbeit der Israeliten beim Bau der Stadt Ramses historisch belegt oder erfunden ist. Diese Stadt wurde nach Pharao Ramses II. benannt, der sie als Residenz ausbaute. Da Ramses II. 1279–1213 v. Chr. regierte, dürfte Moses etwa um 1250 v. Chr. geboren sein.

Freuds Versuch der Identifizierung des biblischen Moses

Sigmund Freud wagte, den geschichtlichen Moses zu identifizieren, ohne die biblischen Hinweise auf die Lebenszeit von Moses zu berücksichtigen. In einem an Arnold Zweig gerichteten Brief vom 2. Mai 1935 erwähnt Freud einen Bericht über die Ausgrabungen von Amarna, in dem er angeblich eine Bemerkung gelesen hat über einen »Prinzen Thotmes von dem sonst nichts bekannt ist. Wäre ich ein Pfund-Millionär, so würde ich die Fortsetzung der Ausgrabungen finanzieren. Dieser Thotmes könnte mein Moses sein, und ich dürfte mich rühmen, dass ich ihn erraten habe«.

Freud fasste den Namen Thotmes richtig als Thot-moses (oder: Thut-moses) auf und vermutete in diesem Mann den biblischen Moses, der nach dem Wortlaut der Bibel der Sohn einer ägyptischen Königstochter und somit ein Prinz war. Aber welchen Ausgrabungsbericht hat Freud gemeint? Zwar gab es zu Echnatons Zeit in der ägyptischen Kolonialprovinz von Kusch einen Vizekönig namens Thotmoses, der in seiner Funktion als Vizekönig ehrenhalber auch den Titel eines »Königssohns« trug, aber der einzige Mann namens Thotmoses, der in Amarna durch einen Fund in der Ruine seines Hauses bezeugt ist, war kein Prinz, sondern ein Bildhauer. Hingegen wird der Name eines Prinzen Thotmoses nirgends − auch nicht beiläufig − in den Berichten über die Ausgrabungen von Amarna erwähnt.

In seinem Brief an Arnold Zweig hat Freud in der Tat die Ruinen von Amarna mit dem Grab von Tutanchamun verwechselt. Der dritte Band von Howard Carters Bericht über die Entdeckung des Grabes von Tutanchamun ist 1933 erschienen. Freud hatte ihn erworben. Dort las er über eine in Tutanchamuns Grab entdeckte Peitsche mit der Inschrift: »Der Königssohn, Befehlshaber der Truppe, Thotmes.« Wer mochte wohl dieser Königssohn sein? fragte sich der Ausgräber Carter. War es ein Sohn von König Thutmoses IV. oder von Amenophis III., dem Vater Echnatons?

Offensichtlich hatte Freud diese Zeilen aus Carters Buch im Sinn, als er an Zweig über den Prinzen Thotmes schrieb, »von dem sonst nichts bekannt ist«. Carters Buch ist noch heute in der englischen Originalausgabe in Freuds Bibliothek vorhanden. Nur dort konnte Freud die Namensform »Thotmes« finden, während die deutsche Übersetzung die wohlklingendere Form »Thutmosis« bietet. Nach heutigem Wissensstand handelt es sich bei diesem Prinzen am ehesten um den späteren König Thutmoses IV., Echnatons Großvater. Der spätere Thutmoses IV. kann als Prinz ein Militäroffizier gewesen sein. Dagegen kommt ein gleichnamiger Sohn Amenophis III., ein älterer Bruder Echnatons, kaum als Peitschenbesitzer in Frage. Er amtierte zu Lebzeiten seines Vaters in der zweiten Landeshauptstadt Memphis als Hohepriester des Gottes Ptah, und, soweit bekannt, hatte er nichts mit dem Militär zu tun.

Unabhängig davon, ob es sich bei besagtem Prinzen um den späteren König Thutmoses IV. oder um Echnatons älteren Bruder Thutmoses handelte – keinen von beiden kann man in geschichtlich sinnvoller Weise mit dem biblischen Moses in Verbindung bringen. Freuds Wunsch, durch die Aufdeckung des biblischen Moses in der Person des Prinzen Thotmes Ruhm zu erlangen, war ganz und gar hoffnungslos. Ohne darüber ein Wort zu verlieren, wie er ausgerechnet auf den Namen Thotmes verfiel, schrieb Freud:»Unter den Personen, die Echnaton nahe standen, befand sich ein Mann, der vielleicht Thotmes hieß, wie damals viele andere, – es kommt auf den Namen nicht viel an, nur dass sein zweiter Bestandteil -mose sein musste.«

Ein fehlgeschlagener Versuch, den biblischen Moses mit einem Ägypter zu identifizieren

Freuds Vermutung, der Prinz Thotmes könne mit dem biblischen Moses identisch sein, war schon wegen der Datierung nicht stichhaltig: Der Auszug der Kinder Israel aus Ägypten hätte hundert Jahre vor der Gründung der Stadt Ramses datiert werden müssen, also hundert Jahre zu früh. In der Datierung genauer als Freud war beispielsweise der Ägyptologe Franz Josef Lauth, als er 1879 einen Vorschlag zur Identität des geschichtlichen Moses unterbreitete. In einer auf Lateinisch verfassten, 250 Seiten langen Abhandlung legte er dar, dass der Name des biblischen Moses auf einem Denkstein zu finden sei, der aus den Gräbern des Stiergottes Apis in Memphis stamme und der heute in Paris in der Ägyptischen Abteilung des Louvre aufbewahrt wird.

Nach den jüngsten Forschungserkenntnissen war der Stifter des Denksteins ein königlicher Schreiber und Hausverwalter und hieß nicht einfach »Moses«, wie Lauth meinte, sondern »Ptah-Moses«. Zwar könnte der biblische Moses mit vollem ägyptischen Namen durchaus Ptah-Moses geheißen haben, aber abgesehen von der Namensähnlichkeit und der Datierung zur Zeit Ramses II., gibt es keine weiteren Gründe für die Identität von Ptah-Moses mit dem biblischen Moses.

Ein ernsthafter Vorschlag zur Identität von Moses

Einen Schritt näher an die Lösung führt der Vorschlag des Theologen und Archäologen Axel Knauf (*Untersuchungen zur Geschichte Palästinas und Nordarabiens am Ende des 2. Jahrtausends v. Chr.*, 1988). Knauf sah im biblischen Moses einen Feind von Pharao Sethnachte. Dieser Pharao kam 1190 v. Chr. durch einen Aufstand an die Regierung. Sein Putsch richtete sich gegen die rechtmäßige Königin Tewosre, eine der wenigen Frauen, die im Lauf der altägyptischen Geschichte auf dem Pharaonenthron saßen. Tewosre scheint sich weitgehend auf einen Schatzmeister oder Minister namens Bija gestützt zu haben, vielleicht ein Mann asiatischer Herkunft, der am ägyptischen Königshof Karriere gemacht hatte. Tewosre und Bija übernahmen zunächst die Regentschaft für den minderjährigen König namens Si-Ptah.

Zwei kleine Reliefbilder im Tempel von Amada stammen aus der Zeit dieser Regentschaft: Das eine Bild zeigt Tewosre mit Kultrasseln in den Händen, das andere Bija, der mit erhobenen Händen vor den Namensringen von Pharao Siptah kniet. Diese Bilder und Inschriften ließ ein Heerführer namens Piai auf beiden Seiten eines steinernen Türrahmens einmeißeln.

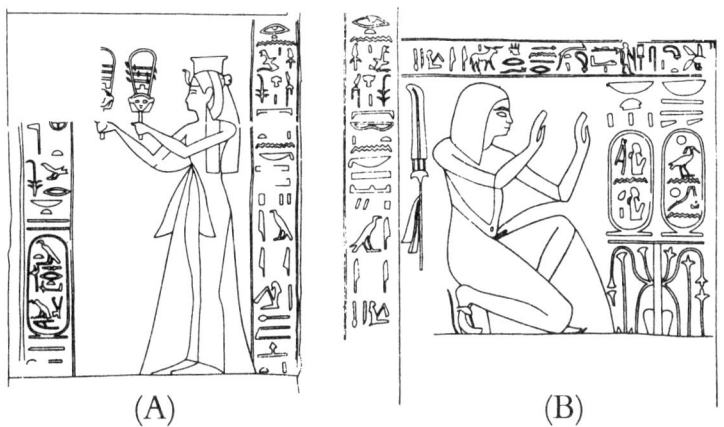

(A) Königsgemahlin Tewosre und
(B) Schatzmeister Bija, Relief im Tempel von Amada

Bija selbst rühmte sich in einer anderen Inschrift, er habe Pharao Siptah auf den Thron seines »Vaters« gesetzt. Als Siptah nach kurzer Regierung starb, ernannte Tewosre sich selbst zur Herrscherin. Nach knapp dreijähriger Herrschaft gelang es Sethnachte, die Königin zu stürzen. Sethnachtes Nachfahren hatten dann über hundert Jahre lang den ägyptischen Thron inne. Nach seinem gelungenen Aufstand ließ Sethnachte auf der Nilinsel Elephantine einen Denkstein errichten, in dessen Inschrift er seine Gegner im schlechtesten Licht darstellt. Über sich selbst sagt der neue Pharao, der Sonnengott habe ihn aus Millionen auserwählt – wobei nicht übersehen werden darf, dass Sethnachte Gott vor vollendete Tatsachen gestellt hat.

In der Inschrift heißt es, dass die Feinde vor Sethnachte flohen, »nachdem Furcht vor ihm ihre Herzen erfasst hatte. Sie flohen (weg, wie Spatzen) und wie kleine Vögel, wenn der Falke hinter ihnen her ist, nachdem sie Silber, Gold (Kupfer und Leinen?) Ägyptens hatten fallen lassen, das sie diesen Asiaten gegeben hatten, um sich Kämpfer zu suchen, (um) die Grenzen Ägyptens (anzugreifen). Ihre Pläne sind gescheitert und ihre Versprechungen blieben leer.«

Hier ist von Gold und Silber sowie von Asiaten die Rede. Das erinnert an die biblischen Texte über die erbeuteten goldenen und silbernen Gefäße, die die Israeliten aus Ägypten mitnahmen. Schon als Gott mit Moses sprach und ihm den Auftrag gab, die Kinder Israel aus Ägypten herauszuführen, kündigte er an, sie müssten nicht mit leeren Händen abziehen, »sondern jedes Weib soll von ihrer Nachbarin und Hausgenossin silberne und goldene Schmucksachen und Kleider entlehnen; die sollt ihr euren Söhnen und Töchtern anlegen und so die Ägypter plündern«. (2. Moses 3, 22)

Axel Knauf ist der Auffassung, dass die Erzählung ursprünglich gelautet haben soll: »Moses sagte zu uns: Lasst euch von den Ägyptern Gold und Silber geben. Der Mann Moses war sehr angesehen in Ägypten, und die Ägypter taten, wie Moses gesagt hatte. So beraubten wir die Ägypter.« Sowohl in Sethnachtes Inschrift als auch in den Bibeltexten sind Gold, Silber und Kleider als eine Art Bezahlung gedacht. Sethnachte spricht von der Bezahlung freiwilliger Söldner, der biblische Erzähler denkt dagegen an eine Entschädigung für die befreiten Zwangsarbeiter. Laut biblischem Text nehmen die ehemaligen Zwangsarbeiter ihre Bezahlung in die Freiheit mit, während Sethnachtes Inschrift nicht verrät, ob Gold und Silber tatsächlich an die asiatischen Söldner gezahlt wurden. Denn der Inschrift zufolge gerieten Gold und Silber nicht in die Hände der asiatischen Söldner, sondern blieben den Ägyptern erhalten. Unter dieser Voraussetzung kann keine Rede davon sein, dass die biblische Erzählung von Israels Auszug aus Ägypten aus der Inschrift von Sethnachtes Denkstein erwachsen ist.

Knauf versuchte auch, in dem Minister Bija den biblischen Moses zu erkennen und berief sich darauf, dass zum einen Bija ungefähr in der Zeit lebte, in der üblicherweise Moses angesiedelt wird, und zum anderen Bija einen zweiten Namen hatte, in dem »Moses« enthalten sei: »Ramses erscheint unter den Göttern«. Mit »Ramses« können entweder Ramses II. oder Bijas Schützling Siptah gemeint sein, der auch den Namen »Ramses«« trug. Das heute »Ramses« geschriebene und ausgesprochene Wort lautete zu Bijas Zeit »Re-mase-sa«; der Namensteil »mase« entspricht der damaligen Aussprache von »Mose«.

Gegen Knaufs Annahme spricht, dass die bekannten Lebensdaten des Bija keine Entsprechung in der jüdischen Moses-Biographie finden: Bija ist kein Prinz und hat keinen Feldzug in Äthiopien geführt. Immerhin wäre es denkbar, dass Moses und Bija Zeitgenossen waren, die sich vielleicht persönlich gekannt haben.

Ägypter namens X-Moses, die für Pharao in Kusch kämpften

Wie diese Beispiele zeigen, bieten auch der annähernd richtige Name und die annähernd richtige Zeit, von denen Freud, Lauth und Knauf ausgegangen sind, nur erste Anhaltspunkte bei der Suche nach den ägyptischen Spuren des biblischen Moses. Auf jeden ernsthaften Kandidaten sollte vor allem zutreffen, dass Moses ein ägyptischer Prinz war, der im Auftrag des Pharaos einen Feldzug in einem Kusch oder Äthiopien genannten Land führte, dort ein Jahrzehnt lebte, später aber in einen Streit mit dem Pharao geriet.

Die Ägypter haben die Länder von Kusch um 1500 v. Chr. erobert und um 1100 v. Chr. wieder verloren. Für die Suche nach einem Ägypter namens Moses, der in Kusch einen Feldzug führte, steht somit ein Zeitraum von ca. 400 Jahren zur Verfügung. Wenn man in diesem gesamten Zeitraum nach Moses sucht, berücksichtigt man die biblische Zeitangabe, die Israeliten seien 480 Jahre vor Salomos Tempelweihe aus Ägypten gezogen, auch wenn diese Angabe historisch nicht verbindlich ist.

Die Ägypter richteten die von ihnen besetzten Landstriche als Miltärgouvernement ein, das geographisch in zwei große Teile zerfiel: Wawat im Norden und das eigentliche Kusch im Süden. Das Militärgouvernement erstreckte sich über 1100

Die altägyptischen Kolonialprovinzen Wawat und Kusch
und die ortsbezogenen Funde von Sethos II. (o)
und Amun-masesa (▼)

126

Kilometer vom ersten Katarakt, wo die traditionelle ägyptische Südgrenze lag, bis zur Grenzstation Napata am vierten Katarakt, wo im Juli der thermische Äquator verläuft. In diesen dünn besiedelten Gegenden lebten mit den Ägyptern verwandte Volksstämme, deren Haut noch brauner war als die der Ägypter. Die ägyptischen Eroberer ließen einige Fürstentümer der Kuschiten bestehen und herrschten mit Hilfe der einheimischen Fürsten in gleicher Weise wie später die Briten in Indien mit Hilfe der Sultane und Radschas.

An der Spitze der ägyptischen Verwaltung stand der »Königssohn von Kusch«, der in aller Regel kein wirklicher Königssohn war, sondern nur ehrenhalber so hieß, weswegen in der heutigen Forschung die Bezeichnung »Vizekönig von Kusch« geläufiger ist. In den 400 Jahren ägyptischer Herrschaft waren in Kusch nicht gerade wenige ägyptische Offiziere und Beamte stationiert, die »Moses« hießen oder Namen trugen, die mit »Moses« zusammengesetzt waren. Beispielsweise hätte Freud seine irrige Vermutung, Moses sei ein Anhänger Echnatons gewesen, auch darauf stützen können, dass Echnatons kuschitischer Vizekönig Thutmoses hieß. Vielleicht war es dieser Thutmoses, der im zwölften Regierungsjahr Echnatons militärisch gegen Nomaden vorging, die im Niltal geplündert hatten. Nach dem Feldzugsbericht machten die Ägypter 145 männliche und weibliche Gefangene und zählten 361 tote Feinde. Wenn der Vizekönig Thutmoses den Feldzug leitete, dann käme er aufgrund seiner Tat und seines Namens für den historischen Moses in Frage.

Ein anderes wichtiges Merkmal, das Zerwürfnis mit dem Pharao, ist aber für den Vizekönig Thutmoses nicht überliefert, und darum sollte man ihn als biblischen Moses nicht in Betracht ziehen. Übrigens lebte Thutmoses um 1350 v. Chr., was wegen der Erwähnung der Stadt Ramses in der biblischen Moses-Erzählung hundert Jahre vor Moses Lebzeiten liegen dürfte.

Auch zur Zeit von Echnatons Vater amtierte ein kuschitischer Vizekönig, dessen Name den Bestandteil »Moses« enthielt. Er hieß Meri-moses und führte in Kusch gleichfalls einen Feldzug durch. Aber wie im Fall von Thutmoses treffen auch auf ihn keine weiteren Merkmale zu, die den biblischen Moses auszeichnen. Überdies ist Merimoses noch weiter von der traditionellen Lebenszeit des biblischen Moses entfernt als Thutmoses. Aus den Zeiten vor Vizekönig Merimoses ist aus Kusch und Wawat kein Ägypter bekannt, der »Moses« oder »X-moses« hieß und dessen biographische Daten mit denen des biblischen Prinzen Moses auch nur entfernt vergleichbar wären.

Erst ein halbes Jahrhundert nach Echnaton berichten die Quellen wieder von einem ägyptischen Feldzug in Kusch. Um 1285 v. Chr. ließ König Sethos I. einige Brunnenstationen in einer Irem genannten kuschitischen Gegend plündern. Die Inschrift verschweigt den Namen des Feldherrn, der das Unternehmen leitete. Aus anderen Quellen sind aber aus diesen Jahren keine hohen kuschitischen Kolonialbeamte bekannt, die »X-Moses« hießen.

Im Mai 1279 v. Chr. begann die über 66 Jahre dauernde Regierung Ramses II., des Sohnes und Nachfolgers von Sethos I. Ramses II. baute zu Beginn seiner Herrschaft an einer neuen Hauptstadt, die er nach seinem eigenen Namen »Haus des Ramses« (ägyptisch: Pi-Ramses) nannte. Beim Bau dieser neuen Hauptstadt sollen die Kinder Israel laut Bibelbericht Zwangsarbeit geleistet haben. Da die Geburt des biblischen Moses in die Zeit nach der Gründung der Stadt Ramses fallen sollte, wird jede Suche nach den Spuren von Moses in Altägypten und insbesondere im kuschitischen Kolonialland an diesem Punkt kritisch.

Einer Inschrift zufolge hat Ramses II. etwa in seinem 20. Regierungsjahr das Land Irem angegriffen und 7000 Menschen gefangen genommen – eine verdächtig hohe Zahl für die dünn bevölkerten Landstriche am oberen Nil. Vielleicht ließ er aber den Bericht seines Vaters einfach abschreiben, ohne selbst Soldaten dorthin geschickt zu haben – denn es ist sonst bekannt, dass ein Pharao den Tatenbericht eines Vorgängers abschreiben und seinen eigenen Namen an passender Stelle einsetzen ließ.

Historisch belegt ist hingegen eine Menschenjagd, die Ramses II. in seinem 44. Regierungsjahr in Libyen veranstalten ließ. Sie ist in einer Inschrift auf einem Denkstein dokumentiert, den ein dem damaligen Vizekönig Setau unterstellter Offizier errichtete. Nach dem Bericht dieses Offiziers gab König Ramses II. den Befehl, Libyer einzufangen und sie dem Tempel von Sebua als Sklaven zuzuführen. Der Tempel von Sebua war einer von sieben Felsentempeln, die Ramses II. in Wawat erbaute. Der Vizekönig Setau begann mit dem Bau des Sebua-Tempels noch im gleichen Jahr, in dem seine Soldaten eine Anzahl Libyer als Sklaven für den neu gegründeten Tempel gefangen nahmen. Die Libyer, die westlichen Nachbarn der Ägypter, waren damals wahrscheinlich in die Oasen von Dunkul und Kurkur eingewandert, die man auf Pistenwegen von Wawat aus erreichen konnte.

Der kuschitische Vizekönig Mase-saja

Unter Ramses II. herrschte also Ruhe im kuschitischen Kolonialgebiet. Erst unter Pharao Mer-ne-ptah, der seinem Vater Ramses II. im Juni 1213 v. Chr. auf dem ägyptischen Thron folgte, wurde wieder eine ägyptische Militäraktion im Vizekönigtum von Kusch durchgeführt. Der damalige Vizekönig ließ den Bericht über einen niedergeschlagenen Aufstand in einer Inschrift festhalten. Wie seinerzeit die Vizekönige von Amenophis III. und Echnaton trug auch Merneptahs kuschitischer Vizekönig einen ähnlichen Namen wie der biblische Moses. Er hieß Mase-saja, und der Namensteil »Mase« entspricht dem biblischen Namen Mose(s). An dem »a« in »Mase« darf man sich genauso wenig stören wie daran, dass die Namen der Vizekönige Thut-moses und Meri-moses zu Lebzeiten dieser Männer Thut-mase und Meri-mase lauteten.

Die letzte Hoffnung, einen Ägypter zu finden, der dem biblischen Moses entspricht, richtet sich auf den Vizekönig Mase-saja. In den auf Mase-saja folgenden restlichen hundert Jahren der ägyptischen Herrschaft über Kusch gab es keinen Ägypter mehr, dessen Lebensdaten auch nur annähernd mit denen des biblischen Moses übereinstimmen.

Mase-sajas Militäraktion wäre vielleicht nie aufgezeichnet worden, hätte der Vizekönig in einer Inschrift nicht einen anderen Sieg verewigt, den sein König im ägyptischen Mutterland über libysche Angreifer errungen hatte. Schon Ramses II. befürchtete einen Angriff der benachbarten libyschen Stämme und legte an der ägyptischen Westgrenze, entlang der Mittelmeerküste, eine Kette von Festungen an. Eine dieser Festungen liegt bei El Alamein, wo Montgomery im Zweiten Weltkrieg über Rommel siegte und dem deutschen Afrikakorps den Vorstoß ins Niltal verwehrte.

Als schließlich der von den Ägyptern seit langem befürchtete libysche Angriff im 5. Regierungsjahr von Merneptah erfolgte, halfen die noch seinerzeit von Ramses II. erbauten Festungen nicht viel. Die Libyer umgingen die Festungen auf einem südlichen Weg in der Wüste und stießen Mitte März, während der Getreideernte, unvermutet zum Nil vor. Als die Nachricht vom Angriff der Libyer eintraf, machte Merneptah seine Streitkräfte mobil, und vierzehn Tage später war sein Heer zum Gegenangriff bereit. Am 6. April 1208 v. Chr. marschierten die Ägypter gegen den Feind, am 8. April kam es zu einer Schlacht, die sechs Stunden dauerte. Wenn man den ägyptischen Angaben Glauben schenken will, verloren 6000 Gegner das Leben auf dem Schlachtfeld, und über 9000 gerieten in Gefangenschaft.

König Merneptah ließ mindestens zwei verschiedene Siegesberichte verfassen und auf Denksteine und Tempelwände schreiben. Dort berichtete der König nachträglich, dass er in der Nacht vor der entscheidenden Schlacht einen Traum gehabt hatte, in dem ihm Ptah, der Gott der Hauptstadt Memphis, ein Sichelschwert überreicht und ihn aufgefordert hatte, seine Furcht zu überwinden. Führte der sechzigjährige Merneptah selbst sein Heer gegen die Libyer? Der damalige Oberbefehlshaber der ägyptischen Armee war der Kronprinz Sethos, ein

Sohn Merneptahs, der spätere König Sethos II. Vielleicht war er es, der das ägyptische Heer in der Schlacht gegen die Libyer befehligte.

Im kuschitischen Militärgouvernement ließ der Vizekönig Mase-saja in den Tempeln von Sebua, Amada und Akscha im nördlichen Provinzteil und in Amarah im südlichen Provinzteil Inschriften mit dem Siegesbericht seines Königs Merneptah anbringen.

Der Name des Vizekönigs ist auf der Inschrift bis auf Spuren absichtlich getilgt, während der Rest des Textes keine gezielten Beschädigungen aufweist. Über Merneptahs libyschen Krieg ist zu lesen: »Es geschah im Jahr 5, im 3. Monat der Sommerzeit, Tag 1, dass die tapfere Armee Seiner Majestät kam, um den elenden Häuptling der Libyer niederzuwerfen.« Der folgende Text ist zum Teil zerstört, und hinter der Lücke heißt es, die »restlichen« Besiegten seien im Süden von Memphis gepfählt worden. Sollten die Ägypter tatsächlich Tausende ihrer libyschen Gefangenen gepfählt haben, statt sie zu versklaven?

In der Inschrift von Amada spricht der Vizekönig auch von einem niedergeschlagenen Aufstand in der von ihm verwalteten Provinz Wawat. In poetischer Übertreibung ist von Leichenhaufen der Aufständischen die Rede und dass Feuer auf die besiegten Häuptlinge geworfen wurde. Die ägyptischen Sieger schnitten den Aufständischen die Hände ab und rissen ihnen Ohren und Augen heraus. Einige besiegte Aufständische wurden nach Ägypten oder ins eigentliche Kusch, in den Süden des vizeköniglichen Territoriums, verschleppt.

Der Vizekönig war selbstverständlich für die Niederschlagung der Revolte in seinem Amtsbereich verantwortlich. Wie der jüdische Sagenprinz Moses hat somit auch Mase-saja in Äthiopien gekämpft. Aber diese Übereinstimmung wiegt nicht schwer, denn diese Parallele gilt auch für die älteren Vizekönige Thut-mose und Meri-mose. Doch kommen diese beiden Männer als Vorbild des biblischen Moses nicht in Frage, weil bei ihnen das Zerwürfnis mit dem Pharao fehlt. Wie sah es aber mit dem Vizekönig Mase-saja aus?

Der Vizekönig Mase-saja als politisch Verfolgter

Auch in anderen kleinen Inschriften im Tempel von Amada ist Mase-sajas Name nur noch zum Teil lesbar. Es ist aber auch möglich, dass die Verwitterung an diesen Stellen absichtliche Tilgungen durch Menschenhand vortäuscht. Es handelt sich meistens nicht um sorgfältig eingemeißelte Inschriften, sondern um in den Stein geritzte Graffiti, die an unauffälligen Stellen angebracht sind.

Es gibt aber zumindest noch eine weitere Inschrift, die ein Bildhauer sorgfältig eingemeißelt hat, und bei der Mase-sajas Name eindeutig ausgehackt wurde. Es handelt sich um einen steinernen Opferständer, der früher im Tempel von Amada stand, und den man vor beinahe einem Jahrhundert nach Kairo ins Museum gebracht hat. Mase-saja selbst stiftete dieses Kultgerät vor 3200 Jahren dem Tempel von Amada. Der Name des Stifters steht auf zwei verschiedenen Seiten des Opferständers; an einer Stelle ist der Name Mase-saja mit einem Meißel entfernt worden.

Die Tilgung des Namens eines Beamten bedeutete in Altägypten in aller Regel, dass der Betroffene beim König in Ungnade gefallen war. Liegt hier ein Indiz vor für einen Streit zwischen dem Pharao und seinem äthiopischen Vizekönig Mase-saja, ähnlich wie zwischen dem Pharao und dem Prinzen Moses nach seinem Sieg in Äthiopien? Wahrscheinlich fiel Mase-saja unter Sethos II. in Ungnade, der im Dezember 1203 v. Chr. die Nachfolge von Merneptah antrat. Inschriften mit den Namen des neuen ägyptischen Königs und des bisherigen kuschitischen Vizekönigs finden sich auf der Insel Bigeh. Hier, an der Grenze zwischen dem eigentlichen Ägypten und dem kuschitischen Kolonialgebiet, haben pharaonische Offiziere und Beamte zahlreiche Inschriften in Felsen geritzt.

Auf einem großen Granitblock steht auch der Name des Vizekönigs Mase-saja und auf dem Felsen darüber der Name von Pharao Sethos II. Schon im frühen 19. Jahrhundert entdeckten die ersten Ägyptologen diese Inschriften und kopierten sie. Die ganz flach eingeritzten Hieroglyphen sind sehr schlecht zu lesen. Man muss die Kopien der verschiedenen Ägyptologen kombinieren, um den gesamten Wortlaut zu rekonstruieren. Die letzte Abschrift fertigte der Ägyptologe William Murnane im April 1995 an.

Man kann nicht ausschließen, dass die beiden Namen zu verschiedenen Zeiten eingeritzt wurden: erst der Name des Vizekönigs, Jahre später der Name des Königs. Wenn der Name von Pharao Sethos II. hier nur zufällig neben dem Namen des Vizekönigs Mase-saja steht, dann fehlt ein Beweis, dass der Vizekönig noch unter Sethos II. seines Amtes gewaltet und nicht schon gegen Ende der Regierung von Merneptah sein Amt verloren hat.

Obwohl man aus der Namenstilgung bei einem hohen Beamten nicht unbedingt auf eine tiefgehende politische Krise im Pharaonenreich schließen sollte, ist in diesem Fall zu bedenken, dass Sethos II. mit einem innenpolitischen Feind zu kämpfen hatte und zumindest zeitweise Teile seines Reichs einem Gegenkönig namens Amun-masesa überlassen musste. Dieser erlitt schließlich eine Niederlage, denn Sethos II. setzte in verschiedenen Inschriften seinen eigenen Namen über den Namen von Amun-masesa.

Der Gegenkönig Amun-masesa

In der Forschung war die historische Stellung dieses Usurpators lange umstritten. Zunächst herrschte die Ansicht vor, Amun-masesa habe zwischen den Pharaonen Merneptah und Sethos II. regiert; heute geht man aber davon aus, dass Amun-masesa ein Gegenkönig während der Regierungszeit von Sethos II. war, der sich gegen den rechtmäßigen Pharao Sethos II. auflehnte, jedoch vor dem Tod Sethos II. wieder verschwand.

Zufällig ist sowohl aus der Zeit kurz vor Sethos II. als auch kurz danach je ein astronomisches Datum überliefert. Nur wenn Amun-masesas Regierung ganz in der Regierungszeit von Sethos II. liegt, ist die zeitliche Distanz zwischen diesen beiden Daten astronomisch gesehen richtig. Das erste Datum *a* stammt vom namenlosen Schreiber eines Schiffstagebuchs, der im 52. Regierungsjahr Ramses II. vermerkte, dass am 27. Tag des 6. Kalendermonats ein Mondmonat begann. Das andere Datum *b* steht in einem Besucher-Graffito in einem thebanischen Tempel. In diesem Fall war es ein berufsmäßiger Schreiber namens Thot-em-hab, der seine Teilnahme am »Fest des schönen Wüstentals« verewigte. Bei diesem Fest verbrachte die in Prozession herumgeführte Statue des Gottes Amun zwei aufeinanderfolgende Nächte im Totentempel des regierenden Königs. Dieses Fest fand nur einmal im Jahr statt, und zwar zu Beginn eines bestimmten Mondmonats, so dass die Statue die erste und zweite Nacht, die in diesen Mondmonat fiel, im Tempel verbrachte. Nach dem Graffito des Thotemhab kam die Statue des Amun am 28. Tag des 10. Kalendermonats im 7. Regierungsjahr von Königin Tewosre in den Totentempel dieser Königin.

Datum *a* fällt ausdrücklich auf den Beginn eines Mondmonats, aber nach der Kalenderregel für das Talfest sollte auch das Datum *b* auf den Beginn eines Mondmonates oder einen Tag später fallen. Zwischen den Daten *a* und *b* liegen somit x volle Mondmonate oder x mal 29,53 Tage, denn ein Mondmonat ist im Durchschnitt 29,53 Tage lang. Unter dieser Voraussetzung muss die Zahl der Tage, die zwischen den Daten *a* und *b* liegt, bei Teilung durch 29,53 zu x vollen Mondmonaten führen; allenfalls darf wegen der Unsicherheit bei Datum *b* ein überschüssiger Tag hinzukommen. Dieses Ergebnis stellt sich aber nur dann ein, wenn Amun-masesa nicht zwischen Merneptah und Sethos II. regierte, sondern wenn seine Regierungszeit ganz in der Regierungszeit von Sethos II. lag.

Links liegt Datum *a* im 52. Regierungsjahr von Ramses II.; rechts liegt Datum *b* im 7. Regierungsjahr von Tewosre. Die Regierung von Ramses II. endete früh im 67. Jahr; es folgten die 9 ½-jährige Regierung von Merneptah, die rund 6-jährige Regierung von Sethos II. und die Regierungen von Siptah

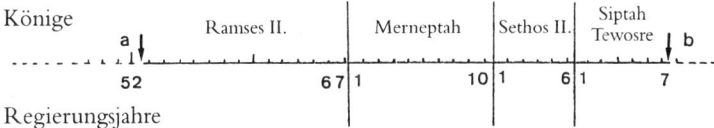

Monddaten und Schema der Regierungsjahre

und Tewosre; Tewosre hat die Regierungsjahre von Siptah einfach weitergezählt. Unter dieser Voraussetzung liegen 13 261 Tage zwischen den Daten *a* und *b*, was bei Teilung durch 29,53 Tage auf 449 Mondmonate und 1,7 Tage führt. Dieses Ergebnis ist nur dann möglich, wenn Pharao Amun-masesa ein Gegenkönig während der Regierung von Sethos II. war.

Wenn man annehmen würde, Amun-masesa hätte die für ihn bezeugten 4 Jahre zwischen Merneptah und Sethos II. regiert, dann liegen 14 721 Tage zwischen Datum *a* und Datum *b*. In diesem Fall *würde* Datum *b* auf einen 15. Tag im Mondmonat fallen, während es doch ein 1. oder 2. Tag im Mondmonat sein soll. Aufgrund dieses Widerspruchs kann Amun-masesa nicht zwischen Merneptah und Sethos II. regiert haben.

Aus der geographischen Verteilung der Denkmäler des Amun-masesa kann man überdies ableiten, dass er ein Gegenkönig während der Regierung von Sethos II. war. Inschriften mit dem Namen von Amun-masesa finden sich nur in Theben, bei Hermonthis und im kuschitischen Kolonialgebiet, in Abu Simbel und in der Festung Buhen (siehe Abb. S. 126).

In Mittel- und Unterägypten gibt es keine Inschriften in Stein mit dem Namen des Gegenkönigs Amun-masesa. In einem Grab im unterägyptischen Ort Riqqeh (ca. 80 Kilometer südlich von Kairo) hat man lediglich ein Gefäß mit dem Namen von Amun-masesa gefunden, aber ein Gefäß lässt sich an jeden Ort transportieren, ohne dass der in der Gefäßaufschrift genannte König dort regiert haben muss.

Der Name von König Amun-masesa kommt auch nicht auf

der Halbinsel Sinai vor, wohin Sethos II. und andere Pharaonen jener Zeit Expeditionen schickten, um die Türkisminen auszubeuten. Sein Name ist auch nicht in Palästina anzutreffen, das die Ägypter damals beherrschten, und wo Sethos II. und alle anderen zeitgenössischen Pharaonen durch Funde mit ihren Namen bezeugt sind.

Aus der geographischen Verteilung der Funde mit den Namen von Sethos II. und Amun-masesa kann man mit Sicherheit schließen, dass der Gegenkönig den rechtmäßigen König Sethos II. nach Mittel- und Unterägypten zurückdrängte. Die Herrschaft des Gegenkönigs selbst beschränkte sich auf Oberägypten mit der alten Hauptstadt Theben und das angrenzende kuschitische Kolonialgebiet. In Kusch befand sich der Usurpator jedoch auf dem Territorium des Vizekönigs Mase-saja. Wie verhielt sich der Vizekönig gegenüber dem rechtmäßigen König Sethos II.?

Die Arbeiten an einem Grab für den Gegenkönig Amun-masesa

Dokumente, die über den Bau eines Grabes für den Gegenkönig Amun-masesa berichten, bringen Licht in die Geschichte des Aufstands gegen Sethos II. Wie jeder ägyptische König wollte sich auch der Gegenkönig ein Grab im Tal der Könige bei Theben anlegen. Nach der Vertreibung Sethos II. aus Oberägypten begann der Empörer mit dem Bau eines traditionellen Königsgrabes in Theben. Die Ausschachtung ist nicht sehr weit gediehen, und die bereits angefertigten Dekorationen ließ Sethos II. später, nach seinem Sieg über den Empörer, bis auf Spuren zerstören. Ein Beispiel bieten die Inschriften und Bilder auf dem Türrahmen am Grabeingang.

Auch Sethos II. hatte kurz nach seiner Thronbesteigung ein Königsgrab in Auftrag gegeben. Als dann Amun-masesa vorübergehend von Theben Besitz ergriff, ließ er in dem für Sethos II. begonnenen Grab alle bereits fertiggestellten Inschrif-

Zerstörte Inschriften am Eingang zum Grab
von Amun-masesa

ten tilgen. Ungefähr zwei Jahre später gelang es Sethos II., den
Empörer zu besiegen, nach Theben zurückzukehren und die
Arbeit an seinem eigenen Grab wieder aufnehmen zu lassen.

Noch heute erkennt man im Grab von Sethos II. die Reste
von Inschriften, die in den ersten beiden Jahren von Sethos II.
eingemeißelt, dann aber im Auftrag von Amun-masesa getilgt
wurden. Am Grabeingang stehen die in Kartuschenringen ge-
schriebenen Namen des Königs in symmetrischer Doppelung.
Sowohl der Thron- als auch der Geburtsname sind zweimal
vorhanden. Bei den dick schwarz gezeichneten Hieroglyphen
handelt es sich um die noch erkennbaren Reste der Königsnamen,
die zu Beginn der Regierung von Sethos II. eingeschrie-

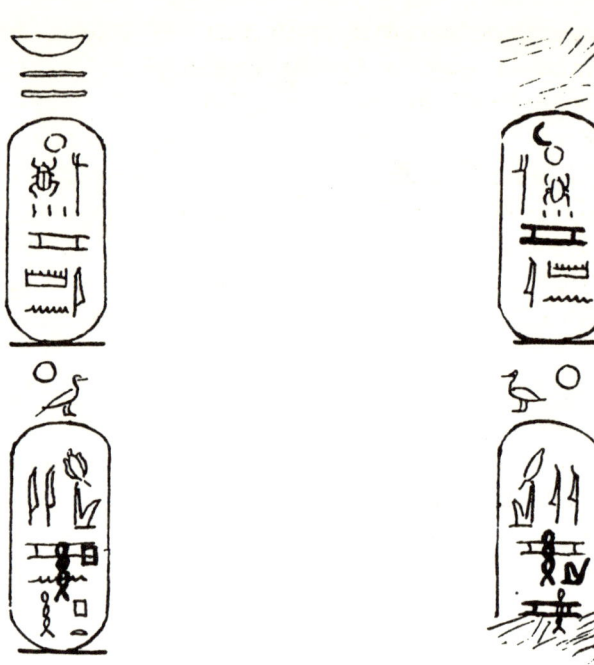

Überarbeitete Namenringe am Eingang des Grabs von Sethos II.

ben und dann von Amun-masesa getilgt wurden. Die dünn gezeichneten Hieroglyphen stammen aus der Zeit nach der Vertreibung des Empörers, als Sethos II. die Arbeit an seinem Grab
wieder aufgenommen hatte.

An beiden Gräbern – sowohl an dem des rechtmäßigen
Königs Sethos II. als auch am Grab des Gegenkönigs Amun-
masesa – arbeiteten dieselben Handwerker. Diese Männer lebten mit ihren Familien in einer Siedlung, die man heute ara-
bisch-ägyptisch Deir el-Medina nennt. Die Siedlung lag in der
Wüste, durch einen Bergrücken vom Tal der Könige getrennt.
In der Regel arbeiteten und wohnten sie acht bis neun aufeinander folgende Tage im Tal der Könige und kehrten nur am
Ruhetag in die Siedlung zurück. Mit der gleichen Selbstver-
ständlichkeit wie Sethos II., als er auf rechtmäßige Weise die

Nachfolge seines Vaters Merneptah antrat, stellte auch Gegenkönig Amun-masesa diese Arbeitstruppe in seinen Dienst.

Zahlreiche mit Tinte beschriftete Kalksteinscherben geben davon Zeugnis. Außer tagebuchähnlichen Abwesenheits- und Krankenlisten gibt es auch Listen über die Ausgabe von Lampen und Dochten, denn die Arbeit in den unterirdischen Gräbern war nur bei künstlicher Beleuchtung möglich. Darüber hinaus sind auf den Kalksteinscherben Protokolle von Gerichtsverhandlungen und private Kauf- und Mietverträge eingetragen.

Verschiedene derartige Listen aus der Zeit des Gegenkönigs Amun-masesa kamen bei den Grabungen des Engländers Howard Carter zutage, der von 1917 bis Herbst 1922 im Tal der Könige nach dem Grab von Tutanchamun suchte. Im Frühjahr 1922 fand Carter unter meterhohem Steinschutt eine geflochtene Matte und darin eingewickelt sechs Abwesenheitslisten. In den fünfziger Jahren erkannte der deutsche Ägyptologe Wolfgang Helck, dass die von Carter gefundenen Arbeiterlisten aus der Regierungszeit von Amun-masesa stammten.

Helck ging davon aus, dass Carters Listen einen Mann namens Nefer-hotep als Vorarbeiter nennen. Dieser Vorarbeiter ist bekannt. Sein großes Grab, dem die Archäologen die Nummer 216 zugeteilt haben, liegt neben der Siedlung von Deir el-Medina. Der Name von König Ramses II. kommt in einer Inschrift im Grab Nr. 216 vor; folglich hat Neferhotep noch während der Regierung von Ramses II. mit der Dekoration seines Grabs begonnen. Den Arbeiterlisten zufolge war Neferhotep während der gesamten Regierungszeit von König Merneptah und auch noch zu Beginn der Regierung von Sethos II. als Vorarbeiter im Amt.

Eine bemalte Kalksteinscherbe zeigt Neferhotep vor einer Götterbarke, wie man sie in Prozessionen herumtrug; in einer Hand hält Neferhotep große Blumensträuße als Opfergaben. Über seiner Figur steht: »Aufseher der Arbeitstruppe am ›Platz der Wahrheit‹, Neferhotep, gerechtfertigt«. Mit ›Platz der Wahrheit‹ ist das Tal der Königsgräber gemeint.

Der Vorarbeiter Neferhotep vor einer Prozessionsbarke

Um Neferhoteps Gesundheit war es in jener Zeit, aus der die von Carter gefundenen Listen stammen, nicht zum Besten bestellt, denn der Schreiber hat ihn 24 aufeinander folgende Tage in die Krankenliste eingetragen. Dazu benötigte der Schreiber eine ganze Kalksteinscherbe und setzte die Liste auf einer neuen Scherbe fort. Die beiden Listen schließen hinsichtlich Monat und Tag aneinander an, aber während der erste Text am Anfang das 3. Regierungsjahr vermerkt, nennt der zweite Text an seinem Anfang das 4. Jahr. Ohne auf den bürgerlichen Kalender Rücksicht zu nehmen, fingen die Pharaonen jeweils an den Jahrestagen ihrer Thronbesteigung mit der Zählung eines neuen Regierungsjahrs an.

Die beiden Krankenlisten lassen den Jahrestag der Thronbesteigung des damals regierenden Königs erkennen; er lag zwischen dem 9. Monat und dem 11. Monat des bürgerlichen Kalenders. Pharao Sethos II. kommt nicht in Frage, weil sein Thronbesteigungstag im 6. bürgerlichen Monat lag. Der frühere König Merneptah ist auch ausgeschlossen, weil bei ihm die Thronbesteigung in den 2. bürgerlichen Monat fiel. Um einen nach Sethos II. regierenden König kann es sich nicht

handeln, weil die Listen den Neferhotep als Vorarbeiter auf-
führen und Neferhotep bereits im 5. Regierungsjahr von Sethos II. starb. Da sonst kein weiterer König in Frage kam, konnte
die Forschung die fraglichen Krankenlisten mit ziemlicher
Gewissheit in die Regierungszeit von König Amun-masesa datieren.

Wenn Amun-masesa den rechtmäßigen König Sethos II. tatsächlich aus Theben vertrieben und dort eine Zeit lang geherrscht hätte, müsste es dann in den aus Theben stammenden
datierten Funden von Sethos II. nicht eine entsprechende Lücke
geben? Die Listen über die Arbeit am Grab von Sethos II. beginnen im 1. Regierungsjahr dieses Königs. In einer der frühesten Listen heißt es, dass der Schreiber Paser mit der frohen
Botschaft der Thronbesteigung kam: »Sethos ist als Herrscher
erschienen.«

Diese Listen führen bis zum Ende des 2. Regierungsjahrs
und vielleicht noch in den Anfang des 3. Jahres. Aus der zweiten Hälfte des 3. Jahres und aus dem ganzen 4. Regierungsjahr
von Sethos II. sind keine Listen bekannt. Es gibt auch keine
anderen Funde aus Theben, die ausdrücklich in das 3. und 4.
Regierungsjahr von Sethos II. datiert wären. Die Listen über
die Arbeit am Grab Sethos II. setzen erst in den letzten Monaten seines 5. Regierungsjahrs wieder ein und enden im 6. Regierungsjahr, als der König starb.

Kusch als Basis des Aufstands von Amun-masesa

Die von Carter aufgefundenen Listen, die sich auf das Königsgrab von Amun-masesa beziehen, setzen am Ende des 3. Regierungsjahrs ein und führen bis in die ersten Monate des
4. Regierungsjahr. Aus der Tatsache, dass im 3. und 4. Regierungsjahr in Theben am Grab von Amun-masesa gearbeitet
wurde, folgt aber nicht, dass der Gegenkönig seit Beginn seines
Aufstands in Theben regierte. Der Beginn von Amun-masesas
Aufstand fiel etwa in die Mitte des 1. Regierungsjahrs von Se-

thos II. Damals regierte Sethos II. noch in Theben, und die Arbeiterlisten beweisen seine ungestörte Herrschaft über Theben bis zum Ende des 2. Jahres. Unter diesen Umständen kann Amun-masesas Aufstand gegen Sethos II. nicht in Theben begonnen haben.

Auch das übrige Oberägypten ist als Basis des Aufstands ausgeschlossen, denn Sethos II. ließ noch in seinem 2. Regierungsjahr in den Sandsteinbrüchen von Silsilis arbeiten, 150 Kilometer südlich von Theben. Der Aufstand des Amun-masesa kann jedenfalls nicht von Unterägypten ausgegangen sein, weil es dort überhaupt keine Funde für die Herrschaft dieses Gegenkönigs gibt. Es bleibt nur ein Gebiet, in dem der Aufstand hätte beginnen können: das kuschitische Kolonialland. Als der Aufstand ausbrach, waren alle anderen ägyptischen Provinzen fest in der Hand des rechtmäßigen Königs, und dies gilt auch noch für das darauf folgende Jahr.

Wer war damals in Kusch in der Lage zu einem erfolgreichen Aufstand gegen den ägyptischen König? In erster Linie war es wohl der kuschitische Vizekönig selbst. Seine Truppenbefehlshaber kamen kaum in Frage, weil er selbst in den beiden Provinzteilen Wawat und Kusch an der Spitze von Verwaltung und Heer stand und sie jeweils nur Teile der Truppen für sich hätten einsetzen können.

Immerhin war ein Truppenbefehlshaber von Kusch vierzig Jahre nach Amun-masesas Aufstand in eine Haremsverschwörung gegen den damaligen König, Ramses III., verwickelt. Die Verschwörung wurde aufgedeckt, die Verschwörer zum Tode verurteilt. Eine Haremsfrau hatte ihren Sohn auf den Thron bringen wollen. Die ehrgeizige Mutter konnte einige hohe Beamte sowie andere Haremsfrauen für ihren Plan gewinnen. Eine dieser Haremsfrauen stiftete ihren Bruder, den Truppenbefehlshaber von Kusch, zur Teilnahme an; in einem Brief schrieb sie ihm: »Wiegle Leute auf, sorge für Feindschaft und komme, um einen Aufstand gegen deinen Herrn (König Ramses III.) zu machen.« Der Truppenbefehlshaber wurde vor Gericht gestellt, für schuldig befunden und bestraft.

Die Verwicklung des kuschitischen Truppenbefehlshabers in die Haremsverschwörung ergab sich zufällig aus seiner Verwandtschaft mit einer der Haremsfrauen Ramses III. Aber sieben Jahrzehnte nach dem Tod von Ramses III. war es der letzte der kuschitischen Vizekönige selbst, der sich gegen den damaligen König, Ramses XI., auflehnte. Vermutlich hatte Ramses XI. den damaligen Vizekönig Pi-nehas aus seiner kuschitischen Provinz nach Norden beordert, um in Theben mit seinen Truppen für Ordnung zu sorgen, da Banden aus Wüstenbewohnern und Libyern Theben bedrohten. Zwar sorgte der Vizekönig mit seinen Truppen für Ruhe und Ordnung, geriet aber mit dem Hohepriester des Amuntempels von Theben in Streit. Der Hohepriester rief den in Unterägypten residierenden König Ramses XI. um Beistand an; dieser stellte sich auf die Seite des Hohepriesters und ergriff Partei gegen den Vizekönig.

Über den Verlauf des Konflikts ist nichts bekannt. Es kam aber der Tag, an dem der kuschitische Vizekönig mit seinen Truppen aus Theben aufbrach und nilabwärts marschierte, um eine Entscheidung im Streit mit König Ramses XI. herbeizuführen. Auf diesem Feldzug zerstörte Pinehas die Stadt Hardai, 520 Kilometer nördlich von Theben gelegen, nur 250 Kilometer südlich von der Residenz Ramses XI.

Trotz dieses weiten Vorstoßes nach Norden hatte Pinehas keinen endgültigen Erfolg und musste sich wieder aus Mittel- und Oberägypten zurückziehen. Aber noch zehn Jahre später liest man von Kämpfen gegen den aufständischen Vizekönig, und zwar im Niltal südlich vom ersten Katarakt und somit auf dem Territorium des Vizekönigs. Ramses XI. konnte aber seinen abtrünnigen Vizekönig nicht besiegen und gab schließlich die Rückeroberung des kuschitischen Kolonialgebiets auf. Auf diese Weise bewirkte der Aufstand des Vizekönigs Pinehas das Ende der vierhundertjährigen Herrschaft der ägyptischen Könige über Kusch. Die Geschichte des Vizekönigs Pinehas zeigt, über welch großes militärisches und politisches Potential die kuschitischen Vizekönige verfügten.

Gleichsetzung von Amun-masesa und Vizekönig Mase-saja

Offensichtlich handelt es sich bei Amun-masesa, dem Gegner von Sethos II., um niemand anderen als den Vizekönig Mase-saja. Zugunsten der Identität spricht zunächst die enge Verwandtschaft der Namen. Die Verwandtschaft wird sofort ersichtlich, wenn man die beiden Namen in hieroglyphischer Schreibung sieht:

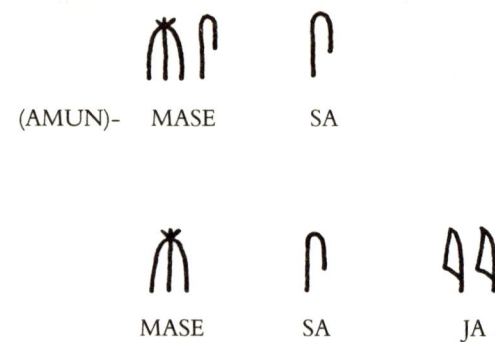

(AMUN)-	MASE	SA	
	MASE	SA	JA

Name des Gegenkönigs/Name des Vizekönigs

Amun-masesa bedeutet wörtlich »(Der Gott) Amun-hat-ihn-erzeugt«. Der Name bezeichnet den Träger gleichsam als Sohn des Gottes Amun. Dagegen ist Mase-saja ein Kurzname, wie die Endung »ja« zeigt. Die volle Namensform kann nur gelautet haben: »(Der Gott) X-hat-ihn erzeugt«. Bis zur Zeit von Amun-masesa und Sethos II. waren den Ägyptern nur zwei Namen dieser Art geläufig, nämlich Amun-masesa und Re-masesa (Ramses). Der Vizekönig hieß daher mit vollem Namen entweder Amun-masesa oder Re-masesa. Die alten Ägypter benutzten gern und häufig Kurznamen. Es wäre nichts Besonderes, wenn der kuschitische Vizekönig sich stets Mase-saja genannt hätte, als Gegenkönig aber seinen vollen Namen Amun-masesa bevorzugte.

Der Gegenkönig in der Klageschrift
des Papyrus Salt

In einem altägyptischen Text wird der Gegenkönig Amun-masesa direkt Mase-saja genannt. Diese Textstelle steht in dem so genannten Papyrus Salt, den das Britische Museum in London vor über hundert Jahren dem Sammler Henry Salt abgekauft hat und den Jaroslav Cerny 1929 veröffentlichte. Wie Cerny erkannte, stellt der Papyrus Salt eine Beschwerdeschrift dar. Die Beschwerden richten sich gegen einen Vorarbeiter jener Handwerker, die im thebanischen Tal der Könige an den Felsengräbern der Pharaonen arbeiteten. Der beschuldigte Vorarbeiter hieß Paneb; die Beschuldigungen erhob ein einfacher Mann der Arbeitstruppe, der Bruder des verstorbenen Vorarbeiters Neferhotep, bekannt aus den Arbeitslisten aus dem 3. und 4. Regierungsjahr des Gegenkönigs Amun-masesa. Spätestens ein Jahr nach der Niederschrift dieser Listen ging die Herrschaft des Gegenkönigs zu Ende, und Sethos II. kam während seines 5. Regierungsjahrs nach Theben zurück. Da Neferhotep damals umgekommen ist, gab es seit dem 5. Regierungsjahr von Sethos II. einen neuen Vorarbeiter, der Paneb hieß. Ihm galten die Beschwerden, die der Bruder des Neferhotep im Papyrus Salt aufschreiben ließ.

Paneb wurde beschuldigt, mit verschiedenen Frauen anderer Männer von der Arbeitstruppe den Beischlaf auszuüben, die Männer der Arbeitstruppe bei einer nächtlichen Feier verprügelt und anschließend von der Siedlungsmauer Ziegel auf die Feiernden geworfen zu haben, das Zubehör vom königlichen Streitwagen sowie Öl und Wein aus dem Grab von König Sethos II. gestohlen zu haben und sich sogar ohne Ehrfurcht auf den Steinsarg gesetzt zu haben, in dem die Mumie des Königs lag. Die Beschwerde verfolgt zwei Absichten: Zum einen soll Paneb seine Vorarbeiterstelle verlieren, zum andern will der Kläger verhindern, dass Panebs Sohn im Amt seines Vaters nachrückt.

Man weiß nicht, was aus Paneb geworden ist: Hatte der Wesir einen Prozess gegen ihn angestrengt und ihn für schuldig

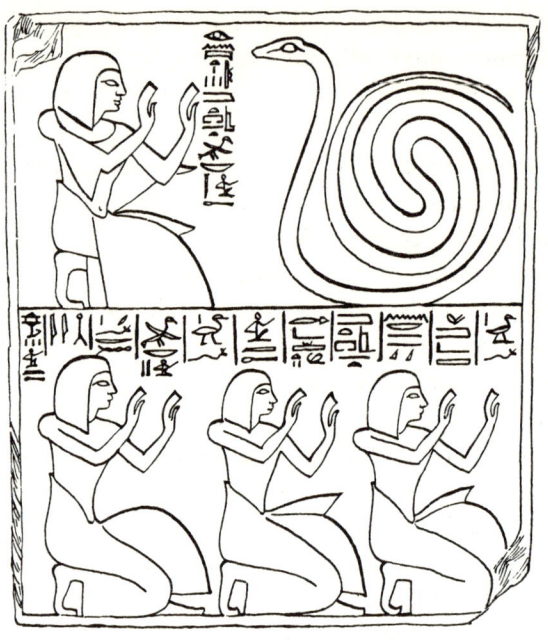

Paneb und seine Söhne verehren die Schlangengöttin Meret-Seger.

befunden, oder war Paneb gestorben und sein Amt auf diese Weise frei geworden? Unklar ist auch, ob Paneb selbst ein Missetäter oder ob sein gegnerischer Ankläger ein gemeiner Lügner war, der nur danach strebte, selbst Vorarbeiter zu werden.

In der Beschwerde wird aber auch über einen länger zurückliegenden Vorfall berichtet, der sich zutrug, als Paneb noch ein einfacher Arbeiter und Neferhotep Vorarbeiter war. Paneb soll damals den Vorarbeiter Neferhotep in böser Absicht verfolgt und Neferhoteps verriegelte Tür mit einem Stein eingeschlagen haben. Männer mussten über Neferhotep wachen, denn Paneb hatte gedroht: »Ich werde ihn in der Nacht umbringen.« In jener Nacht soll Paneb, den Neferhotep wie einen eigenen Sohn aufgezogen hatte, neun Männer verprügelt haben.

Nach diesem Vorfall reichte Neferhotep eine Klage über Paneb ein, mit der sich der Wesir selbst befasste, da die Arbeits-

146

truppe direkt dem Wesir als dem höchsten königlichen Verwaltungsbeamten unterstellt war. Der Papyrus Salt nennt Amunmose, einen Wesir, dessen Name an den des biblischen Moses erinnert.

Der Wesir verhängte eine Strafe über Paneb, die dieser jedoch nicht auf sich sitzen ließ. Er beschwerte sich über den Wesir bei einem gewissen Mase-saja, der Panebs Beschwerde sehr ernst nahm und den Wesir aus seinem Amt entließ. Offensichtlich muss Mase-saja ein sehr hoher Würdenträger gewesen sein, da er einen Wesir entlassen konnte.

Wider Erwarten hat der Schreiber des Papyrus Salt hinter den Namen Mase-saja nicht die Hieroglyphe des »ehrwürdigen Mannes« gesetzt, wie man sie nach dem Namen eines hohen Würdenträgers erwarten sollte. Überraschenderweise folgt auf Mase-saja das Schriftzeichen des »gefallenen Feindes«. Daraus kann man nur den Schluss ziehen, dass mit Mase-saja der gestürzte Pharao Amun-masesa gemeint ist, denn nur der Pharao konnte einen Wesir, den höchsten ägyptischen Verwaltungsbeamten, entlassen. Nach seiner Niederlage wird man von dem Gegenkönig allgemein nur noch als Mase-saja gesprochen haben, so wie man ihn vor seinem Putsch stets genannt hatte. Die volle feierliche Namensform Amun-masesa galt wohl als unpassend.

Königliche Würdezeichen an den Reliefbildern des Vizekönigs Mase-saja?

1995 suchte der englische Ägyptologe Aidan Dodson den Tempel von Amada auf, um einige Details an den Relieffiguren des Vizekönigs Mase-saja zu überprüfen. Um das Bauwerk vor den Fluten des Nasser-Stausees zu retten, hatte eine archäologisch-technische Expedition es vor über dreißig Jahren auseinander genommen und verlagert. Heute steht der Tempel von Amada am Ufer des Stausees, an einer nicht ganz leicht zu erreichenden Stelle. Es wurde behauptet, dass bei den Relief-

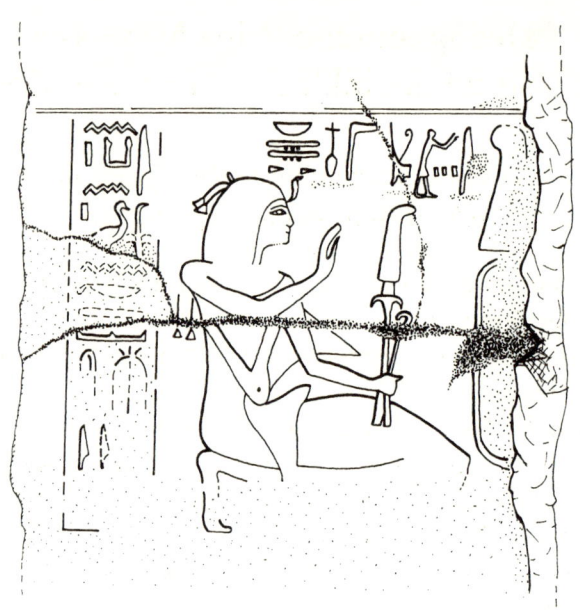

Relief Mase-sajas mit nachträglich eingeritzter Stirnschlange,
Tempel von Amada

figuren des Vizekönigs Mase-saja nachträglich eine Stirnschlange eingeritzt worden sei (siehe auch Tafelteil 4).

Da die Stirnschlange die königliche Würde versinnbildlicht,
würde dies bedeuten, dass Mase-saja nach seiner Amtszeit als
Vizekönig pharaonische Ehren beanspruchte bzw. ihm solche
Ehren zuerkannt wurden. Nachträgliche Ergänzungen dieser
Art sind nichts Neues, so wurden beispielsweise an verschiedenen Relieffiguren, die den späteren Pharao Merneptah noch
als Prinzen zeigten, nach dessen Thronbesteigung Stirnschlangen hinzugefügt.

Die Übereinstimmungen zwischen Mase-saja und dem biblischen Prinzen Moses sind nicht von der Hand zu weisen und
berechtigen dazu, im Detail der Frage nachzugehen, ob Mase-
saja das geschichtliche Vorbild des biblischen Prinzen Moses
gewesen sein kann.

Der ägyptische Prinz Mase-saja
als Vorbild des biblischen Prinzen Moses

Bisherige Vermutungen über Spuren des
biblischen Moses im Papyrus Salt

Die These, im Papyrus Salt sei eine Spur des biblischen Moses zu finden, ist nicht neu, sondern wurde bereits 1966 vom Althistoriker Friedrich Cornelius in dem Aufsatz »Moses urkundlich« vertreten.

Nach der These von Cornelius sind »Maseja« und der Wesir Amun-mose ein und dieselbe Person und überdies identisch mit dem biblischen Moses. Cornelius hat aber nur einen Ägypter mit dem Mann Moses identifiziert, weil er so ähnlich zu heißen schien wie Moses. Vielleicht berücksichtigte er auch, dass dieser Ägypter in der traditionellen Epoche des biblischen Moses lebte. Cornelius führte aber keine weiteren Gründe für die Gleichsetzung an. Im übrigen wusste er noch nicht, dass statt »Maseja« richtig »Mase-saja« zu lesen ist.

Cornelius unterlag einem Irrtum, als er den Wesir Amun-mose in widersprüchlicher Weise mit Mase-saja gleichsetzte, denn der Papyrus Salt lässt keinen Zweifel darüber, dass Mase-saja den Amun-mose aus dem Wesiramt entlassen hat. Überdies ging Cornelius kritiklos vor, ohne die für einen Historiker erforderliche Skepsis gegenüber der biblischen Erzählung vom Aufenthalt der Kinder Israel in Ägypten und von ihrem Auszug aus diesem Land.

Schon vor einem Dreivierteljahrhundert soll auch ein Ägyptologe, der bisher nicht ermittelt werden konnte, den im Papyrus Salt genannten Mase-saja mit dem biblischen Moses gleichgesetzt haben. In Gardiners 1936 erschienenem Artikel über den altägyptischen Ursprung einiger englischer Personennamen heißt es in einer Fußnote: Wenn er – Gardiner – sich nicht täusche, dann habe ein lebender Ägyptologe von sonst guter Urteilsfähigkeit vor wenigen Jahren in einer Zeitung –

in Form eines Leserbriefs oder Artikels – die Meinung vertreten, der im Papyrus Salt genannte Mase-saja und der biblische Moses seien ein und dieselbe Person.

Vermutlich kam besagter Ägyptologe auf diesen Gedanken, als er Černys 1929 erschienenen Artikel über den Papyrus Salt las. Worauf seine Vermutung gründete, bleibt offen. Außer der Namensähnlichkeit mag er vielleicht noch geltend gemacht haben, dass Mase-sajas Zeit der Epoche des biblischen Moses entspricht. Gardiner war jedenfalls nicht davon angetan, andernfalls hätte er nicht von der »sonst guten Urteilsfähigkeit« des Ägyptologen-Kollegen gesprochen. Wie der unbekannt bleibende Ägyptologe las auch Gardiner selbst noch »Maseja«, statt richtig »Mase-saja«.

Vielleicht fühlte sich der unbekannte Ägyptologe an die biblische Geschichte von dem durch Moses totgeschlagenen Ägypter erinnert, der einen Hebräer drangsaliert hatte: »Da blickte er (Moses) nach allen Seiten, und als er sah, dass niemand sonst da war, erschlug er den Ägypter und verscharrte ihn im Sand«. (2. Moses 2, 12) Vergleichsweise steht im Papyrus Salt, dass der Arbeiter Paneb den Vorarbeiter Neferhotep bedrohte, Neferhotep eine Klage beim Wesir einreichte, der Wesir dem Paneb eine Strafe auferlegte, dass aber der »feindliche Mase-saja« die Strafe gegen Paneb aufhob und später ein »Feind« den Vorarbeiter Neferhotep tötete. Dem Schreiber des Papyrus Salt standen über ein Dutzend Ausdrücke zur Verfügung, mit denen er einen »Feind« hätte bezeichnen können. Er hat das Wort Cheru gewählt, und aus der gleichen Zeit, in der ein Feind (Cheru) den Neferhotep tötete, sind aus Theben weitere schriftliche Dokumente erhalten, die von einem Feind (Cheru) sprechen. Dieser Feind ist von außerhalb nach Theben gekommen, denn es heißt einmal: »als der Feind (Cheru) kam« und ein anderes Mal: »der Feind (Cheru) fiel ein«.

Leider sagen die Texte über diesen Feind und über den Krieg, den er ins Land brachte, nichts Näheres aus, denn alle diese Mitteilungen sind beiläufig, wie etwa folgende Aussage,

die ein Arbeitskollege von Paneb in einer gerichtlichen Untersuchung über einen gestohlenen Kupfermeißel machte: »Ich
vergrub in meinem Haus einen Meißel von mir, nach dem
Krieg.« Unter den gegebenen Umständen hat die Tötung des
Vorarbeiters Neferhotep durch den »Feind« und im »Krieg«
nichts mit der Tötung eines Ägypters durch den biblischen
Moses zu tun.

Beziehungen zwischen Moses und Mase-saja gemäß der älteren Forschung

Eine ansatzweise Verknüpfung des biblischen Moses mit dem
Vizekönig Mase-saja findet man schon bei den Ägyptologen
des 19. Jahrhunderts. 1849 veröffentlichte der damals führende
preußische Ägyptologe Carl Richard Lepsius sein grundlegen-
des Werk *Die ägyptische Chronologie,* in dem er bemerkte, dass der
ägyptische Eigenname »Moses« tatsächlich existiert und zwar
in den Pharaonennamen Ah-moses und Thut-moses. Darüber
hinaus findet sich der Name Moses »sogar bei einem genauen
Zeitgenossen Mosis, nämlich bei einem Statthalter von Aethio-
pien, einem Prinzen von Kusch, der unter dem Pharao des
Auszugs Nubien verwaltete, und zugleich ›königlicher Schreiber‹ war«. Nach Lepsius ist ferner eine Entsprechung zwischen
»Moses« und dem spätägyptischen Wort *mas* (»Kind«) gegeben:
»Moses würde also ›das Kind‹ bedeuten und könnte von jemand auf seine Aussetzung und Findung im Wasser gedeutet
werden.«

Die Inschrift des »Statthalters von Äthiopien« wurde von
Lepsius' Expedition auf einer Felswand entdeckt, an der Straße,
die von Aswan durch das Kataraktengebiet zur Insel Philae
führt. Im Laufe der Pharaonenzeit verewigten sich hier viele
Ägypter mit hieroglyphischen Inschriften, von denen Lepsius
rund zwanzig Beispiele kopierte. Während auf seine Abschrif-
ten im Allgemeinen Verlass ist, hat er im Fall der Mase-saja-In-
schrift den Namen des Vizekönigs falsch kopiert:

151

Was Lepsius abgeschrieben hat, kann man tatsächlich als *Mas* (Kind) lesen; aber nach späteren Kopien bietet die Inschrift eine ausführliche Schreibung für Mase-saja:

Wegen dieses Fehlers kann Lepsius mit seiner Vermutung, der Name des Vizekönigs entspreche dem Namen des biblischen »Mose(s)«, nicht ganz Recht haben.

Der »Pharao des Auszugs«, von dem Lepsius auch spricht, war König Merneptah, in dessen Auftrag der von Lepsius entdeckte ägyptische »Moses« die äthiopisch-kuschitische Provinz verwaltete. Bereits zur Zeit von Lepsius kannten die Ägyptologen Merneptah als Sohn und direkten Nachfolger von Ramses II. Da die Ägyptologen bereits in der Mitte des 19. Jahrhunderts wussten, dass Pharao Ramses II. die in der Bibel genannte Stadt Ramses erbaut hatte, setzten sie ohne weiteres den von Moses geleiteten Auszug der Kinder Israel unter Merneptah, dem Nachfolger von Ramses II., an.

Fünfzehn Jahre nach Erscheinen von Lepsius' Buch über die ägyptische Chronologie ging Heinrich Brugsch, ein anderer führender preußischer Ägyptologe des 19. Jahrhunderts, noch weiter, indem er eine antike Verwechslung zwischen dem biblischen Mann Moses und dem scheinbar gleichnamigen Vizekönig von Äthiopien annahm. Nach Brugsch geht auf diese Verwechslung die Erzählung zurück, in der berichtet wird, dass »der Gesetzgeber Moses als Jüngling ein ägyptisches Heer gegen Äthiopien geführt habe, bis Meroe vorgedrungen sei und die äthiopische Prinzessin Tharbis geheiratet habe, nachdem sie aus Liebe zu ihm die Tore von Meroe geöffnet hatte«.

Auf diese Weise brachte Brugsch als erster den Vizekönig Mase-saja und den Moses der jüdischen Sagen in einen historischen Zusammenhang.

Was aber sollten die antiken jüdischen Schriftsteller aus der Aswaner Felsinschrift über den äthiopischen Vizekönig erfahren haben? Zu Brugschs Zeiten war diese Inschrift der einzige bekannte Beleg für den Vizekönig namens »Mas«. Die Inschrift enthält weder eine Anspielung auf das jugendliche Alter des Vizekönigs noch ein einziges Wort über einen äthiopischen Feldzug oder eine äthiopische Prinzessin. In der Aswaner Inschrift steht nichts von all dem, was Brugsch aus den jüdischen Sagen über den Prinzen Moses zitierte. Die von Brugsch hergestellte historische Verbindung zwischen dem biblischen Moses und dem kuschitischen Vizekönig Mase-saja war schlecht durchdacht.

Weitere zehn Jahre nach Brugsch stellte der Philologe Jacob Freudenthal die Vermutung auf, dass nicht nur die Aswaner Felsinschrift des Vizekönigs, sondern auch die Grabinschrift des ägyptischen Offiziers Ahmose zur jüdischen Moses-Sage beigetragen habe. Ahmose, der an der Eroberung von Kusch teilnahm, war auch Augenzeuge der Errichtung des ägyptischen Vizekönigtums in Kusch durch den siegreichen Pharao.

Über den ersten Feldzug ins südliche Nachbarland erzählt Ahmose, dass der ägyptische König ein großes Gemetzel unter den Einwohnern veranstaltete. Über seine eigenen Taten berichtet der Offizier: »Ich brachte von dort Beute: zwei lebende Männer, drei Hände. Von Seiner Majestät wurde ich beschenkt mit Gold abermals, und es wurden mir zwei Sklavinnen gegeben. Seine Majestät fuhr stromabwärts, indem sein Herz froh war über Tapferkeit und Sieg, nachdem er die südlichen und die nördlichen Länder eingenommen hatte.« Die drei Hände hatte Ahmose den von ihm erschlagenen Feinden abgeschnitten, um nach dem Kampf Beweise für seine Tapferkeit vorzeigen zu können.

Diese Inschriften stehen im Grab des Ahmose in der ober-ägyptischen Stadt Necheb und waren seit 1877 in Übersetzung zugänglich, so dass auch der Nichtägyptologe Freudenthal sie lesen konnte. Aber sie sagen, genauso wenig wie die Aswaner Inschrift des Vizekönigs Mase-saja, etwas aus, was sich mit den jüdischen Erzählungen über den Prinzen Moses in Kusch deckt. Die Querbeziehungen zwischen den ägyptischen Offizieren namens »Moses« in Kusch und dem biblischen Prinzen Moses, an die Brugsch und Freudenthal dachten, können offensichtlich nicht zu den Einzelheiten der jüdischen Erzählungen über den Prinzen führen. Überdies setzten beide Forscher irrig voraus, Lepsius habe die Aswaner Felsinschrift korrekt kopiert. Erst seit 1887 liegt eine neue und verbesserte Abschrift vor. Der englische Ägyptologe William Flinders Petrie kopierte damals die Felsinschriften im Kataraktengebiet, darunter auch die von Lepsius entdeckte Inschrift von Merneptahs Vizekönig. Petrie hat zwar richtig Mase-saja gelesen, aber das Relief nicht gezeichnet, zu dem die Inschrift gehört. Es sollte noch einige Jahre dauern, bis eine von Jacques de Morgan, dem damaligen Generaldirektor des Ägyptischen Antikendienstes, geleitete Expedition das Relief sowie die begleitenden Texte zeichnerisch getreu aufnahm:

Rechts im Bild sieht man Pharao Merneptah auf einem von zwei Pferden gezogenen Streitwagen; der Name des Königs steht in den Kartuschenringen vor seinem Kopf. Merneptah trägt die Kriegskrone; über seinem Kopf schwebt ein schützender, göttlicher Falke, der selbstverständlich nur in der Vorstellung jenes Ägypters existierte, der das Relief in die Felswand ritzte. Wollte man der Darstellung Glauben schenken, dann hätte sich Merneptah auf seinem Streitwagen nach hinten gedreht, um sich einem Würdenträger zuzuwenden. Dieser Mann steht ehrerbietig vor seinem König; dienstbereit hält er einen Straußenfeder-Wedel. Die Zeilen über und hinter dem Würdenträger identifizieren ihn als »Königssohn von Kusch, Wedelträger zur Rechten des Königs, königlicher Schreiber (namens) Mase-saja«. Gleiche Standardtitel haben auch andere Vizekönige von Kusch getragen.

Ähnliche Erinnerungsbilder ritzten die alten Ägypter zu

Vizekönig Mase-saja vor Pharao Merneptah

Hunderten in den Felsen. Inschriften dieser Art hat auch Mase-saja an verschiedenen Stellen in seinem kuschitischen Amtsgebiet hinterlassen, aber sie geben nur wenige weitere Informationen: Mase-saja war kuschitischer Vizekönig unter Merneptah und zunächst wohl noch unter Sethos II. Spricht etwas für die Identität dieses Vizekönigs, der sich später zum Gegenkönig aufwarf, mit dem aus den jüdischen Sagen bekannten Prinzen Moses?

Sethos II. und Tachat
als Eltern des Gegenkönigs Amun-masesa

In Karnak, im großen Tempel des Amun in Theben, stehen neben unzähligen anderen Statuen auch sechs Königsstatuen aus rötlichem Stein, die den eingemeißelten Namen von Sethos II. tragen. Zwei dieser Statuen sind im großen Säulensaal aufgestellt, den Ramses II. und sein Vater errichtet haben (siehe Tafelteil 5 u. 6). Vor über zwanzig Jahren kam der amerikanische Ägyptologe Frank Yurco zu dem Ergebnis, dass die Inschriften dieser Statuen nicht original sind, sondern über anderen, jedoch abgearbeiteten Inschriften stehen. Unter den Hieroglyphen, die den Namen von Sethos II. bilden, gelang es Yurco, noch die Namensspuren von Amun-masesa zu entziffern.

Die Statuen scheinen erst in jüngerer Zeit ihre Köpfe eingebüßt zu haben. Der Kopf einer der beiden Statuen ist aber erhalten geblieben und wird heute im Metropolitan Museum in New York aufbewahrt. Er ist jedoch nicht physiognomisch getreu, denn der Bildhauer hat Amun-masesa die für Könige im Jahrhundert von Ramses II. typisierten Gesichtszüge verliehen. Eine dieser Statuen trägt an einer Seitenfläche die Relieffigur einer Königin (siehe Tafelteil 7). Laut Beischrift hieß diese Königin Tachat; nach ihren Titeln war sie eine Königstochter und eine Königsgemahlin. Als »Königsgemahlin« soll sie mit Sethos II. verheiratet gewesen sein, denn ihm gehörte die Statue.

Die Beischrift zur Figur der Tachat ist bis auf eine Stelle original: Unter den in der Abbildung schattierten Hieroglyphen, die den Titel »Gemahlin« bilden, hat Yurco die Spuren einer älteren, nicht vollständig weggemeißelten Inschrift gefunden. Ursprünglich stand an dieser Stelle der Titel »Mutter«, geschrieben mit der Geier-Hieroglyphe.

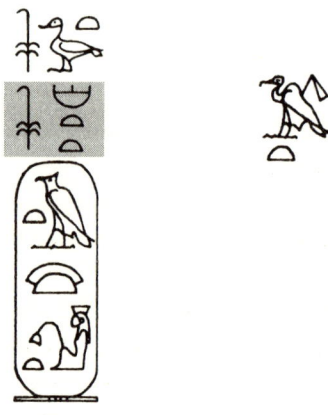

Geänderte Beischrift zur Figur von
Königin Tachat nach Yurco

Der erste Besitzer dieser Statue war Amun-masesa, der an einer Seitenfläche der Statue ein Reliefbild von seiner Mutter Tachat anbringen ließ. In dieser originalen Fassung lauteten Tachats Titel »Königstochter« und »Königsmutter«. Als jedoch Sethos II. die Namen von Amun-masesa auf der Statue tilgen und seine eigenen Namen einmeißeln ließ, wurde in der Beischrift zu Tachat der Titel »Königsmutter« in »Königsgemahlin« umgewandelt; der Name Tachat und der Titel »Königstochter« blieben erhalten. Diese Änderung war nur möglich, wenn die Mutter von Amun-masesa eine Königstochter war, die Tachat hieß, und wenn auch die Gemahlin von Sethos II. den Namen Tachat trug und eine Königstochter war.

Da der Name Tachat sehr selten ist, liegt es nahe, Tachat, die Mutter von Amun-masesa, und Tachat, die Gemahlin von Sethos II., gleichzusetzen. Der Gegenkönig Amun-masesa wäre somit ein Sohn von Sethos II. gewesen, der gegen seinen eigenen Vater geputscht hätte. Ein Thronstreit zwischen Sohn und Vater ist im Allgemeinen nichts Besonderes. Als zeitgenössische Parallele kann man die Ermordung des assyrischen Königs Tukulti-Ninurta durch einen seiner Söhne anführen, der selbst König sein wollte. Dieser politische Familienstreit trug sich vier oder fünf Jahre nach Amun-masesas Putsch gegen Sethos II. zu.

Es gibt noch eine andere Königsstatue, bei der Tachat genannt und abgebildet ist: eine fast drei Meter hohe Statue von Sethos II., an deren linken Seite eine kleine und größtenteils zerstörte Figur der Tachat steht.

Vielleicht gehörte diese Statue ursprünglich einem anderen König, und Sethos II. hat die originalen Inschriften wegmeißeln und seine eigenen Namen einsetzen lassen. Die Beischrift zu Tachat scheint jedoch original zu sein, und auch hier trägt sie die Titel einer Königstochter und Großen Königsgemahlin, nicht aber den Titel einer Königsschwester – einen Titel, den man eigentlich erwarten sollte, wenn auch Tachat den Pharao Merneptah zum Vater gehabt hätte wie ihr Gatte Sethos II. Da aber Tachat nicht den Titel einer Königsschwester trägt, sollte ihr Vater König Ramses II. gewesen sein, der Vater von Merneptah und Großvater von Sethos II.

Ramses II. regierte fast siebzig Jahre lang, darum kommt aus Altersgründen keiner seiner Vorgänger als Vater der Königstochter Tachat in Frage. Und in der Tat steht der Name einer Prinzessin Tachat in einer Liste von Königstöchtern, die etwa im 53. Regierungsjahr von Ramses II. aufgeschrieben wurde. Offensichtlich handelt es sich dabei um Töchter aus den späten Lebensjahren von Ramses II. Man kennt sie nicht so gut wie die über achtzig Söhne und Töchter aus den jüngeren Lebensjahren des Königs, deren Figuren und Namen er auf Tempelmauern einmeißeln ließ.

Ramses II.
als Großvater von Amun-masesa

Wenn Sethos II. und Tachat die Eltern des Gegenkönigs Amun-masesa waren, dann gehörte er zur Enkelgeneration von Ramses II., zu dessen Zeit nach Ansicht der Ägyptologen des 19. Jahrhunderts der biblische Moses geboren sein sollte. Auch Amun-masesas Geburt fiel in die Zeit von Ramses II., so dass eine befriedigende zeitliche Übereinstimmung mit der Geburtszeit des biblischen Moses gegeben wäre.

Über seine Mutter Tachat war Amun-masesa ein Enkel Ramses' II., über seinen Vater Sethos II. dagegen ein Urenkel von Ramses II., denn Sethos II. selbst war der älteste Sohn und Thronfolger von König Merneptah, einem Sohn von Ramses II.

Eine in die Felsen am ersten Nilkatarakt geritzte Szene zeigt Ramses II. mit Isis-nofret, einer seiner Hauptgemahlinnen, und ihren Kindern, darunter auch Prinz Merneptah. Der König verehrt mit seiner Familie eine Statue des Gottes Chnum, der mit Menschenkörper und Widderkopf erscheint. Unmittelbar vor dem Gott steht Ramses II.; hinter ihm ist seine Gemahlin Isis-nofret abgebildet, gefolgt von dem Sohn Cha-em-waset, der als oberster Priester des Gottes Ptah in der alten Landeshaupt-

Ramses II. und seine Familie vor dem Gott Chnum

stadt Memphis eine protokollarisch bedeutende Stellung innehatte. Im unteren Teil der Szene sieht man rechts einen weiteren Sohn von Ramses II. und Isis-nofret, der wie sein Vater
Ramses hieß. Er war für dessen Nachfolge vorgesehen, starb
aber vor seinem Vater. Hinter dem Prinzen Ramses steht seine

Schwester Bint-Anath. Als jüngstes der Kinder von Ramses II. und Isis-nofret ist Prinz Merneptah abgebildet. Nach dem Tod seines Vaters, lange nach der Zeit, als das Felsenbild eingeritzt wurde, bestieg er im Alter von nahezu sechzig Jahren den Thron. Merneptah galt den Ägyptologen und Alttestamentlern des 19. und frühen 20. Jahrhunderts als jener Pharao, zu dessen Zeit Moses die Kinder Israel aus Ägypten führte.

Die Stammbäume
von Amun-masesa und Moses

In seiner 1905 erschienenen *Geschichte Ägyptens* identifizierte der englische Ägyptologe und Archäologe William Flinders Petrie die Prinzessin Tachat als Tochter Ramses' II. und setzte sie ferner mit der Gemahlin Sethos' II. und Mutter Amun-masesas gleich. Acht Jahrzehnte nach Petrie kam der Ägyptologe Aidan Dodson auf verbesserter Grundlage und nach Abwägung des Für und Wider zum gleichen Schluss. Im Sinne von Petrie und Dodson lässt sich folgender Stammbaum von Amun-masesa aufstellen, in dem die unbekannte Mutter von Tachat als *Z* und die Mutter von Sethos II. als *Y* bezeichnet ist:

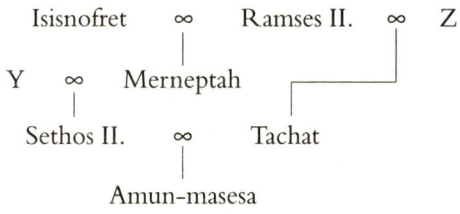

Stammbaum von Amun-masesa (Mase-saja)

Das von Petrie aufgestellte Abstammungsschema für diese Nachkommen von Ramses II. ist auch heute noch gültig:

1279 v. Chr.	Thronbesteigung von Ramses II.
1270 v. Chr.	Geburt von Merneptah
1250 v. Chr.	Geburt von Sethos II.
1240 v. Chr.	Geburt von Tachat
1225 v. Chr.	Geburt von Mase-saja
1213 v. Chr.	Tod von Ramses II./Thronbesteigung Merneptahs
1208 v. Chr.	Merneptahs Sieg über die Libyer
1207 v. Chr.	Mase-sajas Inschrift in Amada
1204 v. Chr.	Tod Merneptahs/Thronbesteigung von Sethos II.
1203 v. Chr.	Aufstand des Mase-saja/Amun-masesa

Über seine Mutter war Amun-masesa ein Enkel Ramses' II., über seinen Vater dagegen ein Urenkel desselben Königs. Als Enkel und Urenkel hätte Amun-masesa das erlebt, was die Familienforscher Ahnenverlust nennen: Wenn ein und derselbe Ahne an verschiedenen Stellen eines Stammbaums vorkommt, ergibt sich eine geringere Zahl von Großvätern, Urgroßvätern usw. als bei einer Abstammung von untereinander nicht gleichermaßen eng verwandten Vorfahren.

Ein Ahnenverlust würde aber auch für den biblischen Moses gelten, weil er gleichfalls von nahe verwandten Eltern abstammte. Nach dem Alten Testament tragen die hebräischen Eltern von Moses die Namen Jokebed und Amram und sind als Tante und Neffe miteinander verwandt. Dieses für ein Ehepaar sonderbare Verwandtschaftsverhältnis soll folgendermaßen zustande gekommen sein: Levi, einer der nach Ägypten eingewanderten siebzig Israeliten, lebte 137 Jahre. Vermutlich gegen Ende seines Lebens zeugte Levi eine Tochter namens Jokebed. Ein wohl in jüngeren Jahren gezeugter Sohn Levis hieß Kahath und hatte einen Sohn namens Amram. Dieser heiratete seine Tante Jokebed, die Schwester seines Vaters, und soll mit ihr die Tochter Mirjam sowie die Söhne Aaron und Moses gezeugt haben (vgl. 2. Moses 6, 20).

Wenn man den Stammbaum des biblischen Moses mit dem von Amun-masesa vergleicht, stellt man eine gewisse Ähnlichkeit fest:

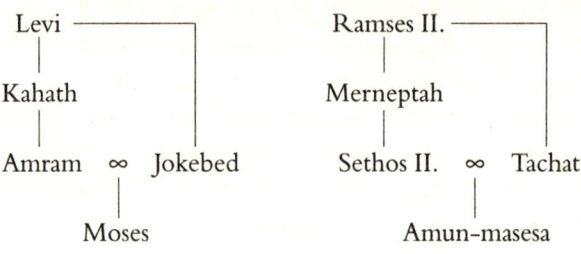

Biblischer Stammbaum von Moses
im Vergleich mit dem Stammbaum von Amun-masesa.

Die für diesen Stammbaum ausgewerteten Verwandtschafts- und Altersangaben zu Levi und seinen Nachkommen finden sich nicht in der Erzählung über Geburt und Aussetzung von Moses: »Nun heiratete ein Mann aus dem Stamm Levi eine levitische Frau.« (2. Moses 2, 1) Dieser Wortlaut ist im 4. Buch Moses so ausgelegt, dass der »Mann vom Hause Levi« in zweiter Generation ein Nachkomme, die Frau aber eine leibliche Tochter Levis war. Diese Auffassung ist erstaunlich, weil das priesterliche Gesetz die als blutschänderisch geltende Verbindung eines Mannes mit seiner Tante ausdrücklich verbietet: »Die Scham der Schwester deines Vaters darfst du nicht entblößen« (3. Moses 18, 12). Aber laut priesterlicher Geschichtsschreibung wurde dieses Gesetz erst nach dem Auszug Israels aus Ägypten gegeben, und auch für die Gesetze Gottes gilt, dass sie keine rückwirkende Gültigkeit haben.

Der Ahnenverlust resultiert bei Amun-masesa wie beim biblischen Moses aus dem verwandtschaftlichen Verhältnis der Eltern als Tante und Neffe. Eine weitere Übereinstimmung der Stammbäume liegt in den hohen Lebensaltern von Levi und Ramses II.: Levi soll 137 Jahre alt geworden sein, während Ramses II. 67 Jahre regierte und vermutlich 90-jährig starb. Die Überhöhung von Levis Lebensalter wäre nicht nötig gewesen, damit der biblische Erzähler aus Jokebed, der Tochter Levis, und seinem Enkel Amram ein Paar machen konnte. Die

162

Lebenslänge von Levi gehört in die Reihe der erdichteten Lebensalter, die mit den 930 Lebensjahren von Adam, dem vom biblischen Gott erschaffenen ersten Menschen, beginnen und dann in den folgenden Generationen abnehmen, bis Jakob, der Vater Levis, nur noch 147 Jahre alt wurde. Als Jakob nach seiner Ankunft in Ägypten, siebzehn Jahre vor seinem Tod, dem Pharao vorgestellt wurde, fragte ihn dieser: »Wie viele Lebensjahre zählst du?« Jakob antwortete: »Die Zeit meiner Wanderschaft beträgt 130 Jahre. Wenig und leidvoll waren meine Lebensjahre und reichen nicht heran an die Lebensjahre meiner Vorfahren, die sie auf der Wanderschaft zubrachten.« (1. Moses 47, 9)

Die Familienverhältnisse von Mase-saja, der sich als Gegenkönig Amun-masesa nannte, passen somit auch auf den biblischen Prinzen Moses. Das sonderbare Verwandtschaftsverhältnis von Moses' levitischen Eltern als Tante und Neffe ist in der Bibel mit keinem erzählerischen Zweck verknüpft. Als aus dem Ägypter Moses ein Israelit wurde, übertrug man vermutlich dieses Detail von den historischen ägyptischen Eltern auf die erfundenen levitischen Eltern des biblischen Moses. Oder handelt es sich etwa bei der Übereinstimmung in den Stammbäumen nur um einen Zufall?

Die Prinzen Moses und Mase-saja als Feldherren in Kusch

Streicht man aus den jüdischen Sagen über den äthiopischen Feldzug des Prinzen Moses alles heraus, was offensichtlich Sagenschablone ist, dann bleibt die Tatsache eines äthiopischen Feldzuges im Auftrag des Pharaos übrig. Der historische Kern der jüdischen Sagen über den äthiopischen Feldzug beschränkt sich auf eine jener Militäraktionen, zu denen es im Lauf der 400-jährigen ägyptischen Herrschaft über Kusch kam. Nach der Eroberung von Kusch durch die Pharaonen waren die Vizekönige von Kusch für die kleineren Militäraktionen zuständig.

Darum liegt es nahe, im biblischen Prinzen Moses, der einen Feldzug in Äthiopien führt, einen Vizekönig von Kusch zu erkennen – vorausgesetzt, dass in der biblischen Sage ein geschichtlicher Kern steckt.

Mase-saja unternahm beispielsweise einen Feldzug in Kusch, als er dort für Pharao Merneptah als Vizekönig amtierte bzw. er kämpfte gegen Aufständische in Wawat, dem nördlichen Teil seiner Provinz. Nach der bei Artapanos überlieferten Sage soll der äthiopische Feldzug des biblischen Prinzen Moses zehn Jahre gedauert haben. In der *Chronik des Moses* und im Buch *Jaschar* heißt es, dass die kuschitische Hauptstadt neun Jahre vom rechtmäßigen König belagert und kurz darauf von Moses erobert wurde. Diese Angaben deuten darauf, dass in den jüdischen Moses-Sagen ein Jahrzehnt als Dauer des Äthiopien-Aufenthalts von Moses galt.

Was lässt sich vergleichsweise über den kuschitischen Aufenthalt von Mase-saja sagen? Ingeborg Müllers *Die Verwaltung der nubischen Provinz im Neuen Reich* (Berlin 1979) zufolge soll Pharao Merneptah Mase-saja als neuen Vizekönig nach Kusch entsandt haben, um den dort ausgebrochenen Aufstand niederzuschlagen.

Mase-sajas Inschrift im Tempel von Amada enthält aber keine genauen Angaben über den Zeitpunkt des kuschitischen Aufstands. Jedenfalls war der Aufstand bereits niedergeschlagen, als Mase-saja den Bericht seines Pharaos über den Kampf mit den Libyern als Inschrift verewigen ließ. Man könnte also vermuten, dass Mase-saja nach Kusch geschickt wurde, weil der vorherige Vizekönig sich unfähig gezeigt hatte, den Aufstand niederzuwerfen. In der Tat gab es in der Regierungszeit von Merneptah außer Mase-saja noch einen kuschitischen Vizekönig namens Chaemtir. Wie Mase-saja fiel auch er offensichtlich in Ungnade, denn sein Name wurde in den Inschriften ausgekratzt.

Chaemtir hat ein Reliefbild in einem Tempel der kuschitischen Festungsstadt Buhen hinterlassen, das den Vizekönig kniend in Verehrung vor dem Namensring von Pharao Merneptah zeigt. Der Name Chaemtir stand über der Gestalt des

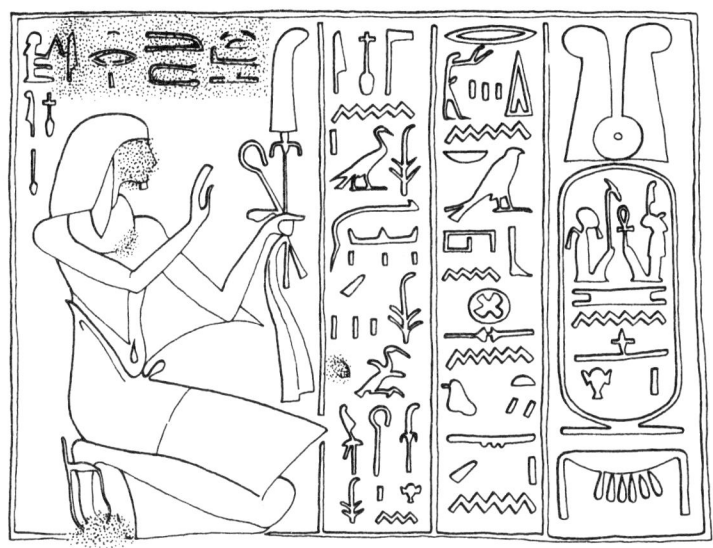

Vizekönig Chaemtir kniet vor dem Namensring
von Pharao Merneptah.

Vizekönigs; wie die Schattierung andeutet, sind die Hieroglyphen bis auf Spuren weggemeißelt worden.

Chaemtir kann der Vorgänger von Mase-saja gewesen sein.
Hingegen vertritt Aidan Dodson die Auffassung, Chaemtir habe
am Ende von Merneptahs Regierung Mase-saja im Amt des
Vizekönigs abgelöst. Nach Dodson wäre Chaemtir als Vizekönig ein Parteigänger von Mase-saja gewesen, so dass Mase-saja
bei seinem Aufstand das Vizekönigtum Kusch als Basis hätte
nützen können. Als Mase-saja später Theben beherrschte und
seinen Wesir Amunmose entließ, da habe der Gegenkönig
Chaemtir zum neuen Wesir ernannt. In der Tat trug der zweite
Wesir Amun-masesas den Namen Chaemtir, und die Rekonstruktion von Dodson ist durchaus möglich.

Ob man Chaemtir als kuschitischen Vizekönig vor oder nach
Mase-saja ansetzt, ändert nichts an der Zeitspanne, die Mase-
saja in Kusch verbracht hat. Alles in allem hielt sich Mase-saja

ein rundes Jahrzehnt in Kusch auf, und zwar über ein halbes Jahrzehnt unter Pharao Merneptah und über drei Jahre während seines Aufstands gegen Sethos II. Folglich dauerte der Aufenthalt des Vizekönigs in Kusch ungefähr genauso lange wie der des biblischen Prinzen Moses.

Laut Petries Rekonstruktion der Familien- und Altersverhältnisse der Nachkommen von Ramses II. wäre Mase-saja bei seiner Ankunft in Kusch, in der ersten Regierungshälfte von Merneptah, kaum achtzehn Jahre alt gewesen – ein sehr junges Alter für einen erfolgreichen Feldherrn. Aber möglicherweise war der junge Prinz Mase-saja ebenso militärisch begabt wie Alexander der Große, der 338 v. Chr. mit achtzehn Jahren seine Begabung als Feldherr in der Schlacht bei Chaironeia bewies.

Der Prinz Moses, über den die jüdischen Sagen erzählen, war vermutlich bei seiner Ankunft in Äthiopien ein junger Mann im heiratsfähigen Alter, was seine Eheschließung mit einer einheimischen Prinzessin zeigt. Wie alt Prinz Moses damals war, verschweigen allerdings die jüdischen Sagen und die Targume. Aber nach den rabbinischen Legenden späterer Zeiten floh Moses im Alter von achtzehn Jahren vor dem Pharao.

In der *Chronik des Moses* wird das dritte Jahr nach der Geburt genannt, und danach heißt es, dass fünfzehn Jahre vergangen sind, als Moses den Ägypter tötet, was zur Flucht führt – kann man daraus auf das 18. Lebensjahr schließen? Da die Flucht einigen Sagen zufolge in Kusch endete, stellt sich die Frage, ob es eine jüdische Überlieferung gab, wonach Moses als 18-jähriger nach Kusch kam. Oder wollten die Rabbinen mit dieser Altersangabe lediglich die Volljährigkeit von Moses ausdrücken? Denn in der Bibel gehört es ja zur unmittelbaren Vorgeschichte der Flucht, dass Moses zu seinen hebräischen Brüdern ging, als »er groß war«. Üblicherweise gilt sonst bei den Rabbinen das 20. Lebensjahr als Beginn der Volljährigkeit. Fest steht nur, dass das Alter des biblischen Moses mit dem des ägyptischen Prinzen Mase-saja übereinstimmt: beide kommen als sehr junge, noch unverheiratete Männer nach Kusch.

Das Problem der kuschitischen Ehefrau von Moses

Das Alte Testament und die nicht-biblischen Sagen sind sich über die Überlieferung einer äthiopisch-kuschitischen Ehe des Moses einig. Wenn man die Bibel wörtlich nimmt, wurde diese Ehe während der Wüstenwanderung geschlossen, als Moses an der Spitze der Israeliten Ägypten für immer verlassen hatte. Ohne weitere Details zu nennen, spricht das Alte Testament nur von einer Kuschitin, während es sich nach der übrigen jüdischen Überlieferung um eine kuschitische Prinzessin oder gar Königin gehandelt haben soll.

Ein Vergleich der jüdischen Angaben über die kuschitische Frau von Moses mit entsprechenden Angaben über Mase-saja ist hier nicht möglich: Archäologisch ist für den kuschitischen Vizekönig Mase-saja keine Frau nachgewiesen. Überdies würde ein Ägyptologe die Nennung einer Ehefrau in Mase-sajas Inschriften nicht erwarten. Angaben über Familienangehörige des Vizekönigs wären beispielsweise in den Inschriften, die Mase-saja über Pharao Merneptahs libyschen Krieg einmeißeln ließ, nicht passend gewesen.

Man darf jedoch als gesichert annehmen, dass der Vizekönig Mase-saja verheiratet war, wie üblicherweise all seine im heiratsfähigen Alter stehenden Zeitgenossen, entsprechend der altägyptischen Maxime: »Nimm dir eine Frau, wenn du 20 Jahre alt bist, auf dass du einen Sohn habest, während du noch jung bist.« Da Mase-saja als junger Mann nach Kusch kam, wäre eine baldige Ehe zu erwarten, falls er bei seiner Ankunft in Kusch noch nicht verheiratet war. Eine Ehe mit einer Prinzessin aus einem der kuschitischen Fürstentümer, mit deren Hilfe die Ägypter das unterworfene Land beherrschten, kam durchaus in Frage.

Während für den kuschitischen Vizekönig Mase-saja keine bestimmte Ehefrau bekannt ist, gibt es für die Jahre, in denen er als Gegenkönig Amun-masesa herrschte, ein oder zwei Hinweise auf eine königliche Gemahlin. Eine von den Königsstatuen in Karnak, die ursprünglich Amun-masesa gehörte, trägt auf einer Seitenfläche das Reliefbild einer Frau, die laut hieroglyphischer Beischrift eine »große Königsgemahlin« war, nach deren Namen man aber vergebens sucht.

Die historische Vorlage für den Thronstreit zwischen Moses und dem Pharao

Wie es in den jüdischen Sagen heißt, folgte auf den zehnjährigen kuschitischen Aufenthalt des Prinzen Moses ein Zerwürfnis mit dem Pharao.

Da in den Moses-Sagen sowohl von einem Großvater als auch von einem Vater königlicher Abstammung die Rede ist, kann man auf einen Konflikt des Prinzen entweder mit dem Vater oder mit dem Großvater schließen. Auch bei Mase-saja folgt auf seinen rund zehnjährigen Aufenthalt in Kusch ein Zerwürfnis mit dem Pharao, allerdings nicht mehr mit seinem Großvater Merneptah, der ihn nach Kusch geschickt hatte, sondern mit seinem Vater Sethos II.

Worum es im Konflikt zwischen dem biblischen Prinzen Moses und dem Pharao ging, lässt sich aus der Angst des Pharaos entnehmen, seinen Thron an den Prinzen Moses zu verlieren. Im Allgemeinen berichten die jüdischen Sagen nur von der Verleumdung, der Prinz und Thronerbe habe die Absicht gehabt, sich des Thrones zu bemächtigen. Die Angaben von Artapanos und Ezekielos führen einen Schritt weiter. Beide kennen den Schwiegervater von Moses als Landesherrscher und Kriegsherrn; dem einen zufolge herrscht er im asiatischen Land Midian, laut dem anderen über das von dunkelhäutigen Stämmen bewohnte Libyen.

Beide weichen hier vom Alten Testament ab, nach dem Moses seinen künftigen Schwiegervater als Priester in Midian und Vater von sieben Töchtern kennen lernt. Wäre Reguel für den biblischen Erzähler ein Stammeshäuptling oder Landesherrscher gewesen, so hätte er nicht berichtet, dass die Hirten die Töchter Reguels an der Tränke stets beiseite drängten (2. Moses 2, 17). Nach dem Bericht des Artapanos wünschte der Landesherrscher Reguel, der Schwiegervater von Moses, »einen Kriegszug gegen die Ägypter zu unternehmen, um Moses zurückzuführen und die Herrschaft für seine Tochter und seinen Schwiegersohn zu gewinnen. Aber Moses hielt ihn zurück aus Sorge um seine eigene Nation«. Schließlich trug Reguel den Midianitern den Kleinkrieg gegen Ägypten auf.

Auch über die Rückkehr von Moses aus Midian nach Ägypten macht Artapanos andere Angaben als die Bibel, Josephus Flavius und Philo. Zwar zeigt sich auch bei ihm Gott dem Moses in der aus der Bibel bekannten Feuerflamme, aber Artapanos zufolge will Gott seinen Sendboten nicht ohne Begleitung nach Ägypten zurückkehren und allein vor den Pharao treten lassen: »Und Moses wurde durch die (Feuer-)Erscheinung erschreckt und wandte sich zur Flucht, aber eine göttliche Stimme beauftragte ihn, gegen Ägypten zu marschieren und die Juden zu retten und in ihr altes Land zu führen. So fasste er Mut und entschloss sich, eine feindliche Streitmacht gegen Ägypten zu führen.«

Hier wird zum zweiten Mal ein mögliches militärisches Vorgehen des Moses gegen Ägypten erwähnt. Nach den gegebenen Umständen hätte sich Moses wieder auf die militärische Macht seines Schwiegervaters stützen müssen. Diese Hinweise sprechen dafür, dass Artapanos – genauso wie anscheinend auch Ezekielos – eine Version der Moses-Sage kannte, derzufolge der Schwiegervater von Moses militärische Macht besaß. Nach Ezekielos ist dieser Schwiegervater aber ein Äthiope, kein Midianiter.

Da Artapanos für seine erzählerischen Zwecke auf die äthiopische Ehe des Moses verzichtet hat, kann er nichts über einen äthiopischen Schwiegervater mitteilen. Allerdings scheint er die äthiopischen Familienverhältnisse des Moses zum Teil auf seine midianitischen Verhältnisse übertragen zu haben. Hat Artapanos eine Sage gekannt, in welcher der kuschitische Schwiegervater seinem Schwiegersohn Moses durch einen Kriegszug zur ägyptischen Krone verhelfen wollte? Allerdings wäre die

Absicht des Schwiegervaters noch nicht gleichbedeutend mit einem tatsächlichen Kriegszug nach Ägypten und mit dem Erlangen der Pharaonenkrone für Moses.

Hier hilft ein Targum, eine Bibelübersetzung ins Aramäische, weiter, in der die äthiopische Ehefrau des Moses als äthiopische Königin bezeichnet wird. Zu einer angeheirateten äthiopischen Königin sollte als Mitgift ein äthiopisches Königreich gehören. Wahrscheinlich war dem Targumisten jene Sage über ein äthiopisches Königtum des Moses bekannt, die ausführlich im mittelalterlichen Buch *Ha-Jaschar* geschildert wird.

Vermutlich geht das äthiopische Königtum des Moses bei den jüdischen Sagenerzählern auf ein Missverständnis zurück, wobei sie aus dem ägyptischen Gegenkönigtum Mase-sajas in Äthiopien ein »Königtum von Äthiopien« machten. In ähnlicher Weise können die Sagenerzähler die äthiopische Prinzessin, die Moses heiratete, in eine Königin verwandelt haben, weil ihr Ehemann Moses eine Zeitlang König in Äthiopien war.

Der Prinz und Usurpator Mase-saja – Vorlage für den Prinzen Moses

Die Merkmale des ägyptischen Prinzen Mase-saja und des biblischen Prinzen Moses lassen sich tabellarisch vergleichen. Die verglichenen Merkmale, z. B. Name und Geburtszeit, stimmen bei beiden überein, wie in der Tabelle durch das Zeichen + angedeutet. Im Fall der kuschitischen Ehe des Prinzen Moses gibt es weder eine Übereinstimmung noch eine Abweichung, weil über eine Gemahlin von Amun-masesa nichts bekannt ist. Darum gibt es bei den anderen Vergleichspunkten Unsicherheiten verschiedener Grade.

Sieht man vom Aussetzungsmärchen ab, dann lesen sich die jüdischen Sagen über den ägyptischen Prinzen Moses wie eine Nacherzählung von Mase-sajas Lebensgeschichte. Daraus folgt aber nicht unbedingt, dass der biblische Moses mit dem ägyptischen Prinzen Mase-saja identisch ist.

Merkmal	Moses	Amun-masesa/ Mase-saja
Name	+	+
geboren unter Ramses II.	+	+
Eltern: Neffe/Tante	+	+
Großvater mütterlicherseits: Pharao	+	+
Erbauer der Fronstädte	+	+
Großvater väterlicherseits: Pharao	+	+
Vater: Pharao	+	+
Mutter: Pharaonentochter	+	+
Thronanspruch	+	+
10-jähriger Aufenthalt in Kusch	+	+
Feldzug in Kusch	+	+
Kuschitische Ehe	+	?
Thronstreit mit dem Vater/Pharao	+	+
Königsherrschaft in Kusch	+	+
Niederlage im Thronstreit	+	+

Wie soll ein in seinem Heimatland Ägypten politisch gescheiterter Aufständischer mit den Kindern Israel zusammengetroffen sein, sie aus Ägypten herausgeführt und am Berg Sinai die jüdische Staatsreligion gestiftet haben? Über das Ende des Aufstands weiß man allerdings nur, dass Mase-saja Sethos II. unterlag. Vielleicht starb Mase-saja, bevor der Machtkampf mit Sethos II. entschieden war; vielleicht musste er sich vor Sethos II. nach Kusch zurückziehen und starb dort in seiner alten vizeköniglichen Provinz. Denkbar ist auch, dass Mase-saja, wie hundert Jahre nach ihm der aufständische kuschitische Vizekönig Pinehas, aus Oberägypten nilabwärts zog und im Delta eine militärische Entscheidung suchte. Das Ziel eines solchen Vorstoßes sollte die biblische Stadt Ramses gewesen sein, wo Sethos II. residierte und wo – wie die Bibel erzählt – im Umland die Israeliten wohnten.

Wenn Mase-saja im Gebiet der Stadt Ramses eine Niederlage erlitt und ihm der Rückzug ins Niltal abgeschnitten war, dann hätte er vielleicht mit seiner Gefolgschaft in Richtung Sinai fliehen können.

Hat ein biblischer Erzähler die Flucht des ägyptischen Gegenkönigs und seiner Gefolgschaft zum Auszug der Kinder Israel aus Ägypten umgestaltet? Oder hat der Gegenkönig die Kinder Israel bei seiner Flucht mitgerissen? Wenn der gescheiterte Usurpator zusammen mit seiner kuschitischen Ehefrau und seinem Gefolge aus dem nordöstlichen Nildelta fliehen musste, könnte er wohl nach Sinai gekommen sein. Liegt in den Umständen einer solchen Flucht die Erklärung dafür, dass der biblische Moses auf der Halbinsel Sinai die Kinder Israel anführt, während zu seiner Begleitung auch eine kuschitische Ehefrau gehört, in der eine aramäische Bibelübersetzung eine äthiopische Königin erkennt?

Moses und die biblische Geschichte: Dichtung oder Wahrheit?

Die sagenhaften Wanderungen der Erzväter

Archäologisch begründete Zweifel
am Ägyptenaufenthalt der Israeliten

Sollte ein geschlagener und flüchtender ägyptischer Gegenkönig die Kinder Israel bei seiner Flucht aus Ägypten mitgerissen haben? Wie kam doch der Kontakt zwischen dem Ägypter Moses und den Israeliten zustande? Vor einer ähnlichen
Frage stand auch Sigmund Freud, als er den Ägypter Moses zum
Propheten der Kinder Israel machen wollte. Freud stellte sich
Moses als Statthalter einer ägyptischen Grenzprovinz vor, der
dort mit einem hebräischen Hirtenstamm in Berührung stand.
Aber er hätte sich eher fragen sollen, ob die biblische Erzählung
vom Aufenthalt der Kinder Israel in Ägypten historisch belegt
ist.

Freud wusste, dass die Archäologen keine israelitischen Funde
in Ägypten gemacht haben und dass auch die Alttestamentler
der Geschichtlichkeit von Israels Ägyptenaufenthalt skeptisch
gegenüberstehen. Darum nahm er an, dass sich nur eine Splittergruppe des späteren Judenvolks in Ägypten aufgehalten habe
und dass nur dieser Gruppe das Schicksal zuteil wurde, das die
Bibel ganz Israel zuschreibt.

Da aber nicht einmal eine Splittergruppe des Volkes Israel in
Ägypten nachweisbar ist, hat sich Freud auf das Risiko einer
historisch falschen Voraussetzung eingelassen. Die Zweifel, die
Freud an der Geschichtlichkeit von Israels Ägyptenaufenthalt
nähren musste, zerstreute er mit dem Argument, die Historiker
würden heutzutage mit alten Sagen und Überlieferungen weit
schonender verfahren als in den Anfangszeiten der historischen Kritik.

Um eine Verbindung zwischen Echnatons Monotheismus
und dem biblischen Monotheismus herzustellen, machte Freud
Moses zum Führer eines in Ägypten wohnenden hebräischen
Stammes und setzte daher einen historischen Kern der bib-

lischen Geschichte über den Ägyptenaufenthalt der Israeliten voraus. Aufgrund von siebzig Jahren intensiver archäologischer Forschung nach Freud und angesichts des Fehlens von israelitischen Funden in Ägypten drängt sich aber heute der Verdacht auf, es handle sich beim Ägyptenaufenthalt der Kinder Israel um eine dichterische Erfindung.

Wenn aber der Ägyptenaufenthalt erfunden ist, können die Israeliten nicht aus Ägypten ausgezogen sein. Was wird dann aus der Gleichsetzung des ägyptischen Prinzen Mase-saja mit dem biblischen Moses? Unversehens verwandelt sich die ursprüngliche Frage nach der Geschichtlichkeit des biblischen Moses in die Frage nach der Geschichtlichkeit der biblischen Erzählungen über die Frühgeschichte der Israeliten.

Die Vorgeschichte des Ägyptenaufenthalts der Kinder Israel

Wenn man den Ägyptenaufenthalt der Kinder Israel anzweifelt, stellt man auch seine im Alten Testament ausführlich beschriebene Generationen lange Vorgeschichte in Frage. Doch hat nicht Gott selbst Jahrhunderte vor dem Auszug alles vorausgesagt? Sprach nicht Gott zu Abram: »Du musst wissen, dass deine Nachkommen Fremdlinge sein werden in einem Lande, das ihnen nicht gehört; da werden sie dienen müssen und man wird sie hart bedrücken vierhundert Jahre lang. Aber ich will auch das Volk, dem sie dienen werden, strafen, und darnach sollen sie ausziehen mit reicher Habe.« (1. Moses 15, 13–14)

Diese Prophezeiung bezieht sich offensichtlich auf den Aufenthalt der Kinder Israel in Ägypten und ihren Auszug. Aber es handelt sich um die Vorhersage eines Ereignisses, das vierhundert Jahre später stattfinden soll. Prophezeiungen dieser Art sind nicht möglich. Darum ist anzunehmen, dass es sich um eine der erdichteten biblischen Geschichten handelt, die mit der Weltschöpfung an einem Oktobertag im Jahr 3761 v. Chr. beginnen.

Grab von Sethos II. in Theben, Göttin Maat.
Älterer Bauabschnitt mit retuschierten Namensringen.
© Rolf Krauss

Grab von Sethos II. Der Pharao bringt dem Sonnengott ein Weihrauchopfer dar. Jüngerer Bauabschnitt mit originalen Namensringen. © Rolf Krauss

Deir el-Bahari, Totentempel der Königin Hatschepsut, mittlerer Säulengang,
Nordseite. Götterprozession, die von Echnaton getilgt wurde mit Ausnahme von Atum. © Rolf Krauss

Tempel von Amada (nach der Verlegung). © Linda L. Pike

Tempel von Amada.
Relief von Mase-saja mit Stirnschlange.
© Aidan Doshon

Tempel von Karnak. Großer Säulensaal.
Originalstatuen von Amun-masesa, neu beschriftet für Sethos II.
© Rolf Krauss

Originalstatue von Amun-mesesa, übernommen von Sethos II.
Der Kopf befindet sich im Metropolitan Museum of Art in New York.
© Rolf Krauss

Relief der Königin Tachat.
© Rolf Krauss

»Israel-Stele«, Kairo CG 34025, Granit, 3,18 m hoch.
Der Name Israel steht in der vorletzten Zeile.
© Jürgen Liepe

Es gab vor rund 5800 Jahren keine Weltschöpfung, kein erstes Menschenpaar namens Adam und Eva, keine Schlange, die Eva zur Sünde verleitete, keine Sintflut und keine babylonische Sprachverwirrung, um nur die bekanntesten biblischen Geschichten zu nennen. Welche Geschehnisse sind phantasievoll erfunden, und was ist dichterische Ausschmückung von historischen Ereignissen?

In der Bibel heißt es, dass der Schöpfergott in der zehnten Generation nach der Sintflut einen frommen Mann namens Abram aufforderte, die Heimat seiner Väter zu verlassen, um nach Kanaan zu ziehen, das Land, das Gott für seine Nachkommen vorgesehen hatte. Abram zieht durch Kanaan, hält Zwiesprache mit Gott, errichtet Altäre und wird Zeuge der Vernichtung der Städte Sodom und Gomorrha. Als er stirbt – längst hat Gott ihm den Namen Abraham verliehen –, ist die göttliche Verheißung noch lange nicht erfüllt: Isaak, der einzige legitime Sohn Abrahams, zieht wie sein Vater als Fremder durch das Land Kanaan, das erst seine Nachkommen in Besitz nehmen werden.

Mit Isaaks Sohn Jakob, dem Gott den Namen Israel verliehen hat, setzt eine kräftige Vermehrung von Abrahams Nachkommen ein, denn Jakob zeugt zwölf Söhne, die ihrerseits Familien gründen und Kinder zeugen. Diese Großfamilie zählt siebzig Köpfe, als Jakob-Israel im Alter von 130 Jahren vor einer allgemeinen Hungersnot nach Ägypten ausweicht. Dorthin hat ihn aber sein Sohn Joseph gerufen, der die nächst hohe Stellung neben dem Pharao innehat. Generationen später verlassen die zum zahlreichen Volk gewordenen Kinder Israel Ägypten unter der Führung von Moses, um im Sinne von Gottes Verheißung an Abraham das Land Kanaan endlich in Besitz zu nehmen.

Aber wenn die Erzählungen über die Erzväter nicht historisch sind, dann ist auch ihre Fortsetzung vom Aufenthalt der Kinder Israel in Ägypten und vom Verlassen des Landes unter der Führung von Moses erdichtet.

Kontroverse über die Vorväter der Israeliten

Was soll man von der Geschichtlichkeit der frommen Erzväter in der 10. bis 12. Generation nach der Sintflut halten? Existieren die Erzväter auch nur kraft der Erfindungsgabe des Jahwisten, des ältesten biblischen Schriftstellers? Dem Bibelkritiker Julius Wellhausen zufolge stammen die Geschichten der Erzväter aus sehr späten Zeiten. Die biblischen Schriftsteller schrieben aus der Sicht ihrer eigenen Epoche. Sie waren über die uralten Zeiten, in denen die Erzväter gelebt haben sollen, nicht informiert. Wellhausens Auffassung setzte sich beinahe unangefochten bis in die ersten Jahrzehnte des 20. Jahrhunderts durch.

Doch um 1950 widerlegten deutsche und amerikanische Bibelwissenschaftler seine Ansicht. Wortführer der fundamentalistischen amerikanischen Schule war der Protestant William Foxwell Albright. Er verkündete, dass zwar bis vor kurzem erstrangige Wissenschaftler die Erzählungen über die Erzväter als eine Erfindung aus der Zeit nach David und Salomo betrachtet hätten, aber die seit dem Ende des Ersten Weltkriegs gemachten archäologischen Entdeckungen hätten alles verändert und allgemein von der Geschichtlichkeit der biblischen Erzväter-Überlieferung überzeugt.

Albright dachte sowohl an die Ausgrabungen in Palästina als auch an alle Funde in den Städten des Alten Orients: Ur, Babylon, Nuzi, Mari, Alalach, Ugarit und Hattuscha. Die Tontafel-Archive dieser Städte machten die Archäologen mit den Gesetzen und privaten Rechts- und Handelsgeschäften der alten Stadtbewohner vertraut. Insbesondere die protestantischen amerikanischen Archäologen befleißigten sich, die biblischen Geschichten über die Erzväter aufgrund der Tontafeltexte zu deuten. Zuversichtlich glaubten sie, die Historizität der biblischen Patriarchen-Geschichten beweisen zu können.

George Ernest Wright, ein führender Mann der Albright-Schule, gab in seinem in den 1950er Jahren erschienenen Buch Biblical Archaeology zu, man könne wahrscheinlich nie beweisen, dass Abraham wirklich gelebt, dieses oder jenes getan

oder gesagt habe, man könne hingegen als archäologisch bewiesen ansehen, dass die biblische Schilderung von Abrahams
Lebensumständen nur in das frühe 2. Jahrtausend v. Chr. passe,
nicht aber in eine spätere Epoche. Diesen Beweis bezeichnete
Wright als den bedeutendsten Beitrag der Archäologie zur Bi-
belwissenschaft.

In der Tat sollten die Erzväter nach den Angaben der Bibel
um 2000 v. Chr. gelebt haben. Das Alte Testament spart nicht
mit Angaben zum Lebensalter der Erzväter, gibt auch an, wie
viele Jahre die Kinder Israel in Ägypten wohnten, wie lange
Moses lebte und anderes mehr – Angaben, die James Ussher,
ein englischer Kirchenmann und Politiker des 17. Jahrhunderts,
in ein System brachte, das im angelsächsisch-protestantischen
Bereich heute noch als gültig anerkannt wird. Nach Usshers
Rechnung wäre Abraham im Jahr 1921 v. Chr. aus der Stadt
Charan nach Kanaan aufgebrochen.

Im Anschluss an Ussher wollten auch Albright und seine
Schüler die Erzväter ins frühe zweite Jahrtausend v. Chr. datieren. Auf diese Datierung kommt man aber nur, wenn man wie
Ussher den biblischen Angaben Glauben schenkt, dass Abraham 175 Jahre alt geworden sei, seinen Sohn Isaak als Hun-
dertjähriger gezeugt habe, ferner dass Isaak mit vierzig Jahren
heiratete und den Sohn Jakob-Israel zeugte, der seinerseits 147
Jahre lebte, während Isaak selbst 180 Jahre alt wurde.

Es ist unverständlich, wie sich die ernsthaften amerikanischen Wissenschaftler der Albright-Schule von der Märchenhaftigkeit der erzväterlichen Lebensalter täuschen lassen konnten. Ihr Einfluss reichte bis in die europäischen Universitäten,
beispielsweise nach Tübingen, wo der Amerikaner Thomas L.
Thompson in der von ihm Ende der 1960er Jahre eingereich-
ten Dissertation zu dem Ergebnis kam, dass die biblischen Erz-
väter-Erzählungen nicht historisch fundiert sind. Sein For-
schungsergebnis stieß auf heftigen Widerstand, der Doktortitel
wurde ihm verweigert, und lange Jahre wollte niemand sein
Buch drucken. 1975 ging Thompson wieder zurück in die
USA. Dort wurde ihm zwar die Doktorwürde verliehen, aber

die Kontroverse um sein Buch versperrte ihm den Zugang zum Lehrbetrieb an der Universität. Zehn Jahre lang verdiente er seinen Lebensunterhalt als Anstreicher (house-painter). Erst Anfang der 90er Jahre erhielt Thompson eine Professur am Institut für Biblische Exegese der Universität Kopenhagen.

Thompson war der erste jener archäologisch ausgerichteten Alttestamentler, unter deren Kritik das fundamentalistische Kartenhaus zusammenbrach, das Albright und seine Schüler errichtet hatten. Die schon im 19. Jahrhundert von Wellhausen vertretene Auffassung von der späten Entstehung der Geschichten über die Erzväter wurde erneut bestätigt: John van Seters zeigte 1975 in einem Buch über *Abraham in Geschichte und Tradition,* dass der Jahwist die ältesten biblischen Erzählungen über Abraham nicht vor der Babylonischen Gefangenschaft der Juden und somit nach 600 v. Chr. verfasst hat.

Abraham als Chaldäer

Nach dem hebräischen Bibeltext stammt Abraham aus der Stadt Ur in Chaldäa. Die griechische Bibelübersetzung nennt hingegen die Stadt Ur nicht und spricht lediglich vom »Land der Chaldäer«. Aber in beiden Fällen gilt Chaldäa als Abrahams Heimat, und über die Lage von Chaldäa im südlichen Mesopotamien gibt es keine Zweifel. Allerdings erhielt das südliche Mesopotamien diesen Namen erst seit der Einwanderung der Chaldäer im 10. Jahrhundert v. Chr. Ihrer Herkunft nach gehörten die Chaldäer zu aramäisch sprechenden Wanderhirten, die ihre Herden westlich vom Euphrat weideten, bis sie sesshaft wurden. Vor der Einwanderung der Chaldäer nach Südmesopotamien konnte niemand erzählen, dass Abraham aus Chaldäa stamme.

Die Bibel will aber glauben machen, Abraham habe um 2000 v. Chr. gelebt, als es weder ein Land Chaldäa noch Chaldäer gab. Es ist unwahrscheinlich, dass die Erfindung von Abrahams chaldäischer Heimat bis in die Zeit zurückgeht, als die

Chaldäer im Begriff waren, nach Südmesopotamien einzuwandern. Aber nachdem sich die neue geographische Bezeichnung »Chaldäa« eingebürgert hatte, konnte ein biblischer Erzähler sie jederzeit für seine Zwecke benutzen. Das Volk der Chaldäer verschwand im 6. Jahrhundert v. Chr., aber das »Land der Chaldäer« blieb auch in den folgenden Jahrhunderten ein geographischer Begriff.

Die biblischen Erzähler sind sich nicht einig darüber, ob Abraham allein aus Ur nach Charan wanderte. Es bleibt offen, ob es nicht vielmehr sein Vater Tharah war, der mit ihm zusammen Chaldäa verließ, um sich in Charan im nordwestlichen Mesopotamien an einem Nebenfluss des Euphrats niederzulassen. Jedenfalls begab sich Abraham von einer Stadt, in der Aramäisch gesprochen wurde, in eine andere Stadt mit derselben Sprache. Das Umland von Charan heißt in der Bibel »Aram des Oberen Euphrat«, und dementsprechend heißen die Verwandten Abrahams, die später in dieser Gegend lebten, »Aramäer«. Als Abraham hochbetagt war, schickte er den Großknecht seines Hauses aus Kanaan zu diesen aramäischen Verwandten in Charan, um eine Braut für seinen Sohn Isaak zu holen. Die Braut Rebekka und ihr Bruder Laban sind nach der Bibel sesshafte Stadtbewohner. Auch noch eine Generation später, als Isaaks Sohn Jakob nach Charan flieht, wohnt Laban in der Stadt, während seine Töchter vor der Stadt die Schafe weiden.(1. Moses 29,1)

Die geschichtlichen Aramäer haben aber nicht immer in den Städten des nordwestlichen Mesopotamien gewohnt, sondern wanderten erst im 11. und 10. Jahrhundert v. Chr. in die Länder am »oberen« und südlichen Euphrat ein. Aber genauso wie ein biblischer Erzähler nicht vor dem 10. Jahrhundert v. Chr. über eine aramäisch-chaldäische Heimat Abrahams am südlichen Euphrat berichten konnte, so war es vor dem 11. Jahrhundert v. Chr. nicht möglich, von sesshaften aramäischen Verwandten der Erzväter am »oberen« Euphrat zu sprechen.

»Aramäer«, d. h. eine Aramäisch sprechende Bevölkerung, gab es in Mesopotamien noch in der Römerzeit und sogar später;

noch heute leben in Syrien rund 18 000 Menschen, die Aramäisch sprechen. Wenn laut Bibel die Erzväter und ihre aramäischen Verwandten schon um 2000 v. Chr. in Chaldäa und am »oberen« Euphrat wohnten, dann ist das historisch falsch. Der Fehler ist wohl so zu erklären, dass der Jahwist als Erfinder dieser biblischen Geschichten im 1. Jahrtausend v. Chr. lebte und über die alten Zeiten nichts wusste. Daher schilderte er diese längst vergangene Zeit im Sinne seiner Gegenwart, als eine aramäisch sprechende Bevölkerung in Chaldäa und am »oberen« Euphrat wohnte. Da aber auch seine jüdischen Landsleute seit langem Aramäisch als Umgangssprache übernommen hatten, lag es für den Jahwisten nahe, die eigenen erdichteten Vorfahren als eingewanderte Aramäer zu beschreiben.

Vielleicht ließ sich der Jahwist von der gleichen Quelle wie sein Zeitgenosse Herodot anregen, der gleich zu Beginn seiner sieben Geschichtsbücher von der Herkunft der Phönizier erzählt, die vom Persischen Golf zur Mittelmeerküste gewandert sein sollen, wo sie heute noch angesiedelt sind.

Aber diese vermeintliche Einwanderung der Phönizier ist erfunden. In ähnlicher Weise fabuliert der Jahwist, dass die Vorfahren der Juden von der unfern des Persischen Golfs gelegenen Stadt Ur nach Kanaan wanderten. Hat der Jahwist die erfundene Sage über die phönizische Wanderung auf die von ihm erdichteten aramäischen Urväter der Juden übertragen?

Frauenraub beim Jahwisten und bei Herodot

Einige Zeit nach Abrams Wanderung von Charan nach Kanaan »kam aber eine Hungersnot in das Land«. Vor dieser Hungersnot wich Abram nach Ägypten aus und nahm selbstverständlich seine Frau Sarai mit. Als er sich Ägypten näherte, sprach er zu ihr folgende Worte: »Siehst du, ich weiß, dass du ein schönes Weib bist. Wenn dich nun die Ägypter sehen, werden sie sagen: ›Sie ist sein Weib‹, und werden mich totschlagen, dich aber werden sie am Leben lassen. Sag doch, du seist meine Schwester, damit es mir gut gehe um deinetwillen.« (1. Moses 12, 11–13)

Die Fürsten des Pharaos sahen Sarai und priesen ihre Schönheit gegenüber dem Pharao: »Da wurde das Weib in den Palast des Pharao geholt.« Ihretwegen behandelte der Pharao Abraham gut, »und es wurden ihm Schafe, Rinder und Esel, Knechte und Mägde, Eselinnen und Kamele zuteil« (1. Moses 12, 16). Danach aber schlug Gott den Pharao mit schweren Plagen, bis er herausfand, dass Saria Abrams Ehefrau war. Der Pharao rief Abraham zu sich und sprach zu ihm: »Was hast du mir da angetan! Warum hast du mir nicht gesagt, dass sie dein Weib ist? Warum hast du behauptet: sie ist meine Schwester, so dass ich sie mir zum Weibe nahm?« Der Pharao gab Abram seine Frau zurück und ließ ihn von seinen Leuten aus Ägypten geleiten, ohne ihm jedoch etwas von dem, was er ihm früher gegeben hatte, wegzunehmen, so dass Abraham reicher aus Ägypten zurückkam, als er dorthin gezogen war. (1. Moses 12, 18–20)

Bedenklich sind die Kamele, die Abram als Geschenk vom Pharao bekam. Archäologisch lassen sich in Ägypten Kamele als Haus- und Lasttiere erst seit dem 7. Jahrhundert v. Chr. nachweisen, in Kanaan dagegen schon ein halbes Jahrtausend früher. Anders als die heutigen Archäologen war der biblische Erzähler mit der Geschichte des Kamels als Nutztier nicht vertraut. Darum konnte er in aller Naivität über Kamele fabulieren, tausend und mehr Jahre, bevor es in Ägypten Kamele als Haus- und Lasttiere gab.

Mehr oder weniger die gleiche Geschichte wie die zwischen dem Pharao und Sarai wiederholt sich viele Jahre später im Lande Kanaan; in diesem Fall ist es Abimelech, der Stadtkönig von Gerar, der Sara zu sich holen lässt. Als Abimelech merkt, dass Sarai nicht die Schwester, sondern die Ehefrau Abrams ist, stellt er Abram zur Rede. Da bringt Abram als Entschuldigung vor: »Übrigens ist sie wirklich meine Schwester, die Tochter meines Vaters – nur nicht die Tochter meiner Mutter; aber sie wurde mein Weib.« (1. Moses 20, 12)

Die biblischen Erzähler hatten aber damit noch nicht genug

und erzählten die Geschichte ein drittes Mal, und zwar nun über Isaak und seine Frau Rebekka. Wie schon bei Abram und Sarai findet wiederum Abimelech, der König von Gerar, heraus, dass auch Rebekka und Isaak verheiratet sind. Noch bevor Abimelech Rebekka zu sich nahm, sah er »zum Fenster hinaus und sah, wie Isaak mit seinem Weibe Rebekka zärtlich war«. Isaak entschuldigt seine Lüge mit der Angst, vielleicht um seiner Frau willen sterben zu müssen. (1. Moses 26, 7–10)

Der biblische Erzähler hat sich doch eine merkwürdige Geschichte ausgedacht: Abram bewegt seine Frau zu einer Lüge, überlässt sie dann widerstandslos dem ägyptischen König und bereichert sich an den Geschenken des Pharaos. Waren es diese moralischen Verfehlungen des Erzvaters, die der biblische Erzähler mitteilen wollte oder ging es ihm um eine andere Botschaft? Vielleicht wollte, er jene Auffassung über den Frauenraub vermitteln, die Herodot in seinem Geschichtswerk vertritt: »Weiberraub treiben, sei zwar nicht recht, aber für den Raub ernstlich Rache zu nehmen, sei töricht; weise sei der, welcher den Raub ruhig geschehen ließe.«

Die Frauen der Erzväter – ihre angeblichen Adoptivschwestern

Dem Bibelwissenschaftler Ephraim Speiser zufolge spiegelten die Erzählungen über die Erzväter, die ihre Frauen als Schwestern ausgaben, eine Ehesitte der alten Hurriter wider, und er stützte seine These auf Tontafeln, die in der hurritischen Stadt Nuzi gefunden wurden. Speiser meinte, ein Hurriter habe seine Ehefrau als Schwester adoptieren können, wodurch die Frau einen Status erhielt, der über dem Status einer gewöhnlichen Ehefrau lag. Nach diesem Recht hätten auch die Erzväter ihre Ehefrauen als Schwestern adoptiert. Da die Nuzi-Dokumente nur aus dem 15. Jahrhundert v. Chr. bekannt sind, müssten die Erzväter in dieser Epoche gelebt haben. Völlig anders, und zwar offensichtlich richtig, ist die Erklärung von John van Seters, der beispielsweise folgende Urkunde anführt: »Dokument des Zikipa, Sohn von Ehel-Teschup, über die Schwester-Adoption. Er gab seine Schwester Hinzuri zur Schwester-Adoption an Hutarraphi mit 4 ammusni. Hutarraphi wird Hinzuri zur Ehe geben, wem er mag, und er wird sein Geld erhalten.«

Aus diesem Text geht deutlich hervor, dass Zikipa seine natürliche Schwester Hinzuri nicht dem Hutarraphi als zukünftigem Mann zur Ehe gibt. Vielmehr nimmt Hutarraphi die Schwester Zikipas als Adoptivschwester an und trägt damit die Verantwortung, das Mädchen eines Tages an einen Ehemann zu verheiraten. Weder ist Hutarraphi der künftige Ehemann seiner Adoptivschwester noch gilt der zukünftige Ehemann als Bruder des adoptierten Mädchens.

Es gab in Nuzi keine Sitte, derzufolge die Männer die Frauen, die sie heiraten wollten, als Schwestern adoptierten. Es kann auch keine Rede sein von einem begünstigten Rechtsstatus einer als Schwester adoptierten Frau. Was eine Frau durch eine Adoption gewann, war ein Beschützer, der sie eines Tages an einen Ehemann verheiraten sollte.

Es ist ein Irrtum zu meinen, die Erzväter hätten das Recht der Stadt Nuzi befolgt und zu der Zeit gelebt, als dieses Recht in Kraft war. Und selbst wenn es sich so verhalten hätte, wäre Speiser noch immer die Erklärung schuldig geblieben, wie die nach Kanaan ausgewanderten Erzväter dazu kamen, sich an das Recht der östlich vom Tigris, über 900 Kilometer von Kanaan entfernt liegenden hurritischen Provinzstadt Nuzi zu halten. Keiner der in Nuzi aufgefundenen Texte verbürgt die Geschichtlichkeit der Erzväter.

Die Nebenfrauen der Erzväter

Da Abrams Frau Sarai keine Kinder bekam, übergab sie Abraham ihre Sklavin Hagar, um dann die Kinder der Sklavin als ihre eigenen zu beanspruchen. In der übernächsten Generation handelten die beiden Frauen von Abrams Enkel Jakob in gleicher Weise. Nachdem Rachel, eine von Jakobs Frauen, lange kinderlos geblieben war, übergab sie Jakob ihre Magd Bilha, um die Nachkommenschaft zu sichern. Und als Lea, Jakobs zweite Frau, schon Söhne hatte, aber nicht mehr schwanger wurde, da gab sie Jakob ihre Magd Zilpa, um die Zahl der ihr gehörenden Kinder zu mehren. (1. Moses 29, 16–35 und 2. Moses 30. 1–13)

Während daraus für Jakobs Frauen keine Schwierigkeiten mit ihren Mägden erwachsen, achtet Hagar ihre Herrin Sarai gering, als sie von Abraham schwanger wird. Hagar flieht vor Sarai, die sie demütigen will, kehrt aber wieder zurück, nachdem ein Engel sie dazu auffordert. (1. Moses 16, 1–15)

Speiser hat diese besonderen Familienverhältnisse der Erzväter aus einem fremden Gesetz erklärt, und zwar indem er sich auf einen Paragraphen im Gesetzeskodex des Hammurapi aus der altbabylonischen Zeit um 1600 v. Chr. berief. Dort heißt es in § 146: »Wenn ein Mann eine Priesterin geheiratet hat, und sie ihm ein Sklavenmädchen gegeben hat, und sie ihm Söhne gebiert – wenn hernach das Sklavenmädchen versucht sich ihrer Herrin gleichzumachen, weil sie Söhne geboren hat, dann soll ihre Herrin sie nicht verkaufen; sie kann ihr das Zeichen eines Sklaven geben und kann sie zu ihren Sklavenmädchen zählen.«

Solange nur dieser altbabylonische Gesetzesparagraph bekannt war, konnte man darin eine rechtliche Situation wiedererkennen, wie sie bei Sarai und Hagar vorlag. Aber es gibt altbabylonische Eheverträge, die das Verständnis von § 146 in Hammurapis Gesetzeskodex erleichtern, der eine besondere Kategorie von Frauen betrifft: Priesterinnen durften in Altbabylonien zwar heiraten, es war ihnen aber untersagt, leibliche Kinder zu haben. Allerdings konnte eine Priesterin ihrem Mann ein Sklavenmädchen übergeben und Kinder aus dieser Verbindung als ihre eigenen Kinder beanspruchen, ohne dadurch das für sie geltende Verbot leiblicher Kinder zu verletzen. Wie die altbabylonischen Eheverträge verdeutlichen, war diese Rechtspraxis auf Priesterinnen beschränkt, die von Gesetz wegen keine leiblichen Kinder haben durften. Die Familienverhältnisse der Erzväter lassen sich also nicht aus § 146 in Hammurapis Gesetzeskodex erklären, und damit ist die von Speiser auf Mitte des 2. Jahrtausends v. Chr. angesetzte Datierung der Erzväter null und nichtig.

Was die Bibel über die Kinderwünsche der Gemahlinnen der Erzväter und über deren Erfüllung erzählt, ist auch von altorientalischen Frauen aus dem 1. Jahrtausend v. Chr. bekannt. Aus der assyrischen Stadt Nimrud stammt ein Ehevertrag, der um 650 v. Chr. aufgezeichnet wurde und der eine enge Parallele zur Sarai-Hagar-Erzählung bietet. Laut Vertrag kann der Ehemann ein Sklavenmädchen nehmen, wenn die Ehefrau keine Kinder bekommt. Die Ehefrau wird ihre Aussteuer für die zu erwartenden Kinder hinterlegen, die legitime Kinder der Ehefrau werden; die Ehefrau wird im Vertrag davor gewarnt, das Sklavenmädchen ungebührlich zu behandeln.

Ähnlich wie in den biblischen Erzählungen steht das Interesse der Ehefrau im Vordergrund, da die Kinder als die ihrigen angesehen werden sollen. Die Warnung vor ungebührlicher Behandlung des Sklavenmädchens erinnert an Sarais Haltung gegenüber Hagar. Da es diese familienrechtlichen Verhältnisse bereits im 1. Jahrtausend v. Chr. im Alten Orient gab, ist es nicht zwingend, die Geschichten über die Erzväter und ihre Nebenfrauen in die altbabylonische Zeit um 1600 v. Chr. zu datieren.

Iphigenies Opferung als Vorbild für Isaaks Opferung?

Im Alter von neunzig Jahren bekommt Sara schließlich doch noch einen Sohn, Isaak, als Abraham hundert Jahre alt ist (1. Moses 21, 1–8). Nach einiger Zeit stellt Gott Abram auf eine unmenschliche Probe und befiehlt ihm, diesen Sohn als Brandopfer darzubringen. Abraham gehorcht, aber als Isaak gefesselt auf dem Altar liegt und Abraham das Messer nimmt, um seinen Sohn zu schlachten, ruft ihn der Engel Jahwes vom Himmel und gebietet ihm Einhalt. Als Abraham sich umblickt, sieht er, dass ein Widder sich hinter ihm mit seinen Hörnern im Gestrüpp verfangen hat. Er geht hin, nimmt den Widder und bringt ihn statt seines Sohnes als Brandopfer dar. (1. Moses 22, 1–19)

Diese Geschichte ist erfunden, um die Frömmigkeit und Gottesfurcht Abrahams an einem nicht zu übertreffenden Beispiel zu illustrieren. Hat der biblische Erzähler sie ohne fremde Anregung erfunden? Einer griechischen Sage zufolge lag die Flotte der Achäer in Aulis vor Anker und konnte nicht nach Troja in See stechen, weil widrige Sturmwinde aus nördlicher Richtung bliesen. Diese Sturmwinde schickte Artemis, die Schutzgöttin von Troja. Um Artemis zu besänftigen, musste Agamemnon, der Heerführer der Griechen, seine Tochter Iphigenie opfern.

Euripides greift in *Iphigenie in Aulis* dieses Thema auf und schildert, dass Agamemnon seine Tochter unter dem Vorwand, sie mit Achill zu vermählen, ins griechische Lager holen lässt. Achill will die Todgeweihte retten, doch bringt ihr freiwilliger Entschluss, sich zu opfern, die Lösung des dramatischen Knotens. Im allerletzten Moment jedoch, schon bei der Opferhandlung, entrückt die Göttin Athene das Mädchen ins ferne Tauris und ersetzt das menschliche Opfer durch eine Hirschkuh – ähnlich wie sich ein Widder findet, der anstelle von Isaak den Opfertod erleidet.

Es ist möglich, dass der biblische Erzähler bei der Bewahrung Isaaks vor dem Opfertod ein griechisches Sagenmotiv aufgegriffen hat. Die Erzählung von der Opferung Isaaks hat eine moralisch-theologische Bedeutung und kann auf keinen Fall als historisches Ereignis angesehen werden.

Der Kriegszug der vier Könige aus dem Osten

Als Abraham die Stadt Charan verließ, um in ein Land zu ziehen, das Gott ihm und seinen Nachkommen geben wollte, zog auch Lot, der Sohn seines Bruders, mit ihm. In Kanaan gab es aber immer Streit über das Vieh zwischen Abrahams und Lots Hirten. Denn wie der biblische Erzähler mitteilt, hatte Lot »auch Schafe und Rinder und Zelte. Und das Land trug es nicht, dass sie beisammen blieben; denn ihre Habe war zu groß, als dass sie hätten beisammen bleiben können«. Abraham schlug dem Sohn seines Bruders vor, sich zu trennen, und wollte Lot die Wahl überlassen: »Willst du nach links, so gehe ich nach rechts, und willst du nach rechts, so gehe ich nach links.«

Lot wählte sich die bewässerte Gegend am Jordan, denn »bevor Jahwe Sodom und Gomorrha zerstörte, war sie wasserreich«. Lot ließ sich in der Stadt Sodom nieder. Diese Wahl sollte sich in der Folge als ungünstig herausstellen, wie der Erzähler andeutet, wenn er schon an dieser Stelle warnend bemerkt, »die Leute zu Sodom aber waren bös und arge Sünder vor Jahwe«. (1. Moses 13, 13)

Aber noch bevor Gott Jahwe die Einwohner von Sodom und Gomorrha ihrer Bosheit wegen vernichtete, fiel Lot in die Hände einer aus Mesopotamien eingedrungenen Kriegsmacht, wurde aber von Abraham befreit (vgl. 1. Moses 14, 1–24). Lange hegten die Fundamentalisten die größten Hoffnungen, die historische Zeit Abrahams aufgrund dieser Erzählung bestimmen zu können. Heißt es doch an dieser Stelle, dass König Kedor-Laomor von Elam und seine Verbündeten – König Amraphel von Sinear, König Arioch von Ellasar und Tideal, König der Völker – militärisch über Kanaan herfielen.

Mit Kedor-Laomors Reich »Elam« sollte Elam am Persischen Golf gemeint sein. Die elamitische Königsliste nennt tatsächlich im frühen 2. Jahrtausend v. Chr. einen König namens Kudur, was den ersten Teil des Namens von Kedor-Laomor erklären könnte, aber von einem König Kedor-Laomor ist nichts bekannt.

Mit »Sinear«, dem Reich des Amraphel, ist im Alten Testament sonst Babylonien gemeint. Darum schien es im späten 19. Jahrhundert nicht abwegig, hinter König Amraphel von Sinear den König Hammurapi von Babylon zu vermuten. Im 20. Jahrhundert hat Albright festgestellt, dass es philologisch nicht möglich ist, den Namen Amraphel aus Hammurapi zu erklären. Stattdessen wollte er in dem babylonischen Namen Emudpal die Vorlage für Amraphel sehen. Allerdings gab es zwar den Namen Emudpal, doch keinen König dieses Namens.

Im Namen von König Tideal hat man den hethitischen Königsnamen Tudchalia wiederzuerkennen versucht, aber die Bezeichnung von Tideal als »König der Völker (oder Heiden)« passt auf keinen hethitischen König. Überdies ist die Vorstellung eines Bündnisses zwischen Hethitern, Elamitern und Babyloniern märchenhaft.

Einen nicht-königlichen Namensvetter von Arioch, dem dritten Bundesgenossen, glaubte man in den Texten aus Mari gefunden zu haben, einer Stadt am mittleren Euphrat, die Hammurapi zerstört hatte. Aber in Mari nützt Arioch als Name eines Privatmannes nicht für die Erklärung der Erzählung vom Krieg der Könige, denn die Bibel kennt Arioch als König von Ellasar. Mit Ellasar ist die Stadt Larsa in Südmesopotamien gemeint, aus der man jedoch keinen König namens Arioch kennt.

Eifrig suchten die Fundamentalisten in den ältesten orientalischen Texten nach Spuren der Könige aus dem Osten und vergaßen fast darüber, in der Bibel selbst nach Vorlagen für die Namen dieser Könige zu suchen. Im Buch Daniel ist beispielsweise von einem Mann namens Arioch die Rede, der ein Beamter des Königs Nebukadnezar von Babylon war. (Daniel 2, 14) Aber dieser Arioch dürfte genauso erfunden sein wie das Märchen über die Erlebnisse Daniels am Hofe Nebukadnezars. Vermutlich wegen der Märchenhaftigkeit des Buches Daniel wollten die Fundamentalisten von Arioch, Nebukadnezars Beamten, nichts wissen. Hinzu kam die späte Entstehungszeit des Buches Daniel im 2. Jahrhundert v. Chr., die den Anschein erweckt hätte, als ob auch das biblische Kapitel über den »Krieg der Könige« aus dieser späten Zeit stamme. In der Tat haben nicht wenige Bibelexegeten dieses Kapitel als Midrasch, d. h. als späte, frei erfundene Ergänzung der Bibel verstanden.

Darüber hinaus erwähnt die Bibel noch einen anderen Arioch, und zwar in der Einleitung zum Buch Judith, das ebenfalls aus dem 2. Jahrhundert v. Chr. stammt: Nebukadnezar, König der Assyrer, herrscht in Ninive und befehdet sich mit Arphaxad, dem König der Meder. Die Völker, die an den Flüssen Euphrat, Tigris und Hydaspes wohnen, und Arioch, der König der Elamiter, helfen, Nebukadnezar den Arphaxad zu schlagen. Diese Einleitung des Buches Judith ähnelt der Erzählung über Abraham und den Krieg der Könige. Ließ sich der Urheber des »Kriegs der Könige« von der Einleitung des Buches Judith anregen oder verhält es sich genau umgekehrt? Der »Krieg der Könige« ist auf jeden Fall ein sehr junger Zusatz zu den Abrahams-Erzählungen.

Die fiktiven kanaanäischen Gegner der Könige aus dem Osten

Den vier Angreifern aus Mesopotamien sollen sich in Kanaan fünf einheimische Könige entgegengestellt haben, und zwar die Könige der Städte Sodom, Gomorrha, Adama, Zeboim und »Bela, das Zoar heißt«. Den Namen Zoar hat der fragliche Ort erst nach dem »Krieg der Könige« bekommen: Lot gab der Stadt diesen Namen, als Gott Sodom und Gomorrha zerstörte. Um den späteren Namen nicht schon in der Geschichte vom »Krieg der Könige« zu verwenden, hat sich der biblische Erzähler einen Ersatznamen ausgedacht, allerdings einen schlechten, denn »Bela« bedeutet »zerstört« oder »verschlungen«, was als Stadtname keinen Sinn macht. Seit langem haben die Alttestamentler darauf verwiesen, dass auch die Verbündeten des Königs von »Bela« erfundene Namen tragen: »Bera«, der Name des Königs von Sodom, bedeutet »in Schlechtem«, und »Birscha«, der Name des Königs von Gomorrha, bedeutet »in Ungerechtigkeit«. Der Erfinder dieser Namen kennt also das spätere Schicksal der verderbten Städte Sodom und Gomorrha und hat sich Namen ausgedacht, die diesem schlechten Ruf entsprechen.

Aber im Jordantal hat es nie eine Fünf-Städte-Region gegeben. Aus der Zeit nach 2000 v. Chr. gibt es hier überhaupt keine Ruinen, und aus der Zeit um 2000 v. Chr. sind die Überreste nomadischer Schutzhütten erhalten. Die Idee, dass eine mächtige Koalition aus Mesopotamien diese armseligen Nomadenplätze unterworfen habe, ist unsinnig. Im übrigen sind mesopotamische Heere nicht vor der Mitte des 8. Jahrhunderts v. Chr. in Palästina aufgetaucht.

Der biblische Erzähler aber berichtet, dass die Könige des Ostens die Könige von Sodom und Gomorrha in die Flucht schlagen und ihre Städte plündern. Die Sieger »nahmen die gesamte Habe von Sodom und Gomorrha und ihren gesamten Mundvorrat und zogen davon.« Auch Lot und seine Familie werden gefangen genommen. Ein aus Sodom Entronnener unterrichtet Abraham darüber, der sofort alle seine 318 Knechte wappnet und den Feinden nachjagt. Abraham fällt nachts über die Feinde her, »schlägt sie und jagt sie bis Choba, welches nördlich von Damaskus liegt«. Abraham gelingt es, die gesamte geraubte Habe aus Sodom und Gomorrha zurückzubringen und alle Gefangenen, d. h. Lot sowie »die Weiber und das (gefangene) Volk« zu befreien.

Als Abraham von diesem militärischen Unternehmen zurückkehrt, kommt ihm der König von Sodom entgegen. Aber bevor der Bibelleser erfährt, was der König will, heißt es: »Und Melchisedek, der König von Salem (Jerusalem), brachte Brot und Wein heraus; derselbe war ein Priester des Höchsten Gottes.« (1. Moses 14, 18) Melchisedek segnet Abraham und spricht: »Gesegnet werde Abraham vom ›Höchsten Gott‹, dem Schöpfer des Himmels und der Erde. Und gepriesen sei der ›höchste Gott‹, der deine Feinde in deine Hand gegeben hat.« Diesem König, der so schön zu sprechen wusste, soll Abraham im Allgemeinen den Zehnten von allem gegeben haben, d. h. er führte eine zehnprozentige Steuer an ihn ab.

Wie in der Forschung inzwischen allgemein anerkannt, ist die Melchisedek-Episode der Erzählung vom »Krieg der Könige« hinzugefügt worden: Die Schlussszene, in der Abraham dem König von Sodom seine Leute und die Habe zurückgibt, endet abrupt, ohne dass ein Grund für den Auftritt Melchisedeks genannt wird, der den Titel eines Priesters des ›Höchsten Gottes‹ führt. Dieser Titel ist für keinen anderen Priester im Alten Testament belegt. Es waren die Hohepriester von Jerusalem, die sich nach dem erfolgreichen Aufstand der Makkabäer nach 166 v. Chr. den Titel »Hohepriester des Höchsten Gottes« zulegten.

Ein halbes Jahrhundert nach dem Aufstand nimmt der Hohepriester Judas gegen den allgemeinen Widerstand der biblisch-fromm gesinnten Juden auch den Königstitel an. Judas, der auch den griechischen Namen Aristobulos führt, hat nur in den Jahren 104/103 v. Chr. regiert. Ist die biblische Notiz über Melchisedek, die für ein jerusalemitisches Königtum Propaganda macht, schon vor der Regierung von Judas-Aristobulos in die junge Erzählung vom »Krieg der Könige« eingefügt worden? Erst seit Judas-Aristobulos gab es in Salem (Jerusalem), einen Hohepriester des »Höchsten Gottes«, der gleichzeitig König war. Dieser König sorgte, wie bereits sein Vater Johannes Hyrkanos, der Hohepriester des »Höchsten Gottes«, für die Abgabe eines »Zehnten« an die Priester. Über diese Steuer ist vor der makkabäischen Zeit nichts bekannt; im Sinne der Bibel sind es aber die Leviten, eine Klasse niederer Priester und Kultdiener, und nicht die eigentlichen Priester, die den Zehnten erhalten sollen.

Angebliche Zerstörung von Sodom und Gomorrha

Als Lot in Sodom wohnt, macht sich Gott Jahwe in Begleitung von zwei Engeln auf den Weg, um Klarheit über die Sünden der Einwohner von Sodom und Gomorrha zu erhalten, denn ein entsprechendes Geschrei ist zu ihm bis in den Himmel gedrungen. Jahwe kommt mit den beiden Engeln zunächst nach Hebron, wo er Abraham aufsucht, der vor der Tür seiner Hütte sitzt, als der Tag am heißesten ist. Plötzlich stehen Jahwe und die beiden Engel in Gestalt von drei Männern vor ihm. Er spricht sie an und bittet sie, seine Gäste zu sein. Sie setzen sich unter einen Baum und essen; Abraham bleibt vor ihnen stehen.

Nach dem Mahl geleitet Abraham seine Gäste ein Stück des Weges nach Sodom. Unterwegs hört Abraham vom Entschluss Jahwes, die Städte Sodom und Gomorrha zu vernichten, falls sich bestätigt, was er über ihre Sünden gehört hat. Während die beiden Männer ihren Weg nach Sodom fortsetzen, bleibt Abraham vor Jahwe stehen und fragt: »Willst du denn auch die Schuldlosen wegraffen mit den Schuldigen?« Am Ende des Gesprächs verspricht Gott Abraham, die Stadt nicht zu verderben, wenn er zehn Gerechte darin findet. Aber es stellt sich heraus, dass es keinen einzigen gerechten Sodomiter gibt.

Lot, der selber Gast in Sodom ist, nimmt die beiden Engel gastfreundlich auf. Nach dem Essen kommen alle Bewohner der Stadt, »jung und alt, die ganze Bevölkerung bis auf den letzten Mann« und fordern Lot auf, ihnen die Männer herauszubringen, »damit wir ihnen beiwohnen«. Die Männer geben sich ihrem Gastgeber als Engel Jahwes zu erkennen, die gekommen sind, um die Stadt zu vernichten, und fordern Lot auf, mit ihnen die Stadt zu verlassen und alle mitzunehmen, die zu seiner Familie gehören. Lot spricht daraufhin auch mit den Verlobten seiner Töchter: »Auf! verlasst diesen Ort! Denn Jahwe will die Stadt verderben. Seinen Schwiegersöhnen aber kam es vor, er mache Scherz.« (1. Moses 18–19)

Als Lot und seine Familie in Sicherheit sind, lässt Jahwe Feuer und Schwefel vom Himmel auf Sodom und Gomorrha regnen, weswegen die ganze Gegend noch heute tot und lebensfeindlich ist. Das spielt sich aber nur in der Phantasie des biblischen Erzählers ab, denn die Geologen kennen keine Katastrophe, die sich in geschichtlicher Zeit am Toten Meer ereignet hat.

Abrahams Kauf eines Erbbegräbnisses in Hebron

Im Alter von 127 Jahren stirbt Sara in Hebron, und Abraham kauft von den Einwohnern der Stadt ein Erbgrab. Der biblische Erzähler gibt ausführlich Abrahams Gespräche vor dem Zustandekommen des Kaufs wieder. Zunächst machen die Einwohner von Hebron den Vorschlag, Abraham, der bei ihnen wohnende Fremde ohne Landbesitz, möge seine Frau in einem ihrer vornehmsten Gräber begraben. Angesichts dieser Großmut »erhob sich Abraham und verneigte sich vor den Leuten des Landes, den Hethitern«. Aber Abraham bittet Ephron, ihm eine Höhle zu verkaufen, die am »Ende seines Ackers« liegt. Ephron möchte Abraham die Höhle und das Grundstück als Geschenk überlassen, nimmt aber schließlich vierhundert Silberstücke als Kaufpreis für das Land und die Höhle sowie alle Bäume auf dem Grundstück. (1. Moses 23, 1–20)

Da Abraham hier einen Vertrag mit Hethitern geschlossen haben soll, verfiel Manfred R. Lehmann in den frühen 50er Jahren auf den Gedanken, die umständlichen Verhandlungen, die zum Kauf führten, aus hethitischen Rechtsverhältnissen zu erklären. Nach den Paragraphen 46 und 47 des hethitischen Gesetzes gehen Dienstverpflichtungen gegenüber dem König, die sich an den Besitz von einem Stück Land knüpfen, nur dann auf einen Käufer über, wenn der bisherige Besitzer sein gesamtes Hab und Gut verkauft.

Lehmann vermutete, dass Abraham die an Ephrons Grundstück geknüpften Verpflichtungen vermeiden wollte und darum nur am Kauf der Höhle interessiert war. Da Ephron auf diesen Handel nicht einging, war Abram gezwungen, auch das

Grundstück zu kaufen und damit Ephrons Dienstverpflichtungen zu übernehmen.

Die Albright-Schule hat Lehmanns Deutung begrüßt, ohne sich Gedanken darüber zu machen, was Hethiter und hethitische Gesetze in Hebron zu suchen hatten. Denn das reale Hethiterreich lag ursprünglich in Kleinasien und dehnte sich erst seit den letzten Jahren von Pharao Echnaton bis ins nördliche Syrien aus. Kurz nach 1200 v. Chr ging das hethitische Kernreich in Kleinasien zugrunde, aber hethitische Nachfolgestaaten existierten noch für ein halbes Jahrtausend in Nordsyrien. Die Erinnerung an diese Neu-Hethiter hielt sich in Syrien-Palästina bis in die Zeit nach der Babylonischen Gefangenschaft der Juden. Allerdings scheinen die biblischen Erzähler wenig mehr als den Namen »Hethiter« gekannt zu haben, denn sie glaubten, dass die »Hethiter« in grauer Vorzeit auch in Kanaan, beispielsweise in Hebron, gewohnt hätten.

Zu keiner Zeit kommt in Hebron ein Vertrag nach hethitischem Recht in Frage. Es ist jedoch möglich, dass der biblische Erzähler, der im 1. Jahrtausend v. Chr. lebte, bei der Beschreibung von Abrahams Kauf eines Grundstücks und einer Höhle in Hebron an den Abschluss eines zu seiner Zeit üblichen Kaufvertrags gedacht hat. Aus dem 1. Jahrtausend v. Chr. sind Vertragsdokumente überliefert, die als »Zwiegesprächsurkunden« bekannt sind und in wörtlicher Rede das Kauf- oder Verkaufsangebot einer Partei wiedergeben. Die andere Partei stimmt zu, und der Käufer bezahlt den Preis in Silber. Die Urkunden weisen die Beschreibung des Kaufgegenstands, Zahlungsbestätigung, die Namen der Zeugen und das Datum auf.

Nach Form und Wortwahl passen diese Urkunden gut zur biblischen Erzählung von Abrahams Höhlenkauf in Hebron. Auch wenn der biblische Erzähler vielleicht an einen solchen Rechtshandel gedacht hat, ist Lehmanns Annahme widersinnig, die Einwohner der in Südpalästina liegenden Stadt Hebron hätten sich zu Abrahams Zeit nach Gesetzen gerichtet, die im 2. Jahrtausend v. Chr. für die Hethiter in Kleinasien galten.

Der archäologische Mummenschanz der Albright-Schule

ist am Leser vorbeigezogen. Wie bereits Julius Wellhausen festgestellt hatte, dessen Lehre von den Fundamentalisten verworfen wurde, stammen die Geschichten der Erzväter von späteren Schriftstellern, die aus der theologischen und geschichtlichen Sicht ihrer eigenen Zeit schrieben und sich in der Zeit, in der die Erzväter gelebt haben sollen, nicht auskannten. Die unterhaltsamen Geschichten über ihre Frauen, Nebenfrauen und Kinder bereiten den Aufenthalt der Israeliten in Ägypten vor. Wenn aber die biblischen Erzählungen über die Einwanderung und den Aufenthalt der Israeliten in Ägypten genauso erfunden sind wie die Wanderungen der Erzväter, ist es müßig, sich darüber Gedanken zu machen, ob ein ägyptischer Mann namens Moses die Kinder Israel aus Ägypten herausgeführt hat.

Die historische Unzuverlässigkeit der Josephsgeschichte

Joseph, der Träumer

Die Bibel berichtet, dass die Vorfahren der Israeliten zur Zeit des Erzvaters Jakob aus Kanaan nach Ägypten wanderten, wo sie viele Jahre lebten, bis Moses eine spätere Generation nach Kanaan zurückführte. Laut biblischer Erzählung kam die Einwanderung nach Ägypten dadurch zustande, dass Joseph, ein Sohn Jakobs, zum zweiten Mann neben dem Pharao aufstieg und seine Sippe zu sich nach Ägypten holte. Laut Donald B. Redford, dem scharfen Kritiker von Pharao Echnatons Ideologie, handelt es sich bei der Schilderung von Josephs Schicksal um eine zwischen 650 und 425 v. Chr. entstandene romanhafte Dichtung, die keinen Wert als Geschichtsquelle hat.

Die Handlung steht von Anfang an fest, denn Joseph träumt gleich zu Beginn zwei Träume, aus denen die Erzählung entwickelt wird. Über den ersten Traum berichtet Joseph seinen Brüdern: »Hört einmal, was für einen Traum ich gehabt habe! Wir waren beschäftigt, draußen auf dem Felde Garben zu binden. Da richtete sich meine Garbe auf und blieb stehen; eure Garben aber stellten sich rings herum und warfen sich vor meiner Garbe nieder.« Joseph selbst, der Jahre später sein Glück als Traumdeuter macht, scheint die Bedeutung seines Traums nicht zu verstehen, seine Brüder aber verstehen den Traum nur zu gut und sagen zu ihm: »Willst du etwa gar König über uns werden oder über uns herrschen?« (1. Moses 37, 6–8)

Joseph erzählt dann seinen Brüdern einen weiteren Traum: »Hört, ich habe noch einen Traum gehabt! Da war die Sonne und der Mond und elf Sterne, die warfen sich vor mir nieder.« Auch dieser Traum trägt nicht dazu bei, Joseph bei seinen Brüdern beliebt zu machen. Als der Vater ihn einmal zu seinen Brüdern schickt, um sich zu erkundigen, wie es ihnen und ihren Herden geht, verüben sie einen Anschlag auf sein Leben.

Als sie ihn von ferne kommen sehen, sagen sie zueinander: »Da kommt ja der Träumer her. Und nun auf, wir wollen ihn totschlagen und in die erste beste Zisterne werfen und dann sagen, ein reißendes Tier habe ihn gefressen; dann wollen wir sehen, was aus seinen Träumen wird.« Die Brüder bringen Joseph zwar nicht um, verkaufen ihn aber als Sklaven nach Ägypten. Um ihr Verbrechen zu verheimlichen, belügen sie ihren alten Vater. (1. Moses 37, 9–36)

An dieser Stelle würde man, wie Redford richtig bemerkt, fünf Entwicklungen für die Zukunft erwarten: 1. Josephs Erhöhung; 2. die Abhängigkeit der Brüder von Joseph; 3. die Vergeltung für das Verbrechen der Brüder; 4. das Aufdecken der Identität Josephs; 5. die Ehrerweisung Jakobs seinem Sohn Joseph gegenüber. Der innere Zusammenhang der Geschichte lässt auf einen einzigen hochtalentierten Verfasser schließen, der seine Erzählung wohlüberlegt aufgebaut hat.

Midianiter oder Ismaeliter verkaufen Joseph nach Ägypten

Aber wie in den meisten anderen biblischen Erzählungen haben auch hier noch weitere Autoren mitgewirkt. Dies geht beispielsweise aus der unklaren Schilderung von Josephs Rettung hervor: Die Brüder sehen Joseph von fern kommen und beratschlagen seine Ermordung. Da greift Ruben, der älteste Bruder, ein und schlägt vor, Joseph in eine leere Zisterne in der Wüste zu werfen. Offensichtlich war es Rubens Absicht, Joseph vor seinen Brüdern und später auch aus der Zisterne zu retten. Während Joseph in der Zisterne liegt, kommt ein anderer Bruder, Juda, auf die Idee, Joseph an eine herannahende Karawane von Ismaelitern zu verkaufen. Die Brüder gehen auf seinen Vorschlag ein, »es kamen aber midianitische Händler vorüber; die zogen Joseph heraus aus der Grube und verkauften Joseph an die Ismaeliter um zwanzig Silberstücke«. Als Ruben zur Zisterne zurückkommt, ist Joseph nicht mehr dort. Da zerreißt er sein Gewand: »Der Knabe ist verschwunden! Wo soll ich nun hin!« (1. Moses 37, 29 – 30)

Nach Redfords Meinung sind es aber nicht die Brüder, die Joseph aus der Zisterne ziehen und an die Ismaeliter verkaufen. Denn während Juda spricht, sieht man die Ismaeliter in der Ferne; später aber ist die Rede von vorbeiziehenden Midianitern, die Joseph aus der Zisterne herausziehen und an die Ismaeliter verkaufen; am Schluss sind es wieder Midianiter, die Joseph in Ägypten verkaufen. Da die Midianiter keine Ismaeliter sind, nimmt Redford an, die Originalfassung habe etwa gelautet: Ruben überredet seine Brüder, Joseph in die Zisterne zu werfen, aber bevor Ruben Joseph heimlich retten kann, ziehen Midianiter ihn aus der Zisterne, bringen ihn nach Ägypten und verkaufen ihn dort.

Der biblische Erzähler, der die ismaelitischen Handelsleute in den Text eingeführt hat, hat Redford zufolge einen Fehler begangen. Ismael, der Stammvater der Ismaeliter, ist in der Bibel ein Sohn von Abraham und Hagar, einer ägyptischen Magd von Abrahams Frau Sarai und gehört demnach zur selben Generation wie Josephs Großvater Isaak. Darum kann es nicht sein, dass seine Nachfahren bereits zur Zeit von Joseph ein zahlreiches Volk bilden.

Auch die Handelsware der Ismaeliter ist nicht zeitgemäß: Würze (Nekot), Balsam (Seri) und Myrrhe (Lot). Die Ausfuhr von Gewürzen und Aromen aus Palästina-Transjordanien ist vor allem aus der Zeit nach Alexander dem Großen bezeugt. Aber die Propheten Jeremia und Hesekiel erwähnen den Handel mit Seri-Balsam aus Gilead schon im 6. Jahrhundert v. Chr. Es ist jedoch fraglich, ob die unter den Namen dieser Propheten bekannten Schriften tatsächlich aus dem 6. Jahrhundert v. Chr. oder vielleicht doch eher aus dem 4. Jahrhundert v. Chr. stammen. Jedenfalls gibt es keine Belege für den aus Gilead kommenden Handel mit Seri-Balsam vor der Mitte des 1. Jahrtausends v. Chr., und dementsprechend kann die Josephsgeschichte kaum älter sein.

Joseph im Gefängnis

Luthers Bibelübersetzung zufolge war es der Ägypter Potiphar, ein Kämmerer und Hauptmann des Pharao, der den Joseph kaufte. Anstelle von Luthers »Kämmerer« steht im hebräischen Text das Wort »Saris«, das Eunuch bedeutet. Von Eunuchen im Dienste der Pharaonen ist aus ägyptischen Quellen nichts bekannt. Zwar ließen auch die Pharaonen ihre Haremsfrauen bewachen, doch nicht von kastrierten Männern. Die Akten über die Haremsverschwörung unter Ramses III. enthalten auch die Namen von Haremsaufsehern. Anscheinend waren es aber die Ehefrauen dieser verheirateten Männer, denen die Bewachung der Ein- und Ausgänge des Harems oblag. Auch Potiphar hatte eine Ehefrau, die den keuschen Joseph vergeblich zu verführen suchte.

Vermutlich ist mit »Saris« nicht wörtlich »Eunuch«, sondern im übertragenen Sinn ein »königlicher Vertrauensmann« gemeint. »Saris« ist ein Lehnwort aus dem Assyrischen, das auch in anderen altorientalischen Sprachen vorkommt, nicht nur im Hebräischen. In Ägypten hatten die persischen Eroberer den Beamtentitel »Saris« eingeführt. Wenn der Verfasser der Josephs-Erzählung meinte, der Ägypter Potiphar habe die Amtsbezeichnung »Saris« getragen, kann er die Erzählung frühestens um 500 v. Chr. geschrieben haben, denn die Perser eroberten Ägypten erst 525 v. Chr.

Unschuldig wird Joseph ins Gefängnis geworfen, aber dort erkennt der Amtmann des Pharao seine Tüchtigkeit und macht ihn zu seinem Stellvertreter. Joseph deutet die Träume von zwei anderen Gefangenen, vom Mundschenk und vom Bäcker des Pharaos. Den Traum des Bäckers legt Joseph ohne Umschweife aus: »Und nach drei Tagen wird dich der Pharao vorladen und dich an den Galgen hängen, und die Vögel werden dein Fleisch von dir essen.« (1. Moses 40, 19)

Den Traum des Mundschenken erklärt Joseph in angenehmer Weise: »Das ist seine Deutung: Drei Reben sind drei Tage. Über drei Tage wird Pharao dein Haupt erheben und dich wieder an dein Amt stellen, dass du ihm den Becher in die Hand gebest.« (1. Moses 40, 12–14) Über seinen Traum hatte der Mundschenk berichtet: »Mir war's im Traum, als stehe ein Weinstock. An diesem Weinstock waren drei Ranken und er war im Triebe: die Blüte ging auf, seine Trauben bekamen reife Beeren. Ich aber hatte den Becher des Pharao in der Hand; und ich nahm die Trauben, drückte sie aus in den Becher des Pharao und gab sodann dem Pharao den Becher in die Hand.« (1. Moses 40, 9–11)

Für einen Ägypter ist es ein ausgefallener Traum, denn Weintrauben zerdrückte man in der Regel nicht mit der Hand, sondern man zerstampfte sie mit den Füßen oder presste sie in einer Sackpresse und ließ den Saft anschließend gären. Einem älteren Wörterbuch zur Bibel entnahm Redford, dass in ägyptischen Tempelinschriften aus der griechischen Zeit ein von Königen beliebtes Getränk aus unvergorenen, in der Hand gepressten und mit Wasser vermischten Trauben erwähnt wird. Aufgrund dieses Rezeptes muss man also die Josephsgeschichte in die zweite Hälfte des 1. Jahrtausends v. Chr. datieren.

Die Geburtstagsfeier des Pharao

Josephs Deutung der Träume erfüllt sich, denn nach drei Tagen feiert der Pharao seinen Geburtstag und veranstaltet ein Festmahl für alle seine Hofleute. An diesem Tag verfährt er mit dem Obermundschenk und mit dem Oberbäcker, wie Joseph vorausgesagt hatte. So berichtet zwar die Bibel, aber die alten Ägypter feierten keine Geburtstage, auch nicht die der Könige. Im Alten Orient waren es zuerst die Perserkönige, die ihre Geburtstage feierten, und zwar mit so großem Pomp, dass diese Feiern den damaligen Griechen als sprichwörtliches Vorbild für maßlosen Luxus galten. Die Perserkönige hielten sich allerdings nicht in dem von ihnen beherrschten Ägypten auf. Nichts weist darauf hin, dass man die Geburtstage der Perserkönige in ihrer Abwesenheit gefeiert hätte. Lebte also der jüdische Verfasser der Josephsgeschichte in der Perserzeit und nahm er arglos an, auch die Pharaonen hätten ihre Geburtstage gefeiert wie der persische Großkönig seiner Zeit? Als Erben der Perserherrschaft ließen auch die griechischen Könige ihre Geburtstage feiern, nicht nur in Ägypten, sondern auch in den Nachfolgestaaten des Alexanderreichs.

Wenn der Verfasser dieser Dichtung von der Geburtstagsfeier eines Königs von Ägypten wusste und sie nicht schlicht erfunden hat, ist anzunehmen, dass besagter König ein griechischer Herrscher war. Falls diese Voraussetzung richtig ist, kann die Josephsgeschichte kaum vor 300 v. Chr. entstanden sein.

Die Träume des Pharao

Trotz Josephs Bitte, der Mundschenk möge sich für ihn beim Pharao einsetzen, vergißt der Mundschenk den hebräischen Traumdeuter. Joseph sitzt noch zwei Jahre im Gefängnis, bis er gerufen wird, um die Träume des Pharao zu deuten. Denn als die ägyptischen Wahrsager und Weisen außerstande sind, sie auszulegen, erinnert sich der Mundschenk des Pharao an den hebräischen Traumdeuter, den er im Gefängnis kennen gelernt hat, und erzählt dem Pharao von ihm. Der Pharao bestellt Joseph zu sich, und »da entließen sie ihn schleunigst aus dem Kerker; und er ließ sich scheren, wechselte seine Kleider und kam so zum Pharao.« (1. Moses 41, 14)

Der Pharao erzählt, »mir träumte, ich stehe am Ufer des Nil. Da stiegen aus dem Nil sieben Kühe herauf, fett im Fleisch und von schönem Aussehen, und weideten im Riedgras. Dann stiegen sieben andere Kühe nach ihnen herauf; gering von ganz hässlichem Aussehen und mager im Fleisch – nie habe ich in ganz Ägypten etwas so Hässliches gesehen wie sie! Die mageren und hässlichen Kühe fraßen die sieben ersten fetten Kühe.« Dann erzählt er einen zweiten ähnlichen Traum von sieben Ähren, die auf einem einzigen Halm wachsen, aber von sieben anderen, dürren und versengten Ähren verschlungen werden.

Joseph erklärt dem Pharao, die Träume von den Kühen und Ähren würden sieben Jahre reiche Ernte und Überfluss bedeuten, gefolgt von sieben Jahren Missernte und Hungersnot. (1. Moses 41, 17–32)

Josephs Aufstieg

Beeindruckt von Josephs Fähigkeiten als Traumdeuter, schenkt der Pharao Josephs Ratschlägen Gehör und setzt auf seinen Rat hin »Peqidim« (Amtsleute) in Ägypten ein. Das aramäische Wort »Peqidim« bedeutet Offiziere oder Beauftragte des Königs. Die Perser haben die aramäische Sprache zur Verwaltungssprache in ihrem Reich erhoben, und seit Anfang des 5. Jahrhunderts v. Chr. war der Titel »Peqidim« in den persischen Provinzen von Syrien bis Ägypten verbreitet. Als die Griechen Ägypten eroberten, bediente man sich nicht mehr der aramäischen Verwaltungssprache, und somit verschwand auch der Titel »Peqidim«.

Die Juden hatten aber schon lange vor Alexander dem Großen die hebräische Sprache zugunsten des verwandten Aramäischen aufgegeben, und das aramäische Wort »Peqidim« blieb bei ihnen lebendig. Noch in der griechischen Zeit hätte ein Jude diesen Titel verwenden können und wäre von anderen Juden, die auch Aramäisch sprachen, verstanden worden. Wenn der Verfasser der Josephsgeschichte von »Peqidim«-Amtsleuten spricht, kann er, laut Redford, frühestens um 500 v. Chr., spätestens aber auch noch im 3. Jahrhundert v. Chr. geschrieben haben.

Der Pharao stellt Joseph nicht nur über die »Peqidim«, sondern über ganz Ägypten und sagt zu ihm: »Ich bin der Pharao – aber ohne deinen Willen soll niemand Hand oder Fuß regen im ganzen Land Ägypten.« (1. Moses 41, 44) An welches Amt hatte der biblische Erzähler gedacht? Kein Amt aus der Pharaonenzeit scheint in Frage zu kommen, auf keinen Fall das Amt des Wesirs, des höchsten Verwaltungsbeamten des Pharaos. Aber wenn der Verfasser in der griechischen Zeit schrieb, kann er an das Amt des Dioiketes gedacht haben, der damals in Ägypten an der Spitze der Beamtenschaft stand.

Es darf jedoch nicht außer Acht gelassen werden, dass die Josephsgeschichte kein Tatsachenbericht ist. Der Erzähler der Bibel konnte aus seiner Phantasie heraus ein Amt für Joseph schaffen, das es in der Wirklichkeit nicht gab. Ähnlich verhält es sich mit den Details von Josephs Amtseinführung, als der Pharao ihm ein Leinengewand gab, eine Goldkette um den Hals legte und seinen eigenen Siegelring vom Finger nahm und ihn Joseph ansteckte. Aus ägyptologischer Sicht scheint das reine Erfindung zu sein. Bei den Amtseinführungen in pharaonischer Zeit wird kein Gewand geschenkt, keine Kette um den Hals gelegt, und der König zieht keinen Siegelring von seinem Finger, damit der Beamte ihn ansteckt.

James K. Hoffmeier, ein Schüler Redfords, behauptet aber in seinem Buch *Israel in Ägypten* (1997), dass es in altägyptischer Zeit eine Entsprechung zu Josephs Amtseinführung gibt. Er verweist darauf, dass zur Zeit Tutanchamuns der Vizekönig von Kusch bei seiner Amtseinführung einen goldenen Siegelring und einen eingerollten Gegenstand aus Leinen erhielt, der an das Geschenk des Pharaos, ein Leinengewand, erinnert. Aber genau genommen bekam Joseph kein Geschenk aus Leinen, sondern der Pharao »kleidete ihn mit köstlicher Leinwand«. Die Darstellung der Amtseinführung des Vizekönigs von Kusch widerlegt aber Hoffmeiers Behauptung.

Links im Bild thront Tutanchamun unter einem Baldachin, rechts sieht man zwei Szenen mit dem Vizekönig von Kusch. In der einen Szene empfängt er sein Amtssiegel von einem Beamten, wie auch die Hieroglypheninschrift bekundet. So wie das Siegel dargestellt ist, handelt es sich nicht um einen Siegelring, der am Finger zu tragen wäre, sondern um ein Stempelsiegel; das ägyptische Wort für »Siegelring« kommt im Text nicht vor. In der anderen Szene stehen sich der Vizekönig und ein Beamter jeweils mit zum Gruß erhobener rechter Hand gegenüber. Auf der linken Hand des Vizekönigs liegt ein

Die Amtseinführung des Vizekönigs von Kusch

Gegenstand, »wie ein zusammengerollter Schal, innen weiß gemalt, am Rand rosa«. Der Vizekönig nimmt also keinen Siegelring vom Finger des Königs entgegen, und der weiß und rosa gemalte Gegenstand ist kein Leinengewand, das der Vizekönig anziehen kann. Auch keine Spur von einer goldenen Halskette. Der Vergleich hinkt, weil es in pharaonischer Zeit keine Amtseinsetzungen mit den in der Josephsgeschichte beschriebenen Details je gegeben hat.

Redford, Hoffmeiers Lehrer, zufolge könnte das, was in der Bibel über die Amtseinsetzung Josephs steht, ein vorderasiatischer Brauch sein. Um seine These zu erhärten, lässt er einen assyrischen König zu Wort kommen, der um 665 v. Chr., als die Assyrer für einige Jahre über Ägypten herrschten, einen ägyptischen Unterkönig einsetzte: »Ich machte einen Vertrag mit ihm. Ich kleidete ihn in ein Gewand mit bunten Verzierungen, legte ihm eine Goldkette um als Zeichen seiner Königswürde und gab goldene Ringe an seine Hände.«

In der Tat wird in der Bibel auf ähnliche Weise auch von der Amtseinsetzung Daniels berichtet: Der babylonische König

Belsazer ließ Daniel in Purpur kleiden, eine Goldkette um den Hals legen und von ihm verkünden, er sei der dritte Herr im Königreich. (Daniel 5, 29) Aber diese Erzählung entbehrt eines geschichtlichen Kerns. Das *Buch Daniel* wurde nach allgemeiner Auffassung im 2. Jahrhundert v. Chr. verfasst. Die Ähnlichkeit der Amtseinführung im *Buch Daniel* und in der Josephsgeschichte lässt darauf schließen, dass sich der Verfasser des einen Textes vom Verfasser des anderen anregen ließ, was wiederum bedeuten würde, dass nicht allzu viel Zeit zwischen der Abfassung der beiden Texte liegen dürfte.

Josephs Ehe

Schließlich sorgte der Pharao für Joseph, indem er ihm eine Frau gab, und zwar eine Ägypterin namens Asnath. Sie war die Tochter eines Mannes namens Potiphera, eines Priesters der Stadt On. Potiphera trägt einen Namen, der sich aus dem Ägyptischen erklären lässt und bedeutet: »Der, den gegeben hat der (Sonnengott) Ra (oder: Re)«. Als die hebräische Bibel ins Griechische übersetzt wurde, erkannten die in Alexandria bei Ägypten lebenden Übersetzer den ägyptischen Namen Potiphera und gaben ihn Griechisch richtig als Petephres wieder. Auch On, den Namen von Potipheras Heimatstadt, übersetzten sie richtig als Heliopolis (Sonnenstadt).

Die Namensform »Der, den gegeben hat der (Gott) X« war zwischen 600 v. Chr. und der Epoche um Christi Geburt in Ägypten sehr beliebt. Aber Potiphera (»Der, den Ra gegeben hat«) kam ziemlich selten vor, denn bisher sind nur vier Träger dieses Namens bekannt. Die Josephs-Erzählung kann darum nicht vor etwa 600 v. Chr., wohl aber noch einige Jahre nach 250 v. Chr. datiert werden.

Potipheras Tochter Asnath trägt einen Namen, der nach Auffassung der Forschung bedeuten soll: »Sie gehört zur (Göttin) Neith«. Redford behauptet, aus griechisch-römischer Zeit sei eine Ägypterin namens Asnath bekannt, während es nach

Hoffmeier den Namen Asnath in ägyptischen Quellen nicht gibt. Redford beruft sich auf den so genannten Papyrus Rylands Nr. IX, übersieht aber dabei, dass es sich lediglich um die von einem Bearbeiter in seiner Übersetzung angenommene, in eckige Klammern gesetzte Lesung des Namens Asnath handelt. Denn es ist in der Tat nicht möglich, an dieser Stelle den Namen Asnath zu lesen.

Hungersnot: Josephs Brüder in Ägypten

Im zweiten Jahr der von Joseph vorhergesagten Missernten war den Ägyptern nichts als ihr Leben geblieben. Im Tausch gegen das von Joseph in den fetten Jahren eingezogene Getreide gaben die Ägypter, sofern sie nicht dem Priesterstand angehörten, dem Pharao nicht nur ihre Äcker, sondern sie verzichteten auch auf ihre Freiheit. Zwar durften sie die ihnen ehemals gehörenden Äcker für den Pharao als neuen Herrn bewirtschaften, aber Joseph verkündete ein Gesetz, demzufolge die Ägypter – mit Ausnahme der Priester – ein Fünftel ihrer Ernte an den Pharao abliefern mussten (1. Moses 47, 18–26). Der Verfasser der Josephsgeschichte stellte sich offenbar vor, dass alle Ägypter Leibeigene des Pharao waren und eine Getreidesteuer von einem Fünftel der Ernte ablieferten, während die Äcker der Priester, für deren Unterhalt der Pharao aufkam, steuerfrei waren.

Steuerfreiheit galt aber für die ägyptischen Tempel erst seit dem 7. Jahrhundert v. Chr., und laut Herodot waren die ägyptischen Priester erst um 450 v. Chr. steuerfrei. Aber in den älteren Zeiten, in denen die Josephsgeschichte angeblich spielt, mussten auch die Priester Erntesteuern zahlen. Priestereinkünfte aus der Kasse des Pharao sind aber erst seit der griechischen Herrschaft über Ägypten, möglicherweise auch schon ein halbes Jahrhundert früher verbürgt. Was der Erzähler der Josephsgeschichte schildert, gilt also nicht vor dem 4. Jahrhundert v. Chr.; entsprechend jung muss diese Geschichte sein.

Als der Hunger immer drückender wird, schickt Jakob,

Josephs Vater, seine Söhne von Kanaan nach Ägypten, um dort Getreide zu kaufen. Joseph erkennt zwar seine Brüder, gibt sich ihnen aber nicht zu erkennen und beschuldigt sie, als Spione nach Ägypten gekommen zu sein. Um ihre Redlichkeit zu prüfen, fordert er sie auf, mit ihrem jüngsten Bruder wiederzukommen, der zu Hause geblieben ist; als Pfand behält er einen der älteren Brüder gefangen bei sich. Die Brüder ziehen mit dem gekauften Getreide nach Kanaan, Joseph lässt jedoch das Geld, mit dem sie bezahlt haben, wieder in die Getreidesäcke legen. (1. Moses 42, 25–28)

Redford hält dieses »Kesep« genannte »Geld« für Münzgeld, denn man trägt es in einem Beutel (»Seror«), und lässt es sich zu dem Getreide in den Sack stopfen. Die hebräische Bezeichnung »Seror Kesep«, im Sinne von Geldbeutel, findet man in der Bibel im *Buch Haggai* und in den so genannten *Sprüchen Salomos*. Als das *Buch Haggai* und die *Sprüche Salomos* geschrieben wurden, gab es bereits Münzgeld, aber gewiss nicht vor dem 5. Jahrhundert v. Chr. Bekanntlich wurden die ersten Münzen im 7. Jahrhundert v. Chr. von den Lydern in Kleinasien geprägt. Dem Erzähler der Josephsgeschichte ist die Geschichte des Münzgeldes wohl nicht geläufig, denn er nimmt irrtümlich an, dass dieses Zahlungsmittel bereits im Zeitalter der Erzväter existierte. Damit weist er unwillkürlich auf die Zeit hin, in der er selbst gelebt und geschrieben hat.

Trotz ihrer Angst vor Joseph lassen sich Jakobs Söhne von ihrem Vater im zweiten Jahr der Hungersnot wieder nach Ägypten schicken, um dort Getreide zu kaufen. Dieses Mal gibt sich Joseph seinen Brüdern zu erkennen. Als der Pharao von der Ankunft der Brüder Josephs erfährt, spricht er eine Einladung aus: »... nehmt euren Vater und alle die Euren und kommt zu mir; ich will euch Güter geben in Ägyptenland.« (1. Moses 45, 18)

Der Pharao weist seinen hebräischen Gästen das Land Gosen an. Die jüdischen Bibelübersetzer in Alexandria legten das Land Gosen als »Land Gesem von Arabien« aus. Als »arabisch« galt der ägyptische Landstrich zwischen dem östlichen Nildelta und der Landenge von Suez. Gesem war der Name eines Fürsten dieser Araber, der im 5. Jahrhundert v. Chr. lebte und archäologisch gut bezeugt ist. Redford zufolge soll mit dem biblischen »Land Gosen« das »Land Gesem« gemeint sein.

Die Entstehungszeit der Josephsgeschichte

Der Verfasser der Josephsgeschichte hat über ein Ägypten der Vergangenheit geschrieben, als das Volk Israel nur aus Jakobs Familie bestand. Aber er weiß nichts über diese alte Zeit, denn sein Ägypten ist das der letzten Jahrhunderte vor Christi Geburt. Offensichtlich wurde die Josephsgeschichte erst sehr spät in die Bibel eingefügt, denn die Propheten und andere biblische Autoren nehmen keine Notiz von Joseph und spielen nie auf ihn an.

Gab es vielleicht eine ältere Erzählung über Joseph, die in den letzten Jahrhunderten vor Christi Geburt überarbeitet wurde und dabei alle altertümlichen Merkmale einbüßte? Für Redford wäre eine solche Annahme ein Trugschluss, denn wenn eine ältere Erzählung vollständig modernisiert worden wäre, dann gäbe es keine Hinweise mehr, aus denen man auf die Existenz einer älteren Fassung schließen könnte.

Nach Redfords Ansatz stammt die Josephsgeschichte aus der Zeit der Perserherrschaft oder der letzten ägyptischen Dynastie vor der Perserherrschaft. Aber weder sind alle Argumente Redfords richtig, noch geht er mit letzter Konsequenz vor. Ein Detail wie die Geburtstagsfeier des Pharao, deutet auf die Epoche der griechischen Herrschaft über Ägypten, nicht auf die Perserzeit hin. Darum ist das 3. Jahrhundert v. Chr. als die Entstehungszeit der Josephsgeschichte anzunehmen.

In der 12. Sure des Koran, die dem Propheten Mohammed noch vor der Flucht aus Mekka offenbart wurde, heißt es, die Josephsgeschichte sei »die schönste der Geschichten«. Aber so schön sie auch ist, so kann sie doch nicht als Geschichtsquelle dienen. Denn wenn sie aus dem 3. Jahrhundert v. Chr. stammt oder möglicherweise aus der Perserzeit, dann ist daraus über eine angeblich tausend Jahre ältere Epoche nichts zu erfahren. Somit entfällt die Josephsgeschichte als Quelle für die Einwanderung israelitischer Hirten nach Ägypten.

Die Exodus-Legende

Eine geschichtliche Hirtenwanderung nach Ägypten

Obwohl die Josephsgeschichte offenkundig nicht historisch nachgewiesen ist, halten die Fundamentalisten an der Möglichkeit einer israelitischen Einwanderung in Ägypten fest. In der Tat ist aus dem pharaonischen Ägypten ein Bericht des Schreibers Ineni an seinen Kollegen Kageb über die Einwanderung asiatischer Hirten erhalten, in dem es heißt: »Wir sind damit fertig, die Schasu-Sippen von Edom die Festung von König Merneptah (er lebe, sei heil und gesund), welche in Tjeku ist, passieren zu lassen; zu den Teichen von Pi-Atum von König Merneptah (er lebe, sei heil und gesund), welche im Gau von Tjeku sind. Um sie am Leben zu erhalten und ihre Tiere am Leben zu erhalten, durch die Gnade des Pharao, des guten Sonnengottes eines jeden Landes.«

Der Bericht stammt aus dem 8. Regierungsjahr von Pharao Merneptah, das dem Jahr 1205 v. Chr. entspricht, genauer aus den ersten Junitagen und mithin aus der trockenen Jahreszeit, in der es auf der Halbinsel Sinai an Wasser mangelt. Der Bericht deutet an, dass es für die edomitischen Hirten und ihr Vieh lebenswichtig war, die Teiche von Pi-Atum zu erreichen. Es muss sich um eine große Anzahl von Menschen und Tieren gehandelt haben, weil Inenis Bericht von unbestimmt vielen Tagen spricht, an denen die edomitischen Schasu die Festung passierten.

Über den Grenzübertritt von asiatischen Hirten mit ihren Tieren ist einzig und allein nur dieser ägyptische Text überliefert. Nirgends wird darin angedeutet, dass die Ägypter die Hirten später zur Zwangsarbeit nötigen wollten. Inenis Bericht stellt die ägyptische Haltung als wohlwollend dar: der Pharao ist die »gute Sonne« eines jeden Landes, nicht nur von Ägypten. Anderslautende altägyptische Äußerungen fehlen. Nur in Thomas Manns Erzählung *Das Gesetz* hört man etwas über versklavte Hirten: »Wer da glaubt, sie hätten umsonst weiden dürfen, der kennt ihre Wirte schlecht, die Kinder Ägyptens. Nicht nur, dass sie steuern mussten von ihrem Vieh, und zwar dass es drückte, sondern alles, was Kräfte hatte bei ihnen, musste auch Arbeitsdienst leisten, Fronwerk bei den mancherlei Bauten, die in einem solchen Lande, wie es Ägypten ist, immer im Gange sind.«

Thomas Mann setzte in dichterischer Freiheit die edomitischen Hirten des Ineni-Berichts kurzerhand mit den biblischen Israeliten gleich. Aber auch die Fundamentalisten stellen zu Recht die Frage, warum biblische Hirten nicht gleichfalls nach Ägypten einwandern konnten, was durchaus möglich gewesen wäre. Aber ein von der Bibel unabhängiges Zeugnis über den Ägyptenaufenthalt biblisch-israelitischer Hirten ist nicht vorhanden; es gibt nur die biblische Erzählung über den Aufenthalt der Kinder Israel in Ägypten.

Vermehrung und Zwangsarbeit der Israeliten

Die Bibel knüpft die Schilderung vom Ägyptenaufenthalt der Kinder Israel an die Josephsgeschichte an: »Da kam ein neuer Pharao auf in Ägypten, der wusste nichts von Joseph.« Der neue Pharao machte sich Sorgen wegen der starken Vermehrung der Israeliten. Wie aus Moses' Jugendgeschichte bekannt, schreckte der Pharao selbst vor dem Versuch eines Völkermords an den Israeliten nicht zurück. Seine Pläne schlugen aber fehl, wie die große Anzahl von 600 000 Israeliten zeigt, die nach biblischen Angaben aus Ägypten auszogen.

Aber weder schriftliche noch archäologische Quellen lassen auf die Existenz einer Gruppe von Zwangsarbeitern schließen, die zu einer bestimmten Zeit im östlichen Nildelta ansässig war. Einen Völkermord an einer Gruppe von Staatssklaven bezeugen die Quellen gleichfalls nicht. Der versuchte Völkermord ist nur der erzählerische Hintergrund für die Aussetzung und Rettung des Knaben Moses. Danach ist nur noch die Rede von harter Zwangsarbeit.

Die Vorstellung, eine einzige 70-köpfige Sippe, bestehend aus zwölf Brüdern und ihren Kindern, habe sich im Laufe von einigen Generationen derart vermehrt, dass sie das ganze Land bevölkern könne, ist unwirklich. Wenn, wie es in der Bibel heißt, 600 000 israelitische Männer aus Ägypten auszogen, dann müssten damals allein im nordostägyptischen Landesteil Gosen insgesamt 2,5 Millionen Israeliten – Männer, Frauen und Kinder – gelebt haben. Diese Zahlen sind phantastisch, denn vergleichsweise rechnet man mit einer damaligen ägyptischen Gesamtbevölkerung von rund 3 Millionen Menschen.

Die angebliche Zwangsarbeit der Hebräer beim Bau der Städte Pithom und Ramses

Der Pharao setzte die israelitischen Männer beim Bau der Städte Pithom und Ramses ein, die laut Bibel »Vorratsstädte« sein sollten. Bei der Bibelübersetzung ins Griechische wählten die jüdischen Übersetzer anstelle von »Vorratsstädten« das Wort »Festungen«. Waren sie der Meinung, den Sinn des biblischen Wortes »Vorratsstadt« richtig erfasst zu haben? An verschiedenen Stellen der Bibel heißt es, der jüdische König Salomo habe »Vorratsstädte« gebaut. (1. Könige 9, 19; 2. Chronik 8, 4, 6; 2. Chronik 17, 12)

Das *Buch der Könige* schildert die Geschichte der Reiche Juda und Israel bis zu ihrem Untergang. Sie wurde bestimmt lange nach 587 v. Chr. geschrieben, dem Jahr, als auch das Reich Juda unterging. Der aus seiner eigenen Zeit zurückblickende Verfasser des ersten und zweiten Buchs der Könige kann den ihm geläufigen Ausdruck »Vorratsstädte« für eine mehrere Jahrhunderte zurückliegende Epoche benutzt haben. Salomo wird aber kaum von »Vorratsstädten« gesprochen haben, denn der biblische Ausdruck dafür kommt vermutlich aus dem Assyrischen; der assyrische Einfluss machte sich aber in Palästina erst zweihundert Jahre nach Salomo bemerkbar. Zudem sind keine Bauwerke des Königs bekannt, die mit Bestimmtheit in Salomos Epoche datiert werden können. Die von den Ausgräbern in Meggido vermeintlich gefundenen berühmten »Ställe Salomos« sind von kritischen Archäologen schon längst in ein späteres Jahrhundert datiert worden. Der Verfasser der biblischen Notiz über die Städte Pithom und Ramses kannte zwar den Begriff »Vorratsstädte« genauso wie die Verfasser des *Buchs der Könige* und des *Buchs der Chronik,* aber der historische Wert dieser Notiz ist nicht verbürgt.

Wie aber steht es mit den Stadtnamen Pithom und Ramses? Waren die Kinder Israel an dem Bau dieser Städte beteiligt, auch wenn es sich nicht um »Vorratsstädte« handelte? In der griechischen Bibelübersetzung heißen die Fronstädte Pithom und Ramesse. Ramesse/Ramses ist eigentlich jener Königsname, den die Ägypter in alter Zeit als »Re-mase-sa« aussprachen. Der erste Pharao namens Re-mase-sa regierte kurz nach 1300 v. Chr. Sein Enkel, Ramses II., regierte 66 Jahre lang von 1279 bis 1213 v. Chr.

Ramses II. hat in der Tat eine neue Residenz ausgebaut und nach sich benannt, allerdings mit einem Zusatz: Pi-Ramses (Haus-des-Ramses). Diese neue Residenz war eine große Stadt und lag im östlichen Nildelta, in jener Gegend, wo die Kinder Israel während ihres Ägyptenaufenthalts gewohnt haben sollen. Darum ist es verständlich, dass die Ägyptologen des 19. Jahrhunderts den Unterdrücker-Pharao als Ramses II. identifizierten.

Rund 150 Jahre nach der Stadtgründung verlagerte sich der Nilarm, an dem die Stadt lag und auf den sie als wichtigste Verkehrsader angewiesen war. Der damalige König entschloss sich, eine neue Residenz zu gründen. Danach verlor Pi-Ramses ihre bisherige Bedeutung, geriet aber nicht in Vergessenheit. Aus der Zeit um 300 v. Chr. ist ein Beamter mit dem Titel eines »Priesters des (Gottes) Amun des (Königs) Ramses von (der Stadt) Pi-Ramses« bekannt. Darum kann der Bibelerzähler diesen Ortsnamen erst sehr spät gehört und seine Erzählung über den Ägyptenaufenthalt der Kinder Israel damit ausgeschmückt haben. Die Ägypter sprachen den Stadtnamen damals wie »Pramses« aus. Es ist möglich, dass der Bibelerzähler den im Hebräischen unüblichen doppelten Konsonanten »pr« am Wortanfang zu »Ramses« vereinfacht hat.

Die Gründung Pithoms, der anderen »Vorratsstadt«, ist nicht so alt wie Pi-Ramses. Wie Herodot berichtet, ließ Pharao Necho II. um 600 v. Chr. einen Kanal graben, der den Nil mit dem Roten Meer verbinden sollte. Den jüngsten Ausgrabungen von J. Holladay zufolge gründete Necho II. auf der Nordseite des Kanals, 24 Kilometer vom Roten Meer entfernt, eine Stadt namens »Haus des (Gottes) Atum«. Herodot gibt Pi-Atum, den ägyptischen Namen dieser Stadtgründung, als Patumos wieder, während die griechische Bibelübersetzung von Pithom spricht.

Daraus folgt, dass der Bibelerzähler zwar an eine zu seiner Zeit wichtige Stadt anknüpft, die aber nicht in die sagenhaften Zeiten des Ägyptenaufenthalts der Kinder Israel zurückreicht. Aber wie verhält es sich mit der Stadt Ramses? Will die Bibel glauben machen, Moses habe die Kinder Israel im Jahrhundert von Ramses II. aus Ägypten herausgeführt – im Jahrhundert jenes Pharaos, der die nach ihm benannte Stadt gründete? Oder knüpft der Erzähler nur an die ihm bekannten Ortsnamen seiner eigenen Lebenszeit an, ohne gleichzeitig andeuten zu wollen, dass Pharao Ramses der Unterdrücker der Israeliten war?

Ist die Anwesenheit von Hebräern in Ägypten bezeugt?

Gibt es denn ägyptische Texte, in denen ausdrücklich die Rede ist von Hebräern, die als Bauarbeiter eingesetzt wurden? Der französische Ägyptologe François Joseph Chabas veröffentlichte bereits 1862 einen Text, in dem von »Hebräern« gesprochen wird, die zusammen mit Soldaten Steine für ein Bauwerk von Ramses II. schleppen. Die Bezeichnung für einen solchen »Hebräer« lautet im ägyptischen Text »Epre«, was ähnlich klingt wie das biblische »Ibri« (Hebräer). Weitere schriftliche Belege wurden später gefunden, und heute weiß man, dass es zwischen ca. 1450 und 1150 v. Chr. in Ägypten solche »Hebräer« gab.

Allerdings kann es sich nicht um die Hebräer der Bibel handeln, denn diese sollen lange vor 1150 v. Chr. das Land verlassen haben. Zudem gab es solche »Hebräer« zur gleichen Zeit im ganzen Alten Orient: Man findet sie in Kanaan und im Binnenland des nördlichen Syrien, in der Hafenstadt Ugarit am Mittelmeer, in der Stadt Mari am mittleren Euphrat und in der entfernt liegenden Stadt Nuzi, die hinter dem Ostufer des Tigris lag, sowie im Hethiterreich. An all diesen Orten bediente man sich der Keilschrift und bezeichnete die »Hebräer« als Chabiru. Angesichts dieser Verbreitung der Chabiru-Hebräer über den ganzen Alten Orient ist es nicht angebracht, sie mit den biblischen Hebräern gleichzusetzen, denn diese lebten laut Bibel als geschlossener Volksverband in Ägypten.

Die keilschriftlich bezeugten Chabiru-Hebräer und ihre Namensvettern in Ägypten gehörten zu keinem Volk, sondern zu einer gesellschaftlichen Klasse. Chabiru gab es Mitte des 2. Jahrtausends v. Chr. überall im Alten Orient. Sie standen in keinem Untertanenverhältnis zu Landes- oder Stadtkönigen; lebten als Söldner oder Räuber, manchmal auch als Vagabunden zwischen den Sesshaften und den freien Wanderhirten. Nach Ägypten kamen sie als Kriegsgefangene oder als Söldner. Dagegen versteht die Bibel unter einem »Ibri« (Hebräer) stets ein Mitglied der jüdischen Volks- und Glaubensgemeinschaft. Bereits 1954 erkannte der französische Assyriologe Jean Bottéro, dass die früher angenommene Verbindung zwischen den Chabiru der Keilschrifttexte und den Hebräern der Bibel nicht stichhaltig ist – eine Erkenntnis, der sich auch der Alttestamentler und Orientalist Oswald Loretz 1984 anschloss.

Auch nach Loretz' Ansicht stammt die biblische Erzählung über den Aufenthalt der Hebräer in Ägypten erst aus der Zeit nach der Babylonischen Gefangenschaft der Juden. So gesehen, informiert der Bibelerzähler nur über das, was man nach der Babylonischen Gefangenschaft unter einem »Hebräer« verstand. Dieser »moderne« Begriff hat für die erheblich ältere Zeit, in der die biblische Erzählung über Israel in Ägypten spielt, keine Bedeutung.

Es ist nicht bekannt, wie die biblische Bezeichnung »Hebräer« für einen Angehörigen der jüdischen Volks- und Glaubensgemeinschaft nach der Babylonischen Gefangenschaft aufkam. Loretz schließt nicht aus, dass zwischen dem Namen der alten Chabiru und dem der jungen Hebräer ein sprachgeschichtlicher Zusammenhang besteht. Vielleicht liegt aber auch nur ein zufälliger Gleichklang vor, denn sachlich haben die Chabiru des 2. Jahrtausends v. Chr. und die biblischen Hebräer der Perser- und Griechenzeit nichts miteinander zu tun.

Ausländische Sklaven in Ägypten

Es ist zwar unbestritten, dass es im pharaonischen Ägypten Tausende von ausländischen Sklaven gab – darunter viele aus Asien –, die als Kriegsgefangene nach Ägypten kamen. Als Landarbeiter, Hausdiener und Handwerker lassen sie sich überall im Niltal nachweisen. Haben aber diese ägyptischen Kriegsgefangenen irgendetwas mit den biblischen Kindern Israel zu tun? In *Israel in Ägypten* vermutet James Hoffmeier, auch die Kinder Israel seien wie Kriegsgefangene behandelt worden, nachdem die Ägypter damit angefangen hatten, Kriegsgefangene als Bauarbeiter einzusetzen. Diese Vermutung ist aber eine Unterstellung, für die es keine Belege aus ägyptischen Quellen gibt. Zudem ist in keiner biblischen Erzählung die Rede davon, dass die Israeliten Sklaven des Pharaos waren oder als Kriegsgefangene nach Ägypten kamen.

Hoffmeier verweist darauf, dass die Kinder Israel, genauso wie die Kriegsgefangenen, nicht nur beim Bau von Pithom und Ramses, sondern auch auf dem Feld Fronarbeit leisten mussten. In der Tat gibt es in ägyptischen Gräbern Darstellungen von Kriegsgefangenen, die auf dem Acker arbeiten, Vogelfang treiben, Weintrauben ernten und keltern. Aber es geht nicht darum, ob es in der Zeit von Ramses II. Landarbeiter und Ziegelmacher gegeben hat, sondern ob sich die Anwesenheit der Israeliten in Ägypten nachweisen lässt. Ein Bibeler-

zähler, der Ägypten vom Hörensagen oder aus eigener Anschauung kannte, kann Beobachtungen über Land und Leute
auch erst im 3. Jahrhundert v. Chr. in seine Erzählung aufgenommen haben. Direkte oder indirekte Belege für den Aufenthalt der Kinder Israel in Ägypten fehlen. Wie will man
dann die Geschichtlichkeit des Auszugs der Kinder Israel aus
Ägypten beweisen?

Relevant ist nicht das, was der Bibelerzähler über die Verhältnisse in Ägypten weiß, sondern ob die biblischen Erzählungen einen historischen Kern haben. Aus archäologischer
Perspektive gibt es keinen solchen Kern, und die biblischen
Texte selbst sind nicht verlässlich, weil sie offensichtlich viele
Jahrhunderte nach den angeblichen Ereignissen entstanden
sind. Unter diesen Voraussetzungen gehen die biblischen Erzählungen nicht auf alte Sagen mit historischem Kern zurück,
sondern sind dichterische Erfindungen einer späteren Zeit.

Die zehn Plagen und der Auszug
der Israeliten aus Ägypten

Nach der biblischen Darstellung flieht Moses vor dem Pharao
in das asiatische Land Midian, lässt sich bei einem midianitischen Priester nieder, der ihm Zippora, eine seiner Töchter,
zur Frau gibt. Als Moses einmal, lange Zeit nach seiner Flucht,
wie üblich die Schafe seines Schwiegervaters hütet, kommt er
an den Berg Horeb und sieht einen Busch, der brennt, doch
ohne von der Flamme verzehrt zu werden. In dem scheinbaren
Naturwunder offenbart sich Gott Jahwe, der Moses den Auftrag gibt, die Kinder Israel aus Ägypten herauszuführen. Warnend teilt Jahwe seinem Sendboten Moses mit, er werde zwar
den Pharao dazu bringen, die Israeliten ziehen zu lassen, aber
nur mit einer Verzögerung: Gott will den Pharao zum Widerstand reizen und sich dadurch die Möglichkeit schaffen, in
Ägypten Zeichen und Wunder zu bewirken. (2. Moses 7, 1–6)

Als der Pharao später Moses auffordert, seine Legitimation

als göttlicher Sendbote zu beweisen, sagt Moses zu seinem Bruder Aaron: »Nimm deinen Stab und wirf ihn vor den Pharao, dass er zur Schlange werde.« (2. Moses 7,9) Aaron tut dies, und sein Stab verwandelt sich in eine Schlange. Aber Ägypten war nicht umsonst als Heimstatt der Zauberei bekannt, und ein solches Kunststück durfte der ägyptische König auch von seinen Zauberern erwarten.

Der Pharao lässt ägyptische Zauberkünstler kommen, die ihre Stäbe auf den Boden werfen, und daraus werden auch Schlangen. Zwar verschlingt Aarons Schlange die Schlangen der ägyptischen Wahrsager, aber für den Pharao ist es kein Beweis für die übergroße Macht des Gottes von Moses und Aaron. Darum hört er nicht auf die Aufforderung Jahwes, die Israeliten ziehen zu lassen.

Doch die Zauberkunststücke steigern sich: Moses verwandelt das Wasser des Nils in Blut – die ägyptischen Zauberer können das auch. Moses lässt aus allen Gewässern Ägyptens eine Froschplage kommen – und obwohl die ägyptischen Wahrsager dies auch können, wird der Pharao zum ersten Mal nachgiebig und verspricht, die Israeliten ziehen zu lassen, wenn Moses ihn und sein Volk von den Fröschen befreit. Als der Pharao aber sieht, dass die Plage vorbei ist, verschließt er wieder sein Herz.

Was auch immer Moses und Aaron zaubern – die ägyptischen Wahrsager stehen ihnen in nichts nach. Als aber Moses aus dem Staub Ägyptens Stechmücken hervorzaubert, gelingt es den ägyptischen Zauberern nicht, es ihnen nachzumachen. Sie werden nachdenklich und sagen zum Pharao: »Das ist der Finger Gottes.« (2. Moses 8, 15)

Auch bei den anschließend herbeigezauberten Plagen – Ungeziefer, Viehsterben, Geschwüre an den Menschen, Gewitter, schwerer Hagel, Regen, Heuschreckenschwärme und tiefste Finsternis drei Tage lang, so dass »niemand den andern sah, noch aufstand von dem Ort, da er war« (2. Moses 10, 23) – halten die ägyptischen Zauberer nicht mehr mit. Der Pharao gibt aber erst nach, als Jahwe selbst um Mitternacht »alle Erstgeburt schlug in Ägyptenland, von dem ersten Sohn Pharaos an, bis auf den ersten Sohn des Gefangenen im Gefängnis und alle Erstgeburt des Viehs« (2. Moses 11,5). Jetzt erst fordert er Moses auf, die Israeliten aus Ägypten herauszuführen – die Ägypter treiben sie sogar aus dem Land, denn sie sagten: »Wir sind alle des Todes.«

Der Untergang des Pharao im Meer

Jahwe selbst führt die aus Ägypten ausziehenden Israeliten, tagsüber zog er in Gestalt einer Wolkensäule voraus, nachts erscheint er als Feuersäule. Kaum haben sie unter Jahwes Führung das Land verlassen, gibt Gott dem ägyptischen König den Gedanken ein, den Israeliten nachzujagen, um sie zur Rückkehr nach Ägypten zu zwingen. Das ägyptische Heer trifft am Meer auf die Israeliten, die angesichts der herannahenden ägyptischen Streitmacht klagen und zagen, wie ihr Gott vorhergesehen hat. Aber es kommt zu einer Katastrophe für die Ägypter, die vom Jahwisten anders erzählt wird als von dem späteren Bibelerzähler.

Nach der Schilderung des Jahwisten tritt der Engel Gottes, der vor den Israeliten einhergeht, zwischen das ägyptische Heer und die Israeliten, so dass die ganze Nacht hindurch keiner dem andern nahe kommen kann. Zur Zeit der Frühwache – im letzten Drittel der Nacht – blickt Jahwe aus seiner Wolken- und Feuersäule auf das ägyptische Heer, das, von Schrecken erfasst, sich zur Flucht wendet. Ein von Jahwe geschickter Ostwind hat das Meer in der Nacht zurückweichen lassen. Die Ägypter fliehen auf den trockengelegten Meeresboden, der Wind dreht sich, das Meer kehrt zurück, und das ägyptische Heer kommt in den Fluten um.

Der spätere Bibelerzähler steigert die Dramatik und erfindet ein übernatürliches Wunder: Vor dem Zauberstab des Propheten Moses teilt sich das Meer, und die Israeliten ziehen hindurch; als aber die Ägypter folgen, erhebt Moses wieder seinen Stab, und das zurückflutende Meer verschlingt das Heer des Pharaos mit Mann, Ross und Wagen.

Dieses hinzugedichtete Meereswunder regte die Phantasie vieler Maler an. Im Film *Die Zehn Gebote* lässt der Regisseur Cecil B. de Mille mit Hilfe der Tricktechnik die Fluten sich bis auf den Meeresgrund teilen: Nachdem sie 300 000 Gallonen (13,6 Millionen Liter) Wasser in einen Tank gefüllt haben, lassen die Tricktechniker den Filmstreifen rückwärts laufen und erwecken somit den Eindruck, als teile sich eine riesige Wassermasse. Darüber haben sie dann einen anderen Streifen mit dem Wanderzug der Kinder Israel kopiert.

An die Teilung des Meeres und den Tod des Pharaos in den Fluten glaubten nicht nur fromme Bibelleser, sondern auch Wissenschaftler – bis 1882 die Mumien fast aller Pharaonen des Neuen Reichs im Tal der Könige geborgen wurden. Darunter befand sich auch die Mumie von Merneptah, der im 19. Jahrhundert allgemein als Pharao des Exodus galt. Eine Delegation von Kirchenmännern suchte den Direktor der ägyptischen Antikenverwaltung in Kairo auf, und diese Kirchenmänner äußerten ihre unglücklichen Gefühle über den Fund von Merneptahs Mumie. Direktor Maspero setzte aber seine Besucher davon in Kenntnis, dass er auf der Haut von Merneptahs Mumie eine Salzkruste gefunden habe – eine Mitteilung, die die Kirchenmänner zufrieden stellte, weil sie den Bericht der Bibel offenbar bestätigte: Merneptah war im salzigen Meer ertrunken. Maspero verriet jedoch den Kirchenmännern nicht, dass an vielen ägyptischen Mumien Salzspuren zu finden sind, weil Salz eines der gebräuchlichen Mittel war, mit denen die Mumifizierer die Leichen austrockneten. Der amerikanische Ägyptologe und Theologe John Wilson hat der Nachwelt diese Anekdote überliefert, deren Wahrheitsgehalt selbstverständlich nicht verbürgt ist.

Fehlen archäologischer Zeugnisse
für den Auszug aus Ägypten

Im dritten Monat nach dem Auszug aus Ägypten kommen die Israeliten zu ihrem vorläufigen Ziel, dem in der Wüste Sinai liegenden Berg Gottes. Jahwe fährt in eigener Gestalt vom Himmel herunter, Moses steigt zu ihm auf den Berg. Gott hält Zwiesprache mit »Moses von Angesicht zu Angesicht, wie jemand mit seinem Freunde redet«. (2. Moses 33, 11) Es kommt zu einem durch Moses vermittelten Bund zwischen Jahwe und den Kindern Israel: Wenn die Israeliten die von Gott verkündeten Gesetze befolgen, will Gott sie in das verheißene Land führen und ihnen dort beistehen.

Wie kann man den Realitätsgehalt dieser über alle Maßen phantastischen Erzählungen nachprüfen? Strategisch und logistisch muten die Verfasser der Bibelerzählung den Lesern Unglaubliches zu: Massenweise fliehen hebräische Zwangsarbeiter aus Ägypten durch Steppe und Wüste nach Sinai, ohne zu verhungern und zu verdursten, und erobern anschließend die befestigten Städte Palästinas. Sehr lange nach der ersten Niederschrift der biblischen Erzählung hat der Kriegsstratege Clausewitz geschrieben, dass man für eine erfolgversprechende militärische Operation eine sichere Basis haben sollte. Auch die Verfasser der Bibel haben diese Schwierigkeiten erkannt und beispielsweise die Proviantfrage durch das regelmäßige Manna vom Himmel und das seltenere Wunder der Wachtelschwärme gelöst.

Aus archäologischer Sicht wäre die Suche nach den Spuren vom Auszug der Israeliten aus Ägypten kein erfolgversprechendes Unterfangen. Eine Wanderung durch Wüste und Steppe sollte kaum Spuren hinterlassen. Denkbar wären beispielsweise Reste von Lagerplätzen und Feuerstellen mit zerbrochenen Tongefäßen. Da die Wüstenwanderung vierzig Jahre dauerte und keiner der erwachsenen Ausgewanderten das verheißene Land erblickte, müsste es bei den Lagerplätzen viele Tausende von Gräbern gegeben haben. Aber von alledem wurde bisher auf der Halbinsel Sinai, zwischen Ägypten und Palästina, nichts gefunden.

Das Fehlen archäologischer Quellen über den Auszug der Israeliten aus Ägypten sowie über die Wüstenwanderung kann nicht als Beweis gegen die Geschichtlichkeit des Exodus ins Feld geführt werden. Volkswanderungen hinterlassen gewöhnlich keine oder nur ganz wenige Spuren, die der Spaten des Ausgräbers aufdecken kann. Dies gilt für die wandernden Völker des europäischen Mittelalters, wird aber auch an einem Beispiel aus der Neuzeit deutlich. Im Jahr 1632 wanderte der mongolische Hirtenstamm der Torguten – ein Teilstamm des Oiratenbundes – nach Westen, überschritt den Uralfluss und nahm die Steppen zwischen Ural und Wolga in Besitz und dehnte sich später auch auf das Westufer der Wolga aus. Im 18. Jahrhundert mussten sich die Torguten den Russen unterwerfen, doch als die russische Herrschaft zu drückend wurde, entschloss sich ein Teil des Volkes zur Rückwanderung. 1771 brachen 125 000 Torguten mit Millionen von Herdentieren auf, um in die alte Heimat zurückzukehren, die sie nach großen Verlusten an Menschen und Vieh erreichten; dort – in der Dsungarei – leben sie heute unter dem Namen Torguten. 70 000 Torguten blieben am Westufer der Wolga zurück. Nach einem türkischen Wort, das »sie blieben zurück« bedeutet, gaben ihnen benachbarte türkische Stämme den Namen Kalmyken, woher die heutige Kalmykensteppe ihren Namen hat.

Wie bei den biblischen Israeliten hat man es bei den Torguten mit zunächst eingewanderten und dann unterdrückten Hirten zu tun sowie mit der Rückwanderung in eine Generationen früher verlassene alte Heimat. Die Torgutenwanderung wäre archäologisch nicht nachweisbar, aber sie hat im Licht der Geschichte stattgefunden und ist durch zeitgenössische Berichte belegt. Wer jedoch die Geschichtlichkeit des Auszugs der Kinder Israel aus Ägypten beweisen wollte, käme in eine sehr missliche Lage.

Die Archäologen können den Aufenthalt der Kinder Israel in Ägypten nur als dichterische Erfindung ansehen; der Auszug aus Ägypten wird als eine Serie von über alle Maßen phantastischen Ereignissen geschildert. Unter diesen Voraussetzungen fand der Auszug aus Ägypten nur auf dem Papier der Bibel statt, nicht aber in der geschichtlichen Wirklichkeit.

Nur wenn sich die biblische Geschichte von der Eroberung Kanaans durch die aus Ägypten kommenden Israeliten archäologisch bestätigt, könnte die Erzählung vom Auszug aus Ägypten einen historischen Kern haben. Sollte dies nicht der Fall sein, dann ist der Rückschluss gestattet, dass der Auszug aus Ägypten ganz und gar erdichtet ist. Unter dieser Voraussetzung würde die Bibel dem geschichtlich nachgewiesenen Moses die Führung des Auszugs der Israeliten aus Ägypten ohne jeden realgeschichtlichen Grund zuschreiben.

Die angebliche Eroberung von Kanaan durch die Israeliten

Eroberung des Ostjordanlandes nach 40-jähriger Wüstenwanderung

Nach der gelungenen Flucht der Kinder Israel aus Ägypten schaltet die Bibel vor die Eroberung von Kanaan eine vierzigjährige Wüstenwanderung. Erst nach Ablauf dieses Zeitraums ergeht Jahwes Befehl an Moses, die Eroberung des verheißenen Landes voranzutreiben und an den Jordan zu ziehen. Zwischen dem Jordan und dem angeblichen Wandergebiet der Israeliten liegen die Königreiche der Edomiter und Moabiter. Im 5. Buch Moses ist von einer friedlichen Wanderung Israels durch Edom und Moab auf der von Süden nach Norden führenden großen Straße die Rede, auf der erst König Sihon von Hesbon den weiteren Durchzug verwehrt. Doch Sihon wird besiegt und Hesbon erobert.

Um 1970 verglich der Alttestamentler John van Seters, den im 5. Buch Moses geschilderten Kampf gegen Sihon von Hesbon mit den anderen Berichten über denselben Kampf im 4. Buch Moses und im Richterbuch. Er hat gezeigt, dass zwischen der angeblichen Zeit, in der König Sihon lebte, und dem ältesten schriftlichen Kampfbericht in der Bibel mehr als sieben Jahrhunderte liegen. Unter dieser Voraussetzung beurteilte er die Erzählung vom Kampf der Israeliten gegen König Sihon von Hesbon als ungeschichtlich. Seine These wurde dann von den Grabungen einer amerikanischen Expedition untermauert, die bewiesen, dass es an der Stelle des späteren Hesbon noch keine menschliche Ansiedlung gab, als die Israeliten nach Kanaan eingewandert sein sollen.

Offensichtlich ist die biblische Erzählung über die Eroberung von Hesbon durch die von Moses angeführten Israeliten historisch nicht erwiesen. Darüber hinaus gibt es John van Seters zufolge auch keinen Grund zur Annahme, es habe jemals

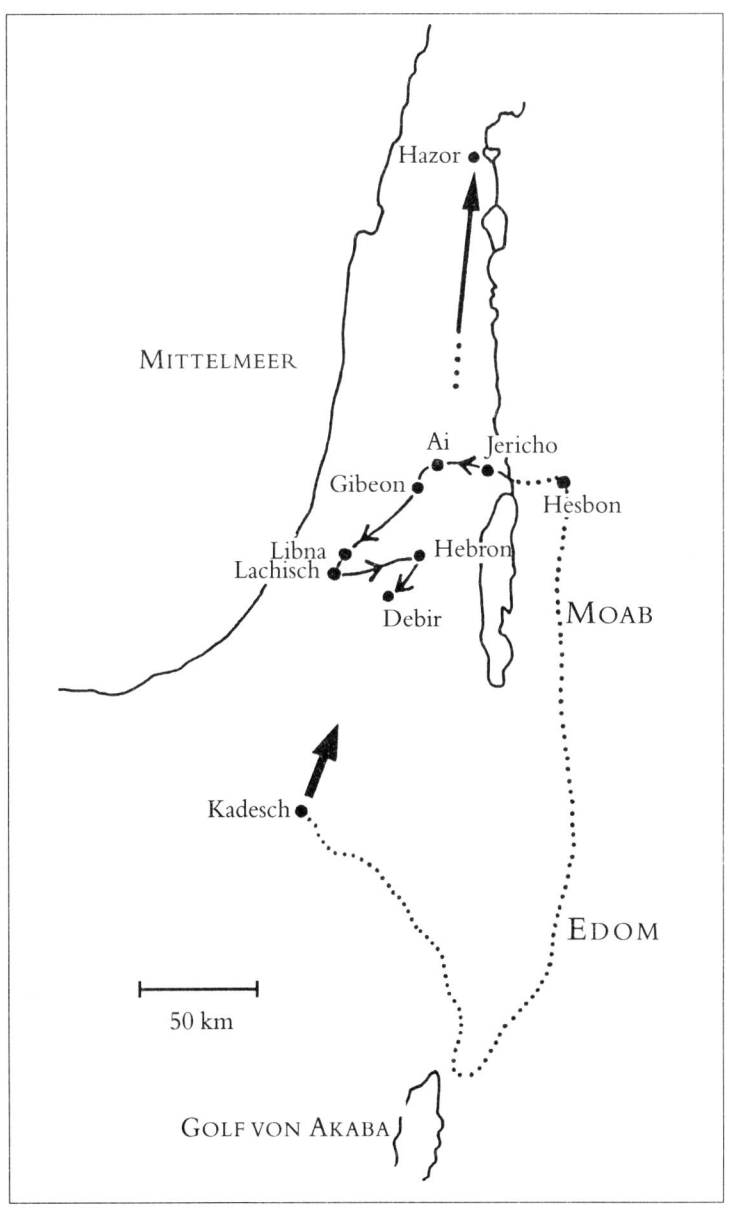

Vorstoß aus Kadesch. Wanderweg der Israeliten ins Jordantal.
Süd- und Nordfeldzug Josuas.

einen König namens Sihon gegeben. Und König Og von Basan, den die Kinder Israel im Anschluss an den Kampf gegen Sihon besiegten, wird auch nur in der Sage existiert haben, heißt es doch in der Bibel über ihn: »Og, der König Og von Basan, war der letzte von den Überresten der Rephaiter (Riesen).« Sein Sarg aus Basalt war in der ammonitischen Hauptstadt Rabbah zu sehen, »er misst nach gewöhnlicher Elle in der Länge neun und in der Breite vier Ellen.« (5. Moses 3, 11)

Die Eroberung von Jericho: biblischer Bericht

Nach diesen kriegerischen Erfolgen im Westjordanland lässt der Erzähler Moses sterben. Dreißig Tage beweinten die Kinder Israel seinen Tod, dann sprach Jahwe zu Josua, dem Nachfolger von Moses: »Mein Knecht Moses ist gestorben; so brich du nun auf und geh über den Jordan da, du und dieses ganze Volk, hinüber in das Land, das ich ihnen, den Israeliten, geben will.« Im Feldlager von Sittim, einen Tagesmarsch vom Jordan entfernt, erhielt Josua diesen Auftrag von Jahwe. (Josua 1, 2)

Josua schickte zwei Kundschafter aus, um das am Westufer des Jordans gelegene Jericho auszukundschaften. Dort fanden sie Unterkunft bei einer Hure namens Rahab. Die Frau half den Männern, weil sie hoffte, auf diese Weise ihr eigenes und das Leben ihrer Familie zu retten. Nicht nur die Kunde vom Untergang des Königs Sihon und des Og, des letzten Riesen, sondern auch die schon vierzig Jahre zurückliegende Vernichtung der Ägypter im Schilfmeer hatte die Einwohner von Jericho in Angst versetzt: »Denn wir haben gehört, wie Jahwe das Wasser des Schilfmeers vor euch vertrocknen ließ, als ihr aus Ägypten auszogt, und was ihr den beiden Königen der Amoriter jenseits des Jordan, Sihon und Og, angetan habt, wie ihr den Bann an ihnen vollstreckt habt. Als wir das vernahmen, entsank uns der Mut und niemand wagt an Widerstand gegen euch zu denken.« (Josua 2, 10–11)

Die Kundschafter überbrachten Josua die Nachricht vom mangelnden Kampfgeist der Einwohner Jerichos, und Josua befahl den Übergang über den Jordan, wo sich das Meereswunder in leicht abgewandelter Form wiederholte: Teilten sich am Schilfmeer die Fluten vor Moses' Stab, so staute sich am Jordan stromaufwärts das Wasser des Flusses vor der Bundeslade, während es stromabwärts abfloss: »Die Priester aber, die die Lade mit dem Gesetz Jahwes trugen, verharrten im Trockenen mitten im Jordan ohne Wanken, während alle Israeliten auf dem Trockenen hinüberzogen.« (Josua 3, 17) Als sich dieses Wunder herumsprach, schwand der Kampfgeist der kanaanäischen Gegner der Kinder Israel, »ihr Herz verzagte, und sie hatten keinen Mut mehr gegenüber den Israeliten.« (Josua 5, 1)

Josua ließ die Stadt Jericho einschließen, und »niemand kam heraus oder hinein«. Auf Geheiß Jahwes ordnete Josua seinen Kriegern und den Priestern der Bundeslade an, sechs Tage lang um die ganze Stadt herumzuziehen und sie einmal zu umkreisen. Am siebten Tag aber ließ Josua die Krieger und die Priester mit der Bundeslade sieben Mal um die Stadt herumziehen. Beim siebten Umzug, als die Priester auf ihren Widderhorn-Posaunen bliesen, befahl Josua den bewaffneten Männern, ein Kriegsgeschrei zu erheben: »Da erhob das Volk das Kriegsgeschrei, und sie stießen in die Posaunen (Schofarhörner). Als aber das Volk den Posaunenhall vernahm, da erhob das Volk ein mächtiges Kriegsgeschrei. Da stürzte die Mauer in sich zusammen, und das Volk stieg in die Stadt ein, jeder, wo er gerade stand; so nahmen sie die Stadt ein. Und sie vollzogen an allem, was in der Stadt war, an Männern und Weibern, Jungen und Alten, an Rindern, Schafen und Eseln den Bann mit scharfem Schwert.« Josua ließ die Stadt und ihre abgeschlachteten Einwohner samt den Haustieren verbrennen. »Nur das Silber und Gold und die ehernen und eisernen Geräte brachte man in den Schatz des Hauses Jahwes.« Die Hure Rahab und ihre nächsten Verwandten ließ aber Josua am Leben. (Josua 6, 20–26)

Die Stadt war aber nicht restlos zerstört, denn mindestens

tausendfünfhundert Jahre später, im Jahre 333 n. Chr., ließ sich ein christlicher Pilger aus Burdigala, dem heutigen Bordeaux, das Haus der Hure Rahab zeigen, oder was davon übrig geblieben war. Weitere drei Jahrhunderte später wurde der nicht minder gutgläubige fränkische Pilger Arkulf ebenfalls zur Ruine von Rahabs Haus geführt.

Das Jericho der Archäologen

Die alttestamentliche Stadt Jericho lag auf dem Ruinenhügel Tell es-Sultan am Nordende der Oase von Jericho. Bis 1958, als eine neue Straße durch die östlichen Randberge des Jordantals angelegt wurde, blieben die alten Verkehrsverhältnisse erhalten. Seit uralten Zeiten führte der Weg vom südlichen Ostjordanland zum zentralen Bergland Palästinas über Jericho. Darum lässt der Erzähler der Bibel die aus der moabitischen Ebene über den Jordan ziehenden Israeliten zunächst vor die kanaanäische Stadt Jericho ziehen.

Unmittelbar westlich neben der Sultansquelle – einer der drei Quellen, denen die Oase ihre Existenz verdankt – erhebt sich der 350 Meter lange, bis zu 150 Meter breite und stellenweise über 20 Meter hohe Ruinenhügel. In der Wüste des südlichen Jordangrabens war von jeher nur die Oase von Jericho bewohnbar, und in der Oase gibt es nur diesen einen Ruinenhügel, der in die Zeit des Alten Testaments zurückreicht. Das moderne Ariha, wie die arabischen Einwohner Jericho nennen, liegt zwei Kilometer vom Ruinenhügel entfernt.

Die archäologische Erkundung des Ruinenhügels begann im Jahr 1868. Im Auftrag der Englischen Gesellschaft zur Erforschung Palästinas legte Captain Charles Warren auf dem Sultanshügel Probegräben an, fand aber nichts außer »einigen Tongefäßen und Steinmörsern, um Korn darin zu mahlen«. Mit einem seiner Suchgräben stieß Warren auf eine Mauer, die Kathleen Kenyon Jahrzehnte später als Stadtmauer aus dem 3. vorchristlichen Jahrtausend identifizierte. Ein anderer von

Warrens Suchgräben verfehlte um weniger als einen Meter den später von Kenyon gefundenen Steinturm der Siedlung des 8. Jahrtausends v. Chr.

Die Jericho-Grabung von Watzinger und Sellin

Obwohl es sich nach Ansicht des glücklosen Warren nicht mehr lohnte, auf dem Ruinenhügel nach Resten des alten Jericho zu suchen, kehrte fünfundzwanzig Jahre später ein Ausgräber dorthin zurück. 1894 entdeckte der amerikanische Archäologe Bliss am östlichen Hügelhang ein Stück Ziegelmauer. Er glaubte, ein stehen gebliebenes Stück jener Mauern gefunden zu haben, die unter den Augen des Hauptmanns Josua eingestürzt waren. Auf Bliss folgten Ernst Sellin und Carl Watzinger, die im Auftrag der Deutschen Orient-Gesellschaft von 1907 bis 1909 den Ruinenhügel von Jericho erforschten. Sellin war Theologe und Alttestamentler, Watzinger klassischer Archäologe und Verfasser des ersten Handbuchs der Palästina-Archäologie. Watzinger und Sellin fanden zwei Mauern: eine oben um den Hügel herumführende doppelte Ziegelmauer und eine Steinmauer unten am Fuß des Hügels, die zu einer rampenartigen Wallanlage gehörte.

Im würdevollen Stil der Zeit verkündeten die Ausgräber in ihrem 1913 erschienenen abschließenden Bericht: »Die stolze Burg mit der Doppelmauer ist gefallen, und es ist offenkundig, dass irgendein Zusammenhang zwischen der Zerstörung dieser und dem Josua 2–7 berichteten Ereignis bestehen muss.« Damit meinten sie, dass die doppelte Ziegelmauer nach 2000 v. Chr. erbaut und um 1500 v. Chr. durch Josua zerstört worden sei.

Bei dieser Datierung der Doppelmauer kam für die Steinmauer und Wallanlage am Fuß des Hügels nur das 9. Jahrhundert v. Chr. in Frage, aus welcher Zeit die Bibel von der Neugründung Jerichos berichtet. Denn Josua selbst sprach nach der Eroberung und Zerstörung Jerichos einen Fluch aus: »Ver-

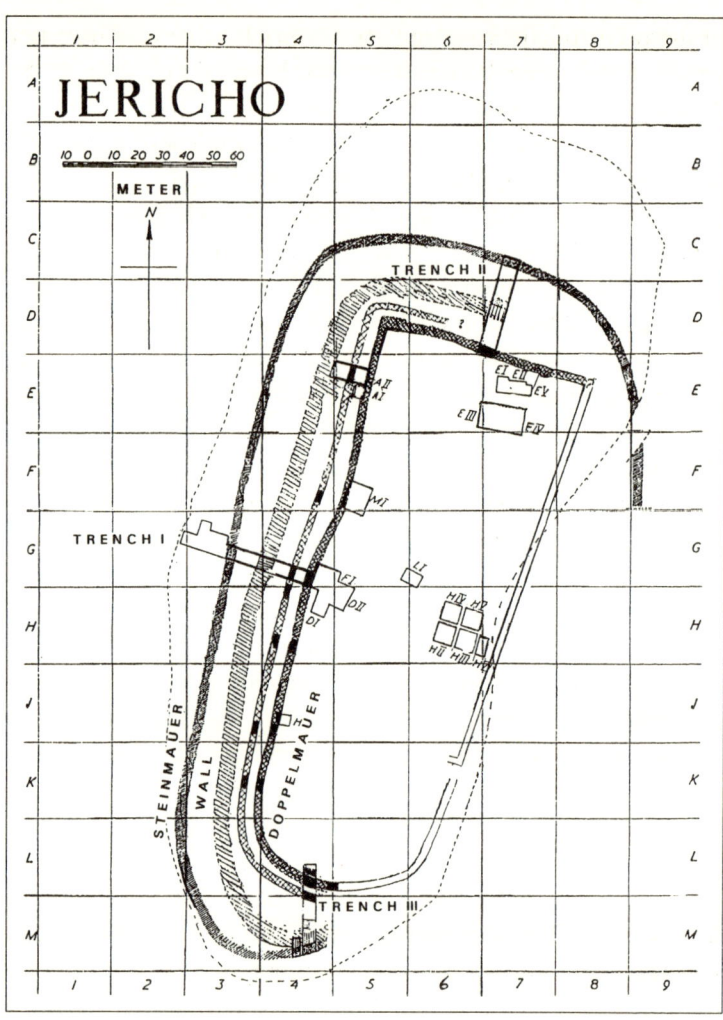

Die Mauern Jerichos

flucht sei der Mann vor Jahwe, der es wagt, diese Stadt Jericho wieder aufzubauen!« (Josua 6, 26) Das biblische *Buch der Könige* berichtet aber aus der Regierung von Ahab im 9. Jahrhundert v. Chr.: »Zu seiner Zeit baute Hiel aus Bethel Jericho wieder auf. Um den Preis seines Erstgeborenen Abiram legte er ihren Grund, und um den Preis seines Jüngsten Segub setzte er ihre Tore ein, nach dem Worte, das Jahwe durch Josua, Sohn Nuns, gesagt hatte.« (Josua 6, 26; 1. Könige 16, 34)

Allerdings konnten die Ausgräber die Funde aus der Schicht der Steinmauer und Wallanlage nicht datieren. Dennoch pries Thiersch, ein Kollege Sellins, den biblischen Hiel begeistert als Erbauer der Steinmauer: »Man erkennt ihn wieder, diesen Mann, dessen resoluter Trotz auch vor den schwersten Opfern an eigenem Fleisch und Blut nicht zurückschreckte, in der umsichtigen Entschlossenheit und kühnen Tatkraft, mit der er hier das Stadtganze systematisch von Grund aus erneuert hat. Die Außenmauer in ihrer stolzen Kraft ist die Krone seines Werkes.«

Zwar hatten die Ausgräber in der Schicht der Wallanlage Tongefäße gefunden, aber dieses sonst für Datierungen so brauchbare Material ließ sich nicht verwenden, weil damals aus Palästina nichts Vergleichbares bekannt war. Es musste zunächst offen bleiben, aus welcher Epoche die Wallanlage stammte, und auch für die Zeit der Doppelmauer oben auf dem Hügel gab es keine Hinweise.

Neue Grabungen in Jericho seit 1930

Nach dem Ersten Weltkrieg erhob der amerikanische Archäologe William Foxwell Albright triftige Einwände gegen die Datierungen Sellins und Watzingers. Albright berief sich auf die Ergebnisse der amerikanischen Grabungen in Gibeah, in der Nähe von Jerusalem. Watzinger ging auf Albrights Einwände ein und zog seine früheren Datierungen zurück. Er tat dies um so bereitwilliger, als Sellin und er schon 1914 eingesehen hatten, dass ihre Datierungen nicht richtig sein konnten. Denn während ihr Buch über Jericho gedruckt wurde, war ein Bericht über die Grabungen ihres englischen Kollegen Robert A. Stewart Macalister in Gezer erschienen.

Der Ruinenhügel von Gezer liegt halbwegs zwischen Jericho und der Mittelmeerküste. Macalister hat hier mit Unterbrechungen von 1902 bis 1907 gegraben und eine vom 4. Jahrtausend v. Chr. bis ins 1. Jahrtausend n. Chr. bewohnte Stadt freigelegt. Auch wenn der Ausgräber viele seiner Funde noch nicht richtig deuten konnte, so sprach doch die Serie von Tongefäßen aus den übereinander liegenden Siedlungsschichten von Gezer für sich allein.

Die Tonware aus Gezer zeigte den Ausgräbern von Jericho, dass sie ihre Gefäßfunde falsch datiert hatten. Watzinger musste die in der Schicht der doppelten Ziegelmauer gefundenen Tongefäße vom 2. ins 3. Jahrtausend v. Chr. umdatieren. Wenn aber die Ziegelmauern ins 3. Jahrtausend gehörten, dann war ihnen jede mögliche Verbindung mit Josua entzogen, weil Josua nach der Bibel in einem anderen Jahrtausend lebte. Watzinger musste auch »Hiels Mauer« umdatieren: Die in der Schicht von »Hiels Mauer« gefundenen Tongefäße gehören in die Zeit um 1600 v. Chr., und somit kann keine Verbindung zu Hiel bestehen, der laut Bibel um 900 v. Chr. gelebt haben soll.

Aber trotz dieser Korrekturen wollte Watzinger an einer geschichtlichen Verbindung zwischen Jericho und Josua festhalten. Allerdings hielt er das Jericho der Josua-Zeit für eine armselige Trümmerstätte, »auf der noch vereinzelte Hütten standen«. Dieser Widerspruch zwischen dem archäologischen Befund und der biblischen Geschichte über die Eroberung der großen, wohlbefestigten Stadt Jericho rief die Verfechter der historischen Wahrheit der Bibel auf den Plan. Neue Grabungen in Jericho sollten Sellins und Watzingers Ergebnisse überprüfen.

Neuer Grabungsleiter wurde John Garstang. Im Alter von 23 Jahren nahm er 1899 an einer Grabung in Ägypten teil, später leitete er Ausgrabungen in Ägypten und Kleinasien. Nach dem Ersten Weltkrieg, als Palästina aus türkischer Herrschaft in britische Mandatsverwaltung überging, baute Garstang den amtlichen Antikendienst in Palästina auf und gründete in Jerusalem die Britische Archäologische Schule. Er verstand es, für die Finanzierung der Grabung in Jericho Mäzene wie Sir Charles Marston zu gewinnen, der als bibelgläubiger Christ und Autor der Schrift *The Bible is True* (Die Bibel ist wahr) auf Grabungsergebnisse hoffte, die den Bericht im *Buch Josua* bestätigten. Mit der zusätzlichen Unterstützung verschiedener englischer Universitäten konnte Garstang im Auftrag des Archäologischen Instituts der Universität Liverpool, wo er Professor war, von 1930 bis 1936 in Jericho graben. Garstang enttäuschte seine bibelgläubigen englischen Freunde und Geldgeber nicht und lieferte den sensationellen Beweis für die Geschichtlichkeit der biblischen Eroberungsgeschichte. Sellin und Watzinger hatten die doppelte Ziegelmauer oben auf dem Hügel nicht vollständig freigelegt, und unter dem Niveau der Doppelmauer fand Garstang eine weitere Mauer. Diese Mauer datierte er ins 3. Jahrtausend. v. Chr., folglich musste die darüber stehende doppelte Ziegelmauer jünger sein.

Garstang verfolgte die Doppelmauer über die von Sellin und Watzinger freigelegte Strecke hinaus, und was er im westlichen Abschnitt feststellte, passte exakt auf den biblischen Bericht: Die äußere Mauer war sehr stark beschädigt, ihre Überreste lagen auf der Böschung stadtauswärts; die innere Mauer stand zwar noch an einigen Stellen, doch meistens war sie in den Raum zwischen den beiden Mauerzügen gefallen. Überall zeigten sich Spuren von starkem Brand. Offensichtlich hatte ein von Gott Jehowa zugunsten der Israeliten ausgelöstes Erdbeben die Mauern einstürzen lassen.

Aus jener Siedlungsschicht, die Garstang den vor Josua eingestürzten doppelten Ziegelmauern zuschrieb, stammte unter 150 000 ausgewerteten Tonscherben nur eine einzige von einem importierten griechisch-mykenischen Tongefäß. In größeren Mengen findet man griechisch-mykenische Scherben in Palästina erst ab 1400 v. Chr. Daher konnte Garstang den Einsturz der doppelten Ziegelmauern guten Gewissens frühestens auf ca. 1400 v. Chr. datieren und im Sinn der biblischen Erzählung mit der Eroberung durch Josua verknüpfen.

Aber Garstangs neuer zeitlicher Ansatz für die Eroberung Jerichos durch die von Josua angeführten Kinder Israel schuf ein schwieriges Problem: Einerseits sollte die kanaanäische Stadt

Jericho nach Garstang um 1400 v. Chr. von den Israeliten erobert worden sein, andererseits begann nach den sonstigen archäologischen Ergebnissen die israelitisch zu nennende Besiedlung von Kanaan nachweislich erst zwei Jahrhunderte später.

Die Jericho-Grabung von Kathleen Kenyon

Erst mehrere Jahre nach Ende des Zweiten Weltkriegs waren
in Jericho wieder Grabungen möglich, und jetzt klärte sich
der Widerspruch in Garstangs Ergebnissen auf. 1948 war die
Gründung des Staates Israel auf dem Territorium des britischen
Mandatsgebiets Palästina erfolgt. Nach dem anschließenden is-
raelisch-arabischen Krieg fiel Jericho an Jordanien. Von 1952 bis
1958 konnte Kathleen Kenyon im Auftrag der von Garstang
gegründeten Britischen Archäologischen Schule im jordani-
schen Jericho graben; angelsächsische Institutionen finanzier-
ten das Unternehmen. Kenyon legte die untersten Schichten
frei und bewies, dass Jericho die älteste Stadt der Welt ist, über
10 000 Jahre alt.

Schon vor ihrer Grabung in Jericho hatte Kathleen Kenyon
auf Einladung Garstangs dessen Funde sorgfältig überprüft. Sie
bestätigte Watzingers und Sellins Datierung der Wallanlage am
Fuß des Hügels und datierte die ältere, unter der Wallanlage
liegende Schicht in die Mitte des 3. Jahrtausends v. Chr. Hier
kündigt sich ihr späteres Ergebnis an, dass die doppelte Ziegelmauer nicht, wie Garstang meinte, in die »Zeit von Josua«, sondern ins 3. Jahrtausend v. Chr. gehört.

Als Kathleen Kenyon später selbst in Jericho grub, trieb sie
einen großen Graben von Westen her bis zur Mitte des Hügels. Dieser Graben schneidet durch die Aufschüttungen der
Wallanlage des 18. Jahrhunderts v. Chr. und trifft auf Garstangs
Ziegelmauern. Die Ziegelmauern liegen in einer Siedlungsschicht unter der Aufschüttung für die Wallanlage. Wenn aber
diese Mauern um 1400 v. Chr. vor den Augen von Josua eingestürzt sein sollen, dann müssten sie über der Aufschüttung

aus dem 18. Jahrhundert v. Chr. liegen und nicht darunter. Folglich waren die doppelten Ziegelmauern zur »Zeit Josuas« schon seit vielen Jahrhunderten nicht mehr sichtbar. Die stolze Burg mit der Doppelmauer muss also fast ein Jahrtausend vor Josua gefallen sein.

Danach vergingen Jahrhunderte, bis »Jericho« neu gegründet und im 18. Jahrhundert v. Chr. durch die von Sellin und Watzinger entdeckte Wallanlage am Fuß des Hügels geschützt wurde. Diese Stadt ist offensichtlich um 1600 v. Chr. zugrunde gegangen, wie schon Watzinger und Sellin nachträglich einsehen mussten. Eine von den Winterregen am Fuß des Hügels angeschwemmte dicke Ascheschicht beweist, dass die höher als die Mauern gelegenen Häuser der Stadt abgebrannt sind, und ihre Ruinen für lange Zeit der Erosion ausgesetzt waren. Es ist nicht bekannt, welchem Feind die Stadt Jericho um 1600 v. Chr. zum Opfer gefallen ist.

Nicht nur der Hügel bietet für zwei Jahrhunderte nach dieser Zerstörung keine Siedlungsspuren, auch in den Felsengräbern von Jericho hat Kenyon eine vollständige Fundlücke für die Zeit zwischen ca. 1600 und 1400 v. Chr. festgestellt. Aber nach 1400 v. Chr. deuten die Funde in den Gräbern auf eine bescheidene Ansiedlung in oder bei Jericho. Die Funde stammen aus einem westlich vom Ruinenhügel gelegenen Friedhof. Garstang fand hier einige in älterer Zeit angelegte Gräber, die nach 1400 v. Chr. wieder benutzt wurden. Aus einem Grab stammen griechisch-mykenische Gefäße, die nicht vor ca. 1375 und nicht später als ca. 1300 v. Chr. zu datieren sind.

Noch genauer lassen sich die Funde von zwei Skarabäen mit dem Thronnamen von Echnatons Vater Amenophis III. datieren, der von 1390 bis 1353 v. Chr. regierte. Wenn man von diesen Funden im Westfriedhof ausgeht, dann bestand um 1350 v. Chr. auf dem Hügel von Jericho allenfalls eine kleine Ansiedlung. Aber die Leute, die ihre Toten im Westfriedhof beisetzten, haben wohl nicht auf dem Hügel selbst gewohnt.

Über dem Brandschutt der um 1600 v. Chr. zerstörten Stadt fand Kathleen Kenyon das Fundament einer einzigen Hausmauer mit einem dazu gehörigen ein Fußbodenrest mit einer Fläche von einem Quadratmeter. Darauf stand ein kleiner Tonofen, neben dem ein Schöpfkrügchen lag, das etwa aus der Zeit um 1400 v. Chr. stammte.

Josuas Männer wären von keiner Stadtmauer aufgehalten worden, jedenfalls fand Kenyon keine Spur von einer Befestigungsanlage aus der Epoche um 1400 v. Chr. Hätte es damals eine größere Siedlung gegeben, die Wind und Wetter bis auf die Reste von ein oder zwei Häusern verschwinden ließen, dann sollten sich im Schwemmschutt am Fuß des Ruinenhügels die Gefäßscherben aus dieser Siedlung befinden. Aber die Ausgräber fanden dort nur Scherben aus älteren Zeiten, nichts aus der letzten kanaanäischen Siedlung, die folglich sehr klein gewesen sein muss.

Die nicht verbürgte Eroberung Jerichos durch die Israeliten und Josua

Die Ausgrabungen von Kathleen Kenyon haben klar ergeben, dass die biblische Erzählung von der Eroberung Jerichos durch Josua nicht mit der archäologisch erforschten Geschichte dieser Stadt zu vereinbaren ist. Das Jericho der Josua-Zeit spielt darum in der archäologischen Forschung der letzten Jahrzehnte keine Rolle mehr.

Im 1. Jahrtausend v. Chr. war Jericho zweifellos eine von Untertanen der Könige von Juda oder Israel bewohnte Stadt. Aber wann sind diese Siedler nach Jericho gekommen? Die Alttestamentler und Palästina-Archäologen Helga und Manfred Weippert durchsuchten Mitte der 70er Jahre vor allem die Fundberichte Watzingers und Garstangs nach Spuren der letzten kanaanäischen und der frühesten israelitischen Besiedlung des Hügels von Jericho. Laut Helga und Manfred Weippert »gab es keine spätbronzezeitliche Stadt, die die Israeliten bei ihrer Niederlassung in Jericho im 12. oder 11. Jahrhundert v. Chr. hätten erobern können«. Wie aus den von allen drei Jericho-

Expeditionen gefundenen Tongefäßen hervorgeht, war der Hügel von Jericho erst vom 11. vorchristlichen Jahrhundert an wieder ständig besiedelt.

Die Neugründung Jerichos durch Hiel im 9. Jahrhundert v. Chr. ist genauso wenig historisch verbürgt wie die biblische Erzählung von der Eroberung der kanaanäischen Stadt Jericho durch Josua, denn Jericho war zwischen dem 11. und dem 6. Jahrhundert v. Chr. ohne Unterbrechung besiedelt. Wie die Hiel-Legende zeigt, präsentiert die biblische Erzählung nicht nur erfundene Episoden, sondern ein Fälschungsgewebe, in dem Rückverweise den Eindruck der Echtheit fördern sollen.

Die Eroberung von Ai: biblischer Bericht

Auf die Erzählung der Eroberung Jerichos folgt ein Kapitel, das sowohl ein kultisch-zeremonielles Gebot illustriert als auch geschickt zum nächsten Kriegszug überleitet. Achan, eines der Kinder Israel, vergriff sich an der dem Gott Jahwe geweihten Beute aus Jericho. Jahwe zürnte deswegen und verwehrte den Israeliten den Sieg bei ihrem nächsten Unternehmen, einem Feldzug gegen die Stadt Ai.

Josua lässt den Schuldigen durch das Losorakel suchen: Zuerst werden die Stämme ausgelost, dann die Geschlechter und die einzelnen Hausvorstände. Der durch das Los Beschuldigte gesteht: »Ich sah unter der Beute einen schönen Mantel aus Sinear, zweihundert Schekel Silber, und eine goldene Zunge, fünfzig Schekel schwer. Da gelüstete mich nach den Sachen und ich nahm sie. Sie liegen in meinem Zelt im Boden vergraben und das Geld unter ihm.« (Josua 7, 21–22)

Die gestohlene Habe wird tatsächlich gefunden. »Josua aber nahm Achan, den Sohn Serahs, und das Geld, den Mantel und die goldene Zunge, seine Söhne und Töchter, seine Rinder, Esel und Schafe, sein Zelt und alles, was ihm sonst gehörte, und ganz Israel (zog) mit ihm, und sie brachten sie hinauf ins Tal Achor.« Achan und seine Familie werden in Sippenhaft gesteinigt und verbrannt, ein großer Steinhaufen wird über ihnen errichtet, »der bleibt bis auf diesen Tag«. (Josua 7, 24–26)

Jahwe ist durch die Ausrottung des Kultfrevlers Achan, seiner Familie, seines Viehs und seiner ganzen Habe versöhnt und fordert Josua auf, nochmals gegen Ai zu ziehen. Wie im Fall von Jericho sollen zwar auch die Stadtbewohner von Ai getötet, die Beute aber unter den Siegern geteilt werden. Doch es gibt noch einen Unterschied: Dieses Mal will Jahwe nicht durch ein Wunder eingreifen, sondern sich mit einem taktischen Ratschlag begnügen: »Lege der Stadt einen Hinterhalt auf ihrer Westseite.« (Josua 8, 2)

Die von Jahwe vorgegebene List gelingt: Josua stellt sich mit den Israeliten zur Schlacht, lässt sich von Ai und seinen Männern scheinbar schlagen und flieht Richtung Wüste. Alle, die noch in der Stadt sind, werden zu ihrer Verfolgung aufgeboten. Sie verfolgen Josua und werden so von der Stadt weggelockt: »Kein Mann blieb in Ai und Bethel, der nicht zur Verfolgung Israels ausgerückt wäre.« (Josua 8, 17) Nebenbei erfährt man, dass die Männer von Bethel, der westlichen Nachbarstadt von Ai, mit den Männern von Ai kämpfen. Später liest man nichts mehr über das Schicksal der Stadt Bethel.

Die im Hinterhalt wartenden Israeliten dringen in die von den Verteidigern verlassene Stadt ein, die Stadtbewohner werden erschlagen. »Bloß das Vieh und die Beute dieser Stadt nahm Israel für sich, nach der Weisung, die Jahwe Josua erteilt hatte. Josua aber ließ Ai niederbrennen und machte es für ewige Zeit zu einem Schutthügel, zu einer Wüstenei, bis auf den heutigen Tag.« (Josua 8, 27–28)

Der Name Ai bedeutet »Ruine«, »Steinhaufen« und dürfte sich auf den Zustand nach einer Zerstörung beziehen. Es gibt nur einen Ruinenhügel, der als biblisches Ai in Frage kommt, und zwar Et Tell, weniger als drei Kilometer von Beitin entfernt, wie Bethel heute heißt.

Das Fehlen archäologischer Nachweise
für die Eroberung von Ai durch die Israeliten

In den frühen 1930er Jahren äußerte Edmond de Rothschild den Wunsch, seine Ausgrabungen in Palästina wieder aufzunehmen. Der führende französische Archäologe René Dussaud schlug ihm als Grabungsleiterin die noch sehr junge Judith Marquet-Krause vor, die 1907 in Palästina geboren war und in Paris eine Ausbildung als Archäologin erhalten hatte.

Für die Entscheidung, in Ai zu graben, war vermutlich ausschlaggebend, dass Garstang den Ruinenhügel im Jahr 1928 angeschürft hatte. Dieser imposante Ruinenhügel, der sich über eine Fläche von 10 Hektar ausdehnte, stellte ein erstrangiges archäologisches Ziel dar. Judith Marquet-Krause arbeitete nur in drei aufeinanderfolgenden Winterkampagnen von 1933 bis 1936. Im Sommer 1936 erkrankte die junge Frau plötzlich schwer und starb. Ihre Arbeit wurde nicht unmittelbar weitergeführt. Erst drei Jahrzehnte später kam eine Nachuntersuchung der obersten Schichten des Hügels zustande, wo die Reste eines frühen israelitischen Dorfs liegen.

Schon in der ersten Kampagne von 1933/34 hatte die Ausgräberin eine merkwürdige Entdeckung gemacht: Unter der kleinen israelitischen Siedlung in der obersten Schicht stieß sie nicht, wie erwartet, auf eine kanaanäische Stadt des späten 2. Jahrtausends v. Chr., sondern des 3. Jahrtausends v. Chr. Offensichtlich lag der Ruinenhügel schon über 1000 Jahre unbesiedelt da, als einige wenige israelitische Siedler sich auf seiner höchsten Stelle niederließen.

Wo war die kanaanäische Stadt des späten 2. Jahrtausends v. Chr., die Josua angegriffen und zerstört haben soll? Dussaud riet der Ausgräberin, den Befund vorläufig nicht bekannt zu geben, weil er die Geschichtlichkeit des *Buches Josua* in Frage stellte. Später teilte Dussaud selbst öffentlich mit, dass die in der Bibel geschilderte Eroberung von Ai nicht geschichtlich verbürgt sei. Der Bibelerzähler hat seine Erfindung an einen Trümmerhaufen angeknüpft, der zu seiner Zeit unbesiedelt da lag.

Bis zur Eroberung von Ai waren die Israeliten die Angreifer, dann aber stellte sich ihnen eine Koalition der Stadtkönige von Jerusalem, Hebron, Jarmuth, Lachisch und Eglon entgegen. Josua jedoch überfiel seine versammelten Gegner und schlug die fünf Könige und ihr vereintes Heer in die Flucht. Fast wären die Flüchtenden im Schutz der Nacht entkommen, hätte Josua nicht ein Wunder gewirkt, indem er sprach: »Sonne, zu Gibeon halt an, und Mond, im Tal Ajjalon.«

Tatsächlich blieb die Sonne stehen und »eilte nicht unterzugehen, etwa einen Tag lang«. (Josua 10, 12–13)

Nach der Schlacht von Gibeon soll Josua über Libna nach Lachisch gezogen sein, das er wie Libna zerstörte. Das biblische Lachisch ist identisch mit dem heutigen Tell ed-Duweir im Hügelland zwischen der Küstenebene und dem judäischen Hochland. Die Ruinen von Lachisch bilden den größten Ruinenhügel im Süden Palästinas; der in 2500 Jahren aufgehäufte Siedlungsschutt erreicht eine Höhe von ca. 40 Meter. Ab 1932 fanden hier Grabungen einer englischen Expedition statt. Ursprünglich hatte man befürchtet, die Spannungen zwischen den im britischen Mandatsgebiet ansässigen Arabern und den zionistischen Siedlern würden die Arbeit der Expedition beeinträchtigen. Zunächst erwies sich diese Sorge als unbegründet, doch nach der Ermordung des Grabungsleiters James Starkey geriet die Arbeit in Lachisch ins Stocken, auch wenn die anderen Expeditionsmitglieder die laufende Grabungskampagne des Winters 1937/38 zu Ende führten.

Am 10. Januar 1938 wollte Starkey vom Grabungsort aus zu einer Vorbesichtigung des neuen Palästina-Museums nach Jerusalem fahren. Er folgte dem Weg, auf dem laut *Buch Josua* das israelitische Heer marschiert war, vom niedrigen Hügelland um Lachisch landeinwärts nach Hebron ins Hochland und von dort auf der Wasserscheide zwischen Mittelmeer und Jordantal nordwärts. Aber noch bevor er die Straße von Hebron nach Jerusalem erreichte, wurde sein Wagen von einem arabischen

Terroristen gestoppt und er selbst erschossen, während der einheimische Fahrer unbehelligt blieb. Der Mörder hatte Starkey wegen seines Vollbartes irrtümlich für einen Juden gehalten.

Albrights Datierung der Zerstörung von Lachisch

Starkey hat keine Befestigungsanlagen gefunden, die zu den Schichten VII und VI der kanaanäischen Stadt Lachisch gehörten. Lachisch VII wurde um 1300 v. Chr. durch Feuer zerstört. Die auf den Trümmern errichtete Stadt von Schicht VI war die letzte kanaanäische Siedlung, die ebenfalls in einer großen Feuersbrunst unterging; danach blieb der Platz bis ins 10. Jahrhundert v. Chr. unbesiedelt. Als letzte kanaanäische Stadt sollte Lachisch VI das Ziel des im *Buch Josua* berichteten israelitischen Angriffs gewesen sein.

Schon Starkey hatte die Zerstörung von Lachisch VI ins späte 13. Jahrhundert v. Chr. datiert, aber Albright präzisierte diese Datierung auf das 5. Regierungsjahr von Pharao Merneptah. Er stützte sich dabei auf einen Fund Starkeys, eine Tonschale mit einer ägyptischen Beischrift. Zwar ist diese mit Tinte geschriebene Beischrift nicht vollständig erhalten, sie lässt aber doch erkennen, dass darin vom Steuergetreide die Rede war, das die Ägypter in Lachisch einsammelten. Genannt wird das 4. Regierungsjahr eines Pharaos. Nach Meinung des ägyptologischen Schriftexperten Jaroslav Cerny konnte die Schrift in die Zeit von Merneptah oder später gehören. Daher datierte Albright die Schale in das 4. Jahr von Merneptah und die Zerstörung der Stadt ins folgende Jahr. Albright war ein Verfechter der traditionellen Hypothese von der kriegerischen Landnahme Israels, und er ging davon aus, dass in einer bestimmten ägyptischen Inschrift aus dem 5. Regierungsjahr Merneptahs auch von Israel als einem Volk in Kanaan die Rede ist. Diese Inschrift steht auf einem im Jahr 1896 gefundenen Denkstein, der als »Israel-Stele« bekannt wurde. Für die alten Ägypter

»Israel-Stele«: Pharao Merneptah vor Göttern

selbst war nicht die Erwähnung Israels das Hauptanliegen der Inschrift, sondern der Bericht über Merneptahs siegreichen Kampf mit den Libyern.

Das Giebelfeld der »Israel-Stele« bietet zwei symmetrisch aufgebaute Szenen; rechts überreicht der Gott Amun König Merneptah ein Sichelschwert, hinter dem König steht der Gott Chonsu. Auch in der linken Szene überreicht Amun dem König ein Sichelschwert; hier steht die Göttin Mut, die Gattin Amuns, hinter dem König. In den Inschriften ist die Rede davon, dass das überreichte Sichelschwert dem König zum Sieg über seine Feinde verhelfen soll.

Die Hauptinschrift berichtet über den Sieg, den Merneptah in seinem 5. Regierungsjahr über libysche Gegner errungen hat. Darauf folgen einige Verse, in denen von der Huldigung aller ausländischen Fürsten und davon die Rede ist, dass kein fremdes Land sich gegen ihn erheben werde und Israel wüst daliege. Da Israel nach dieser ägyptischen Inschrift offenbar in Kanaan ansässig ist, sollte die in der Bibel erzählte Eroberung Kanaans durch die Israeliten damals schon weit fortgeschritten gewesen sein. Denn nach der Bibel überquerte Josua den Jordan und eroberte Jericho und Ai; anschließend begann er mit dem Feldzug im Süden von Kanaan. Unter diesen Voraussetzungen sagte sich Albright zu Recht, Lachisch müsse bereits zerstört gewesen sein, als ein Ägypter im 5. Regierungsjahr von Merneptah die Inschrift der »Israel-Stele« formulierte.

Das archäologisch verbürgte Datum
der Zerstörung von Lachisch

Albrights Datum für die Zerstörung von Lachisch VI passt jedoch nicht zur Fundsituation, denn zusammen mit der beschrifteten Schale ist ein Skarabäus des ägyptischen Königs Ramses III. zutage gekommen. Die Regierung von Ramses III. begann aber erst über zwei Jahrzehnte nach dem 5. Regierungsjahr von Merneptah. Es ist auch unwahrscheinlich, dass der Skarabäus gleich im ersten der 32 Regierungsjahre Ramses III. in den Boden von Lachisch geraten ist. Dieses Fundstück spricht somit für die Zerstörung von Lachisch einige Zeit nach Regierungsbeginn von Ramses III., Jahrzehnte nach dem von Albright angenommenen Datum, der allerdings von diesem Fund noch nichts wusste, da der fragliche Skarabäus erst 1957 durch die Publikation von Olga Tufnell, einer ehemaligen Mitarbeiterin Starkeys, bekannt wurde.

Gegen Albrights Annahme vertrat Olga Tufnell die Ansicht, dass Lachisch VI erst nach Regierungsantritt von Ramses III. zerstört wurde. Israelische Archäologen, die 1972 die Ausgrabungen in Lachisch wieder aufnahmen, bestätigten ihren Standpunkt. In Lachisch kam in Schicht VI ein Altmetallfund zutage, darunter bronzene Bruchstücke mit dem Namen von Ramses III. Wie der Ausgräber David Ussishkin richtig erkannte, musste die Bronze mit dem Namen des Pharao nach ihrer Herstellung in Ägypten zunächst nach Lachisch gekommen, darauf zerbrochen und zusammen mit dem anderen Altmetall zum Zweck einer eventuellen Wiederverwertung aufbewahrt worden sein. Erst danach konnte Lachisch VI zerstört worden sein, denn die Zerstörungsbrandschicht hat die Fundstelle von oben versiegelt. Das Ende von Lachisch VI kann folglich allenfalls in die mittleren und späten Regierungsjahre von Ramses III. fallen.

Ussishkin fand auch noch den Rest einer weiteren ägyptisch beschrifteten Schale, ähnlich der von Starkey gefundenen Schale. Die neue Schale nannte das unvollständig erhaltene Regierungsjahr eines Pharaos; die Jahreszahl in hieratischer Schrift kann einer Zahl zwischen 10 und 19 entsprechen. Wegen des hohen Regierungsjahres und nach der Schriftform sollte das neue Fragment aus der Zeit Ramses III. stammen. Die israelische Ägyptologin Orly Goldwasser untersuchte die Inschrift der Schale, verglich sie mit der Beschriftung von Starkeys Schale und kam zu dem Ergebnis, dass auch Starkeys Schale aus der Zeit von Ramses III. stammt.

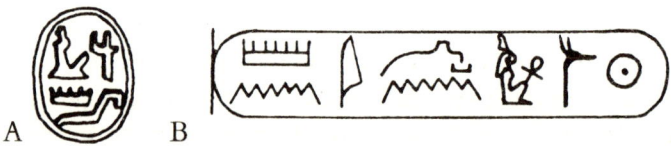

Schreibungen des Namens von Ramses IV.

Ein weiteres Fundstück beweist, dass Lachisch VI ein halbes Jahrhundert nach Merneptah zerstört wurde. Der noch von Starkeys Expedition gefundene Skarabäus Nr. 380 trägt den ägyptischen Königsnamen User-ma, gefolgt von dem Beinamen »der (König), den (der Gott) Amun erwählt hat« (Abb. A). Olga Tufnell legte dies als eine Namensform von Ramses II. aus, aber es ist inzwischen erwiesen, dass es sich um den Namen von Ramses IV. handelt.

Nach Abb. B lautete der vollständige Thronname von Ramses IV. zunächst »User-ma-Re, den Amun erwählt hat«. Auf dem Skarabäus Lachisch Nr. 380 fehlt das Wort Re, der mit der Hieroglyphe einer Scheibe geschriebene Name des Sonnengotts. Aus dieser Epoche gibt es genügend Beispiele für die entsprechende Verkürzung eines Thronnamens. Ein besonderer Umstand erlaubt es, ein Jahr anzugeben, in dem dieser Skarabäus hergestellt wurde: Ramses IV. hat seinen Thronnamen User-ma-Re nach dem ersten Regierungsjahr in Heka-ma-Re abgeändert. Da Ramses IV. im Frühjahr 1156 v. Chr. den Thron bestiegen hat, kann der Skarabäus Nr. 380 frühestens im Laufe des Jahres 1156 v. Chr. nach Lachisch gekommen sein. Folglich fand auch die Zerstörung der Stadt erst einige Jahre später statt.

Die Philister als Zerstörer von Lachisch

Die Bevölkerung wurde vom Angreifer entweder ausgerottet oder vertrieben, und in den folgenden zweihundert Jahren lag die Stadtruine verlassen da. Opfer dieses Angriffs fanden die israelischen Ausgräber in den Trümmern eines großen Gebäudes, in dem möglicherweise Flüchtlinge von außerhalb der Stadt Schutz vor dem Feind gesucht hatten. Auf dem Boden des Gebäudes, begraben vom Schutt der eingestürzten Dächer und Wände, lagen unter anderem die Knochen von einer erwachsenen Frau und drei Kindern. Das älteste Kind war acht, das mittlere zwei bis drei Jahre und das jüngste sechs bis acht Monate alt. Urteilt man nach der Position der Skelette, so war das eine Kind entweder mit dem Gesicht nach unten auf den Boden geworfen worden, oder es starb bei dem Versuch, unter herabgefallenem Schutt hervorzukriechen. Der Säugling hingegen fiel oder wurde auf den Boden geworfen. Der gute Erhaltungszustand der Skelette deutet darauf hin, dass der Gebäudeschutt die Leichen sehr bald völlig bedeckt haben muss.

David Ussishkin zufolge spricht der Grabungsbefund für die Zerstörung von Lachisch VI durch einen starken, entschlossenen Feind. Aber wer war dieser Feind? In Frage kamen entweder die Ägypter, die Israeliten oder die Philister. Die Ägypter scheiden aus, weil Lachisch VI offensichtlich eine Art ägyptische Kolonialstadt war. Wegen der damaligen Schwäche Ägyptens ist es fraglich, ob ein Pharao um 1150 v. Chr. zu einem Kriegszug nach Palästina in der Lage war, um einen etwaigen Aufstand in Lachisch niederzuschlagen.

Albright war der Ansicht, die Israeliten hätten Lachisch VI zerstört. Auch David Ussishkin, der bislang letzte Ausgräber von Lachisch VII und VI, bevorzugte jahrelang Albrights Deutung, weil der Grabungsbefund der biblischen Geschichte von der Eroberung der Stadt durch Josua zu entsprechen schien. Wenn aber die Israeliten bei ihrer Landnahme Lachisch eroberten, warum besiedelten sie dann die Stadt nicht neu oder ließen sich zumindest in der Nachbarschaft nieder? Der Archäologe Yehuda Dagan hat das Hügelland um Lachisch systematisch untersucht und keine frühen israelitischen Orte gefunden.

Da sich aber die Philister in der nördlich von Lachisch gelegenen Stadt Ekron niederließen und ihre Tongefäße in der Gegend von Lachisch verbreitet sind, kam Ussishkin zu dem Schluss, dass nicht die Israeliten unter Josua, sondern die Philister Lachisch VI zerstörten, als sie sich im Süden Palästinas ansiedelten.

Wer eroberte Galiläa: Josua oder Barak?

Da sich Josuas Eroberungszug in Mittel- und Südpalästina als erdichtet herausgestellt hat, muss man auch Josuas Einnahme Galiläas im Norden von Kanaan mit Skepsis betrachten. Laut biblischer Erzählung brachte Jabin, der König der Stadt Hazor, im Norden Kanaans ein großes Bündnis gegen die Israeliten zusammen, während Josua im Begriff war, das südliche und mittlere Kanaan zu erobern. Josua aber überfiel seine Gegner, die ihr Lager am Wasser Merom aufgeschlagen hatten, und besiegte sie. Die Sieger jagten die Überlebenden weit über hundert Kilometer nach Norden, bis nach Sidon an der Küste und bis zum Berg Hermon an den Jordanquellen. (Josua 11, 1–15)

Damals sollen Josua und die Kinder Israel auch die Stadt

Hazor erobert haben. »Und sie erschlugen alle Menschen, die darin waren, mit scharfem Schwert den Bann vollziehend; kein einziges lebendes Wesen blieb übrig; und Hazor ließ er niederbrennen.« Auch sonst ließ Josua im Norden Kanaans »nichts übrig, was Atem hatte«. (Josua 11, 14)

Nach dieser entschiedenen Aussage über die Ausrottung der Kanaanäer in Galiläa durch Josua überrascht das biblische Buch der Richter damit, dass Gott Jahwe die Kinder Israel in die Hand des Königs Jabin von Hazor gab, und zwar lange nach dem Tod von Josua. Zu jener Zeit – so heißt es im Buch der Richter – war die Prophetin Deborah eine Richterin in Israel, und sie schickte zu dem Mann Barak aus dem israelitischen Stamm Naphtali und ließ ihm sagen: »Wohlan! Jahwe, der Gott Israels, gebietet: Auf! zieh hin auf den Berg Thabor und nimm mit dir zehntausend Mann aus denen von Naphtali und von Sebulon; dann will ich Sisera, den Feldherrn Jabins, samt seinen Wagen und seinen Haufen zu dir nach dem Bach Kison bringen und will ihn in deine Gewalt geben.« (Richter 4, 6–7)

Sisera rüstet sich in der Tat zur Schlacht, aber seine 900 eisernen Kampfwagen verhelfen ihm nicht zum Sieg. Er flieht zu Fuß und kommt zur Hütte Jaëls, der Frau eines Keniters, die ihn hinterlistig erschlägt. Diese verlorene Schlacht bedeutet jedoch noch nicht das Ende von König Jabin von Hazor, denn »die Hand der Kinder Israel lag immer schwerer auf Jabin, dem König von Kanaan, bis sie Jabin, den König von Kanaan, vernichtet hatten«. (Josua 4, 24)

Welcher der einander widersprechenden biblischen Berichte ist historisch verbürgt, die Erzählung von Josuas Sieg über Jabin von Hazor oder die Erzählung von Baraks Sieg über Jabins Feldherrn Sisera und vom späteren Untergang Jabins im *Buch der Richter*? Was weiß man über die Stadt Hazor und ihre galiläische Umgebung?

Anfang der 1950er Jahre stellte der israelische Archäologe Yohanan Aharoni fest, dass das unwirtliche Hügelland von Obergaliläa am Ende der kanaanäischen Epoche so gut wie menschenleer war. Erst im Lauf der frühen Eisenzeit entstand hier eine Serie von kleinen unbefestigten Dörfern, deren Bewohner laut Aharoni die biblischen Israeliten waren. Ferner vermutete er, die Siedler hätten erst einige Zeit nach ihrer friedlichen Niederlassung die kanaanäische Stadt Hazor zerstört. In den späten 50er Jahren hat Yigael Yadin in Hazor gegraben. Seiner Meinung nach waren es die Israeliten, die Hazor zu Josuas Zeit zerstörten und sich dann im Lande niederließen.

Aber sowohl Aharoni als auch Yadin irrten, wie sich seit Mitte der 1980er Jahre deutlich herausgestellt hat. Da in den Ruinen der letzten kanaanäischen Schicht von Hazor jene Gefäßtypen fehlen, die sonst aus den späten kanaanäischen Städten bekannt sind, ist die Zerstörung der Stadt zwischen 1300 und 1250 v. Chr. anzusetzen. Die Siedler, die im menschenleeren Galiläa ihre Dörfer errichteten, kamen erst 150 bis 200 Jahre nach der Zerstörung von Hazor ins Land. Ob sie Israeliten im biblischen Sinn oder Bewohner der Mittelmeerküste waren, bleibt offen. Folglich ist keine der beiden biblischen Erzählungen über die Kämpfe der einwandernden Israeliten gegen die Stadt Hazor geschichtlich.

Zwei widersprüchliche biblische Dichtungen über die Eroberung von Kanaan

Das *Buch Josua* und das *Buch der Richter* bieten auch im Fall der Eroberung des südlichen und mittleren Palästina einander widersprechende Versionen. Das *Buch der Richter* berichtet, dass die Kinder Israel nach Josuas Tod ihren Gott fragten: »Wer von uns soll zuerst gegen die Kanaaniter ziehen, mit ihnen zu kämpfen? Jahwe sprach: Juda soll hinziehen; ich gebe das Land in seine Gewalt.« (Richter 1, 1–2)

Den Alttestamentlern zufolge wurden Gott die Namen der zwölf Stämme auf Losen vorgelegt, und die Losziehung ergab den Namen des Stammes Juda. Der Stamm Juda wollte jedoch nicht allein in den Krieg ziehen und bat den Bruderstamm Simeon um Beistand: »Juda aber sprach zu seinem Bruder Simeon: Ziehe mit mir hin in meinen Anteil, dass wir (zusammen) gegen die Kanaaniter kämpfen, dann will auch ich mit dir in deinen Anteil ziehen! So zog Simeon mit ihm.« (Richter 1, 3)

Man würde jetzt eine gemeinsame Unternehmung der beiden Stämme erwarten. Jedoch heißt es zunächst, dass Juda von Jericho aus allein und ohne Beistand Simeons gegen die Kanaanäer zog, die in Hebron und Debir wohnten. Das aber sind dieselben Städte, die bereits Josua erobert hatte: Nach der Eroberung der Stadt Eglon und der Ausrottung seiner Einwohnerschaft zogen Josua und seine Männer gegen Hebron, »nahmen es ein und schlugen es mit scharfem Schwert, auch den König und alle dazu gehörigen Ortschaften und alle Menschen, die darin waren; keinen einzigen ließ er entkommen, ganz so, wie er mit Eglon verfahren war, und an der Stadt und allen Menschen, die darin waren, vollzog er den Bann«. Nach der Eroberung von Hebron zog Josua gegen Debir, eroberte die Stadt und brachte alle Einwohner um, wie zuvor in Hebron und Eglon. (Josua 10, 36–39)

Wie kann der Stamm Juda die Städte Hebron und Debir nach Josuas Tod noch einmal erobern, als sei zu Josuas Zeit nichts geschehen? Offensichtlich gab es zwei verschiedene Erzählungen über die Eroberungen von Hebron und Debir, die eine sprach sie dem Stamm Juda zu, die andere dem unter Josuas Führung stehenden gesamten israelitischen Volk. Der Verfasser des ersten Kapitels vom *Buch der Richter* hat beide Erzählungen ungeschickt miteinander verknüpft, ohne sich an den offenkundigen Widersprüchen zu stoßen, und den Stamm Juda die fraglichen Städte nach Josuas Tod noch einmal erobern lassen.

Über den angekündigten gemeinsamen Feldzug der Stämme Juda und Simeon berichtet die Bibel erst, nachdem Juda über Hebron hinaus noch weiter in südliche Richtung vorgedrungen ist: »Juda aber zog mit seinem Bruder Simeon, und sie besiegten die Kanaaniter, die Zephath bewohnten, und vollstreckten den Bann an ihnen; daher heißt die Stadt Horma.« (Richter 1, 17)

Die im tiefen Süden Kanaans liegende Stadt Horma kennt man bereits aus der Zeit des Moses: Während des Aufenthalts der zwölf Stämme Israel in der Oase Kadesch Barnea schickte Moses Kundschafter nach Kanaan. Denn nach Gottes ursprünglichem Plan sollten die aus Ägypten kommenden Israeliten, unmittelbar nach Überquerung der Halbinsel Sinai, von Süden her in Kanaan eindringen. Aber ein Konflikt zwischen Gott und den Kindern Israel – ein Konflikt, den Gott selbst nicht vorhergesehen hatte – führte eine Verzögerung herbei. Vierzig Tage waren die Männer unterwegs, um das von Gott verheißene Land auszukundschaften. Die Kunde, die sie zurückbrachten, war nicht angenehm: »Wir sind nicht imstande, gegen dieses Volk zu ziehen, denn es ist für uns zu stark.« (4. Moses 13, 31) Nur zwei Kundschafter, Josua und Kaleb, vertraten eine andere Meinung und rieten zum Angriff. Aber statt den Kampf zu wagen, wollte das Volk lieber den Rückmarsch nach Ägypten antreten und sogar Josua und Kaleb steinigen.

Da erschien Jahwe im Zeltheiligtum und kündigte Moses an, er wolle die Kinder Israel ihres lästerlichen Verhaltens wegen vernichten und an ihrer Stelle die Nachkommenschaft von Moses zu einem großen Volk machen. Um diesen Plan abzuwenden, stellte Moses seinem Gott die psychologisch geschickte Frage: »Was werden die Leute sagen?« Dann gab er Jahwe zu bedenken: »Wenn du nun dieses Volk töten wirst, wie einen (einzigen) Mann, so würden die Völker, die die Kunde von dir vernommen haben, also sprechen: Weil Jahwe nicht imstande war, dieses Volk in das Land zu bringen, das er ihnen zugeschworen hatte, darum schlachtete er sie ab in der Wüste.« (4. Moses 14, 15–16) Gott ließ sich umstimmen, verhängte aber eine Strafe: »Die Männer alle, die meine Herrlichkeit und die Zeichen, die ich in Ägypten und in der Wüste getan habe, gesehen und mich dennoch nun zehnmal versucht haben und ungehorsam gegen mich gewesen sind – sie sollen alle das Land nicht zu sehen bekommen, das ich ihren Vätern zugeschworen habe.« (4. Moses 22–23)

Mit Ausnahme von Josua und Kaleb ließ Jahwe die Kundschafter an einer Pestepidemie sofort sterben. Allen anderen Männern im Alter von zwanzig Jahren und darüber kündigte er an, sie müssten vierzig Jahre als Hirten durch die Wüste ziehen, bis ihre Leiber aufgerieben wären. Erst dann sollten die Überlebenden und Nachgeborenen in das verheißene Land einziehen dürfen.

Als die Israeliten von dieser unerwarteten Wendung hörten, war ihre Reue groß. Sie fassten den Entschluss, doch zum Kampf gegen die Kanaanäer auszurücken, um den erzürnten Gott durch nachträglichen Gehorsam umzustimmen. Moses aber riet von einem Kampf ab, und als die Männer dennoch auszogen, blieb er im Lager und behielt auch den erst vor kurzem geschreinerten heiligen Kasten Jahwes, die Bundeslade, zurück. Der Angriff der Israeliten endete mit dem von Moses erwarteten Misserfolg: »Da stiegen die Amalekiter und Kanaaniter, die auf jenem Gebirge wohnten, herab und schlugen sie und zersprengten sie bis Horma.« (4. Moses 14, 45) Den durch die Niederlage entmutigten Israeliten blieb nichts anderes übrig, als sich in den göttlichen Willen zu fügen und die Strafe der Wüstenwanderung auf sich zu nehmen, die für jeden über zwanzigjährigen Mann mit dem Tod in der Wüste enden sollte.

So heißt es im 13. und 14. Kapitel des 4. Buches Moses; das 14. Kapitel endet mit der Niederlage der Israeliten bei Horma. Im 21. Kapitel steht aber etwas ganz anderes: »Als aber der Kanaaniter, der König von Arad, der im Südland wohnte, vernahm, dass Israel auf dem Weg (…) heranzog, griff er Israel an und nahm einige von ihnen gefangen. Da legte Israel gegenüber Jahwe ein Gelübde ab und versprach: ›Wenn du diese Leute in meine Gewalt gibst, so will ich an ihren Städten den Bann vollstrecken.‹ Und Jahwe erhörte Israel und gab die Kanaaniter in seine Gewalt, und es vollstreckte an ihnen und ihren Städten den Bann; die Stätte heißt aber seitdem Horma.« (4. Moses 21, 1–3)

Der Sieg bei Horma bleibt in der biblischen Erzählung ohne Konsequenz. Aber der Sieg oder die Niederlage bei Horma wären von entscheidender Bedeutung für die Eroberung Kanaans durch die Israeliten gewesen: Horma gilt als die südlichste Stadt Kanaans und als erste Hürde, die die Israeliten hätten nehmen müssen, wenn sie – von Ägypten kommend nach dem Halt in der Oase Kadesch – Kanaan erobern wollten.

Laut Kapitel 14 und 15 des 4. Buch Moses erleiden die Israeliten eine Niederlage bei Horma, doch laut Kapitel 21 siegen sie bei Horma. In der Bibel ist der Ortsname Horma als »sprechender Name« von »hærem« (bannen) abgeleitet. Da die Verbannung der Besiegten ihre Abschlachtung bedeutet, sollten die Israeliten bei Horma gesiegt haben. Wenn die ursprüngliche biblische Erzählung von einem Sieg der Israeliten bei Horma berichtete, dann sollte dieser Sieg der Auftakt zur Eroberung Kanaans von Süden her gewesen sein. Ohne das Zwischenspiel der vierzigjährigen Wüstenwanderung hätte diese Invasion direkt an die Auswanderung aus Ägypten anschließen können.

Zunächst waren die Alttestamentler der Ansicht, der Jahwist habe in einer eigenen Landnahmeerzählung über die Eroberung Kanaans von Süden her berichtet. Reste dieser Erzählung fand man im Buch der Richter in den Geschichten, die über die Eroberung der einzelnen Stammesterritorien handeln. Inzwischen aber hat die Forschung diese Auffassung verworfen, denn bei genauerem Vergleich stellte sich heraus, dass die Verfasser des Buchs der Richter offensichtlich das Buch Josua bereits kannten und sich in ihren Formulierungen an den Wortlaut dieses Buchs hielten, in dem über die Eroberung Kanaans von Osten her berichtet wird.

Aber einer in den 1980er Jahren erschienenen neuen Untersuchung zum Verhältnis der beiden biblischen Bücher zufolge sind zwar einige Stellen im Buch der Richter aus dem Buch Josua übernommen, umgekehrt aber gibt es auch im Buch Josua einige Stellen, die vom Wortlaut des Buchs der Richter abhängen. Darum spricht nichts gegen die früher vertretene Ansicht, dass Reste der Landnahmeerzählung des Jahwisten im Buch der Richter eingesprengt sind. Ein solcher Rest scheint in der Erzählung über Juda vorzuliegen, der nicht allein gegen die Kanaanäer ziehen wollte und den Bruderstamm Simeon um Hilfe bat. Der Jahwist kann in der Tat berichtet haben, dass Juda und Simeon von Süden her nach Kanaan eindrangen und zuerst in der südlichsten Stadt Horma auf den kanaanäischen Feind trafen. Um die Erzählung des Jahwisten mit dem Buch Josua in Einklang zu bringen, hat der Erzähler des Buchs der Richter die beiden Stämme von Jericho aus über Hebron nach Süden ziehen lassen. Erst nach der Ankunft im Süden konnte er den gemeinsamen Angriff Judas und Simeons auf die Stadt Horma erwähnen. Darum hat der Verfasser des Buchs der Richter den Angriff auf die Grenzstadt Horma an das Ende seiner eigenen Version von der Eroberung des judäischen Stammesgebiets gestellt. Dagegen bildete beim Jahwisten die Eroberung von Horma den Auftakt zur Eroberung von Kanaan.

Wenn der Verfasser des Buchs Josua berichtet, dass die zwölf Stämme Israels unter der Führung von Josua über den Jordan vorstoßen und Kanaan erobern, handelt es sich offensichtlich um eine dichterische Erfindung. Auch die Erzählung des Jahwisten von den Stämmen Israels, die paarweise oder gemeinsam nach dem Sieg bei Horma in Kanaan eindringen und das Land von Süden nach Norden erobern, ist eine frei erfundene Geschichte, denn in den fraglichen Jahrhunderten gab es keine kanaanäischen Städte im südlichen Negeb, auch keine kanaanäische Stadt Horma.

Von diesem erfundenen Auftakt zur Eroberung Kanaans fällt der Verdacht der Ungeschichtlichkeit auch auf die anderen Episoden, die aus der Landnahme-Erzählung des Jahwisten erhalten sind: Wie die Stämme Benjamin, Manasse und Ephraim, Naphtali, Sebulon und Dan von Süden her nach Norden vorstoßen und ihre Stammesterritorien erobern. Auch der Kampf der Stämme Naphtali und Sebulon unter ihrem Führer Barak gegen Sisera, den Hauptmann des Königs Jabin von Hazor, kann nach heutigen archäologischen Kenntnissen nichts anderes als eine dichterische Erfindung darstellen.

Die geschichtlichen Anfänge Israels
nach heutigem archäologischen Wissensstand

Seit wann lassen sich aber die Israeliten in ihrem Land archäologisch nachweisen, wenn das, was die Bibel über die Eroberung des Landes Kanaan berichtet, nicht geschichtlich ist? William F. Albright stellte bei seinen Ausgrabungen von 1922/23 in Tell el-Ful, eine knappe Wegstunde nördlich von Jerusalem, an Gefäßscherben fest, dass er keine typischen kanaanäischen Siedlungsreste vor sich hatte. Und da Tell el-Ful seiner Meinung nach die Reste des biblischen Ortes Gibeah barg, fasste er seine Funde als israelitisch auf. Andere Archäologen untersuchten bis zum Beginn des Zweiten Weltkriegs ein halbes Dutzend ähnliche Dörfer im zentralen Hügelland, in der Küstenebene und im Jordantal, die aus der Zeit nach 1200 v. Chr. stammen. Aber erst als das Hügelland von Judäa und Samaria nach dem Sechs-Tage-Krieg von 1967 für die israelischen Archäologen zugänglich wurde, kam es zu einem Durchbruch in der Erforschung der frühen israelitischen Fundplätze. 1968 führte ein groß angelegtes Forschungsprogramm zur Entdeckung von Dutzenden solcher Dörfer. Später teilte der Archäologe Yohanan Aharoni die Gebiete unter seine Doktoranden auf, die viele neue Siedlungsplätze entdeckten. Heute sind über 300 von solchen früh-israelitischen Dörfern bekannt, auch wenn nur wenige von ihnen ausgegraben und die meisten lediglich durch archäologische Surveys festgestellt wurden: Bei Geländebegehungen suchte man die Reste dieser Siedlungen und identifizierte sie nach Häusergrundrissen und Gefäßscherben.

Seit 1988 liegt eine vom Archäologen Israel Finkelstein erstellte zusammenfassende Beschreibung und Auswertung dieser Siedlungen vor. Es handelt sich durchweg um kleine Siedlungen, die größtenteils lediglich aus ein paar Häusern bestehen. Die Einwohnerzahl eines solchen Dorfes lässt sich aus der Häuserzahl und dem Fassungsvermögen der Getreidesilos annähernd berechnen. Für die Einzeldörfer liegen die Zahlen

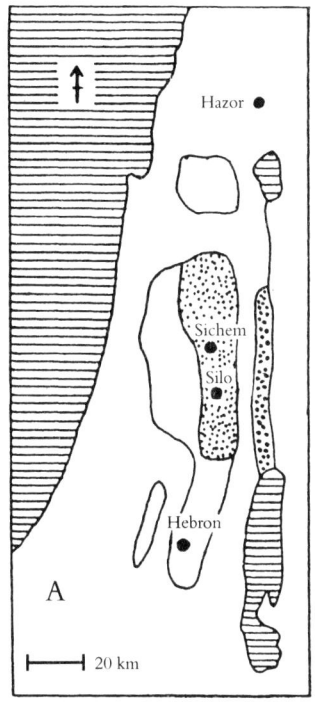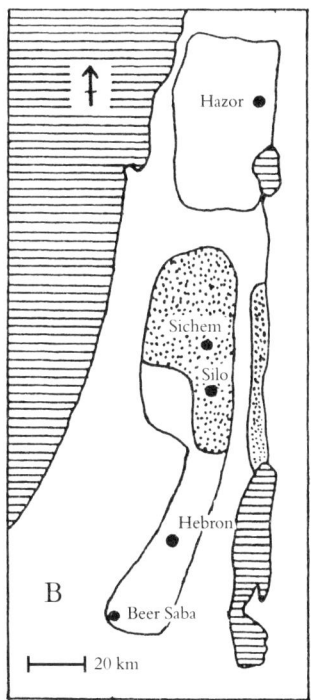

Verbreitung der so genannten israelitischen Siedlungen nach Finkelstein.
Abb. A um 1150 v. Chr.; Abb. B gegen 1000 v. Chr.
(*punktiert:* dicht besiedelt; *grau:* dünn besiedelt).

zwischen ein paar Dutzend bis rund 300 Menschen. Die ältesten Siedlungen liegen auf dem Höhenrücken des Gebirges Ephraim und auf der zum Jordan abfallenden Abdachung; zur gleichen Zeit war das Gebirge Juda kaum besiedelt (Abb. A). Die ersten Siedler hielten sich von den Waldgebieten entfernt, erst später ging man zur Rodung der Wälder über. Im Laufe des 11. Jahrhunderts v. Chr. breiteten sich die Siedlungen weiter aus (Abb. B).

Meistens liegen diese Dörfer auf einem Hügel. In aller Regel fehlen Verteidigungsmauern, was darauf hindeutet, dass die Bewohner mit ihren Nachbarn in Frieden lebten. Militärische

Konflikte wären denn auch überraschend, weil es sich um von den kanaanäischen Städten entfernt liegende Hochland-Dörfer handelt.

Wenn es sich bei diesen Siedlern um die Israeliten handelt, dann ist von vornherein klar, dass alle Eroberungsgeschichten der Bibel erfunden sind, denn dort, wo sich die Israeliten niederließen, gab es nichts zu erobern, das Hochland von Palästina war nämlich damals menschenleer. Handelt es sich aber bei den Hochlandsiedlern tatsächlich um die frühen Israeliten oder zumindest um die Vorfahren der biblischen Israeliten? Als Finkelstein 1988 die erste zusammenfassende Beschreibung der Hochlandsiedlungen vorlegte, sprach er von »israelitischen Siedlungen«, und zwar um den Bewohnern dieser Dörfer einen Namen zu geben. Inzwischen ist Finkelstein von dieser früheren Etikettierung abgerückt und will die Dorfbewohner keinem bestimmten »Volk« mehr zuweisen.

Pharao Merneptahs »Israel-Stele«

In Kanaan existierte ein »Israel« auf alle Fälle schon im 13. Jahrhundert v. Chr. Es wird nur einmal gegen Schluss der Siegesinschrift von Pharao Merneptah erwähnt:

> »Aufgelöst wurde Libyen, Hethiterland ist befriedet,
> geplündert ist Kanaan mit allem Übel;
> erobert ist Askalon, gepackt wurde Gezer,
> Yanoam ist gemacht zu Nichtseiendem;
> Israel liegt wüst, es hat keinen Samen,
> Syrien ist geworden zur Witwe für das Nilland.«

Hinter den Hieroglyphen für die Städtenamen Askalon, Gezer und Yanoam sowie hinter Kanaan als Landesbezeichnung stehen die Deutezeichen für ausländische Plätze und Länder: ⌐, ▮◠◠.. Die Deutezeichen geben einen Hügel und einen so genannten Fremdlandpfahl wieder. Dagegen steht hinter den

Hieroglyphen für den Namen »Israel« das Deutezeichen für ein fremdes Volk: 𓇋𓇋𓂻. Es handelt sich um einen Fremdlandpfahl und die Figuren eines Mannes und einer Frau mit drei Strichen für die Mehrzahl. Die Ägypter des späten 13. Jahrhunderts v. Chr. verstanden folglich unter »Israel« einen »Stamm« oder ein »Volk«, jedenfalls keine Stadt.

Die letzte Studie über die Schlussverse der »Israel-Stele« hat Michael Hasel, ein Schüler des führenden amerikanischen Palästina-Archäologen William Dever, 1994 vorgelegt. Hasel bestätigt, was die meisten früheren Forscher auch schon gesagt hatten: Geographisch gehört das in dieser Inschrift genannte Israel nach Kanaan, so wie die Stadtstaaten Askalon, Gezer und Jenoam. Israel ist weder ein Stadtstaat, noch ein Land, sondern ein »Volk«, das den Ägyptern so wichtig war, dass sie es neben den drei Stadtstaaten erwähnten. Es ist durchaus möglich, dass Pharao Merneptah zu Beginn seiner Regierung, noch vor dem Libyerkrieg, einen Feldzug in Kanaan durchführte, bei dem er gegen die Städte Askalon, Gezer und Jenoam kämpfte und dabei einen feindlichen Kontakt zu Israel hatte.

Den »Samen« Israels legt Michael Hasel als das Getreide der Israeliten aus und schließt daraus, dass Merneptahs Israel ein sesshaftes Volk war, das Ackerbau betrieb. Mit seiner Schlussfolgerung geht er allerdings zu weit, denn in den ägyptischen Inschriften ist die Aussage, dass die besiegten Feinde Ägyptens keinen Samen bzw. kein Getreide mehr haben, nur eine Floskel. Hasels Gleichsetzung von Merneptahs Israeliten mit den Bewohnern der Dörfer, die damals im Hochland entstanden, ist hingegen glaubhaft, denn sie läuft letzten Endes darauf hinaus, in »Merneptahs Israel« den direkten Vorläufer des später bekannten geschichtlichen Reiches Israel zu sehen. In zeitgenössischen Quellen ist das Reich Israel allerdings erst im Jahr 853 v. Chr. in einer assyrischen Inschrift bezeugt.

Es gibt jedoch Einwände gegen eine uneingeschränkte Gleichsetzung von »Merneptahs Israel« mit dem späteren geschichtlichen Israel. Denkbar ist, dass das Israel der Merneptah-Zeit dem späteren Königreich Israel nur den Namen gegeben hat. Vergleichsweise griff der Kurfürst von Brandenburg auf den Namen seiner Provinz Preußen zurück, als er sich im Jahre 1700 den Königstitel zulegte: Der Name Preußen bezieht sich auf die Pruzzen, die heidnischen Ureinwohner der Provinz Preußen, die der Deutsche Ritterorden mit Feuer und Schwert missionierte und ihres Landes beraubte. Das Land und Volk der alten Preußen oder Pruzzen hatte mit dem 1946 aufgelösten Staat Preußen nichts zu tun.

Es ist möglich, dass die Gründer des Königreichs Israel um einen Namen für ihr Reich verlegen waren und darum auf einen Namen aus älterer Zeit zurückgriffen, der keine aktuelle politische Bedeutung hatte. Bisher ist noch kein Text gefunden worden, aus dem hervorgeht, was die Zeitgenossen unter Merneptahs Israel politisch und soziologisch verstanden haben. Darum bleibt es offen, ob das spätere Königreich Israel nahtlos an Merneptahs Israel anschließt, oder ob dazwischen ein Bruch liegt.

»Merneptahs Israel« als Vorläufer des biblischen Israel

Führt aber von den Hochland-Siedlern eine direkte oder eine unterbrochene Linie zu den Einwohnern der späteren Reiche Israel und Juda? Das geographische Zentrum des Reichs Israel lag jedenfalls dort, wo es in früheren Zeiten die meisten Hochland-Dörfer gegeben hatte. Und als die Bevölkerung im 10. Jahrhundert v. Chr. die kleindörfliche Lebensweise teilweise aufgab, scheinen die Dorfbewohner jene Städte gegründet zu haben, die aus der israelitischen Königszeit bekannt sind.

Nach William Dever ist die materielle Kultur der Hochlandsiedler der direkte Vorläufer der materiellen Kultur der israelitisch-jüdischen Königszeit. Die Wurzeln von Hausformen und Bestattungssitten, von Tongefäßen und Technologie der israelitisch-jüdischen Königszeit reichen zurück in die Hochlandsiedlungen des 12. Jahrhunderts v. Chr. Darum bezeichnet

Dever die alten Hochlandsiedler als die authentischen Vorfahren der späteren geschichtlichen Israeliten.

Aber woher kamen die Siedler, die seit 1200 v. Chr. ihre Dörfer im Hochland gründeten? Nachdem es erst einmal Dörfer gab, kann man mit einem Bevölkerungsüberschuss rechnen und mit Neugründungen, die von den bereits bestehenden Orten ausgingen. Finkelstein schätzt, dass es um 1150 v. Chr. 21 000, um 1000 v. Chr. 51 000 Hochlandsiedler gab. Woher kamen aber die wenigen ersten Siedler, die die ältesten von diesen Dörfern gründeten? Fest steht, dass die Siedler prinzipiell die gleichen Tongefäße wie die Kanaanäer in ihren Städten benutzten, auch wenn sich die Archäologen in der Beurteilung der Details nicht einig sind. Finkelstein legt beispielsweise Wert auf die verschiedenen prozentualen Anteile bei den sonst gleichen Gefäßtypen, die sich sowohl in den Dörfern als auch in den Städten finden; Dever zufolge drückt sich in diesen Unterschieden lediglich aus, dass unter bäuerlichen Lebensumständen andere Gefäßtypen bevorzugt werden als im Stadtleben. Einige Wissenschaftler nehmen heute an, die Hochlandsiedler seien aus den kanaanäischen Städten abgewandert; nach Ansicht anderer Forscher waren die Dorfgründer Hirten, die seit Jahrhunderten mit ihren Tieren in Palästina als Nomaden lebten. Wiederum andere halten es für möglich, dass die Dorfgründer aus dem Ostjordanland kamen, wo es zur gleichen Zeit eine ähnliche Siedlungsbewegung gab. Diese Fragen können erst geklärt werden, wenn man viele dieser Siedlungen ausgegraben und die Funde mit dem Fundmaterial aus den kanaanäischen Städten und den Dörfern im Ostjordanland verglichen haben wird.

Eines ist jedoch schon lange sicher: Die Hochland-Siedler kamen nicht aus Ägypten, wie ihre Siedlungs- und Hausform sowie die Töpferware beweisen. Nach hundertfünfzig Jahren archäologischer Erforschung Altägyptens und nach hundert Jahren Palästina-Archäologie gibt es für den kritischen Geschichtsforscher keine Zweifel mehr: Es hat keinen Ägyptenaufenthalt der Israeliten gegeben; weder sind die Kinder Israel aus Ägypten ausgewandert, noch haben sie das Land Kanaan erobert. Was die Bibel über den Auszug aus Ägypten und die Einwanderung nach Kanaan erzählt, ist erdichtet.

Unter diesen Voraussetzungen stellt sich nicht mehr die Frage, wie der ägyptische Prinz Mase-saja alias Moses zum Führer beim Auszug der Israeliten aus Ägypten werden konnte. Auch die Frage, wie der ägyptische Prinz Mase-saja alias Moses die israelitischen Eroberungen im Ostjordanland befehligen konnte, erübrigt sich jetzt. Vielmehr stellt sich eine neue Frage: Haben die biblischen Dichter dem geschichtlichen Moses vielleicht auch die Rolle eines Propheten angedichtet – nicht nur die Führerschaft beim Auszug der Juden aus Ägypten?

MOSES, EIN ERFUNDENER RELIGIONSSTIFTER

Fromme oder gottlose Könige: biblische Geschichtsdichtung über die israelitisch-jüdische Königszeit

Moses als Religionsstifter: Mendenhalls fragwürdige Lösung

Ist es denkbar, dass ein biblischer Autor dem ägyptischen Prinzen Mase-saja nicht nur die Herausführung Israels aus Ägypten, sondern auch die Vermittlung des Bundes zwischen Gott und den Israeliten angedichtet hat? Benutzte der Bibelerzähler den ägyptischen Prinzen auch in diesem Fall als Folie für seine Erfindung? Oder hat die biblisch-mosaische Religionsstiftung einen geschichtlichen Kern?

Wie aber kann die Religionsstiftung am Berg Sinai geschichtlich sein, wenn die Kinder Israel vor der Offenbarung Gottes am Sinai nicht in Ägypten waren und wenn es anschließend keine Eroberung Kanaans durch die Israeliten gegeben hat? Ist Moses als Religionsstifter nicht untrennbar mit Moses als Führer beim Auszug aus Ägypten und bei der Wanderung nach Kanaan verknüpft?

Solche Fragen stellte sich in den 1960er Jahren auch George E. Mendenhall, als die archäologische Forschung immer deutlicher machte, dass die in der Bibel geschilderte Eroberung Palästinas durch die Israeliten nicht geschichtlich ist. Mendenhall war zwar die längste Zeit seines Lebens Universitätsdozent für Hebräisch, er verstand sich aber eher als Theologe. In jungen Jahren hatte er an den Grabungen in Jericho teilgenommen und war darum mit der archäologischen Situation vertraut. Das Buch Josua hielt er als Geschichtsquelle für unzuverlässig. Er verwies auf das Fehlen von Anzeichen für eine israelitische Invasion in Palästina und für eine eine radikale Vertreibung der alteingesessenen Bevölkerung oder gar für einen Völkermord, wie im Buch Josua geschildert.

Den geschichtlichen Kern des biblischen Landnahmeberichts sah Mendenhall in einem Aufstand der kanaanäischen Bauern gegen die Stadtherrschaften. Seiner Ansicht nach gaben die von den Stadtherren unterdrückten Bauern ihre Fronarbeit auf und flüchteten in die Freiheit des unbewohnten kanaanäischen Berglandes, wo sie als Gesetzlose lebten. Den Anstoß zu einem gewalttätigen Aufstand sollen kanaanäische Zwangsarbeiter gegeben haben, die unter der Führung von Moses aus Ägypten flohen. Mendenhall zufolge schlossen die Flüchtlinge in der Wüste mit Jahwe einen Bund, dem sie den Namen Israel gaben und der ihnen absolute Loyalität dem Bundesgott gegenüber auferlegte und jede Verpflichtung gegenüber einer anderen politischen Ordnung untersagte. Der neue religiöse Bund übte eine starke Anziehungskraft auf die kanaanäischen Bauern aus, die unter der Herrschaft der Stadtkönige stöhnten und Befreiung von ihrem Joch suchten oder als gesetzlose Flüchtlinge bereits gefunden hatten. Die unterdrückten Bauern sahen – laut Mendenhall – die von Moses angeführten Flüchtlinge aus Ägypten als ihresgleichen an und schlossen sich bereitwillig dem auf Gleichheit aller gerichteten Jahwe-Bund an.

Mendenhall gelang es 1962 zu der Überzeugung, dass der bewaffnete Kampf der Aufständischen im Ostjordanland begann, wo sie die Könige Sihon von Hesbon und Og von Basan besiegten. Er konnte noch nicht wissen, dass auch diese biblischen Landnahmeerzählungen erdichtet sind, denn erst 1968 begannen die Grabungen in Hesbon, in deren Verlauf sich die in der Bibel geschilderte Eroberung der Stadt als ungeschichtlich herausgestellt hat. Nach dem Sieg über Sihon und Og soll die Aufstandsbewegung rasch über den Jordan gegriffen haben, wo sich die kanaanäischen Stadtkönige der aufständischen Bauern nicht erwehren konnten, die die Städte einäscherten und zum Teil später wieder besiedelten. Pharao Merneptah selbst zog zur Niederschlagung des Bauernaufstands nach Kanaan, hatte aber keinen Erfolg, obwohl es in der Inschrift seiner Sieges-Stele heißt: »Israel liegt wüst, es hat keinen Samen.«

Weder durch die Bibel noch durch archäologische Funde lässt sich die Theorie Mendenhalls begründen, der eine moderne soziologisch-theologische Phantasie an die Stelle der erdichteten biblischen Erzählung gesetzt hat.

Kanaanäischer Kult der frühen Israeliten: archäologische Zeugnisse

Anfang der neunziger Jahre zog die Debatte über die Entstehungsgeschichte Israels Kreise: Benjamin Mazar, der Altmeister der israelischen Archäologen, und der dänische Bibelhistoriker Niels Peter Lemche waren sich darin einig, dass Mendenhall mit seiner Theorie über die israelitische Landnahme keinen radikalen Neuansatz erzwingen, sondern die Religion des alten Israel retten und zu diesem Zweck das biblische Bild von der Frühgeschichte Israels aufgeben wollte: Lieber das Volk fallen lassen als Gott! Lieber die politische Frühgeschichte Israels opfern, als den Glauben preisgeben, dass Gott sich seinem Propheten Moses offenbart hat!

Hat sich der schmerzliche Verzicht auf die schönen biblischen Bilder von der Entstehung des Volkes Israel gelohnt? Bestätigt die Archäologie die israelitische Religionsgeschichte, so wie Mendenhall sie sehen wollte? Wo sind die archäologischen Spuren des revolutionären Jahwe-Kultes? Auch der amerikanische Archäologe William Dever beteiligte sich an der Debatte und erörterte die Frage, ob die israelitische Religion vor der Babylonischen Gefangenschaft der Juden sich von der kanaanäischen Religion unterschied. Dabei hob er hervor, dass der von Salomo vermeintlich erbaute Tempel in Jerusalem vor dem Ende des Königreichs Juda nie als einziges Heiligtum gedient hatte, denn aus früheren Zeiten sind viele örtliche Heiligtümer, kleine Schreine sowie große Tempel bekannt. In der Stadt Dan legten beispielsweise israelische Archäologen einen ummauerten Bezirk mit einer monumentalen Opferplattform, einem Tempel, einer Werkstatt für Bronzearbeiten und einer

Olivenpresse frei. Bei dieser Anlage kann es sich um das in der Bibel genannte Heiligtum handeln, das der israelitische König Jerobeam gründete und das auch unter den folgenden Königen von Israel in Funktion war. In Megiddo fanden amerikanische Archäologen in einer dem 10. Jahrhundert v. Chr. zugeschriebenen Schicht einen Schrein mit Hörneraltären, Opferständern und Kultgefäßen – und zwar im Hof eines Privathauses. Hatten hier überhaupt offizielle Priester ihres Amtes gewaltet? Oder hatte nicht vielmehr der Hausherr den Kult mit Unterstützung seiner Familie vollzogen? In Taanach, wenige Kilometer südöstlich von Megiddo, entdeckte man einen Schrein aus dem 10. Jahrhundert v. Chr. Wie zum Tempel von Dan gehörte auch zu dieser israelitischen Anlage eine große Olivenpresse. Zahlreiche Funde von Astragalen (Knöcheln) deuten auf die Erteilung von Wurf-Orakeln im Tempel. Zwei Opferständer sind unter anderem verziert mit Flügelsonnen und einer nackten Frauenfigur – offensichtlich einer Göttin –, die zwei Löwen an den Ohren hält. Eine steinerne Gussform diente vermutlich zur Herstellung von Abgüssen der Göttin.

Zwischen 1946 und 1960 erforschten französische Archäologen Tirzah, die frühe Hauptstadt des Reiches Israel; der erste endgültige Fundbericht erschien in den 80er Jahren. Die Ausgräber stellten einen am Stadttor von Tirzah gelegenen öffentlichen Schrein fest, zu dem eine Olivenpresse gehörte, wie aus Dan und Taanach bekannt. Es wurde auch eine »Massebe« (hebr.) gefunden, eine Steinsäule, deren Aufstellung die Verfasser des 5. Buch Moses verboten haben. Zudem fand man ein Tempelmodell, in dessen Tür ein oder zwei Götterfiguren standen. Solche Tempelmodelle sind nicht nur aus kanaanäischen Fundplätzen bekannt, sondern auch aus Transjordanien, Phönizien sowie von der Insel Zypern – ein Indiz dafür, dass die frühen Israeliten kultisch-religiös in ihre geographisch nahe und ferne Umwelt integriert waren.

In Lachisch legten die israelischen Ausgräber einen kleinen Schrein des 10. Jahrhunderts v. Chr. frei mit niedrigen Bänken an den Wänden, zahlreichen Kultgefäßen und Opferständern sowie Hörneraltären. Das Heiligtum der Stadt Arad im nördlichen Negev wurde von Yohanan Aharoni schlecht ausgegraben und unzureichend dokumentiert. Aber es besteht kein Zweifel darüber, dass hier in der Königszeit ein großer Tempel existierte. Im Vorhof der Anlage stand ein Altar aus Stein und Lehmziegeln. Auf ihm lagen Opferständer, Knochenreste verbrannter Tiere und ein Teller mit den hebräischen Buchstaben Q und K – eine Abkürzung für »Q(odesh ha-) K(ohanim)«, »geheiligt (für) die Priester«. Auch ein Bronzelöwe kam ans Tageslicht, bestimmt das Symbol einer Göttin, wie sonst in Kanaan. Zwei Steinaltäre flankierten den Eingang zum kleinen Innenraum des Tempels; an der Rückwand standen zwei Steinsäulen.

Dies ist nur eine Auswahl der Kultgegenstände, die von den Archäologen an israelitischen Orten der Königszeit zutage gefördert wurde. Die Autoren der Bibel wissen hingegen nichts von kleinen Hörneraltären, Opferständern aus Ton, Modelltempeln, Gefäßen für Wasserspenden, Rasseln, um Opferriten musikalisch zu begleiten, nichts über Hunderte von Figuren einer Göttin. Die Fundstücke deuten auf ganz andere Verhältnisse als die von den Autoren der Bibel für die gleiche Zeit beschriebenen. Es liegt nahe anzunehmen, dass die Bibeldichter die älteren Zeiten nach ihrer Phantasie schilderten, weil sie selbst lange nach dem Untergang der Reiche Israel und Juda lebten und schrieben. Die Bibel informiert nicht über die geschichtlich reale israelitische Religion, sondern malt stattdessen ein frommes Wunschbild von der Religion der alten Israeliten. Nach den archäologischen Zeugnissen hatten die Einwohner der Königreiche Juda und Israel dieselbe Religion wie ihre kanaanäischen Nachbarn, d. h. vor der Babylonischen Gefangenschaft im 6. Jahrhundert v. Chr. kannten Juden und Israeliten nur die Vielgötterei.

Die aus der Bibel bekannte Religion des Gottesvolkes Israel ist offensichtlich um etliche Jahrhunderte jünger als die Autoren der Bibel glauben machen wollen. Allerdings bleibt offen, ob die Wurzeln des Monotheismus in die Zeit vor der Babylo-

nischen Gefangenschaft zurückreichen oder ob der Monotheismus als neue Religion erst nach der Babylonischen Gefangenschaft entstanden ist.

Nationale Schuld und göttliche Strafe –
das Schema der biblischen Geschichtsschreibung

Wie Niels Lemche richtig festgestellt hat, ist die mosaische
Religionsstiftung unauflöslich mit der israelitischen Frühgeschichte verbunden – ist das eine erfunden, dann auch das andere. Wenn es aber keine mosaische Religionsstiftung gegeben
hat, wie könnte dann in der israelitisch-jüdischen Königszeit ein
Kampf um die Erhaltung und Durchsetzung der mosaischen
Religion stattgefunden haben? Allerdings könnte ein frommer
Leser versucht sein, in den von William Dever vorgetragenen
archäologischen Tatsachen eine Bestätigung der biblischen Geschichte zu sehen. Denn nach dem Zeugnis der Bibel selbst lag
die mosaische Religion Jahrhunderte lang im Kampf mit der
kanaanäischen Religion. Treten vielleicht die gottesfürchtigen
Israeliten archäologisch deswegen nicht in Erscheinung, weil
die überwiegende Mehrheit der Israeliten nicht die mosaische
Religion, sondern die kanaanäische Religion ausübte?

Das von der Bibel geschilderte Auf und Ab von Hinwen-
dung zu Gott und Abfall von Gott trifft nicht nur auf die Israeliten zu, es ist schon seit Beginn der Menschheitsgeschichte
bekannt. Seit Adam und Eva ist die Geschichte von Konflikten
zwischen Gott und seinen Geschöpfen geprägt: Während Adam
gegenüber seinem Schöpfer nur ungehorsam war, fielen spätere
Generationen vom Schöpfergott ab und erzürnten ihn mit
ihren blutigen Taten. Daher hat Gott durch die Sintflut fast alle
seine ungehorsamen Geschöpfe ausgerottet. Kein Zweifel jedoch, dass die biblische Urgeschichte eine dichterische Erfindung ist.

Wie steht es aber mit der Königszeit, als keine erfundenen
Urmenschen und Urväter lebten, sondern zeitgenössisch be-

zeugte Könige? Archäologen und Historiker können die biblisch-mosaische Religion in der Königszeit nicht nachweisen. Gilt daher auch hier, was Lemche über die Erzählungen aus der Frühgeschichte Israels geurteilt hat: »Sie sind Fiktionsliteratur, nicht Geschichtsquellen«?

Nach dem Schema der biblischen Geschichtsdichtung hat Jahwe einen Bund mit den Israeliten geschlossen: Die Israeliten verpflichten sich, keinen Gott außer Jahwe zu verehren, während Jahwe sich seinerseits verpflichtet, den Israeliten beizustehen. Wenn die Israeliten andere Götter verehren, werden sie bestraft. Der wiederholte einseitige Vertragsbruch der Israeliten führt im Jahr 722 v. Chr. zur Zerstörung des Reiches Israel. Und schließlich, im Jahr 587 v. Chr., erobern die Truppen Nebukadnezars Jerusalem, zerstören restlos die Stadt und deportieren die Oberschicht nach Babylonien.

Schon der Jahwist hatte in seiner Landnahme-Erzählung die Bühne für die Jahrhunderte später eingetretenen Katastrophen der Königreiche Israel und Juda eingerichtet. Der Dichtertheologe dachte sich aus, wie eine Schuldverstrickung der Israeliten gegenüber Jahwe das spätere nationale Unheil herbeigeführt haben könnte. Das Murren und der gelegentliche Ungehorsam der Israeliten auf der Wüstenwanderung sind nur Vorspiele, die den Leser erzählerisch geschickt auf die eigentliche Krise vorbereiten.

Die Schuldverstrickung Israels gegenüber Gott, die später zur nationalen Katastrophe führt, lässt der Jahwist während der Eroberung des verheißenen Landes beginnen. Diese Schuld besteht in der unvollständigen Vertreibung der Kanaanäer. So heißt es im *Buch der Richter* und somit in dem auf den Jahwisten zurückgehenden Landnahme-Bericht, der israelitische Stamm der Benjaminiter habe die Einwohner von Jerusalem nicht vertrieben. Ebenfalls dort ist über die Stämme Ephraim und Manasse zu lesen, sie haben die Kanaanäer in Beth-Schean, Thaanach, Dor, Megiddo und Gezer nicht vertrieben, doch seien die Kanaanäer später Fronarbeiter geworden. Ähnliches berichtet das *Buch der Richter* über den Stamm Sebulon, während die Stämme Asser und Naphtali mitten unter den Kanaanäern gewohnt haben sollen. (Richter 1, 32)

Der Jahwist teilt auch mit, wie groß Jahwes Enttäuschung über das Verhalten der Israeliten gegenüber den Kanaanäern war. Es war der Engel Jahwes, der den Israeliten diese Mitteilung machte und zu diesem Zweck von Gilgal im Jordantal nach Bochim (Bethel) im Hochland kam. Der Engel erinnerte die Kinder Israel daran, Gott habe sie unter der Bedingung, dass sie mit den Bewohnern dieses Landes keine Verträge schließen und ihre Altäre zerstören würden, in das verheißene Land geführt. Im Auftrag Gottes stellte der Engel fest: »Aber ihr habt meinem Befehle nicht gehorcht.« Und er fragte: »Was habt ihr getan?« Der erzürnte Gott ließ in Bochim durch seinen Engel verkünden, er wolle die übrig gebliebenen Kanaanäer nicht vertreiben, »damit sie euch zu ›Bedrängern‹ und ihre Götter für euch zum Fallstrick werden.« (Richter 2, 1–4) Da die Israeliten Gottes Befehl missachtet haben, will Gott im Laufe der Zeit ihre vollständige Versündigung herbeiführen, sie dann in die Hand ihrer Feinde geben und sie wieder aus dem verheißenen Land entfernen.

Der Jahwist hat in Kategorien von Schuld und Strafe gedacht; er verstand den Untergang der Königreiche Juda und Israel als Strafe und suchte daher nach einer entsprechenden Schuld. Erzählerisch geschickt, verlegte er die Schuldverstrickung Israels in die Zeit der erdichteten Landnahme. Auf diese Weise sparte er sich die Mühe, die tatsächliche Geschichte der Reiche Israel und Juda als Zeit der zunehmenden Abgötterei und endlichen Bestrafung durch Gott zu schildern. Jüngere geschichtstheologische Schriftsteller haben die Lücke gefüllt, die der Jahwist gelassen hat. Sie wirkten zugunsten der Reformbewegung, die sich das so genannte 5. Buch Moses als Gesetzbuch geschaffen hat.

In radikaler Weise veränderten die Reformer viele der politischen und kultischen Vorstellungen des Jahwisten. Beim Jahwisten opfert der einzelne Israelit seinem Gott an jedem geeigneten Platz im Freien. Dagegen verbieten die Reformer die

Opfertätigkeit des einzelnen Israeliten und zentralisieren den Opferkult in einem einzigen Gotteshaus, und zwar in Jerusalem.

Nur für die Zeit des Auszugs aus Ägypten und für die Gesetzgebung am Berg Sinai, stellte der Jahwist Moses als überragenden Führer und Propheten an die Spitze des Volkes Israel. Bei der Eroberung von Kanaan ließ er die Stämme paarweise oder einzeln handeln. Die politische Macht wollte er in den Händen von Ältestenräten wissen. Dagegen fabulierten die Reformer über eine zentrale, autoritäre Führung durch Josua allein. Die zentralistischen Reformer erdichteten einen Ersatz für die vom Jahwisten ersonnene Eroberung Kanaans. Auch in der neuen Version sollen die Israeliten aus ihrem Lager in Kadesch Barnea nach Kanaan vorstoßen. Neu ist, dass Moses Kundschafter ausschickt, die nach ihrer Rückkehr für Entmutigung sorgen. Gott reagiert streng und verhängt über die Männer, die nicht bereit waren, gegen die Kanaanäer zu ziehen, eine 40-jährige Wüstenwanderung. Erst nach dem Tod der ungehorsamen Generation beginnt Josua mit der Eroberung von Kanaan.

Der Jahwist hatte sich ausgedacht, dass die Israeliten den Befehl Gottes, die besiegten Kanaanäer aus dem Land zu vertreiben, nicht ausführten. Die zentralistischen Reformer dagegen erdichteten, dass sich die erobernden Israeliten gewissenhaft an Gottes Befehle hielten. Dabei handelt es sich nicht mehr um den vom Jahwisten ausgedachten Befehl, die Kanaanäer zu vertreiben, sondern um den neuen Befehl, sie auszurotten: »Alle die Völker aber, die Jahwe, dein Gott, dir preisgibt, sollst du vertilgen, ohne mitleidig auf sie zu blicken.« (5. Moses 7, 16)

In diesem Sinn beschreibt der Verfasser des Buchs Josua die Ausrottung der Kanaanäer: Männer, Frauen, Kinder und gelegentlich auch das Vieh werden abgeschlachtet und mit der eroberten Stadt verbrannt: »So warf Josua das ganze Land nieder, das Bergland, das Südland, die Niederung und das Hügelland und alle ihre Könige; keinen einzigen ließ er entkommen und an allem Lebendem vollzog er den Bann, wie Jahwe, der Gott Israels, befohlen hatte.« (Josua 10, 40)

Der Alttestamentler John Strange stellte sich in den 1990er Jahren die Frage, ob das *Buch Josua* ein makkabäisches Manifest sei. Als solches wäre es eine Programmschrift aus der Zeit nach dem Makkabäer-Aufstand Mitte des 2. Jahrhunderts v. Chr., als die rechtgläubigen Juden um die Existenz ihrer Religion kämpften. Dieser Vermutung zufolge entspricht das *Buch Josua* mit seinen Schilderungen von der Eroberung heidnischer Städte und der Vernichtung heidnischer Kulte nur einer Epoche in der realen jüdischen Geschichte – der Zeit der jüdischen Eroberungskriege in den Jahren nach dem Aufstand der Makkabäer.

Allerdings beschreibt das erste *Buch der Makkabäer* (13, 43–48) beispielsweise die Eroberung der heidnischen Stadt Gezer durch den Hohepriester Simon nicht als Massaker und schildert lediglich die Vertreibung der einheimischen heidnischen Stadtbevölkerung. Es handelt sich also um eine »ethnische Säuberung«. Der fromme Sieger reinigte die eroberte Stadt vom heidnischen Kultwesen, so wie es auch aus den Eroberungsgeschichten vom *Buch Josua* bekannt ist. Unter diesen Umständen könnte das *Buch Josua* in der Tat die Schrift eines radikalen politisch-theologischen Vordenkers sein, der den makkabäischen Hohepriestern die richtige Politik gegenüber den heidnischen Nachbarn in dichterischem Gewand empfehlen wollte.

Oder sollte das *Buch Josua* in friedlichen Zeiten entstanden sein? Möglicherweise stellt dieses Buch nichts anderes dar als den Tagtraum eines ohnmächtigen, religiös-chauvinistischen Schriftstellers, der »eben in der Zeit, wo das Volk politisch vernichtet war, auf dem Papier in widerlichster Weise in der Wollust der Grausamkeit schwelgte. Dadurch ist das *Buch Josua* eines der unerfreulichsten und verlogensten des Alten Testamentes geworden«, wie sich der Historiker Eduard Meyer vor über siebzig Jahren ausdrückte.

Wechselten sich abgöttische und fromme biblische Könige ab?

Der Jahwist ist auf die reale Geschichte der Juden und Israeliten so wenig wie möglich eingegangen und hat kein Wort über die geschichtliche Königszeit verloren; alle seine Erzählungen spielen in legendärer, uralter Zeit. Dagegen haben die zentralistischen Reformer eine national-religiöse Geschichte der Reiche Israel und Juda verfasst: Fromme Könige wie Asa, Hiskia und Josia sowie feurige Propheten wie Elia kämpfen gegen die Abgötterei, aber böse Könige und das abgöttische Volk laufen den kanaanäischen Göttern nach, bis Gott die Assyrer und Babylonier schickt, die dem gottlosen Treiben ein Ende setzen.

Offensichtlich ist diese geschichtliche Darstellung von nationaler Schuld und göttlicher Strafe für eine jüdische Leserschaft bestimmt, die sehr lange nach dem Untergang der Reiche Israel und Juda lebte. Es handelt sich um eine Propagandaschrift zugunsten der reformistischen Bewegung, die die bereits gewonnenen Anhänger begeistern und konservative Mitglieder der jüdischen Kultgemeinde für die neue Bewegung gewinnen sollte. Darum ist es nicht abwegig zu vermuten, dass die reformistischen Autoren Anekdoten und Geschichten erfunden haben, um ihre Geschichtsmoral zu illustrieren.

Der biblische Geschichtsschreiber erzählt beispielsweise, dass König Salomo in seiner Residenzstadt Jerusalem einen großen Tempel für Jahwe und einen prachtvollen Königspalast erbaut hat. Aus den entsprechenden archäologischen Schichten sind jedoch keine Gebäudespuren erhalten. Bei den Funden, die in Jerusalem gemacht und von den Archäologen provisorisch in die Zeit Salomos datiert wurden, handelt es sich um sehr bescheidene Reste von Tongefäßen.

Laut Bibel errichtete Salomo jedoch auch Heiligtümer für fremde Götter – nämlich »für Kamos, den ›Gott‹ Moabs, auf dem Berge, der östlich von Jerusalem liegt, und für ›Milkom, den Gott‹ der Ammoniter. Und das Gleiche tat er für alle seine ausländischen Frauen.« (1. Könige 11, 7–8). All diese Kultgründungen können der Phantasie des Bibelerzählers entsprungen sein. Archäologisch lässt sich die angebliche Vielfalt von Kultstätten nicht nachweisen. Angesichts der bisher bekannten einfachen, ärmlichen Verhältnisse im Judäa des 10. Jahrhunderts v. Chr. sind Salomos heidnische Kultgründungen kaum geschichtlich. Dies gilt auch für den Jahwe-Tempel und den Palast Salomos in Jerusalem.

Der Erzähler entschuldigt Salomos Abgötterei unter anderem mit der Willfährigkeit des Königs gegenüber den ausländischen Frauen, die er geheiratet hatte. Jedenfalls blieb die göttliche Strafe damals noch aus, weil König David, Salomos Vater, gegenüber Jahwe wohlgefällig gehandelt hatte. Allerdings kündigte der erzürnte Gott Salomo an, er wolle seinem Sohn die Herrschaft über ganz Israel entreißen und nur noch die Herrschaft über Juda lassen. (1. Könige 11, 9–13)

Ist dies historisch verbürgt? Es gibt nur eine einzige Quelle, die über das Königreich von David und Salomo erzählt – das Alte Testament, in dem auch steht, dass Pharao Scheschonk (Sisak, Schischak) einen Kriegszug gegen Jerusalem unternommen hat: »Im 5. Jahr des Königs Rehabeam aber zog Sisak, König von Ägypten, gegen Jerusalem herauf. Der nahm die Schätze des Jahwetempels und die Schätze des Königspalastes; alles nahm er; und er nahm die goldenen Schilde, die Salomo gemacht hatte.« (1. Könige 14, 25–26)

In Hieroglyphen gemeißelt steht der Feldzugsbericht von Pharao Schischak auf einer Mauer im großen Tempel des Amun in Karnak. Ihm zufolge marschierte die ägyptische Armee kreuz und quer durch Palästina. Der Name Jerusalem kommt in diesem zeitgenössischen ägyptischen Bericht nicht vor, wohl aber die Namen von zahlreichen anderen Dörfern und Städten in Palästina.

Wenn Schischak in Palästina mit den Königen von Juda und Israel gekämpft hat, warum nennt er diese Königreiche nicht und zählt stattdessen nur einzelne Siedlungen auf? Man muss also annehmen, dass es damals noch keine Königreiche Juda und Israel gab. Wenn Salomo gelebt hat, dann war er nicht

Herr über ein großes Königreich, sondern über eine Stadt, eventuell über zwei Städte.

In der Bibel heißt es, dass die Juden unter der Regierung von Rehabeam, dem Sohn Salomos, alle Gräuel der Heiden nachahmten. »Selbst Geweihte gab es im Lande«, d. h. Frauen und Männer, die im Kult als Prostituierte dienten. (1. Könige 14, 24) Aber der fromme König Asa, einer der Nachfolger Rehabeams, »tat die Hurer aus dem Lande ab« – wie es in Luthers Bibelübersetzung heißt (1. Könige 15, 12). Woher kam Asas plötzlicher reformerischer Eifer? Warum wollte der König die kultische Prostitution von Frauen und Männern unterbinden? Sein Verbot hätte sich mit der altorientalischen Kultur jener Jahrhunderte nicht vereinbaren lassen. Wie sollte König Asa, der über das kleine Land Juda regierte, dessen wenige Einwohner kulturell und religiös in die engere kanaanäische und weitere altorientalische Umwelt integriert waren, auf eine neue Idee gekommen sein, die allen bekannten Sitten widersprach?

Erst Jahrhunderte später hört man im Alten Orient von einer Lehre, nach der Dirnen mit schädlichen Schlangen verglichen werden, die man ausrotten muss. So heißt es im 18. Kapitel des *Videvdat,* des persischen »Gesetzes gegen die Dämonen«, und im 8. Kapitel desselben Gesetzbuchs finden sich auch scharfe Bestimmungen gegen Geschlechtsverkehr zwischen Männern.

Über Asas unzeitgemäße Reformen berichten die *Bücher der Könige,* die Jahrhunderte nach der Königszeit verfasst wurden. Man kann darum sicher sein, dass auch Asas Reformen die Gedankenwelt der späten Verfasser dieser Bücher widerspiegeln, die möglicherweise noch unter persischer Herrschaft lebten, in einer Zeit, in der männliche und weibliche Prostitution als Schandtat galten. Nichts hinderte sie daran, die Ablehnung der Prostitution durch die persische Welt- und Kulturmacht in die graue Vergangenheit Israels und Judas zu projizieren.

Die archäologische Neuentdeckung von
Aschera als Partnerin Jahwes

Nicht nur »Geweihte« gab es zur Zeit von König Rehabeam, die Juden und Benjaminiter errichteten auch »Steinsäulen und Ascheren, auf jedem ragenden Hügel und unter jedem grünenden Baum« (1. Könige 14, 23). König Asa jedoch beseitigte alle Götzen, die seine Väter gemacht hatten. Asa verbrannte sogar das Schandbild der Aschera, das seine Mutter Maacha errichtet hatte. (1. Könige 15, 13)

Es ist nach wie vor umstritten, was Aschera in der israelitisch-jüdischen Königszeit bedeutete, obwohl es neben den biblischen Angaben auch zeitgenössische Inschriften gibt, die Aschera nennen. 1968/69 hat William Dever in Kirbet el-Qom,

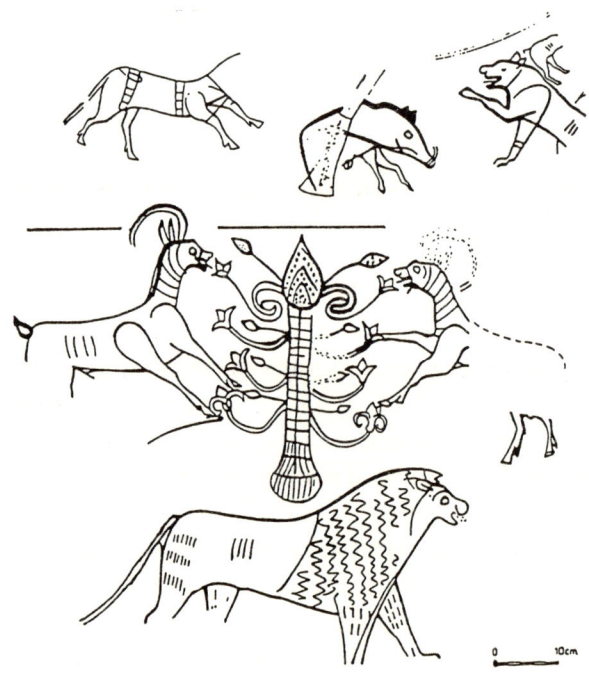

Dekoration auf einem Gefäß aus Kuntillet-Adschrud

278

Figuren und Inschrift auf einem Gefäß aus Kuntillet Adschrud

dreizehn Kilometer westlich von Hebron, eine Reihe altjüdischer Gräber untersucht. In einem Grab aus dem 8. Jahrhundert v. Chr. fand er folgende Inschrift: »Uri-jahu, der Prinz(?) schrieb dies. Gesegnet sei Urijahu durch Jahwe; und von seinen Feinden hat er ihn gerettet durch seine (Jahwes) Aschera.«

In den 80er Jahren kamen Inschriften mit ähnlichen Segensformeln bei Kuntillet Adschrud zutage, fünfzig Kilometer südlich von Kadesch Barnea, an der Straße, die vom Mittelmeer zum Roten Meer führt. Hier stießen die Archäologen auf einen jüdisch-israelitischen Tempelschrein aus der Zeit um 800 v. Chr. In der Inschrift auf einem Gefäß ist die Rede von »Jahwe von (der Stadt) Samaria« und seiner Aschera. Wieder eine andere Inschrift nennt »Jahwe von Teman« und seine Aschera; Teman bedeutet hier allgemein die Südgegend, in der Kuntillet Adschrud liegt.

Die Bibelarchäologen interpretierten diese unerwarteten

Ägyptische Mischgestalt aus Bes und Gott Sopdu

Funde nicht einmütig. Skandalös war die Deutung der Aschera als Göttin und sexuelle Partnerin des Gottes Jahwe. Aber eine kleine grammatische Eigenheit macht es fraglich, ob das Wort Aschera in diesen Inschriften in der Tat eine Göttin meint, die Aschera heißt: Im Hebräischen gibt es die entsprechende grammatische Verbindung »seine-X« nicht, wenn X ein Name ist. Darum bedeutet Aschera in diesen Inschriften eher eine Sache, ein heiliger Gegenstand oder das Symbol für eine bestimmte Göttin. Der nicht aus der Königszeit stammenden, sondern viel jüngeren Bibel zufolge ist Aschera ein Baum oder Pfahl. Ein solcher Baum oder geschmückter Pfahl ist vielleicht auf einem in Kuntillet Adschrud gefundenen Tongefäß zu sehen, das auch noch Steinböcke, einen Löwen und andere Tiere zeigt.

Äußerst fraglich ist dagegen, ob Jahwe und Aschera auf einem weiteren Gefäß aus Kuntillet Adschrud zu sehen sind. Es handelt sich um das Gefäß, das Jahwe von Samaria in der Segensformel erwähnt; der zweizeilige Text ist teilweise über dem Kopfschmuck einer der stehenden Figuren geschrieben.

Tanzende und mit Handtrommeln musizierende Bes-Gottheiten

Skandalös wäre die Hässlichkeit, mit der Jahwe und Aschera vor den Beschauer treten – wenn es sich bei den stehenden Figuren in der Tat um Jahwe und Aschera handeln würde. Aber nach heutigem Forschungsstand sind in diesen Figuren ägyptische Bes-Götter, zwergenhafte Gottheiten männlichen und weiblichen Geschlechts, zu erkennen. Die Bes-Götter tragen oft ein Löwenfell; der dazu gehörende Löwenschwanz hängt bei den beiden dargestellten Figuren zwischen den Beinen. Der Löwenschwanz irritierte zunächst die Bibelarchäologen bei den Figuren aus Kuntillet Adschrud nicht wenig, aber den Ägyptologen ist dieses Detail bei Bes durchaus vertraut.

Am sinnvollsten lässt sich bei dem Gefäß aus Kuntillet Adschrud die Figur des sitzenden Leierspielers aus der Anwesenheit der Bes-Gottheiten erklären: Die Ägypter haben sie sich tanzend und musizierend vorgestellt. Demnach hat die Inschrift, die Jahwe und seine Partnerin Aschera nennt, nichts mit dem Bildschmuck des Gefäßes zu tun.

Die Inschriften aus Kirbet el-Qom und Kuntillet Adschrud

beweisen, dass Aschera mit Jahwe engstens verbunden war. Der Verfasser des Buchs der Könige verschweigt diese Tatsache; vielleicht weil er sie nicht kennt. Umso unglaubwürdiger ist es, wenn die Bibelerzähler fast ein halbes Jahrtausend nach König Asas Zeit behaupten, der König sei gegen Aschera vorgegangen. Vermutlich haben sie ihre eigene Abneigung gegen Aschera in frühere Zeiten projiziert.

Das Fehlen archäologischer Spuren eines Kampfes gegen Baal

Eine Generation nach König Asa lassen die Bibelverfasser im Reich Israel einen Propheten namens Elia leben, der den Kult des Gottes Baal bekämpft. Sie gaben diesem Vorkämpfer Jahwes einen sprechenden Namen: El-i-ja, d. h. »mein Gott (ist) Ja(hwe)«. Das Ende Elias, der auf einem von feurigen Rossen gezogenen feurigen Wagen lebend zum Himmel empor fährt (2. Könige 2, 11), weist auf die Märchenhaftigkeit der biblischen Erzählung hin.

Ahab, der damalige israelitische König, heiratete die Prinzessin Isebel aus der phönikischen Stadt Sidon. Mit der sidonischen Prinzessin – so geht implizit aus dem Bericht hervor – kam der Kult des Stadtgottes von Sidon, Eschmun, üblicherweise »Baal«, d. h. »Herr« genannt, nach Israel. König Ahab soll dem Baal in Samaria, der Hauptstadt Israels, einen Tempel errichtet und ein Bild der Aschera aufgestellt haben. Ahab versetzte Gott Jahwe mehr in Zorn als alle Könige Israels vor ihm. (1. Könige 16, 30–33)

Unmittelbar darauf folgt im *Buch der Könige* die Geschichte von Hiel, der die Stadt Jericho wieder erbaute. Diesen Hiel traf genau jener Fluch, den der nicht geschichtliche Josua nach der historisch nicht verbürgten Eroberung der Stadt ausgesprochen hatte (1. Könige 16, 34). Es ist naheliegend anzunehmen, dass die Bibelerzähler auch bei Ahab nicht den historischen Tatsachen folgten, sondern ihm eine Kultpolitik andichteten, die im Sinne ihres Erzählschemas war.

Laut *Buch der Könige* schlachtete der Prophet Elia nach dem berühmten Gottesurteil auf dem Berg Karmel 450 Priester des Baal ab; er erlebte jedoch nicht mehr, wie der israelitische König Jehu alle Anhänger des Baal tötete, den Tempel des Baal in Samaria zerstörte und Baal in ganz Israel vernichtete. Aber es gibt keine zeitgenössischen Belege für eine solche Verfolgung des Kultes von Baal durch König Jehu. Vielmehr war »Baal« im Jahrhundert Jehus in Israel durchaus beliebt. Das kann man sowohl aus den Namen von Israeliten ablesen, die damals in Samaria lebten, als auch aus dem Bruchstück einer Inschrift in Kuntillet Adschrud, wo die frommen Besucher des Heiligtums Jahwe und Aschera anrufen:

»Segne Baal am Tag des Krieges …«

Kein einziges archäologisches Zeugnis, das aus den Königreichen Juda und Israel zutage gekommen ist, deutet auf einen Kampf der Verehrer Jahwes gegen Baal. Vielmehr sprechen die archäologischen Zeugnisse für ein friedliches Nebeneinander der beiden Götter. Würde man nach den Namen urteilen, die damals bei Israeliten und Juden üblich waren, dann wären die Klagen der späteren Geschichtsschreibung über mangelnde Jahwe-Verehrung in den alten Zeiten unberechtigt gewesen, denn die Israeliten und erst recht die Juden tragen überwiegend Namen, die mit Jahwe zusammengesetzt sind.

Zweifellos war Jahwe der wichtigste Gott, den man in den Königreichen Israel und Juda kannte. Daraus folgt aber nicht, dass damals die mosaische Religion bereits existierte – die Religion des Gottesvolkes Israel, das mit Jahwe, dem Weltschöpfer und einzig existierenden Gott, einen Bund geschlossen hatte. Denn die gleiche Bevorzugung eines nationalen Gottes scheint es auch bei den Ammonitern, Moabitern und Edomitern gegeben zu haben. Auch diese Nachbarn der Israeliten und Juden kannten jeweils einen Reichsgott: Gott Milkom in Ammon,

Gott Kamosch in Moab und Gott Qos in Edom. Auch in den Königreichen von Ammon, Moab und Edom war es üblich, Personennamen mit dem Namen des jeweiligen Reichsgottes zu bilden. Daher lässt sich aus der Vorliebe für Jahwe, die bei den Israeliten und Juden in der Königszeit üblich war, nicht in verlässlicher Weise auf die damalige Existenz des Jahwe-Glaubens im Sinn der mosaischen Religion schließen. Ganz im Gegenteil, Jahwe war in der jüdisch-israelitischen Königszeit einer von vielen kanaanäischen Göttern. Der gleichnamige Gott Jahwe, den seine Anhänger als einzig existierenden Gott verehren, gehört offensichtlich einer viel späteren Zeit an.

Echte oder nachträgliche Prophezeiungen über die Assyrer?

Im Jahrhundert nach König Jehu lebte in Israel ein wahrsagender Hirte namens Amos, der erste biblische Prophet, der ein Buch hinterlassen hat, in dem Visionen aufgeschrieben sind. Amos sah lange bevor der assyrische König Tiglat-pil-eser III. im Jahr 734 die Eroberungspolitik einleitete, die 722 v. Chr. zum Ende des Reiches Israel führte, das Unglück voraus, das die Assyrer über Israel bringen würden. Er prophezeite die künftige göttliche Strafe für die soziale Ungerechtigkeit der herrschenden Klasse im Reich Israel – »weil sie für Geld den Rechtschaffenen verkaufen und den Dürftigen um ein Paar Schuhe willen. (…) Sie begeben sich, Vater und Sohn, zur Metze, um meinen heiligen Namen zu entweihen.« (Amos 2, 7)

Wie kam der Prophet dazu, ein verdammendes Wort über den Besuch bei Dirnen auszusprechen? Stammt diese Aussage direkt von ihm, oder hat sie ihm jemand viel später in den Mund gelegt, und zwar zu dem Zeitpunkt, als Hurerei unter persischem Einfluss als Frevel galt?

Dem Alttestamentler Volkmar Fritz zufolge können von den 146 Versen des *Buchs Amos* nur 8 Verse dem Propheten Amos selbst zugeschrieben werden. Darin sagt Gott dem Propheten

ein drohendes Unheil voraus, das der Prophet durch seine Fürbitte von Israel abwenden kann. Amos sieht beispielsweise, dass
Jahwe ein Feuer herbeiruft, um damit zu strafen, »das verzehrte
die große Tiefe und fraß das Ackerland«. Da sprach Amos:
»Ach Jahwe Adonai, lass ab! Wer will Jakob wieder aufhelfen?
denn er ist ja gering.« Gott hört auf seine Worte und wendet
das Unheil ab.

Nach Ansicht des Alttestamentlers haben die Zeitgenossen
von Amos die Unheilverkündungen des Propheten als irreal
angesehen. Als aber eine Generation später die katastrophalen
assyrischen Angriffe einsetzten und das Reich Israel unterging, legten einige israelitische Schriftsteller die Unheilvisionen
des Amos als Voraussage der eingetretenen Katastrophe aus.
Unter dem Namen von Amos veröffentlichten sie eine Reihe
von eigenen Unheilverkündungen, in denen sie die assyrischen
Angriffe nachträglich als Strafen Gottes ausmalten. Darum bezeichnet Volkmar Fritz das *Buch Amos* ohne Umschweife als ein
großes *vaticinium ex eventu,* als eine nachträgliche Weissagung –
mit anderen Worten: als eine literarische Fälschung.

Wenn das *Buch Amos* eine nachträgliche Fälschung ist, dann
heißt es, dass diese Schrift nicht um 722 v. Chr. zu datieren ist,
als das Reich Israel unterging Sie ist möglicherweise erst in
späteren Jahrhunderten entstanden, da sich darin reihenweise
Verse finden, die aus der Zeit der zentralistischen Reformer
stammen und folglich wesentlich jünger sind als der Untergang
des Reiches Israel. In zwei von diesen Versen wirft Gott Jahwe
den Israeliten vor, sie hätten ihm schon auf der Wüstenwanderung fremde Götter vorgezogen: »Brachtet ihr mir etwa in der
Wüste vierzig Jahre hindurch Schlachtopfer und Gaben dar,
ihr Israeliten? Und habt ihr etwa den Sakkut, euren König, und
Chewan, eure Bilder, den (Saturn-)Stern, euren Gott, die ihr
euch gemacht habt, umhergetragen?« (Amos 5, 25 – 26) Geschichtlich erklären sich solche Verse am einfachsten, wenn das
Buch Amos ganz und gar eine literarische Fälschung ist, die aus
einer Zeit lange nach dem Ende des Reiches Juda stammt.

Der Prophet Jesaja:
eine geschichtliche Gestalt?

Nach Ansicht des Alttestamentlers Otto Kaiser soll der Prophet Jesaja zur Zeit des frommen Königs Hiskia von Juda gelebt haben, der wenige Jahre nach dem Untergang des Reiches Israel die Regierung übernahm. Er tat, was Jahwe wohl gefiel, zerstörte die verbotenen Höhenheiligtümer, zerbrach die von Gott verbotenen Masseben-Steinsäulen, rottete das heidnische Aschera-Bild aus und zerstieß die Eherne Schlange, die Moses gefertigt hatte. Archäologisch lassen sich diese Taten nicht nachweisen. Die angebliche Zerstörung der Ehernen Schlange beweist nur, dass die Bibelerzähler weit in die Geschichte zurückgegangen sind.

701 v. Chr. zog der assyrische König Sanherib auch gegen König Hiskia und schloss ihn in Jerusalem ein. Hiskia rettete sich und sein Reich durch Kapitulation und Tributzahlung. Die entsprechenden Angaben in der Bibel beruhen auf geschichtlich richtiger Überlieferung. Die Bibel erzählt aber auch, dass in den entscheidenden Stunden der assyrischen Belagerung ein Prophet namens Jesaja an der Seite des Königs stand. Der Prophet kündigte in einem Orakel an, Sanherib werde überraschend den Rückzug antreten. War dieser Prophet eine geschichtliche Gestalt wie König Hiskia?

Der erste Teil des biblischen Buchs Jesaja trägt die Überschrift: »Schauung Jesajas, des Sohnes von Amoz, die er über Juda und Jerusalem in den Tagen der Könige von Juda Usia, Jotam, Ahas und Hiskia schaute«. Dazu bemerkt Kaiser, dass diese Überschrift zwar den Eindruck erweckt, »als stammten alle 66 Kapitel des Buches von dem in der zweiten Hälfte des 8. Jahrhunderts v. Chr. in Jerusalem wirkenden Propheten Jesaja«, aber dass dies nicht zutrifft. Als Grundlage für das Buch Jesaja sei eine kleinere Sammlung von »vermutlich erst zu Beginn des 5. Jahrhunderts herausgegebenen« Prophetenworten anzusehen, die möglicherweise aus der Zeit kurz vor der Eroberung Jerusalems durch Nebukadnezar im Jahr 587 v. Chr.

stammte. Dem Theologen Otto Kaiser zufolge stellten ihr die Herausgeber den Namen des vermeintlich hundert Jahre früher lebenden Jesaja voran. Seit dem 5. Jahrhundert v. Chr. erweiterten anonyme Autoren die kleine Textsammlung durch eigene *Zusätze,* bis das »Buch des Propheten Jesaja« auf 66 Kapitel angewachsen war. Jedoch dürfe man nicht »auf den Gedanken kommen, den hier skizzierten Traditionsprozess als das Ergebnis einer literarischen Fälschung anzusehen«, denn eine literarische Fälschung würde ja dem »Begriff heiliger Schriften widersprechen, weil Gottes Heiligkeit und die Wahrhaftigkeit seiner Bezeugung zueinander gehören«.

In vorgriechischer Zeit gab es den Begriff des echten Verfassers einer Schrift nicht. Um die eigene Schrift unter dem Namen eines anderen zu verbreiten, genügte es damals, im Sinn des Mannes zu schreiben, dessen Namen man benutzte. Formal ist es aber unbestritten, dass beispielsweise das *Buch Jesaja* eine Fälschung ist, weil diese Schrift nicht das ist, was sie zu sein vorgibt.

Gab es überhaupt einen geschichtlichen Propheten Jesaja – oder haben die Herausgeber einer »kleineren Sammlung von Prophetenworten« diesen Namen erfunden, als sie nach einem Verfassernamen für ihre eigene Schrift suchten?

Die Bibel berichtet von drei Episoden aus dem Leben von Jesaja. In der ersten Episode sagt Jesaja voraus, Sanherib werde sich überraschend nach Assyrien zurückziehen. Dieser Prophezeiung entspricht die Tatsache, dass Sanherib unerwartet aus Palästina wegzog, weil ihn die Nachricht von einem Aufstand zurück ins Zweistromland rief. Da es keine echten Prophezeiungen gibt, kann diese Episode in Jesajas Leben nur erfunden sein. Diese Erfindung war noch in sehr späten Zeiten möglich, weil der überraschende Rückzug Sanheribs in der Erinnerung Jahrhunderte lang erhalten blieb.

Zum zweiten sieht Jesaja die Genesung des Königs Hiskia von einer schweren Krankheit voraus. Als der Prophet dem König seine Genesung »in drei Tagen« ankündigt, bittet dieser um ein bestätigendes Zeichen von Gottes Seite. Jesaja fragt den König, ob der Schatten (einer Sonnenuhr?) zehn Stufen vorwärts oder zehn Stufen rückwärts gehen soll. Darauf antwortet der König in astronomischer Naivität: »Es ist dem Schatten ein Leichtes, zehn Stufen abwärts zu gehen; nein, der Schatten soll zehn Stufen wieder zurückgehen.« Da wendet sich der Prophet an Jahwe, und dieser lässt den Schatten zehn Stufen wieder zurückgehen. (2. Könige 20, 8–11) Es leuchtet ein, dass diese Erzählung, die um der Prophezeiung und des Wunders willen erfunden ist, keinen geschichtlichen Kern haben kann.

Die Gelegenheit zu einer dritten Weissagung bietet sich, als König Hiskia angeblich eine Gesandtschaft der Babylonier empfängt, die gegen die Assyrer kämpften. Auf Jesajas Frage, was denn die Babylonier im Haus des Königs gesehen hätten, antwortet Hiskia: »Alles, was in meinem Palast ist, haben sie gesehen; es gibt nichts in meinen Schatzkammern, was ich ihnen nicht gezeigt hätte.« Der Prophet ist von dieser Auskunft nicht angenehm berührt und spricht zum König: »Höre Jahwes Wort: Fürwahr, Tage werden kommen, da wird alles, was in deinem Palast ist, und was deine Väter bis auf diesen Tag aufgehäuft haben, nach Babel gebracht werden; nichts wird übrig bleiben – spricht Jahwe.« (2. Könige 20, 17) Der Prophet hat hier richtig vorausgesehen, dass die Babylonier ein Jahrhundert später Jerusalem erobern, die Stadt plündern und die Bevölkerung deportieren würden, oder vielmehr hat der Verfasser vom Buch der Könige, der von der Katastrophe von 587 v. Chr. wusste, dem vermeintlich ein Jahrhundert früher lebenden Propheten diese Worte in den Mund gelegt. Als Zeitgenosse von König Hiskia scheint der Prophet Jesaja erfunden zu sein, um eine Kontaktfigur zwischen Gott und König zu schaffen.

Der vermeintliche Fund
eines Gesetzbuchs unter König Josia

Auf den frommen König Hiskia folgte sein Sohn Manasse, der
»auf vielerlei Weise tat, was Jahwe missfiel«. Daher beschloss
der erzürnte Gott, auch das Reich Juda dem Feind zu übergeben, wie er es bereits mit dem Reich Israel getan hatte. Die Regierung des frommen Königs Josia, Manasses Enkels, konnte
das Unheil nur noch kurze Zeit aufhalten. Als der König bereits
achtzehn Jahre regiert hatte, wurde in Jerusalem im Jahwe-Tempel ein Buch mit dem Gesetz Jahwes gefunden, das die Bestür-
zung des Königs hervorrief: »Als aber der König den Inhalt des
Gesetzbuches hörte, zerriss er seine Kleider.« Um herauszufin-
den, ob die in diesem Buch angekündigten göttlichen Drohungen eintreffen würden, zog der König die Prophetin Hulda zu
Rate. Sie bestätigte die Worte des Buches: »So spricht Jahwe –
Ich will Unheil bringen über diesen Ort (Jerusalem) und über
seine Bewohner, all die Drohungen des Buches, das der König
von Juda gelesen hat, weil sie mich verlassen und anderen Göttern geräuchert haben …« (2. Könige 22, 16)
Das gefundene Buch war offenbar das 5. Buch Moses mit
seinen scharfen Bestimmungen gegen Abgötterei und der An-
drohung furchtbarer Strafgerichte über die abgöttischen Israeliten. Problematisch ist, dass das 5. Buch Moses zur Zeit von
König Josia noch nicht existiert haben dürfte. Nach Ansicht
kritischer Alttestamentler wurde dieses Buch erst lange nach
der Babylonischen Gefangenschaft verfasst. Einige von ihnen
räumten diesen Widerspruch aus, indem sie annahmen, dass
eine Urfassung des 5. Buches Moses zu Josias Zeit geschrieben
und als angeblich wiederentdecktes Buch in die Hände des
Königs gespielt wurde.
Der Alttestamentler Bernhard Lang geht davon aus, dass es
sich nicht um ein altes, sondern eher um ein frisch gefälschtes
Buch gehandelt habe: »Als die Buchrolle König Josia vorgele-
sen wird, ist die Tinte kaum trocken.« Andere, noch kritischere
Geister nehmen an, dass unter Josia überhaupt kein Buch ge-

funden wurde, sondern dass die Verfasser des Buchs der Könige die Auffindung des 5. Buch Moses in ihre Erzählung eingewoben haben, wie beispielsweise die Geschichte von Hiel, der das von Josua zerstörte Jericho wieder aufbaute.

Obwohl der Alttestamentler Ernst Würthwein zunächst an die ältere Auffassung erinnert, dass der Bericht über die Auffindung des Gesetzbuchs »von vorzüglichem geschichtlichen Wert« sei (»Das zeigen die unerfindlichen Einzelheiten, die genaue Datierung des Ereignisses, all die genauen Namen der königlichen Beamten«), erregen gerade diese Details sein Misstrauen: »Könnten sie nicht deshalb so genau sein, weil sie erst den Anschein der Zuverlässigkeit und Glaubwürdigkeit erwecken wollen?« Auch die Angaben über die Prophetin Hulda rufen seine Skepsis hervor. Sie ist mit einem gewissen Schallum verheiratet, dessen Vater und Großvater sowie dessen Beruf, Kleiderverwalter, angegeben werden und wohnt in der Neustadt von Jerusalem: »Weshalb wird der Erzähler in diesen völlig nebensächlichen Zügen plötzlich so ausführlich? Will er die Prophetin Hulda durch diese Züge als historische Gestalt herausstellen?« Hulda benutzt jedenfalls die gleichen Wendungen wie die zentralistischen Reformer, beispielsweise »Jahwe verlassen«, »anderen Göttern räuchern«, »Jahwe kränken« und »mein (Jahwes) Zorn ist entbrannt«. Offensichtlich haben die späten Verfasser der biblischen Geschichte die Prophetin zur Sprecherin ihrer eigenen Anschauungen gemacht. Ihre Worte sind folglich nicht geschichtlich, und da es darüber hinaus nichts gibt, was auf verlässliche Weise ihre Existenz bezeugt, kann man sie als Person nicht für geschichtlich halten.

Anschließend erzählt das Buch der Könige, dass König Josia das Volk veranlasste, sich gegenüber Jahwe auf die Worte des wiederentdeckten Gesetzbuchs zu verpflichten. Aber dieser Vorgang ist fiktiv: Um ihre jüdischen Zeitgenossen für die umstrittenen Gesetze im 5. Buch Moses zu gewinnen, haben laut Würthwein die Urheber der neuen Gesetze die Geschichte ersonnen, dass sich bereits die Vorväter zu Josias Zeit zur Einhaltung dieser Gesetze verpflichtet hätten.

Geschichtliche oder erdichtete
Reformen unter König Josia?

Nach dieser öffentlichen Verpflichtung führt der König eine Reihe von radikalen Kultreformen durch, die allesamt in den gesetzlichen Forderungen des 5. Buches Moses begründet sind. Er bringt die Jahwe-Priester der angeblich überall im Land existierenden Höhenheiligtümer zum Tempel von Jerusalem. Einen Opferkult sollte es nur noch in Jerusalem als dem einzigen gesetzlichen Heiligtum geben.

Laut biblischer Geschichte waren die Höhenheiligtümer Jahwes damals schon einige Jahrhunderte alt. So heißt es im Buch der Könige über den jungen Salomo, dass er »Jahwe lieb hatte und wandelte in den Satzungen seines Vaters David, nur opferte und räucherte er noch auf den Höhen«. (1. Könige 3, 3) Das war ganz im Sinne des »Bundesbuchs«, eines Abschnitts im 2. Buch Moses, wo Jahwe zu den Israeliten sagt: »An jeder Stätte, an der ich Anlass gebe, mich zu verehren, werde ich zu dir kommen und dich segnen.« (2. Moses 20, 24)

Die Verfasser des 5. Buchs Moses wollten diese ältere Vorschrift mit der angeblich von Salomo vollzogenen Einweihung des ersten Tempels auslaufen lassen. Da zur Zeit der Niederschrift Opfer außerhalb des Jerusalemer Tempels als ungesetzlich galten, projizierten die Reformer diese Vorschrift auch in die mehr als 200 Jahre zurückliegende Zeit von König Josia.

Josia soll darüber hinaus, wie schon die frommen Könige vor ihm, auch gegen alle abgöttischen Kulte vorgegangen sein: Er entfernt die Aschera aus dem Tempel Jahwes, verbrennt sie und zermalmt sie zu Staub. Auch das zum Jahwe-Tempel gehörende Haus der im Kult dienenden Prostituierten reißt er ab. Es ist möglich, dass die Verfasser der Bibel sich diese Kultgräuel nur ausgedacht haben. Denkbar ist aber auch, dass es zur Zeit der zentralistischen Reformer in Jerusalem einen entsprechenden Tempel gab. Einen solchen älteren Tempel könnten die Reformer jedenfalls erfolgreich für sich beansprucht und zur Wohnstatt ihres einzigen Gottes erklärt haben.

Es gibt keine archäologischen Hinweise dafür, dass der biblisch-mosaische Kult Jahwes als des einzig existierenden Gottes bereits zu Josias Zeit vorhanden war. Auch Josia war in der geschichtlichen Wirklichkeit nichts anderes als ein im biblischen Sinn heidnischer König. Für die in der Bibel geschilderte, von Moses Jahrhunderte vor Josia am Berg Sinai vollzogene Religionsstiftung gibt es keine geschichtlichen Belege. Die archäologischen und historischen Indizien sprechen dafür, dass der so genannte mosaische Glaube sehr spät – erst nach der Babylonischen Gefangenschaft – entstanden sei. Damals projizierte jener romantisierende Geschichtsschreiber, den man den Jahwisten nennt, die neue Religion auf dem Papier der Bibel in älteste Zeiten zurück.

Was bleibt unter diesen Umständen von den Taten des Propheten Moses übrig, die der Jahwist dem geschichtlichen ägyptischen Prinzen Mase-saja zugeschrieben hat?

Der dunkle Ursprung der biblischen Religion

Entfernt man von der Figur des biblischen Moses all das, was ihm der Jahwist angedichtet hat, dann bleibt lediglich der Prinz Moses übrig. Dieser Prinz unternahm im Auftrag des Pharao in Kusch einen Feldzug, heiratete eine einheimische Prinzessin, geriet mit dem Pharao in Streit, regierte ein kuschitisches Königreich, musste aber schließlich vor dem Pharao weichen. Somit ist der geschichtliche Kern der biblischen Moses-Erzählungen freigelegt. Die Taten von Moses als Führer der Israeliten beim Auszug aus Ägypten und als Prophet Jahwes am Berg Sinai sind erdichtet. Wann und wie ist aber die biblische Religion entstanden, in der Moses die Rolle eines Propheten spielt?

Während der Perserherrschaft verlieren sich die Spuren der ursprünglichen kanaanäischen Religion der Juden, und in griechischer Zeit ist die mosaische Religion bereits voll entfaltet. Die in den Höhlen von Qumran gefundenen ältesten Textreste der Bibel stammen aus der Zeit um 200 v. Chr., aber noch lange danach wird eifrig an der Bibel geschrieben, entstehen Zusätze und Umformulierungen. Darum fragte sich der Kopenhagener Alttestamentler Lemche in den 1990er Jahren, ob die Bibel erst aus der Zeit der griechischen Herrschaft stamme.

Teile der Bibel, wie die *Bücher der Chronik,* wurden in der Tat erst unter griechischer Herrschaft verfasst. Aber die Wurzeln der biblisch-mosaischen Religion reichen in die Perserzeit zurück. Der Jahwist schuf seine religiösen Erzählungen über die Urgeschichte der Menschheit, über die Erzväter Abraham, Isaak und Jakob und über den Propheten Moses lange vor dem Alexanderzug. Ein Indiz dafür bietet die Geschichte der Samaritaner.

Nach dem Sieg Alexanders des Großen über die Perser kündigten die Juden von Samaria ihre bis dahin bestehende Kultgemeinschaft mit den Jerusalemer Juden auf und bauten für

Gott Jahwe einen eigenen Tempel auf dem Berg Garizim. Die neue jüdische Kultgemeinschaft lebte fortan in bitterer Feindschaft mit den Jerusalemer Juden. Es war denn auch ein Heer unter Führung des Jerusalemer Hohepriesters Johannes Hyrkanos, das den Jahwe-Tempel auf dem Berg Garizim nach rund zweihundertjährigem Bestehen zerstörte.

Wie bei den Jerusalemer Juden beruhte das religiöse Leben auch bei den Samaritanern auf den Fünf Büchern Moses. Wegen der Feindschaft zwischen den beiden Städten ist es unwahrscheinlich, dass die Samaritaner die Fünf Bücher Moses erst im Lauf der griechischen Herrschaft aus Jerusalem übernommen haben. Man kann darum davon ausgehen, dass die grundlegenden heiligen Schriften bereits existierten, als sich die Samaritaner von den Jerusalemer Juden trennten. Der Jahwist kann aber nicht unmittelbar vor der Gründung des Tempels auf dem Garizim gelebt und geschrieben haben, denn erst nach ihm ließen die zentralistischen Reformer das 5. Buch Moses niederschreiben, und wiederum später hat ein Verfasser aus dem Priesterstand den Fünf Büchern Moses den endgültigen Rahmen gegeben. Es bleibt offen, wie viele Jahre vor Alexander dem Großen der Jahwist gewirkt und die Grundlagen für die biblisch-mosaische Religion geschaffen hat.

Das Beschneidungsverbot und der Aufstand der Makkabäer

Eine Spur des mosaischen Kultes, die in die Zeit der Perserherrschaft zurückführt, bietet die mosaische Sitte der Knabenbeschneidung – eine althergebrachte Sitte, die auch bei vielen anderen Völkern herrscht, beispielsweise bei den ostafrikanischen Hirtenvölkern, wie den Massai und Nandi oder bei den australischen Ureinwohnern. In der Regel werden die Jungmänner beschnitten, aber nach jüdischem Brauch wird beim acht Tage alten Säugling die Vorhaut rundum weggeschnitten. Das entsprechende Gesetz, das Gott seinem Propheten Moses verkündete, ist in die Verordnung über die Wöchnerinnen eingefügt: »Wenn ein Weib befruchtet wird und einen Knaben gebiert, so bleibt sie sieben Tage unrein; gleich wie in der Zeit ihrer Unreinigkeit infolge ihres Monatsflusses, ist sie unrein. Am achten Tage aber ist seine Vorhaut zu beschneiden.« (3. Moses 12, 1–3)

Griechische und römische Schriftsteller bezeugen, dass die Juden dieses Gesetz in der Antike befolgten. Aufgrund ihrer jüdischen Herkunft waren auch die frühen Christen beschnitten, und die äthiopischen Christen pflegen diesen Brauch noch heute. Aber im Allgemeinen verschwand die Beschneidung aus dem christlichen Brauchtum. Schon früh hatte sich der Apostel Paulus für einen Verzicht auf die Beschneidung von Heiden ausgesprochen, die zum Christentum übertreten wollten. Ein späterer jüdischer Versuch, die Beschneidungssitte abzuschaffen, blieb erfolglos. Seit 1843 traten Vertreter der Reformpartei unter den Frankfurter Juden für einen Verzicht auf die Beschneidung ein. Aber die Traditionalisten setzten sich schließlich durch.

Eine ältere jüdische Reformbewegung, bei der es unter anderem um die Abschaffung der Beschneidung ging, führte zu einem jüdischen Bürgerkrieg. 167 v. Chr. verbot König Antiochos IV. Epiphanes seinen jüdischen Untertanen per Gesetz den bisher in Jerusalem ausgeübten Kult des Gottes Jahwe und unter anderem auch die Sitte der Beschneidung. Nicht im griechenfreundlichen Jerusalem, sondern in der jüdischen Landbevölkerung brach ein Aufstand gegen die Kultreform aus, der wider alles Erwarten nach jahrelangen Kämpfen zur Gründung eines jüdischen Staates führte.

Antiochos IV. war einer der makedonischen Nachfolger Alexanders des Großen. Seine Familie, die sich nach Seleukos nannte, einem Feldherrn Alexanders, herrschte seit 200 v. Chr. über ganz Palästina. Bei seinem Versuch, orthodoxe jüdische Bräuche abzuschaffen, folgte Antiochos IV. auch den Wünschen der griechenfreundlichen Partei unter den Juden.

Ein führender Vertreter dieser Partei war Jason, der sich 175

v. Chr. von Antiochos IV. das Amt des Hohepriesters von Jerusalem erkaufte. Das zweite *Buch der Makkabäer* gibt die Klage über das Überhandnehmen der griechischen Sitten durch den als gottlos entlarvten Jason wieder, der in Jerusalem nach griechischem Brauch ein »Gymnasium« für athletische Wettkämpfe, eine Sportschule, einrichtete: Die Priester würden sich nicht mehr um den Tempel und die Opfer kümmern, sondern würden ins »Gymnasium« gehen, um dem Diskuswurf und anderen Spielen zuzuschauen. Offensichtlich war Jerusalem damals auf dem besten Weg, die griechische Kultur zu übernehmen, und zwar aus eigenem Antrieb heraus: Die städtische Oberschicht von Jerusalem hatte einen entsprechenden Entschluss gefasst, und auch der Hohepriester Jason hatte sich dafür ausgesprochen. (2. Makkabäer 4, 10–17)

Ohne Namen zu nennen, erzählt das erste *Buch der Makkabäer* aus rechtgläubiger Sicht, dass es damals »nichtswürdige Menschen« gab, »die überredeten viele, indem sie sprachen: Lasst uns doch mit den Völkern, die rings um uns her sind, uns verbrüdern. Denn seit wir uns von ihnen abgesondert haben, hat uns viel Unglück betroffen!« (1. Makkabäer 1, 12)

Jason und seine Parteigänger wollten keine Griechen werden, aber jene Sitten aufgeben, die das Judentum von der griechischen Welt trennten. Darum kann man die Auseinandersetzungen jener Jahre als Bürgerkrieg zwischen der rechtgläubigen und der pro-griechischen Partei unter den Juden auffassen. Dieser Bürgerkrieg endete mit der Ausrottung oder Vertreibung der griechenfreundlichen Einwohner von Jerusalem durch die rechtgläubigen Aufständischen, die in den kleinen Städten und Dörfern wohnten.

Die griechenfreundlich gesinnten Juden lehnten nicht nur die Beschneidung ab, sondern ließen sie rückgängig machen und »stellten sich die Vorhaut wieder her und wurden so abtrünnig von dem heiligen Bund, verbanden sich vielmehr mit den Heiden und verkauften sich dazu, Böses zu tun«. (1. Makkabäer 1, 15). Wohl im Anschluss an diese Stelle berichtet später auch der Historiker Josephus Flavius, dass sich jüdische Männer in jenen Jahren operieren ließen, um die Beschneidung rückgängig zu machen.

Dagegen sollen die aufständischen Strenggläubigen in den Kampfjahren nach 166 v. Chr. jüdische Kinder beschnitten haben, deren Eltern die Beschneidung aufgrund des königlichen Verbots unterlassen hatten. Später, nach der Gründung eines kleinen autonomen Staates mit einem Hohepriester an der Spitze, gingen die Nachkommen der Aufständischen dazu über, besiegte Nachbarn zwangsweise zu beschneiden. Zuverlässig scheint der Bericht des Josephus Flavius über den jüdischen Hohepriester Johannes Hyrkanos I. zu sein, der nach 128 v. Chr. Idumäa, das südlich an Judäa angrenzende Land, eroberte und die Idumäer zur Beschneidung zwang, um sie auch durch diese Maßnahme zu Juden zu machen. Ähnlich soll sein Nachfolger Aristobulos Zwang auf die im Norden Galiläas wohnenden Ituräer ausgeübt haben, die sich beschneiden lassen und Juden werden mussten.

Die Einführung der Beschneidung laut Freud

Über das von Antiochos IV. erlassene Beschneidungsverbot hört man nur in den *Büchern der Makkabäer,* die ein Beispiel für aus der Rückschau geschriebene Hofgeschichtsschreibung sind. Aus ihnen entnimmt man – und dies dürfte mit sehr geringem Vorbehalt mit den historischen Gegebenheiten übereinstimmen –, dass die Sitte der Beschneidung um 167 v. Chr. für die rechtgläubigen Juden ein unverzichtbarer Bestandteil der biblischen Religion war oder spätestens in der Krise dieser Jahre unverzichtbar wurde.

Die jüdische Beschneidungssitte spielt in Sigmund Freuds Argumentation über die ägyptische Abstammung von Moses eine wichtige Rolle. Moses soll die Juden auch die Beschneidung gelehrt haben, weil diese Sitte in seiner ägyptischen Heimat ein seit uralten Zeiten geheiligter Brauch war. Über das hohe Alter der Beschneidung bei den Ägyptern hatte Freud

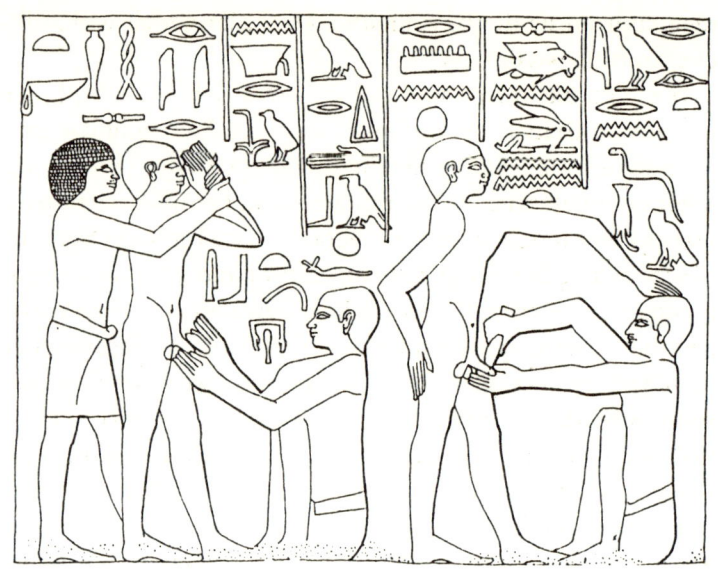

Beschneidung in Altägypten (Grab des Anchmahor);
Grabrelief, um 2300 v. Chr.

bei Herodot gelesen, der um 450 v. Chr. Ägypten, Persien, Babylonien und andere Länder bereiste und in seinen sieben Büchern über Sitten und Kulte dieser Völker berichtete. Im zweiten Buch, das von Ägypten handelt und in dem er auf die Beschneidung zu sprechen kommt, legt Herodot dar, dass die Beschneidung ursprünglich nur bei drei Völkern auf der Erde Sitte war, und zwar bei den Ägyptern, den Äthiopiern und den Kolchern.

Die Beschneidung der Männer in Ägypten war in der Tat eine Volkssitte, die sich schon an Mumien aus dem 4. Jahrtausend v. Chr. feststellen lässt. Beschnitten wurden junge Männer, nicht die Säuglinge. Diese Sitte blieb in Ägypten über Jahrtausende erhalten, bis der römische Kaiser Hadrian sie mit einem Gesetz verbot, das eigentlich gegen Kastration gerichtet war. Erst die Christianisierung drängte die Beschneidung in Ägypten zurück. Doch als die muslimischen Eroberer ins Land kamen, führten sie die Beschneidung der Männer als verbindliche Kultsitte wieder ein.

Nach Freuds Vermutung war es Moses selbst, der die Juden mit diesem Brauch bekannt machte – eine Annahme von entscheidender Bedeutung für die Frage, ob Moses von ägyptischer oder hebräischer Abstammung war. Freuds Ansicht nach war es nicht möglich, dass ein hebräischer Moses die Sitte der Beschneidung bei den Juden eingeführt hätte. Denn – so argumentierte er – wäre Moses ein Jude gewesen, der seine Volksgenossen vom ägyptischen Frondienst befreien wollte, welchen Sinn hätte es dann gehabt, ihnen eine beschwerliche Sitte aufzudrängen, die sie gewissermaßen selbst zu Ägyptern machte und ihre Erinnerung an Ägypten immer wach halten musste?

Aus dieser Unwahrscheinlichkeit schließt Freud, Moses könne kein Jude gewesen sein, sondern nur ein Ägypter, der den Juden die ägyptische Sitte der Beschneidung als Gebot brachte. Denn während den Unbeschnittenen diese Sitte sehr befremdlich erscheint und es ihnen davor graust, sind die Beschnittenen stolz auf ihre Beschneidung, fühlen sich durch sie erhöht und blicken verächtlich auf die anderen herab, die ihnen als unrein gelten.

Als beschnittener Ägypter könnte auch Moses die von Freud geschilderte Einstellung geteilt haben. Die Juden, mit denen Moses sein Vaterland verließ, sollten ihm ein besserer Ersatz für die Ägypter sein, die er im Lande zurückließ. Auf keinen Fall durften sie hinter diesen zurückstehen. Ein »geheiligtes Volk« wollte er aus ihnen machen, wie es ausdrücklich im biblischen Text heißt, und als Zeichen solcher Weihe führte er auch bei ihnen die Sitte ein, die sie den Ägyptern mindestens gleichstellte.

Freud dürfte aber die kultische Bedeutung der Beschneidung bei den alten Ägyptern überschätzt haben. Heute ist es in der Forschung ungeklärt, ob die Beschneidung für die alten Ägypter als »Heiligung« galt. Und zumindest aus der Zeit, als laut Freud der Ägypter Moses die Juden »missionierte«, ist über eine besondere Wertschätzung der Beschneidung bei den Ägyptern nichts bekannt.

Entgegen Freuds Meinung wäre es doch denkbar, dass die Juden die Beschneidung von den Ägyptern übernahmen. Denn Freud zufolge wohnten jüdische Gruppen lange vor dem Auftreten von Moses in Ägypten. Im Lauf dieser Jahre hätten sie die Sitte der Beschneidung von ihrem ägyptischen Wirtsvolk übernehmen können. Von dieser Möglichkeit, die einen einmaligen sittenstiftenden Akt des Moses ausschloss, wollte Freud jedoch nichts wissen. Ohne Gründe anzugeben, sprach er von der völligen Haltlosigkeit einer solchen Erklärung.

Freud wird über Albert Einsteins Worte in einem Brief vom Mai 1939 nach dem Erscheinen seines Moses-Buchs kaum erfreut gewesen sein: »Ihre Auffassung, dass Moses ein der Priesterkaste angehöriger vornehmer Ägypter gewesen sei, hat viel Überzeugendes, auch was Sie über den Ritus der Beschneidung anführen.«

War Moses unbeschnitten?

Freud fehlte eigentlich jeder biblische Anhaltspunkt, um die jüdische Sitte der Beschneidung auf Moses selbst zurückzuführen, denn für die Zeit des Moses setzen die biblischen Erzähler sie voraus. Die Israeliten verlassen als Beschnittene das Land Ägypten, wie es im *Buch Josua* 5, 5 heißt: »Denn alles, was ausgezogen war, war beschnitten gewesen; dagegen was unterwegs in der Wüste, nachdem sie aus Ägypten ausgezogen waren, geboren worden war, hatte man alles nicht beschnitten.« Daher ließ Josua die Nachgeborenen, mit denen er den Jordan überquerte, beschneiden. Das *Buch Josua* wurde aber später verfasst als die Erzählung des Jahwisten über Moses. Ob sich bereits der Jahwist zur Geschichte der Beschneidung geäußert hat, bleibt offen.

Allerdings kann Freud auf eine biblische Erzählung über Moses verweisen, in der die Beschneidung eine wichtige Rolle spielt. Zwischen Jahwes Offenbarung im brennenden Dornbusch und Moses' Ankunft in Ägypten erzählt die Bibel folgende Geschichte: »Unterwegs aber, bei einer Nachtrast, stieß

Jahwe auf ihn und wollte ihn töten. Da nahm Zippora einen scharfen Stein, schnitt damit ihrem Sohn die Vorhaut ab und berührte damit seine ›Füße‹ und sagte: ›Ein Blutbräutigam bis du mir!‹. Da ließ er von ihm ab …« (2. Moses 4, 24–26)

Im Sinne einer Deutung von Eduard Meyer wollte Freud den Text so verstehen, dass Gott Moses zürnte und töten wollte, weil er den heiligen Brauch vernachlässigt hatte. Die Frau aber rettete ihren bedrohten Mann vor Gottes Zorn, indem sie die Operation rasch ausführte. Meyer spricht von einem Zauber, mit dem Zippora Gott bezwingt, indem sie ihm die abgeschnittene Vorhaut ihres Mannes an die »Füße« wirft, als er Moses erwürgen will.

Auch wenn man weiß, dass »Füße« (oder »Hände«) der in den semitischen Sprachen übliche umschreibende Ausdruck für Geschlechtsteile ist, wird die Aussage dieses Textes kaum deutlicher. Über die Auslegung dieser Erzählung war man sich seit jeher uneinig: Ein jüdischer Bibelkommentator vertrat die Ansicht, es sei nicht Gott Jahwe gewesen, der Moses töten wollte. Vielmehr sollte der Erzengel Gabriel den Auftrag Gottes in Gestalt einer feurigen Schlange ausführen; ein anderer Kommentator dachte an den Erzengel Uriel. Wieder ein anderer machte nicht Gott für den Angriff auf Moses verantwortlich, sondern Mastema, einen Oberteufel, der die Erlösung Israels aus Ägypten zu verhindern suchte. In Gestalt einer Schlange soll dieser Satan Moses so weit verschluckt haben, dass nur noch die Füße aus seinem Maul herausragten. Als Zippora dies sah, eilte sie, ihren Sohn zu beschneiden, und sprengte das Beschneidungsblut auf die Füße ihres Mannes. Als dies geschehen war, rief eine Stimme vom Himmel: »Speie ihn aus!«, worauf die Schlange den Moses unbeschadet ausspie.

Es ist nicht einmal klar, wer der Verfasser dieser undurchschaubaren Geschichte ist, die im engen Rahmen von Moses' Familie spielt und in der die Kinder Israel nicht erwähnt werden. Die Erzählung bietet daher keinen Anhaltspunkt für Freuds These, Moses habe nicht nur den Monotheismus, sondern auch die Beschneidung bei den Israeliten eingeführt.

Die Beschneidung bei den Nachbarn der Juden

Begründet ist dagegen Freuds Kritik an der biblischen Geschichte über die Einführung der Beschneidung zur Zeit des Erzvaters Abraham. Laut Bibel soll diese Sitte auf Gott selbst zurückgehen. Als der Erzvater Abram 99 Jahre alt war, erschien ihm Gott, gab ihm den Namen Abraham und sprach: »Das ist der Bund, den ihr halten sollt, zwischen mir und euch und deinem Samen nach dir: Beschnitten soll bei euch werden alles, was männlich ist.« (1. Moses 17, 10)

Gott versteht keinen Spaß in Bezug auf die Einhaltung der von ihm erlassenen Gebote und droht an: »Ein unbeschnittener Mann aber, der nicht beschnitten ist am Fleische seiner Vorhaut – ein solcher soll weggetilgt werden aus seinen Volksgenossen; meinen Bund hat er gebrochen.« (1. Moses 17, 14)

Bekanntlich handelt es sich hierbei um einen Zusatz, den der Bearbeiter aus dem Priesterstand an die vom Jahwisten stammenden Erzählungen über Abraham angehängt hat. Freud hält diesen Zusatz für eine besonders ungeschickte Erfindung. Denn als Merkmal, das einen von den anderen absondern und vor den anderen bevorzugen soll, wählt man etwas, das bei den anderen nicht vorzufinden ist, und nicht das, was Millionen anderer in gleicher Weise aufzeigen können. Ein Israelit, nach Ägypten versetzt, hätte ja alle Ägypter als Bundesbrüder, als Brüder Jahwes, anerkennen müssen.

Freud hätte es bestimmt noch viel schärfer formuliert, wenn er berücksichtigt hätte, dass die Beschneidung bei fast allen unmittelbaren Nachbarvölkern der biblischen Juden üblich war, von den Ägyptern im Südwesten, über die Araber im Süden, die Moabiter und Ammoniter im Osten und die Phönizier im Nordwesten. Freud wusste zwar, was Herodot über die Verbreitung der Beschneidung in der Alten Welt mitteilte, doch wenn er die Angaben von Herodot akzeptiert hätte, wäre er um ein Argument zugunsten der ägyptischen Abstammung von Moses ärmer gewesen.

Herodot zählt auch die Völker auf, die im Lauf ihrer Ge-

schichte die Sitte der Beschneidung aus der Fremde übernahmen: Die so genannten Leuko-Syrer und ihre Nachbarn, die
Makronen, sollen nach eigenen Aussagen den Brauch erst
»neuerdings« von den Kolchern entlehnt haben, die an der kleinasiatischen Küste im Südosten des Schwarzen Meers sowie im
Binnenland wohnten. Diese Sitte kennt Herodot auch von den
an der Mittelmeerküste im Gebiet des heutigen Libanon sowie südlich und nördlich davon lebenden Phöniziern und von
ihren Nachbarn her, den in Palästina wohnenden Syrern. Herodot zufolge geben diese Völker selbst zu, die Sitte der Beschneidung von den Ägyptern übernommen zu haben, aber
solchen Selbstauskünften kann keine Bedeutung beigemessen
werden. Herodot kommt aber die ägyptische Herkunft der
phönizischen Beschneidung entgegen, weil die mit den Griechen Handel treibenden Phönizier sich nicht nach den Ägyptern richteten und ihre Kinder nicht beschnitten.

Wen meint aber Herodot mit den »in Palästina wohnenden
Syrern«? An einer Stelle erwähnt er beiläufig, dass Pharao
Necho die »Syrer« in der Schlacht bei Magdalos besiegte, wo-
mit er nur die Schlacht von Megiddo von 609 v. Chr. meinen
kann, als das jüdische Heer gegen die Ägypter kämpfte und
König Josia den Tod fand. Zumindest an dieser Stelle sind unter den »Syrern« die Juden zu verstehen, wenn auch die Juden
einer Zeit, die über 150 Jahre vor Herodot liegt. Es ist darum
wahrscheinlich, dass zu den »Syrern in Palästina«, die sich zu
Herodots Zeit beschneiden ließen, auch die Juden gehörten.
Als Herodot die Provinzen des Perserreichs bereiste, war das
Königreich Juda schon seit fast 150 Jahren verschwunden, und
es gab damals bestimmt nicht allzu viele »Juden« genannte Einwohner Palästinas. Jedenfalls erwähnt Herodot diesen Volksnamen genauso wenig wie andere griechische Historiker und
Geographen dieser Epoche.

Erst weit über hundert Jahre nach Herodot benutzte He-
katäus von Abdera als erster griechischer Schriftsteller den
Volksnamen der Juden. In einem Buch über Ägypten schrieb
Hekatäus, dass die Nationen der Kolcher und der Juden von

ägyptischen Kolonisten abstammen würden. Damit wollte Hekatäus erklären, warum Kolcher und Juden die Knaben beschneiden. Zur Information seiner griechischen Leser, die über die Juden und ihr Land vermutlich nichts wussten, fügte er ferner hinzu, dass das Land der Juden zwischen Arabien und Syrien liege.

Aber auch aus der Bibel hätte Freud erfahren können, welche Nachbarn der Juden diesen Brauch befolgten. Im 9. Kapitel des *Buchs Jeremia* ist – in der Übersetzung des um 1900 führenden Alttestamentlers Hermann Gunkel – der prophetische Spruch zu lesen: »Siehe, Tage kommen, – spricht Jahwe –, da suche ich heim alle an der Vorhaut Beschnittenen: Ägypten, Juda und Edom, die Söhne Ammon und Moab, und die sich die Haarecken scheeren, die in der Wüste wohnen.« Gunkels Meinung nach lautete der darauf folgende, fehlerhaft überlieferte Satz: »Denn alle die Völker sind beschnitten, Israels Haus ist unbeschnittenen (unreinen) Herzens.«

Dieser Spruch des Gottes Jahwe scheint darauf abzuzielen, dass für ihn – oder eher für den Autor, der Gott sprechen lässt – die Beschneidung der anderen Völker wenig Bedeutung hat. Der Prophet Jeremia beschreibt die geographische Verbreitung der Beschneidung bei den »Syrern in Palästina« viel genauer als Herodot. Allerdings sagt er nichts über die Beschneidung bei den Phöniziern aus. Soll man daraus schließen, dass das *Buch Jeremia* lange nach Herodot verfasst wurde, als die Phönizier die Beschneidung bereits aufgegeben hatten?

Bei seinen Überlegungen hat Freud die Verbreitung der Beschneidung im Palästina der Perserzeit und im benachbarten Phönizien nicht in Betracht gezogen. Angesichts dieser weiten Verbreitung wäre es phantastisch, wenn man die jüdische Sitte der Beschneidung darauf zurückführen wollte, dass eine kleine jüdische Gruppe diese Sitte in grauer Vorzeit unter dem Einfluss des Ägypters Moses angenommen und später allen anderen Juden vermittelt hätte. Eher haben die Juden diese Sitte aus Ägypten übernommen, wie andere östliche Nachbarn der Ägypter auch. Für diese Vermutung würde die geographische

Nähe zu Ägypten sprechen und das nachweislich hohe Alter der Beschneidung in Ägypten.

Es steht jedenfalls fest, dass es keine verlässlichen schriftlichen Zeugnisse über die Beschneidung bei den Juden und ihren unmittelbaren Nachbarn gibt, die älter als das 5. Jahrhundert v. Chr. sind. Vor dem Ende des 4. Jahrhunderts v. Chr. konnte die Beschneidung kaum als Merkmal dienen, einen Juden von anderen Bewohnern Palästinas zu unterscheiden, denn bis zu jener Zeit befolgten beinahe alle Nachbarn der Juden diese Sitte. Vielleicht nahmen die jüdischen Gesetzgeber die Beschneidung erst dann in die biblischen Kultvorschriften auf, als die Sitte bei den Nachbarn der Juden im Verschwinden begriffen war. Unter diesen Umständen könnte die mosaische Religion ohne weiteres älter sein als die Verankerung der Sitte der Beschneidung in den Kultvorschriften dieser Religion.

Die Hoffnung, aus der Geschichte dieser Sitte etwas über das Alter des biblischen Glaubens selbst zu erfahren, hat sich nicht erfüllt. Es bleibt daher offen, wann der Jahwist seine Erzählung über den ägyptischen Prinzen Mase-saja als Propheten des einen und einzigen Gottes geschrieben hat. Aber vielleicht lassen sich doch geschichtlich verlässliche Nachrichten über das Alter der Alleinverehrung Jahwes bei den Juden finden. Vielleicht ist eine Antwort auf die Frage möglich, seit wann es eine Dichtung über Moses als Jahwes Propheten geben konnte.

Persische Wurzeln der biblischen Religion

*Existierte der biblische Kult eines einzigen Gottes
bereits in Herodots Jahrhundert?*

König Antiochos IV., der den rechtgläubigen Juden die Beschneidung verboten hatte, wollte auch den traditionellen Kult für Gott Jahwe abschaffen. Im Einvernehmen mit der griechenfreundlichen Reformpartei unter den Juden ließ er im Dezember des Jahres 167 v. Chr. den Jahwe-Tempel von Jerusalem dem »olympischen Zeus« weihen. Bei dieser Umwidmung konnten die griechenfreundlichen Jahwe-Priester die Entsprechung von Jahwe und Zeus voraussetzen: Zeus und Jahwe sind Himmelsgötter und sitzen auf bestimmten Bergen – Zeus auf dem Olymp, Jahwe auf dem Berg Zion in Jerusalem. Der »olympische Zeus« galt als die vornehmste Form von Zeus, den die Griechen als höchsten und mächtigsten Gott verehrten. Aber nach der Identifizierung mit Zeus konnte Jahwe nicht mehr als einzig existierender Gott gelten.

Es ist nicht klar, seit wann es den Kult Jahwes als Weltschöpfer und einzig existierenden Gott gegeben hat. Aus der Perserzeit und frühen Griechenherrschaft sind aus Judäa fast keine zeitgenössischen Geschichtsquellen erhalten. Unter dieser Voraussetzung lassen sich über den damaligen jüdischen Kult nur Vermutungen anstellen. Aber es gibt schriftliche Dokumente von jüdischen Söldnern, die an der Südgrenze Ägyptens für den Perserkönig Wache hielten. Diese Garnison war auf der Nilinsel Elephantine, beim heutigen Aswan, gleich nördlich vom ersten Nilkatarakt stationiert. Zwischen den Söldnern und den Juden in Palästina gab es Kontakte; beide Gruppen waren dem persischen Großkönig untertan. Daher kann man aus den Dokumenten der Söldner mit der gebotenen Vorsicht auch auf die Verhältnisse in ihrer alten Heimat schließen.

Die jüdischen Soldatenfamilien in Elephantine verehrten Jahwe unter dem Namen Jahu oder Jaho. Auch für Fundamentalisten gilt Jahu als der gleiche Gott wie Jahwe. Jahu ist eine Kurzform des heiligen Namens. Allerdings war Jahu nicht der einzige Gott der Juden von Elephantine. Ein jüdischer Söldner sagt beispielsweise in der Grußformel eines Briefes: »Die Götter insgesamt mögen dich grüßen zu jeder Zeit.«

Dabei handelt es sich nicht um eine gedankenlos benutzte Floskel, wie eine Kollektenliste zeigt, die aus dem Jahr 419 v. Chr. stammt. In der Liste sind 123 Männer und Frauen der jüdischen Garnison verzeichnet, die für »Jahu, den Gott«, sowie für zwei andere Gottheiten Silber spenden. Die Liste endet mit einer Aufschlüsselung von allem Silber, das sich in der Hand des Kassenwarts befindet: Silber für Jahu, für die (Göttin) »Aschima des Bethel« und für die (Göttin) »Anat des Bethel« – eine Göttin, die in der von Aramäern bewohnten Stadt Hamath in Syrien zuhause war und deren Name von Eduard Meyer entziffert wurde. Auch der biblische Prophet Amos kennt die Göttin Aschima aus Samaria, der Hauptstadt des 722 v. Chr. untergegangenen Reiches Israel.

Über ein halbes Jahrhundert nach Meyer wollte jedoch Emil Kraeling, ein Spezialist für aramäische Sprache und Geschichte, von einer Festlegung auf die Göttin Aschima nichts wissen. Allerdings sah auch er in »Eschem« mit »Wahrscheinlichkeit die göttliche Gemahlin des Bethel«. Diese Erklärung für den Namen »Eschem des Bethel« folgt aus dem gleichartigen Namen Anat-Bethel, der offensichtlich bedeutet, »die (Göttin) Anat des (Gottes) Bethel«.

Die syrische Göttin Anat war bereits den alten Ägyptern bekannt. Die jüdischen Söldner in Elephantine haben Anat aber nicht erst in Ägypten kennen gelernt, sondern sie war ihnen bereits aus ihrer Heimat vertraut. In der Nähe von Jerusalem lag beispielsweise der Ort Bet-anat, d. h. Bethanien, das »Haus bzw. Tempel der Anat« bedeutet. Dem Leser des Neuen Testaments ist dieser Ortsname als Bethanien bekannt. Als Jesus durch Bethanien kam, dachte dort jedoch niemand mehr an die Göttin Anat, deren Kult Jahrhunderte früher aufgehört hatte. (Matthäus 26, 6)

Wer ist der Gott Bethel, mit dem Anat und Eschem in Elephantine partnerschaftlich verbunden sind? Bei den alten Juden und ihren Nachbarn galt »Bethel« als ein heiliges Steinmal, in dem sich eine Gottheit verkörperte. Die Verehrung eines Bethel-Steins ist auch in der Bibel bezeugt, denn als der Erzvater Jakob zu seinen Verwandten nach Charan flüchtete, übernachtete er unterwegs an einem Ort. Er nahm einen Stein des Orts und legte ihn zu seinen Häupten, als er schlafen ging. In der Nacht hatte er den Traum von der Himmelsleiter, und am Morgen sprach er: »Wie schauerlich ist diese Stätte! Ja, das ist ein Wohnsitz Gottes und eine Pforte des Himmels!« Jakob nahm den Stein, den er zu seinen Häupten gelegt hatte, und richtete ihn auf zu einem Mal und goss Öl darüber. (1. Moses 28, 10–22)

In Syrien war Bethel ein selbstständiger Gott, aber bei den Juden in Elephantine galt Bethel vielleicht nur als ein anderer Name oder eine besondere Form des Gottes Jahu (Jahwe). In Elephantine lebten Juden mit den Namen Bethel-natan und Bethel-aqab, was so viel heißt wie »Bethel hat gegeben« und »Bethel hat belohnt«. Es bleibt offen, ob Bethel identisch ist mit Jahu (Jahwe). Jedenfalls ist in den jüdischen Dokumenten aus Elephantine nicht nur die Rede von Anat-Bethel, sondern ausdrücklich auch von Anat-Jahu.

Nach der wörtlichen Bedeutung – »die (Göttin) Anat des (Gottes) Jahu« – kann es sich bei dieser Anat nur um die göttliche Partnerin des männlichen Jahu handeln. Die Juden von Elephantine hatten jedenfalls keine Skrupel, neben Jahu eine Göttin wie Anat zu verehren. Folglich kann keine Rede sein von einer Alleinverehrung Jahwes bzw. Jahus. Darf man aber aus der Vielgötterei bei den Juden in Elephantine auf eine gleichzeitige Vielgötterei beispielsweise in Jerusalem schließen?

Und was soll man daraus schließen, dass die Juden von Elephantine den biblisch-mosaischen Glauben nicht zu kennen scheinen? Unter den zahlreichen Namen der Söldner und ihrer Familienangehörigen findet sich kein Abraham, Jakob, Joseph, Moses, Samuel oder David. Diese Namen, die bei den Juden späterer Zeiten so häufig sind, kommen bei den Juden von Elephantine nie vor; auch kein anderer Name, den man aus den Fünf Büchern Moses kennt. Wenn man die Dokumente dieser jüdischen Verehrer von Jahwe liest, könnte man meinen, Moses habe nie existiert, die Knechtschaft in Ägypten sowie den Exodus und die Fünf Bücher Moses habe es nie gegeben. »Es ist fast unglaublich, aber es ist wahr«: Mit diesem Ausruf fasste Arthur Cowley die religiöse Situation der Juden von Elephantine zusammen, als er vor fast achtzig Jahren eine Übersetzung der Elephantine-Papyri veröffentlichte.

Offensichtlich kannten die jüdischen Söldner von Elephantine die Fünf Bücher Moses nicht. Aus Elephantine ist aber ein Dokument bekannt, in dem ein wichtiges biblisches Fest bezeugt ist. Im Jahre 419 v. Chr. erließ der Perserkönig eine Anordnung an seine jüdischen Söldner in Elephantine, derzufolge sie im ersten Monat des Jahres ein siebentägiges Fest feiern sollten, bei dem sie nichts Gesäuertes im Haus haben durften. Trotz der schlechten Erhaltung des Textes besteht kein Zweifel, dass im Erlass das Fest der Ungesäuerten Brote (Mazzen) gemeint ist.

Dieses Fest hat auch der Jahwist in fast gleicher Form zur Erinnerung an den Auszug aus Ägypten vorgeschrieben: »Sieben Tage lang sollst du ungesäuertes Brot essen und am siebenten Tag soll ein Fest für Jahwe sein. Ungesäuertes Brot soll man essen die sieben Tage hindurch, und es darf nichts Gesäuertes und kein Sauerteig zu finden sein in deinem ganzen Gebiet.«

Man kann sich vorstellen, dass jüdische Religionspolitiker die Vorschrift des Jahwisten mit Hilfe des Perserkönigs durchsetzten. In der Tat gibt es Indizien dafür, dass es die persische Regierung war, die der kultpolitischen Partei des Jahwisten zum Erfolg verholfen hat.

Über die Religion der Juden von Elephantine geben ihre eigenen Dokumente Auskunft, während es aus demselben Jahrhundert keine zeitgenössischen Dokumente über die Religion der Juden in Palästina gibt. Herodot, der Vater der Geschichte, hat über die Religion der »Syrer in Palästina« kein Wort verloren. Er hat sich nicht darüber geäußert, dass es unter ihnen eine Gruppe gab, die in einer von allen anderen bekannten Religionen abweichenden Weise nur einen einzigen, unsichtbaren Gott verehren würde. Es ist zwar möglich, dass zur Zeit von Herodots Reise – rund hundert Jahre nach Beginn der Perserherrschaft über die Juden – der biblische Monotheismus bereits formuliert war, aber die Kultgemeinde dieses einen und unsichtbaren Gottes mag damals so unbedeutend gewesen sein, dass Herodot über diese Kuriosität nichts erfahren hat.

Möglicherweise war die Kultgemeinde des einen, unsichtbaren Gottes damals nicht nur unbedeutend, sondern auch über das Land verstreut. Jerusalem galt in der Frühzeit des biblischen Monotheismus noch nicht als heilige Stadt. Dem Jahwisten, der Jerusalem überhaupt nicht erwähnt, ist der Begriff einer heiligen Stadt fremd. Auch Herodot verliert kein Wort über Jerusalem, und das ist nicht verwunderlich, denn Jerusalem war im 5. Jahrhundert v. Chr. ein Provinznest. Sogar mehr als hundert Jahre später sah Alexander der Große auf dem Kriegszug von Syrien nach Ägypten keine Veranlassung, Jerusalem einen Besuch abzustatten. Die Stadt Jerusalem und ihr Tempel kamen bei den monotheistischen Juden erst durch jene zentralistische Reformbewegung zu Ehren, die sich das 5. Buch Moses als Gesetzbuch geschaffen hat.

Genau genommen lässt sich nicht beweisen, dass der jüdische Monotheismus im Jahrhundert Herodots tatsächlich existierte. Es ist aber möglich, dass der persische Erlass von 419 v. Chr. darauf abzielt, das Fest der Ungesäuerten Brote im Sinne des Jahwisten für alle Juden zur Vorschrift zu machen. Es ist darum ungewiss, ob der Jahwist seine Dichtung über Moses, den Propheten des einzigen Gottes, der die Israeliten aus Ägypten herausgeführt hat, lange oder kurz vor 419 v. Chr. verfasst hat.

Ist der biblische Monotheismus im babylonischen Exil entstanden?

Wie datiert die alttestamentlichen Forschung die Anfänge der biblisch-mosaischen Religion? Haben die Bibelwissenschaftler eine Antwort auf die Frage nach der Lebenszeit des Jahwisten, der den ägyptischen Prinzen Moses am Berg Sinai das Gesetz des einen und einzigen Gottes verkünden ließ? Seit den 30er Jahren und bis in die späten 70er Jahre des letzten Jahrhunderts haben die Alttestamentler die Frage nach der Entstehung des biblischen Monotheismus vernachlässigt. Dann entdeckten sie dieses Thema wieder, trafen zu Tagungen zusammen und diskutierten das Problem von neuem. Ihre Ergebnisse veröffentlichten sie beispielsweise in dem 1980 erschienenen Sammelband *Monotheismus im Alten Israel und seiner Umwelt*, in dem zum ersten Mal auch die These über die Identität von Moses mit dem Ägypter Amun-masesa erwähnt wird.

In einer anderen Publikation aus dem Jahr 1981 befasste sich Hermann Vorländer mit dem »Monotheismus Israels als Antwort auf die Krise des Exils«, d. h. mit Nebukadnezars Eroberung von Jerusalem und der Deportation von 4600 Juden nach Babylonien, wo damals der Reichsgott Marduk besonders verehrt wurde zum Nachteil der anderen babylonischen Götter. Um Marduk herauszustellen, schrieben die Babylonier ein altes Gedicht über die Weltschöpfung um und sprachen in der Neufassung Marduk die Herrschaft über die ganze Welt zu. Sein Sieg über das urzeitliche Ungeheuer Tiamat machte Marduk zum Weltschöpfer; die anderen Götter proklamierten ihn zu ihrem König. Dennoch war Marduk nicht der einzige babylonische Gott; darum lässt er sich nicht mit dem biblischen Jahwe als alleinigem Weltgott vergleichen.

Ein weiteres Beispiel für die bevorzugte Verehrung eines bestimmten Gottes ist jedoch der Kult, den Nabonaid, der letzte babylonische König, dem Mondgott Sin angedeihen ließ. Nabonaid baute die alten Tempel des Sin in den Städten Ur und Charan wieder auf und rief dadurch den Zorn der Marduk-

Priester von Babylon hervor, die ihren Gott zurückgesetzt sahen. Nabonaid war aber nicht in engstirniger Weise auf einen einzigen Gott festgelegt: Neben dem von ihm hochgeschätzten Mondgott Sin diente er dem Sonnengott Shamash und Ishtar, der Göttin des Planeten Venus. Weit entfernt davon, ein Monotheist zu sein, verehrte er in bevorzugter Weise jene Gottheiten, die sich in den drei hellsten Himmelsleuchten verkörpern.

Die ausschließliche Verehrung des biblischen Jahwe bei den Juden lässt sich offensichtlich nicht als Nachahmung der in Babylonien üblichen Verehrung für die Götter Marduk und Sin erklären. Das einzige historisch mögliche Vorbild für die jüdisch-biblische Religion ist die altpersische Religion.

Perser und Meder waren der Lehre des Propheten Zarathustra verpflichtet, der die Verehrung eines einzigen Gottes verkündet haben soll.

Kyros, der König der Perser und Meder, eroberte 539 v. Chr. das babylonische Reich und herrschte über die von Nebukadnezar nach Babylonien deportierten Juden und über ihre alte Heimat Judäa. Nach der Darstellung der Bibel soll Kyros 538 v. Chr. ein Edikt erlassen haben, das den Juden die Rückkehr in ihre Heimat und den Wiederaufbau des Tempels von Jerusalem erlaubte. Der Prophet Jesaja sprach in hymnischen Worten von Kyros und nannte ihn den »Gesalbten Jahwes«. (Jesaja 45, 1–13) Waren die babylonischen Juden nicht nur ergebene Untertanen von Kyros, sondern auch gelehrige Missionsschüler der medisch-persischen Priester?

Persischer Einfluss auf das biblische Bilderverbot?

Herodot teilte über die Perser mit, es sei nicht Sitte bei ihnen, Götterbilder, Tempel und Altäre zu errichten: »Wer das tue, sei töricht, sagen sie. Offenbar stellen sie sich die Götter nicht wie die Griechen als menschenähnliche Wesen vor.« Der über ein halbes Jahrtausend nach Herodot lebende Schriftsteller Diogenes Laertios bestätigte Herodots Nachricht über die Perser: »Von Götterbildern aber wollten sie nichts wissen und am allerwenigsten von der Unterscheidung zwischen männlichen und weiblichen Gottheiten.«

Auch der altägyptische Kult des Sonnengottes Re kam ohne Kultbild aus. In seinen Heiligtümern standen keine Statuen wie in anderen ägyptischen Götterschreinen. Die übliche altägyptische Abbildung der Sonne als Mann mit Falkenkopf darf man nicht mit einem Kultbild verwechseln, vor dem als Verkörperung des Gottes geopfert wurde. Das Gleiche gilt für die Sonnenscheibe mit Strahlenarmen, die in Echnatons zweiter Regierungshälfte den Mann mit Falkenkopf ersetzte.

In Altägypten war die »Bildlosigkeit« des Sonnengotts ein Einzelfall, denn für die anderen Götter gab es Kultbilder. Im jüdischen und persischen Kult ist das Bilderverbot dagegen eine grundsätzliche Regel. Das biblische Bilderverbot gehört zu den Zehn Geboten, die heute von der alttestamentlichen Forschung in die Perserzeit datiert werden. Wegen der Zeitgleichheit ist es durchaus möglich, dass das jüdische Bilderverbot durch das Vorbild der persischen Herren bedingt war.

Allerdings könnten die Juden auch unabhängig von den Persern Götterbilder abgelehnt haben. Der griechische Philosoph Xenophanes machte sich in der Perserzeit Gedanken über den Sinn von Götterbildern. Um 540 v. Chr. verließ er seine Heimatstadt Kolophon in Kleinasien, »als der Meder kam«, d. h., als Kyros, der König der Perser und Meder, die griechischen Städte an der kleinasiatischen Küste unterwarf. Der Flüchtling Xenophanes führte einige Zeit ein Wanderleben, das ihn nach Sizilien und Malta führte, bis er im griechisch besiedelten Unteritalien eine neue Heimat fand; seinen Lebensunterhalt verdiente er mit dem Vortrag der Gesänge Homers.

Xenophanes hat die Meinungen seiner Mitbürger über die Götter scharf kritisiert: »Alles haben die Dichter Homer und Hesiod den Göttern angedichtet, was nur immer bei den Menschen Schimpf und Schande ist – Stehlen, Ehebrechen und sich gegenseitig betrügen.« Aber auch vom erdichteten Verhalten der Götter abgesehen, hielt Xenophanes die Vorstellungen, die seine Mitbürger von den Göttern hatten, für falsch. Ihrer Auffassung, die Götter seien ihnen selbst ähnlich, setzte Xenophanes entgegen: »Die Äthioper stellen sich ihre Götter schwarz und stumpfnasig vor, die Thraker dagegen blauäugig und rothaarig.« Dann fuhr er fort: »Wenn Kühe, Pferde oder Löwen Hände hätten und damit malen und Werke wie die Menschen schaffen könnten, dann würden die Pferde pferdeähnliche, die Kühe kuhähnliche Götterbilder malen und solche Gestalten schaffen, wie sie selber haben.« Dagegen herrscht Xenophanes zufolge nur ein einziger Gott, »unter Göttern und Menschen der Größte, weder an Aussehen den Sterblichen ähnlich noch an Gedanken«.

Wie Xenophanes hätten auch nachdenkliche Juden, wie der Jahwist einer war, nach der Babylonischen Gefangenschaft sich über Gott neue Gedanken machen können – Gedanken, die zur altjüdisch-kanaanäischen Tradition im Widerspruch standen.

Nachweislicher persischer Einfluss auf die jüdische Religion

Die neuen religiösen Gedanken, die sich die jüdischen Untertanen der Perser machten, waren, wie seit dem 18. Jahrhundert erwiesen, zweifellos von den Persern beeinflusst. Gotthold Ephraim Lessing wusste beispielsweise bereits 1780, dass die Juden unter den Chaldäern und Persern die Lehre von der Unsterblichkeit der Seele kennen lernten.

Bibelwissenschaftler und Religionshistoriker wissen, dass die Perser zwei Jahrhunderte lang großen Einfluss auf die Juden ausübten. Den Persern verdankten sie eine ganze Reihe religiöser Ideen, wie beispielsweise den Gegensatz Gott/Teufel, den Glauben an Engel und Dämonen, die den ständigen Kampf zwischen Gott und Teufel austragen, den zukünftigen Sieg Gottes über den Teufel, die Auferstehung aller Menschen von den Toten und ihre Aburteilung beim Jüngsten Gericht und schließlich die Erschaffung einer neuen ewigen Welt. Verständlicherweise sprechen jüdische und christliche Theologen nicht gerne über diese Abhängigkeit, weil sie die Originalität von weiten Teilen des rabbinisch-jüdischen und christlichen Glaubens in Frage stellt. Haben die Juden den Auferstehungsglauben von den Persern übernommen? Oder haben sie eine eigene Ausprägung dieses Glaubens gehabt, der unter persischen Einfluss geriet?

»Israel saß fromm unter seinem Feigenbaum und sang das Lob des unsichtbaren Gottes und übte Tugend und Gerechtigkeit, während in den Tempeln von Babel, Ninive, Sidon und Tyrus jene blutigen und unzüchtigen Orgien gefeiert wurden, ob deren Beschreibung uns noch jetzt das Haar sich sträubt!« Dieser von Heinrich Heine in den *Geständnissen* skizzierte Gegensatz zwischen Israel und seinen Nachbarn existierte lange Zeit nicht. In der israelitischen Königszeit gab es keinen kulturellen und religiösen Unterschied zwischen Israel und seinen Nachbarn. Juden und Israeliten teilten damals die Vielgötterei ihrer kanaanäischen Nachbarn und Mitbürger. Einen unsichtbaren Gott loben sowie Tugend und Gerechtigkeit üben – das haben die Perser in den Alten Orient eingeführt, und ihre jüdischen Untertanen scheinen es von ihnen übernommen zu haben.

Persischer Einfluss schon beim Jahwisten?

Die von den Anhängern Zarathustras verkündete Lehre über den Gegensatz von Gut und Böse ist in der antiken Religionsgeschichte fast einzigartig. Die einzige Parallele aus alter Zeit ist die biblische Lehre. Zwar kennt der Jahwist beispielsweise keine Auferstehung der Menschen von den Toten, doch war auch für ihn der Gegensatz von Gut und Böse das alles beherrschende Thema. Ihm zufolge kam das Böse in die Welt, als Adam und Eva sich gegen Gott versündigten und dafür bestraft wurden. Wegen des Bösen, das die frevelhafte Menschheit verübte, ließ Gott die Sintflut kommen. Da die Einwohner von Sodom und Gomorrha Böses taten, tilgte Gott sie durch Feuer vom Himmel aus. Alle diese Geschöpfe Gottes haben sich für das Böse entschieden. Die Möglichkeit zwischen dem Guten und dem Bösen zu wählen, ist ein Grundmotiv der altpersischen Religion. Hat die Theologie des Jahwisten persische Wurzeln? Oder hat er aus der persischen Religion lediglich einige literarische Verzierungen übernommen?

Nur bei den alten Persern befindet sich der Weltschöpfer, der das Gute verkörpert, in einem Kampf mit dem Teufel, der das Böse selbst ist und die Menschen durch seine Einflüsterungen zum Bösen verführt. Einen selbstständigen bösen Gegengott und Verführerteufel gibt es beim Jahwisten nicht. Woher kam aber aus seiner Sicht das Böse in die als gut erschaffene Welt? Für den Jahwisten kam es in die Welt, als die Schlange Eva verführte. Wie ist dies möglich, wenn die Schlange auch ein »Geschöpf Gottes« ist? Nach Meinung des Alttestamentlers Heinrich Holzinger verdeckt hier der Erzähler »nur mühsam die Tatsache, dass die von ihm verwendete Vorlage einmal einen anderen Sinn gehabt haben muss: Die Schlange ist ursprünglich offenbar die Verkörperung oder das Werkzeug eines dem Schöpfer feindlich gegenüberstehenden bösen Gottes«.

Dieses Urteil gilt für die Vorlage, die den Jahwisten zu seiner Erzählung über den Sündenfall angeregt hat. Er hat jene selbstständige Macht, die dem Schöpfergott gegenüberstand, in die Schlange als abhängiges Geschöpf verwandelt. Durch diese Umwertung werden aber die Bösartigkeit der Schlange und »ihr Auftreten als vernünftiges (redendes!) Wesen unerklärlich«.

Eine Ähnlichkeit der Erzählung des Jahwisten mit den Grundmustern religiöser Sagen der Perser ist schon früher festgestellt worden. Aber für eine direkte Abhängigkeit schien »bisher jede erkennbare Brücke« zu fehlen, wie Holzinger es ausdrückte. An mögliche persische Einflüsse beim Jahwisten verschwendeten die kritischen Alttestamentler lange Zeit keinen Gedanken. Aber seit den 1970er Jahren datieren sie den

Jahwisten kurz vor Beginn der persischen Herrschaft über die Juden oder mitten in die Perserzeit.

Dieser neue Datierungsansatz für den Jahwisten ist hinreichend begründet; man kann darum zu Recht annehmen, dass der Jahwist seine theologisch eingefärbten Erzählungen unter persischem Einfluss verfasst hat. Andere Juden scheuten jedenfalls nicht davor zurück, religiöse Ideen der Perser zu übernehmen. Während der Jahwist von einem teuflischen Widersacher Gottes nichts wissen wollte, kannten die späteren jüdischen Schriftgelehrten, die Rabbinen, durchaus einen satanischen Widersacher des Weltschöpfers, der für sie ein Geschöpf Gottes war. Als hochrangiger Engel, der sich gegen seinen Schöpfer auflehnte, scharte er andere gleichfalls abtrünnige Engel um sich. Mit diesem Anhang verließ Satan den Himmel, wobei er die »schlaue und bösartige Schlange« bestieg und auf ihr zur Erde herabritt – die Schlange, die später Eva verführen sollte.

Ähnlich liest man auch in den altpersischen Schriften, dass der Böse Geist, zusammen mit den von ihm angeführten Dämonen, in die von Gott geschaffene Welt eindrang und dass eine Schlange dabei war. Der Böse Geist soll mit dieser Schlange identisch gewesen sein. Die alten persischen Religionslehrer und die jüdischen Rabbinen teilen also die Meinung, der Teufel und Widersacher Gottes sei als Schlange oder in Gesellschaft einer Schlange auf die Erde gekommen. Offenbar haben die Rabbinen ihre Lehre über den Teufel und die »schlaue und bösartige« Schlange von den Persern übernommen. Unter diesen Umständen darf man sicher sein, dass auch der Jahwist die teuflische Schlange der persischen Religionslehre kannte. Allerdings hat er, als älterer Kollege der Rabbinen, den gegenüber Gott selbstständigen Schlangenteufel in ein irdisches Geschöpf des einen und einzigen Gottes umgewandelt.

Hat der Jahwist den von Xerxes zerstörten Turm zu Babel gesehen?

Selbst wenn der Jahwist bereits zu Beginn der Perserherrschaft gelebt haben sollte, so hätte er vermutlich nicht sofort im Jahr 539 v. Chr. zu schreiben begonnen, als Kyros das babylonische Reich eroberte. Damals waren die Perser selbst weder entschiedene Anhänger des guten Gottes Ahura Mazda noch entschiedene Feinde des teuflischen Gegengottes. Doch schon zwanzig Jahre später bekannte sich der Perserkönig Darius I. in der Felseninschrift von Behistun unmissverständlich als Anhänger von Ahura Mazda.

Der Jahwist brauchte eine gewisse Zeit, um das persisch-medische System kennen zu lernen und das auszuwählen, was ihm gefiel und was nicht. Durch die von ihm erdachte Geschichte des Turmbaus zu Babel hat er unabsichtlich selbst auf die Epoche verwiesen, in der er geschrieben hat. Bald nach der Sintflut wollten die Menschen eine Stadt mit einem Turm bauen, dessen Spitze bis zum Himmel reichen sollte. Jahwe aber vereitelte den Plan, indem er die bis dahin einheitliche Sprache der Menschen verwirrte, so dass sie vom Bau absehen mussten und sich über die Erde zerstreuten. (1. Moses 11, 1–9)

Offensichtlich hat der Jahwist beim »Turm zu Babel« an den berühmten Tempelturm Etemenanki von Babylon gedacht. Auf einer Grundfläche von rund 90 x 90 Metern, ragte der Tempelturm in eine Höhe von 90 Meter. Die äußeren Mantelschichten des Turms bestanden aus gebrannten Ziegeln, der Kern hingegen aus luftgetrockneten Schlammziegeln. Eine monumentale Mitteltreppe führte nach oben.

Nebukadnezar, der Eroberer von Jerusalem, vollendete den Tempelturm Etemenanki. Bis zum Jahr 482 v. Chr. war er das monumentalste Bauwerk Vorderasiens. Aber nach der Niederschlagung eines Aufstands der Babylonier, ließ der Perserkönig Xerxes die Mitteltreppe am Turm abbrechen. Da Xerxes auch den Euphrat in die Stadt ableitete, konnte Wasser in den Kern des Gebäudes eindringen. Es kam zu einer Ausschwemmung

Tempelturm Etemenanki in Babylon. Rekonstruktion nach Schmid

der luftgetrockneten Ziegel und schließlich zum Einsturz der äußeren Ziegelschichten.

Wahrscheinlich regte diese Ruine den Jahwisten zu seinem schönen Märchen über den Turmbau zu Babel an. Unter dieser Voraussetzung müsste man annehmen, dass er sein Werk einige Zeit nach der Zerstörung von Etemenanki durch Xerxes verfasst habe. Andererseits scheint der Jahwist noch vor 419 v. Chr. gewirkt zu haben, denn in jenem Jahr machte Darius II., einer der Nachfolger von Xerxes, das zuerst vom Jahwisten beschriebene Fest der Ungesäuerten Brote den Juden von Elephantine zur Vorschrift. Darum sollte man seine Lebenszeit zwischen 480 und 420 v. Chr. datieren, also um das Jahr 450 v. Chr.

Der Jahwist stand unter dem religiösen Einfluss der Perser, als er seine Dichtung über die Ur- und Frühgeschichte der Menschheit verfasste. Aber auch in seinen Erzählungen über die Erzväter erkennt man persische Grundmuster, beispielsweise wenn Gott seinen Plan den auserwählten Menschen offenbart.

Diesem Plan zufolge sollen die Nachkommen Abrahams aus einer unverschuldeten Knechtschaft in Ägypten befreit und nach Kanaan geführt werden.

Auch bei der Figur des Moses, des Befreiers der Israeliten aus der ägyptischen Knechtschaft, ist der Jahwist nicht ohne persische Anregung ausgekommen. Denn um aus dem gebürtigen Ägypter einen scheinbaren Hebräer zu machen, hat er auf die Erzählung von der Aussetzung und Rettung des Perserkönigs Kyros zurückgegriffen. Wie aber kam der Jahwist dazu, die geschichtliche Biografie des ägyptischen Prinzen und Gegenkönigs Mase-saja als Vorlage für seine Dichtung über Gottes Plan mit Israel zu verwerten?

Die biblische Moses-Legende als Dichtung der Perserzeit

Der Jahwist – ein nationaler Dichter und Theologe

Während ägyptische Vorlagen dem Jahwisten als Vorbild für die Darstellung von Moses, dem Ägypter, dienten, gestaltete er die Figur des Propheten Moses nach dem Vorbild von Zarathustra: Wie dem altpersischen Propheten Zarathustra wird auch Moses die Offenbarung des Weltschöpfers zuteil, und wie jenem verkündet der Schöpfergott dem Propheten Moses ethische Gesetze sowie zeremonielle Vorschriften. Sollte aber Zarathustra die von Gott geoffenbarten Gesetze der gesamten Menschheit verkünden, so gelten die vom Weltschöpfer dem Propheten Moses mitgeteilten Gesetze nur für die Israeliten. Im altpersischen Vorbild macht der Schöpfergott keine Unterschiede zwischen den Völkern; hingegen verkündet der Jahwist die neue, die Juden begeisternde Idee, dass der Weltschöpfer eine bestimmte Nation bevorzugt und zwar die Nachkommen Abrahams und seiner rechtmäßigen Gemahlin Sara. Durch den Bund mit Israel, den Moses am Sinai vermittelt, gründet Gott die israelitische Nation als ein »Königreich von Priestern«. Das auserwählte Volk Israel hat zwei Aufgaben: eine nationale und eine universale. Israel soll einen reinen Gottesdienst für den Schöpfer der Welt vollziehen, die nicht auserwählten Nationen aber an Gott erinnern und sie seine allgemeinen Gesetze lehren.

Der Jahwist war nicht so unabhängig wie später Sigmund Freud, der die mosaische Lehre auf einen »großen fremden Mann«, auf den Ägypter Moses und Jünger Echnatons zurückführte. Dem Jahwisten war es nicht »Ehre genug für das jüdische Volk, dass es eine solche Tradition erhalten und Männer hervorbringen konnte, die ihr eine Stimme liehen«. Er verleugnete vielmehr den persischen Einfluss und stellte sich die Aufgabe, eine national-religiöse Vergangenheit für die Juden zu erfinden, in der es keinen persischen Einfluss gegeben hatte. Als Geschichtsdichter löste der Jahwist seine Aufgabe dadurch, dass er die Stiftung der Religion Jahwes, als des einen und einzigen Gottes, in eine märchenhafte Vorzeit Israels zurückdatierte und einem Propheten namens Moses zuschrieb, von dem vorher niemand etwas gehört hatte.

Der Jahwist als Erfinder der jüdisch-israelitischen Stammesgemeinschaft

Wie kam der Jahwist dazu, eine gemeinsame Frühgeschichte für Juden und Israeliten zu erdichten? Eduard Meyer hob zu Beginn des 20. Jahrhunderts hervor, dass die Juden als Einwohner des Reiches Juda mit den Israeliten als den Einwohnern des Reiches Israel ursprünglich wenig zu tun hatten, dass sich aber in jüngster Zeit die Anschauung von den Juden als einem Stamm der Israeliten durchgesetzt hat. In der Praxis jedoch – so sagt Meyer - habe diese Gleichsetzung nie die geringste Bedeutung gewonnen, und Juda stehe nach alter Tradition immer noch in schroffem Gegensatz zu Israel, denn vor dem 19. Jahrhundert sei niemandem je eingefallen, in der Alltagssprache einen Juden als Israeliten zu bezeichnen.

Meyers Ansicht nach kann man die Juden nicht Israeliten nennen, weil die jüdischen Könige David und Salomo sowohl über ihr angestammtes Reich Juda als auch über das Reich Israel herrschten. Wahrscheinlich hat das von Meyer vorausgesetzte vereinigte Königreich Juda und Israel gar nicht existiert. Nach heutigem archäologischen Wissensstand kann die in der Bibel geschilderte Doppelmonarchie unter der Herrschaft von David und Salomo nur als Fiktion gelten. Es waren die zentralistischen Reformer, die einige Jahrzehnte nach dem Jahwisten die Geschichte der Königreiche Juda und Israel neu verfassten. Dabei ließen sie ihrer Phantasie freien Lauf und schufen – auf dem Papier – ein mächtiges Reich unter den Königen David und Salomo. In ihren historischen Phantasien folgten sie der Vorgabe des Jahwisten, der eine gemeinsame Stammesgeschichte von Juden und Israeliten erfunden hatte. Immerhin gab es in der Königszeit eine geschichtliche Gemeinsamkeit zwischen Juden und Israeliten: Jahwe war in beiden Königreichen der wichtigste Gott. Diese Tatsache mag den Jahwisten auf die Idee gebracht haben, für Juden und Israeliten eine gemeinsame nationale Geschichte zu erfinden.

Vielleicht behaupteten aber die jüdischen Parteigänger des Jahwisten die ehemalige Einheit Judas und Israels, um daraus einen Besitzanspruch auf das Territorium des untergegangenen Königreichs Israel abzuleiten. Denn die biblischen Geschichtsdichter kommen immer wieder darauf zurück, dass das von ihnen ersonnene einheitliche Volk Israel einen Anspruch auf den Besitz des ganzen Landes Kanaan hat – ein unverkennbarer nationalistischer Trend. Allerdings warnt der Theologe Bernd Jörg Diebner davor, die Ausrichtung der biblischen Denker auf Israel als »nationalistische Engführung zu verstehen. Denn ›Israel‹ zu werden – dazu ist die ganze Menschheit eingeladen«. Diese Einladung gilt aber wohl nicht für die moralisch verderbten Kanaanäer. Denn bereits der Jahwist sah in den Kanaanäern Feinde, deren Vertreibung Gott befohlen hatte. Vermutlich steckt hinter dieser von Gott gewollten Vertreibung der Kanaanäer nichts anderes als ein entsprechender Wunsch des Jahwisten und seiner Zeitgenossen: Die in der Perserzeit entstandene Kultgemeinde des einen und einzigen Gottes Jahwe wollte das Land nicht mit jenen teilen, die zwar auch dort wohnten, aber nicht zu dieser Gemeinde gehörten. Aus dieser Kultgemeinde hat erst der Jahwist mit Hilfe seiner Schreibfeder eine Nation geschaffen, deren Vorfahren in märchenhafter Zeit zu den 12 Stämmen der Kinder Israel gehörten.

Die Knechtschaft in Ägypten:
pädagogische Zielsetzung des Jahwisten

Wie kam der Jahwist auf den Gedanken, als Vorspiel zur Geschichte der Königreiche Israel und Juda die ägyptische Knechtschaft zu erdichten? Es ist denkbar, dass er die Befreiung aus der ägyptischen Knechtschaft als Gegenstück zur Katastrophe des Jahres 587 v. Chr. ersonnen hat. Damals machte Nebukadnezar dem Königreich Juda ein Ende und deportierte Tausende von Angehörigen der jüdischen Oberschicht nach Babylonien. Diese Katastrophe fasste der Jahwist als Strafe auf, die Gott verhängte, weil die Israeliten nicht ihn, sondern kanaanäische Götzen verehrt hatten. Der furchtbaren Strafhandlung Gottes am Ende der selbstständigen nationalen Geschichte stellte der Jahwist den Gnadenakt desselben Gottes gegenüber: Am Anfang der nationalen Geschichte befreite Gott die Kinder Israel aus der ägyptischen Knechtschaft.

In alter Zeit, als es ein jüdisches Königreich und Juden gab, die auf ihre Unabhängigkeit stolz waren, wäre ein jüdischer Dichter nicht auf die Idee von einer ägyptischen Knechtschaft seiner Vorfahren verfallen. Aber die Angehörigen jener jüdischen Kultgemeinde, die nach dem Untergang des Reiches Juda unter persischem Enfluss entstand, waren an politische Abhängigkeit von fremden Staaten gewöhnt und konnten die Idee einer Verknechtung ihrer Vorfahren in Ägypten leicht hinnehmen.

Die Gefühle nationalen Stolzes sind beim Jahwisten gegenüber religionspädagogischen Überlegungen zurückgetreten. An keiner Stelle fasst er die ägyptische Knechtschaft als Schande auf, vielmehr gilt sie als Bedrückung und Leidenszeit. Indem der Jahwist das Unglück der Israeliten recht groß macht, lässt er die rettende Tat des nationalen Gottes um so größer und dankenswerter erscheinen.

Die pädagogische Absicht bei der Erzählung über die Befreiung aus der ägyptischen Knechtschaft tritt eindeutig zutage: Das Volk Israel soll sich seinem Gott in Dankbarkeit verpflich-

tet fühlen, weil er das Volk von einer unverschuldeten Knechtschaft befreit hat; ohne Eingreifen Gottes wären die Israeliten
und ihre Nachkommen ägyptische Knechte geblieben. Der
Jahwist wollte ein national-religiöses Gemeinschaftsgefühl begründen. Zu diesem Zweck ließ er die seit Jahrhunderten verlorene politische Selbstständigkeit in seiner Erzählung wieder-
erstehen und überhöhte das nationale Selbstgefühl durch die
neuartige religiöse Idee der Erwählung der Kinder Israel durch
den Weltschöpfer.

Eine Sage über Amun-masesa als Quelle des Jahwisten?

Wie aber kam der Jahwist dazu, die von ihm erdichteten Ursprünge des Volkes Israel in eine Zeit zu datieren, die dem 13.
Jahrhundert v. Chr. entsprach? Aus jener Epoche sind im Bergland von Samaria die frühesten Siedlungsspuren bekannt, die
man »israelitisch« nennen könnte. Der Jahwist scheint die geschichtlich richtige Epoche der Anfänge Israels eher durch
Zufall getroffen zu haben, denn in seiner Erzählung über diese
Anfänge steht sonst nichts, was geschichtlich richtig ist: Der
Aufenthalt Israels in Ägypten, die Auswanderung aus Ägypten
und die folgende Eroberung des Landes Kanaan sind historisch nicht belegt.

Der Jahwist hat die Einzelheiten der ägyptischen Knechtschaft erfunden. Bei der Figur des Moses, der die Kinder Israel
als Retter aus Ägypten herausführte, knüpfte er aber an den
geschichtlichen ägyptischen Prinzen Mase-saja an, der sich als
Gegenkönig Amun-masesa nannte. Auf welchem Weg könnte
der Jahwist von der Biografie dieses Ägypters erfahren haben,
der fast ein Jahrtausend früher lebte?

Kann dem Jahwisten in Palästina eine Sage über den Gegenkönig zu Ohren gekommen sein? Ist es möglich, dass der besiegte Pharao aus Ägypten nach Asien flüchtete? Voraussetzung
dazu wäre, dass Amun-masesa einen Vorstoß aus seinem ober-
ägyptischen Machtbereich nach Unterägypten wagte, so wie

er aus seinem Vizekönigtum nach Oberägypten vorgedrungen war. Vielleicht stieß der Empörer bis zur Stadt Ramses vor, wo der rechtmäßige König residierte. Wenn sich der Usurpator nach einer Niederlage nicht mehr auf seine Basis in Oberägypten zurückziehen konnte, wäre ihm nur der Weg nach Sinai oder Kanaan offen geblieben. Es ist durchaus vorstellbar, dass der politische Flüchtling eine bleibende Erinnerung hinterließ und sich diese zu einer Sage verdichtete. Später hätte der Jahwist diese Sage aufgreifen und in seine Dichtung über die israelitische Frühgeschichte einarbeiten können.

Diese Vermutungen laufen auf einen geschichtlichen Kern der biblischen Erzählung vom Auszug der Israeliten aus Ägypten. Es wäre allerdings ein Auszug gewesen, bei dem keine Hebräer mitgemacht hätten. Oder ist es denkbar, dass sich eine in Ägypten weilende Gruppe asiatischer Hirten oder Kriegsgefangener der Flucht des Ägypters angeschlossen hat? In dieser Gruppe hätte sich eine Sage über die gemeinsame Flucht mit einem Ägypter halten können, und wenn die Sage zu den Bewohnern der Bergländer von Judäa und Samaria weitergewandert wäre, hätte der Jahwist in späteren Zeiten davon erfahren können.

Ägyptische Geschichtstradition als Quelle des Jahwisten

Wenn es aber keine Sage über den flüchtenden Gegen-Pharao gegeben hat, dann kann der Jahwist die Biografie des Amunmasesa nur aus der ägyptischen Geschichtstradition gekannt haben. Wie das Beispiel Herodots zeigt, waren Ausländer während der Perserzeit in der Lage, sich über die ägyptische Geschichte zu informieren. Dem eigenen Zeugnis nach hörte Herodot von Priestern des Gottes Ptah in Memphis, die Namen von 330 Pharaonen. Auch der Jahwist wäre in der Lage gewesen, authentische Nachrichten über die ägyptische Geschichte einzuholen.

Geographische Erfordernisse seiner Dichtung führten vermutlich den Jahwisten dazu, die Ursprünge Israels ins 13. Jahrhundert v. Chr. zu datieren. Der Jahwist erfand, dass hebräische Hirten im östlichen Grenzgebiet Ägyptens siedelten. Dort gab es in der Tat Weideland, und über den späteren Auszug aus Ägypten ließ sich mühelos erzählen, dass die Israeliten von hier aus auf dem kürzesten Weg über die Landesgrenze nach Asien gelangen konnten.

Der Jahwist dachte sich ferner aus, dass die Israeliten beim Bau der Städte Ramses und Pithom Zwangsarbeit leisten mussten. Pithom war zu seiner Zeit eine bedeutende Stadt. Herodot, der Zeitgenosse des Jahwisten, kennt Pithom unter dem Namen Patumos. Dagegen sollte die Stadt Ramses damals nur noch als Ruinenfeld existiert haben. Allerdings hatten die Ägypter den Erbauer der Stadt Pi-Ramses bzw. Ramses, wie die Bibel schreibt, nicht vergessen. Noch 200 Jahre nach dem Jahwisten gab es Priester für die »Götter von Pharao Ramses von der Stadt Pi-Ramses«. Wenn der Jahwist sich über diese Städte erkundigte, konnte ihm nicht verborgen bleiben, dass ein Pharao namens Ramses die gleichnamige Stadt erbaut hatte. Bei dieser Gelegenheit konnte er auch die Geschichte von Amun-masesa, dem Enkel des Pharaos, hören.

Der Name des Gegenkönigs Amun-masesa blieb jedenfalls in der ägyptischen Geschichtstradition erhalten. Der Name von Amun-masesa steht in der Königsliste, die der angebliche ägyptische Priester Manetho aus den ägyptischen Originalquellen zusammengestellt hat.

Es ist ungewiss, ob es tatsächlich der geschichtliche Manetho war, der die Königsliste um 280 v. Chr. für griechische Leser kompiliert hat. Vielleicht hat ein anderer anonymer Verfasser die Liste Jahrhunderte später unter dem Namen von Manetho verbreitet. »Manetho« hat aus seiner Quelle fast nur die Königsnamen und die Regierungsdauer entnommen. Nur vereinzelt teilte er geschichtliche Ereignisse mit, wie beispielsweise dass ein König namens Amememhet einem Attentat zum Opfer gefallen ist.

»Manetho« hat die ausführlichen ägyptischen Annalen nicht zitiert. Heute sind solche Annalen nur noch aus dem 3. Jahrtausend v. Chr. erhalten, jedoch nicht aus den folgenden zwei Jahrtausenden ägyptischer Geschichte. Selbstverständlich gab es auch in dieser späteren Zeit eine ägyptische Geschichtsschreibung, wie aus vielen Anspielungen in überlieferten Texten hervorgeht. Denn im 2. und 1. Jahrtausend v. Chr. ließen die Pharaonen bei ungewöhnlichen Ereignissen in den »Annalen der Vorfahren« nach Präzedenzfällen suchen.

Auf diese Annalen hat sich in griechischer Zeit der Geschichtsschreiber Ptolemäus von Mendes gestützt. Aber von dem, was er über die Geschichte Ägyptens wusste, haben antike Autoren nur die Zerstörung der Stadt Avaris durch König Amose überliefert. Aus den später verloren gegangenen Annalen können ägyptische Priester dem Jahwisten oder seinem Gewährsmann Passagen übersetzt haben, wenn sich dieser darüber informieren wollte, wie die ägyptische Geschichte nach der Erbauung der Stadt Pi-Ramses verlaufen war.

Moses – ein volksfremder Retter der Israeliten aus erdichteter Knechtschaft

Was bewog aber den Jahwisten, den ägyptischen Gegenkönig Amun-masesa zum Retter der Israeliten aus der ägyptischen Knechtschaft zu machen? Dies fragte sich auch Friedrich Schiller im Jahr 1790 in »Die Sendung Moses«: »Woher sollte aber nun den Ebräern dieser Retter kommen? Schwerlich aus der Mitte der Egypter selbst; aus ihrer eigenen Mitte noch viel weniger.« Schiller hielt die Bedrückung der Israeliten in Ägypten für reale Geschichte. Statt einen Dichterkollegen für das Auftreten eines Retters namens Moses verantwortlich zu machen, bemühte er Gott selbst: »Hier muss uns die große Hand der Vorsicht, die den verworrensten Knoten durch die einfachsten Mittel löst, zur Bewunderung hinreißen.«

Auch der Jahwist hatte klar erkannt, dass es – wie es Schiller später formulierte – einem »gebornen Egypter an der nöthigen Aufforderung fehlte, an dem Nationalinteresse für die Ebräer, um sich zu ihrem Erretter aufzuwerfen. Einem bloßen Ebräer musste es an Kraft und Geist zu dieser Unternehmung gebrechen. Was für einen Ausweg erwählte also das Schicksal? Es nahm einen Ebräer, entriss ihn aber frühzeitig seinem rohen Volk und verschaffte ihm den Genuss egyptischer Weißheit; und so wurde ein Ebräer, egyptisch erzogen, das Werkzeug, wodurch diese Nation aus der Knechtschaft entkam.«

Was Schiller beschreibt, ist die Endfassung, die der Jahwist seiner Moses-Dichtung gegeben hat. Den ersten Schritt machte er, als er sich über die ägyptische Geschichte im Jahrhundert Ramses II. kundig machte und von Amun-masesa, einem Angehörigen des ägyptischen Königshauses erfuhr, der sich als Erwachsener gegen den Pharao aufgelehnt hatte. Als Gegner des Pharao bot diese historische Figur brauchbares Rohmaterial für das dichterische Vorhaben des Jahwisten. Aber, um mit Freud zu sprechen, »was sollte dem Volke eine Sage fruchten, die seinen großen Mann zu einem Volksfremden machte«?

Der Jahwist wusste sich zu helfen und griff auf die Aussetzungssage zurück, die damals über den Welteroberer Kyros in Umlauf war. So wie der medische König Astyages versucht hatte, den Perserprinzen Kyros zu töten, um seinen künftigen Feind zu vernichten, so lässt auch der Jahwist den Pharao versuchen, den künftigen Feind Ägyptens als Neugeborenen auszuschalten. Im Sinne der Sagenschablone erzählt der Jahwist von der Rettung des verfolgten Knaben Moses, doch darüber hinaus dichtet er hinzu, dass die Tochter des Pharao das Kind rettet und im Haus des Pharao großzieht.

Als der Jahwist über den ägyptischen Empörerkönig Amunmasesa alias Moses stolperte, musste er dem gebürtigen Ägypter eine hebräische Abstammung andichten. Einen gebürtigen ägyptischen Prinzen hätten die jüdischen Hörer und Leser des Jahwisten nicht als ihren Freiheitshelden akzeptiert. Mit Hilfe der Aussetzungssage verwandelte der Jahwist den ägyptischen Prinzen Moses in einen Volksgenossen der Juden, über den sich national und religiös erbauliche Geschichten erzählen ließen: wie dieser Mann Moses die Israeliten aus Ägypten herausführte, wie er am Berg Sinai den Bund der Israeliten mit Gott vermittelte und wie er schließlich die Eroberung des Verheißenen Landes einleitete und das Volk bis an dessen Schwelle heranführte. Die frommen jüdischen Leser des Jahwisten begeisterten sich an der erdichteten Vergangenheit und nahmen sie als geschichtliche Wahrheit hin.

Aber weder Moses noch irgendein nationaler Retter konnte die Kinder Israel aus Ägypten herausführen, denn für die Geschichtsforschung hat es keinen Aufenthalt der Israeliten in Ägypten gegeben. Weder Moses noch irgendein nationaler Religionsstifter hat auf dem Berg Sinai die Offenbarung empfangen, denn die biblische Religion ist erst Jahrhunderte nach der angeblichen Stiftung durch Moses entstanden. Es hat auch keinen Josua gegeben, der als Nachfolger von Moses das Verheißene Land eroberte, denn die Archäologie kennt keine kriegerische Landnahme der Israeliten. Ein national-religiöser Dichter hat diese Geschichten erdacht und dem Propheten Moses angedichtet.

ANHANG

Bibliographie

Die Bibel wird zitiert nach: *Die Heilige Schrift des Alten Testamentes I,* übersetzt und herausgegeben von Emil Kautzsch, 4. Auflage, Tübingen 1922, weil diese Übersetzung der hebräischen Vorlage am nächsten kommt.

AELIANUS, De natura animalium: *Aelian on the Characteristics of Animals I.* The Loeb Classical Library 446. London 1958.

AHARONI 1969: AHARONI, Yochanan, »Arad: Its inscriptions and temple«, *The Biblical Archaeologist* 31 (1969), 2–32.

AHARONI 1975: AHARONI, Yochanan, *Investigations at Lachish. The Sanctuary and the Residency (Lachish V).* Tel Aviv.

AHARONI 1979: AHARONI; Yochanan, *The Land of the Bible: A Historical Geography.* Philadelphia.

ALBRIGHT 1924: ALBRIGHT, William F., *Excavations and Results at Tell el-Ful (Gibeah of Saul).* AASOR 4. New Haven 1924.

ALBRIGHT 1937: ALBRIGHT, William F., »Further Light on the History of Israel from Lachish and Megiddo«, *Bulletin of the American Schools of Archaeology* 68, 23.

ALBRIGHT 1938: ALBRIGHT, William F., »James Llewellyn Starkey, Excavator of Lachish«, *Bulletin of the American Schools of Archaeology* 69, 6 f.

ALBRIGHT 1939: ALBRIGHT, William F., »The Israelite Conquest in the Light of Archaeology«, *Bulletin of the American Schools of Archaeology* 74, 11–23.

ALBRIGHT 1949: ALBRIGHT, William F., *The Biblical Period.* The Jews, their History, Culture and Religion I, Ed. FINKELSTEIN, L., Philadelphia.

ALBRIGHT 1961: ALBRIGHT, William F., »Abram the Hebrew. A New Archaeological Interpretation«, *Bulletin of the American Schools of Archaeology* 163, 36–54.

ALLAM, Shafik, *Hieratische Ostraka und Papyri aus der Ramessidenzeit.* Tübingen 1973.

Altertümer: FLAVIUS JOSEPHUS, *Jüdische Altertümer,* I–XX. Übersetzt und mit Einleitung und Anmerkungen versehen von Heinrich CLEMENTZ. Halle [1900].

Amada IV: ALY, M., ABDEL-HAMID, F., DEWACHTER, M., *Le temple d'Amada*. Cahier IV. Kairo 1967.

ASSMANN, Jan, *Moses der Ägypter. Entzifferung einer Gedächtnisspur.* München 1998.

AVESTA, *Die heiligen Bücher der Parsen.* Übersetzt von Fritz Wolff. Strassburg 1910. Nachdruck Berlin und Leipzig 1924.

BECKER, Uwe, *Richterzeit und Königtum.* BZAW 192. Berlin 1990.

BECKERATH, Jürgen von, *Handbuch der ägyptischen Königsnamen.* MÄS 20. München und Berlin 1984.

BEEK, Martinus A., *Geschichte Israels,* 2. Aufl., Stuttgart, 1961.

BICKEL, Susanne, *Tore und andere wiederverwendete Bauteile Amenophis' III.,* BBA 16. Untersuchungen im Totentempel des Merenptah in Theben. Stuttgart 1997.

BICKERMANN, Elias, *Der Gott der Makkabäer. Untersuchungen über Sinn und Ursprung der makkabäischen Erhebung.* Berlin 1937.

BIRAN, Avram, »Tel Dan«, *The Biblical Archaeologist* 37 (1974), 26–51.

BLISS, J. F., »Notes on the Plain of Jericho«, *Palestine Exploration Fund* 82 (1894), 175–163.

BONNET, Hans, *Reallexikon der ägyptischen Religionsgeschichte.* Berlin 1952.

BORAAS, Roger S., HORN, Siegfried H., *Heshbon 1968. The First Campaign at Tell Hesbân.* Berrien Springs 1969.

BOTTÉRO, Jean, *Le problème des Habiru à la 4° Rencontre assyriologique internationale.* CSA XII. Paris 1954.

BREASTED 1933/1950: James H. BREASTED, *The Dawn of Conscience/Die Geburt des Gewissens.* New York/Zürich.

BROWN, R., »Leprosy«, *New Catholic Encyclopedia* VIII. San Francisco 1967.

BRUGSCH, Heinrich, *Aus dem Orient.* Berlin 1864.

CALVIN, Johannes, *Unterricht in der christlichen Religion (Institutio Christianae Religionis).* Übersetzt und bearbeitet von Otto Weber. Neukirchen 1963.

CAMINOS, Ricardo A., *The New Kingdom Temples of Buhen I.* London 1974.

CARDON, Patrick D., »Amenmesse: An Egyptian Royal Head of the Nineteenth Dynasty in the Metropolitan Museum«, *Metropolitan Museum Journal* 14 (1980), 5–14.

CARTER, Howard, *The Tomb of Tut-Ankh-Amen*. III. London 1933.

ČERNY 1929: ČERNY, Jaroslav, »Papyrus Salt 124 (Brit. Mus. 10055)«, *Journal of Egyptian Archaeology* 15, 243–258.

ČERNY 1942: ČERNY, Jaroslav, »Greek Etymology of the Name of Moses«, *Annales du Service des Antiquités de l'Egypte* 41, 349–354.

ČERNY 1973: CERNY, Jaroslav, *A Community of Workmen at Thebes in the Ramesside Period*. Bd. 50. Kairo.

CHABAS, François-Joseph, »Les Hébreux en Égypte«, *Mélanges Égyptologiques I*. Chalon-sur-Saône 1862, 42–54.

CHAMBON, Alain, *Tell El-Far'ah I. L'âge du fer*. Paris 1984.

»(The) Chronicle of Moses, being a translation of Gilbert GAUL-MYN's edition of the Dibre ha-yamim shel Moshe«, RANKIN, Oliver S., *Jewish Religious Polemic*. Edinburgh 1956, 25–46.

CLAUSEWITZ, Carl von, »Operationsbasis«, *Vom Kriege,* 17. Auflage. Bonn 1967, 489–499.

CORNELIUS, Friedrich, »Moses urkundlich«, *Zeitschrift für alttestamentliche Wissenschaft* 78 (1966), 75–78.

COWLEY, Arthur E., *Aramaic Papyri of the Fifth Century*. Oxford 1923.

DAVIES 1925: DAVIES, Norman de Garis, *The Tomb of Two Sculptors at Thebes*. New York.

DAVIES 1926: DAVIES, Nina de Garis, GARDINER, Alan S., The Tomb of Huy, Viceroy of Nubia in the Reign of Tutankhamun (No. 40). TTS 4. London.

DAVIS, Theodore M., *Excavations at Bibân El Molûk, The Tomb of Iouiya and Touiyou*. London 1907.

DEVER 1984: DEVER, William G., »Asherah, consort of Yahweh? New Evidence from Kuntillet ›Ajrud«, *Bulletin of the American Schools of Archaeology* 255, 21–39.

DEVER 1994: DEVER, William G., »Ancient Israelite Religion: How to Reconcile the Differing Textual and Artifactual Portraits?« *Ein Gott allein?* OBO 139. Göttingen 1994, 105–125.

DEVER 1996: DEVER, William G., »The Identity of Early Israel: A Rejoinder to Keith W. Whitelam«, *Scandinavian Journal of the Old Testament* 72, 3–24.

DIEBNER, Bernd Jörg, »Erwägungen zum Thema ›Exodus‹«, *Studien zur altägyptischen Kultur* 11 (1984), 595–630.

DNB: *The Dictionary of National Biography. 1931–1941* (Founded in

1882 by SMITH, George. Ed. WICKHAM LEGG, L. G.). Oxford 1949.

DODSON 1997: DODSON, Aidan, »Messuy, Amada, and Amenmesse«, *Journal of the American Research Centre in Egypt* 34, 41–48.

DODSON 1990: DODSON, Aidan, »King Amenmesse at Riqqa«, *Göttinger Miszellen* 117/118, 153 f.

DUSSAUD 1935: DUSSAUD, René, »Note additionnel«, *Syria* 16, 346–352.

DUSSAUD 1936: DUSSAUD, René, »Mme Judith Marquet-Krause«, *Syria* 17, 319 f.

DUSSAUD [René] 1949: Judith MARQUET-KRAUSE, *Les Fouilles de Ay (Et-Tell) 1933–1935*. (Institut Français d'Archéologie de Beyrouth. BAH XLV) Paris 1949, 1.

EISSFELDT, Otto, *Einleitung in das Alte Testament*. 3. Auflage, Tübingen 1964.

Ezekielos: ROBERTSON, R. G., *Ezekiel the Tragedian,* in: Ed. CHARLESWORTH, James H., *The Old Testament Epigrapha 2,* 1985, 803–819.

FECHT, Gerhard, »Die Israel-Stele. Gestalt und Aussage«, *Fontes atque Pontes. Festgabe für Hellmut Brunner*. ÄAT 5. Wiesbaden 1983.

FGH: JACOBY, Felix, *Die Fragmente der griechischen Historiker 3. Teil C*. Leiden 1958.

FINKELSTEIN, Israel, *The Archaeology of the Israelite Settlement*. Jerusalem 1988.

Fragmenten-Targum: KLEIN, Michael J., *The Fragment-Targums of the Pentateuch*. II. AB 76. 1980.

FRASER, P. M., *Ptolemaic Alexandria* I., Oxford 1972.

FREEDMAN, David N., »William Foxwell Albright in Memoriam«, *Bulletin of the American Schools of Oriental Archaeology* 205 (1972), 3–13.

FREUD, Sigmund, *Gesammelte Werke, XVI*. »Der Mann Moses und die monotheistische Religion. Drei Abhandlungen«. London 1950, 103–246.

FREUD – ZWEIG: Sigmund FREUD – Arnold ZWEIG. *Briefwechsel*. Frankfurt 1968.

FREUDENTHAL, Jacob, *Alexander Polyhistor und die von ihm erhaltenen Reste jüdischer und samaritanischer Geschichtswerke. Hellenistische Studien I*. Breslau 1876.

FRITZ, Volkmar, »Amosbuch, Amosschule und historischer Amos«, *Prophet und Prophetenbuch. Festschrift für Otto Kaiser zum 65. Geburtstag,* hrsg. von V. Fritz u. a., Berlin und New York 1989, 29−43.

GARDINER, Alan H., »On the Egyptian Origin of English Personal Names«, *Journal of the American Oriental Society* 56 (1936), 189−197.

GARSTANG, John, *The Story of Jericho.* New rev. ed., London 1948.

Gegen APION: JOSEPHUS, FLAVIUS, *Kleinere Schriften.* Übersetzt von Heinrich CLEMENTZ. Neudruck. Köln 1960.

GINZBERG, Louis, *The Legends of the Jews II.,* Philadelphia [6]1946.

− − *The Legends of the Jews. V. Notes to Volumes I and II.,* Philadelphia [6]1947.

GLA: *Greek and Latin Authors on Jews and Judaism. I.* Ed. STERN, Menahem. Jerusalem 1974.

GOLDWASSER, Orly, »The Lachish Hieratic Bowl Once Again«, *Tel Aviv* 9 (1982), 137 f.

Guide: *The Motion Picture Guide.* Eds. J. R. NASH, ROSS, S. R., VIII. Chicago 1987.

GUNKEL, Hermann, »Über die Beschneidung im Alten Testament«, *Archiv für Papyrusforschung* 2 (1903), 16.

HADLEY, Judith M., »Asherah − Archaeological and Textual Evidence«, *Ein Gott allein?* OBO 139. Göttingen 1994, 235−268.

HARRER, Heinrich, *Geheimnis Afrika.* Innsbruck 1979.

HASEL, Michael, »Israel in the Merneptah Stele«, *Bulletin of the American Schools of Archaeology* 296 (1994), 45−61.

HEINE, Heinrich, *Werk. Säkularausgabe, 8, 12.* Berlin und Paris 1972, 1988.

HEINEMANN, Isaak, »Antisemitismus«, *RE Supplement* V (1931) 3−43.

HELCK 1955: HELCK, Wolfgang, »Zur Geschichte der 19. und 20. Dynastie«, *Zeitschrift der deutschen morgenländischen Gesellschaft* 105 (N. F. 30), 27−52.

HELCK 1980: HELCK, Wolfgang, »Ein ›Feldzug‹ unter Amenophis IV. gegen Nubien«, *Studien zur altägyptischen Kultur* 8, 117−126.

HERODOT, *Historien.* Hrsg. von Haussig, H. W., 2. Aufl. Stuttgart 1955.

HO: CERNY, Jaroslav, GARDINER, Alan H., *Hieratic Ostraca I.,* Oxford 1957.

HODJACHE, Svetlana, BERLEV, Oleg, »Objets royaux du Musée des Beaux-Arts Pouchkine à Moscou«, *Chronique d'Egypte* 52 (1977), 24.

HOFFMEIER, James K., *Israel in Egypt. The Evidence for the Authenticity of the Exodus Tradition.* New York und Oxford 1997.

HOLLADAY, J. S., »Maskhuta, Tell El-«, *The Oxford Encyclopedia of Archaeology in the Near East,* Ed. MEYERS, Eric. H., III. Oxford 1997, 432–439.

HOLLOWAY, Steven W., »[Book Review:] Prologue to History: The Yahwist as Historian in Genesis. By John van SETERS«, *Journal of Near Eastern Studies* 56 (1997), 148–150.

HOLZINGER, Heinrich, »Das erste Buch Mose oder die Genesis«, Die Heilige Schrift des Alten Testamentes, übersetzt von KAUTZSCH, Emil. 4. Auflage., hrsg. von BERTHOLET, A. Tübingen 1922.

HOPFNER, Theodor, *Plutarch über Isis und Osiris.* II. Prag 1941, 16.

HORNUNG, Erik, *Echnaton. Die Religion des Lichtes.* Zürich 1995.

Jaschar: *Buch Ha-Jaschar.* Französische Übersetzung von DRACH, Paul, in: *Migne, Dictionnaire des Apocryphes* II. Paris 1858.

JONES, Ernest, *Das Leben und Werk von Sigmund Freud.* III. Bern und Stuttgart 1962.

Jubiläen: WINTERMUTE, O. S., *Jubilees. A new translation and introduction.* The Old Testament Pseudepigrapha. Ed. CHARLESWORTH, J. H., II. New York 1985.

Jugendbriefe: Sigmund FREUD. *Jugendbriefe an Eduard SILBERSTEIN 1871–1881.* Frankfurt 1989.

KAISER, Otto, *Das Buch des Propheten Jesaja. Kapitel 1–12.* 5. völlig neubearbeitete Auflage. Göttingen 1981.

KAUTZSCH 1922: *Die Heilige Schrift des Alten Testamentes I,* übersetzt und herausgegeben von KAUTZSCH, Emil, 4. Auflage, Tübingen 1922.

KEEL, Othmar, »Gedanken zur Beschäftigung mit dem Monotheismus«, *Monotheismus im Alten Israel und seiner Umwelt.* BB 14. Hrsg. KEEL, Othmar. Fribourg 1980, 12–30.

KEMPINSKI, Aharon, *Megiddo: A City State and Royal Centre in North Israel.* München 1989.

KENYON, Kathleen M., *Digging up Jericho. The results of the excavations 1952–1956.* New York 1957.

KENT, Roland G., *Old Persian: Grammar, Texts, Lexikon*. 2nd revised ed., New Haven 1953.

KHM: *Brüder GRIMM. Kinder- und Haus-Märchen*. Nach der 2. Auflage von 1819, herausgegeben von Heinz Rölleke. Köln 1982.

KNAUF, Ernst Axel, *Midian. Untersuchungen zur Geschichte Palästinas und Nordarabiens am Ende des 2. Jahrtausends v. Chr.*, ADPV. Wiesbaden 1988.

KNOPPERS, Gary N., »The Vanishing Salomon: The Disappearance of the United Monarchy from Recent Histories of Ancient Israel«, *Journal of Biblical Literature* 116/1 (1997), 19–44.

KOHUT, Alexander, *Über die jüdische Angelologie und Dämonologie in ihrer Abhängigkeit vom Parsismus*. Abhandlungen der Deutschen Morgenländischen Gesellschaft. IV. 3. Leipzig 1866. Nachdruck 1966.

KRAELING, Emil, *The Brooklyn Museum Aramaic Papyri*. Yale 1953. Reprint 1969.

KRAUSS, Rolf, »Untersuchungen zu König Amenmesse 1./2. Teil«, *Studien zur altägyptischen Kultur* 4 (1976), 161–199; 5 (1977), 131–174.

KRAUSS 1994: KRAUSS, Rolf, »Ein wahrscheinlicher Terminus post quem für das Ende von Lachisch VI«, *Mitteilungen der Deutschen Orient-Gesellschaft zu Berlin* 126, 123–130.

KRAUSS 1997: KRAUSS, Rolf, »Untersuchungen zu König Amenmesse: Nachträge«, *Studien zur altägyptischen Kultur* 24, 161–184.

KRAUSS 2000: KRAUSS, Rolf, »Akhenaten: Monotheist? Polytheist?«, *The Bulletin of the Australian Centre for Egyptology* 11, 2000, 93–101.

LANG, Bernhard, »Die-Jahweh-allein-Bewegung«, in: Bernhard LANG, Hrsg., *Der einzige Gott. Die Geburt des biblischen Monotheismus*. München 1981.

LAPP, Paul W., »Taanach by the waters of Megiddo«, *The Biblical Archaeologist* 30 (1967), 2–27.

LAUTH, Franz Josef, *Moses-Hosarsyphos ... Ex monumento inferioris Aegypti per ipsum Mosen abhinc annos MMMCD dedicato ...* Argentorati 1879.

LEFÉBURE, Eugène, *Les Hypogées Royaux de Thèbes. Notices des Hypogées*. MMAF III.1, Paris 1889.

LEHMANN, Manfred R., »Abraham's Purchase of Machpelah and

Hittite Law«, *Bulletin of the American Schools of Archaeology* 129 (1953), 15–18.

LEMAIRE, André, »Déesses et dieux de Syrie-palestine d'après les inscriptions«, *Ein Gott allein?* OBO 139. Göttingen 1994, 127–158.

LEMCHE 1993: Niels Peter LEMCHE, »The Old Testament – A Hellenistic Book?«, *Scandinavian Journal of the Old Testament* 7, 163–193.

LEMCHE 1994: Niels Peter LEMCHE, »Kann von einer ›israelitischen Religion‹ noch weiterhin die Rede sein? Perspektiven eines Historikers«, *Ein Gott allein?* OBO 139. Göttingen 1994, 59–75.

LEPSIUS, Carl Richard, *Die Chronologie der Ägypter.* Berlin 1849.

LEWIS, Brian, *The Sargon Legend. A study of the Akkadian text and the tale of the hero who was exposed at birth.* Cambridge, Mass., 1980. (Dissertation New York 1976).

LORETZ 1984: LORETZ, Oswald, *Habiru – Hebräer.* BZAW 160. Berlin.

LOUD, Gordon, *Megiddo II. Seasons of 1935–39.* OIP LXII. Chicago 1948.

Louvre IM 5269: MALININE, M., POSENER, G., VERCOUTTER, J., *Catalogue des Stèles du Sérapéum de Memphis I.II.* Paris 1968.

LUTHER, Martin, *Deutsche Bibel.* 3. Band, Weimar, 1911.

MACALISTER, R. A. Stewart, *The Excavation of Gezer 1902–1905 and 1907–1909.* I. London 1912.

1./2. Makkabäer, Buch der, *Die Apokryphen des Alten Testamentes.* Hrsg. von Emil KAUTZSCH. Tübingen und Leipzig 1902.

MANLEY, Bill, Ed., *The Penguin Historical Atlas of Ancient Egypt,* London 1996.

MANN, 1944/1983: Thomas MANN, *Das Gesetz.* Stockholm/ Frankfurt, 1944/1983, 68 ff.

MAZAR 1992: MAZAR, Amihai, »The Iron-Age I.«, *The Archaeology of Ancient Israel.* Ed. BEN-TOR, A., New Haven und London.

MEYER 1906: MEYER, Eduard, *Die Israelisten und ihre Nachbarstämme.* Halle.

MEYER 1912: MEYER, Eduard, *Der Papyrusfund von Elephantine.* Leipzig.

MEYER 1931: MEYER, Eduard, *Geschichte des Altertums* II. 2., Zweite Auflage. Hrsg. von H. E. Stier. Stuttgart und Berlin.

MENDENHALL, George E., »The Hebrew Conquest«, *The Biblical Archaeologist* 25.3 (1962), 66–87.

MESHEL, Ze'ev, »Two aspects in the Excavation of Kuntillet Ajrud«, *Ein Gott allein?* OBO 139. Göttingen 1994, 99–104.

MIDANT-REYNES, B., BRAUNSTEIN-SILVESTRE, F., »Kamel«, *Lexikon der Ägyptologie* III. Wiesbaden 1980.

MISH, John L., »The Return of the Turgut«, *Journal of Asian History* 4.1 (1970), 80–82.

MORGAN, Jacques de, et al., *Catalogue des monuments et des inscriptions de l'Egypte antique I.* Wien, 1894.

MÜLLER, Ingeborg, *Die Verwaltung der nubischen Provinz im Neuen Reich.* Dissertation vorgelegt bei der Gesellschaftswissenschaftlichen Fakultät des wissenschaftlichen Rates der Humboldt-Universität zu Berlin. I. II. 1979.

NOTH, Martin, *Das zweite Buch Mose. Exodus.* Das Alte Testament Deutsch. Neues Göttinger Bibelwerk. Teilband 5. Göttingen 1959.

OIP: *The Bubastite Portal. Reliefs and Inscriptions at Karnak.* VIII. The Epigraphic Survey (The University of Chicago. Oriental Institute Publications. LXXIV). Chicago 1954.

P. Anastasi VI: Ricardo A. Caminos, *Late Egyptian Miscellanies.* London 1954, 293.

P. BM 10508, XI 7: GLANVILLE, S. R. K., *The Instructions of Onchsheshonqi. Catalogue of the Demotic Papyri in The British Museum* II. London 1955.

P. Jumilhac: VANDIER, Jacques, *Le Papyrus Jumilhac.* Paris 1961.

Praeparatio Evangelica: COLLINS, J. J., »Artapanus«, in: Ed. CHARLESWORTH, J. H., *The Old Testament Pseudepigrapha* 2, 1985, 889–903.

PETRIE, William Flinders, *A History of Egypt from the XIXth to the XXth Dynasties. (A History of Egypt,* III). London 1905.

PHILO, with an English Translation by F. H. COLSON. *The Loeb Classical Library.* VI. Cambridge, Mass., 1935.

RANKE, Hermann, *Die ägyptischen Personennamen,* II. Glückstadt 1952.

RAPPAPORT, Salomo, *Agada und Exegese bei Flavius Josephus.* Wien 1930.

RE: *Paulys Realencyclopädie der Classischen Altertumswissenschaft.* Neue Bearbeitung. Hrsg. von WISSOWA, G., I ff, 1893 ff.

REDFORD 1970: REDFORD, Donald B., *A Study of the Biblical Story of Joseph (Genesis 37–50)*. SVT 20. Leiden.

REDFORD 1986: REDFORD, Donald B., *Pharaonic King-Lists, Annals and Day-Books*. Mississauga.

REDFORD 1987: REDFORD, Donald B., »The Monotheism of the Heretic Pharaoh«, *Biblical Archaeology Review*. XIII.3, May/June 1987, 16–32.

REDFORD 1992: REDFORD, Donald B., *Egypt, Canaan and Israel in Ancient Times*. Princeton.

RI: KITCHEN, K. A., *Ramesside Inscriptions. Historical and Biographical. 1–8*. Oxford 1975–1990.

ROEDER, Günther, *Hermopolis 1929–1939*. Hildesheim 1959.

SANDMAN, Maj, *Texts from the time of Akhenaten*. BA 8. Brüssel 1938.

Sargons Geburtslegende: WESTENHOLZ, Joan G., *Legends of the Kings of Akkade*. Winona Lake 1997, 39 ff.

SCHALLER, Berndt, »Hekataios von Abdera über die Juden«, *Zeitschrift für Neutestamentliche Wissenschaft* 24 (1963), 22–25.

SCHILLER, Friedrich, »Die Sendung Moses« in: *Schillers Werke*. Nationalausgabe 17. Band, 1. Teil. Hrsg. von K.-H. Hahn. Weimar 1970, 377–397.

SCHMID 1976: SCHMID, Hans Heinrich, *Der sogenannte Jahwist. Beobachtungen und Fragen zur Pentateuchforschung*. Zürich.

SCHMID 1995: SCHMID, Hansjoerg, *Der Tempelturm Etemenanki*. BF 17. Mainz.

SCHNORR VON CAROLSFELD, Julius, *Die Bibel in Bildern. 240 Darstellungen, erfunden und auf Holz gezeichnet … Mit Bibeltexten nach Martin Luthers deutscher Übersetzung*. Leipzig 1860.

SCHWANKL, Otto, *Die Sadduzäerfrage (Mk 12,18–27 parr). Eine Exegetisch-theologische Studie zur Auferstehungserwartung*. BBB 66. Frankfurt a. M. 1987.

SEIDLMAYER, Stephan J., »Epigraphische Bemerkungen zur Stele des Sethnachte«, *Stationen. Beiträge zur Kulturgeschichte Ägyptens. Rainer Stadelmann gewidmet*. Mainz 1998, 363–386.

SELLIN, Ernst, WATZINGER, Carl, *Jericho. Die Ergebnisse der Ausgrabungen*. WVDOG 22. Leipzig 1913.

SETERS 1972: SETERS, John van, »The Conquest of Sihon's Kingdom: A Literary Examination«, *Journal of Biblical Literature* 91, 182–197.

SETERS 1975: SETERS, John van, *Abraham in History and Tradition*. New Haven/London.

SETERS 1980: SETERS, John van, »Once Again – The Conquest of Sihon's Kingdom«, *Journal of Biblical Literature* 99, 117–119.

SETERS 1987 a: SETERS, John van, *Der Jahwist als Historiker*. Theologische Studien, 134.

SETERS 1987 b: SETERS, John van, »Moses«, in: *The Encyclopaedia of Religion*. Ed. ELIADE, Mircea. X. New York, 115–121.

SETERS 1994: SETERS, John van, *The Life of Moses. The Yahwist as Historian in Exodus-Numbers*. Kampen.

SHINAN, Avigdor, »Moses and the Ethiopian Woman«, *Scripta Hierosolymitana* 27 (1978), 66–78.

SINUHE, *Altägyptische Dichtung*. Ausgewählt, übersetzt und erläutert von Erik HORNUNG. Stuttgart 1996.

SMALLWOOD, E. M., »The Legislation of Hadrian and Antoninus Pius against Circumcision«, *Latomus* 18 (1959), 334–347.

SNOWMAN, Leonard V., »Circumcision«, in: *Encyclopaedia Judaica*. V. Jerusalem, 1971.

SPEISER 1963: SPEISER, Ephraim A. »The Wife-Sister Motif in the Patriarchal Narratives«, *Biblical and Others Studies. Festschrift N. N. Glatzer,* Ed. ALTMANN, A., Cambridge 1963, 15–28.

SPEISER 1964: SPEISER, Ephraim A., *Genesis*. Garden City, N. Y. 1964.

STAGER, Lawrence E., WOLFF, Samuel E., »Production and Commerce in Temple Courtyards: An Olive Press in the Sacred Precinct at Tel Dan«, *Bulletin of the American Schools of Archaeology* 243 (1981) 95–102.

STRANGE, John, »The Book of Joshua«, *History and Traditions of Early Israel. Studies presented to Eduard Nielsen*. Leiden 1993, 136–141.

Targum Pseudo-Jonathan: Numbers. The Aramaic Bible. 4. Translated, with Notes by Ernest G. CLARKE. Edinburgh 1995.

THIERSCH, Hermann, »Archäologischer Jahresbericht«, *Zeitschrift des Deutschen Palästina-Vereins* 36 (1913), 40–49.

THOMPSON 1974: THOMPSON, Thomas L., *The Historicity of the Patriarchal Narratives*. BZAW 133. Berlin.

THOMPSON 1999: THOMPSON, Thomas L., *The Bible in History*. London.

TUFNELL, Olga, *Lachish IV (Tell el-Duweir). The Bronze Age.* Oxford 1958.

TWAT: *Theologisches Wörterbuch zum Alten Testament, 1 ff.* Stuttgart 1970 ff.

Urk. II: SETHE, Kurt, *Hieroglyphische Urkunden der Griechisch-Römischen Zeit* I. Leipzig 1904.

Urk. IV: *Urkunden der 18. Dynastie,* bearbeitet von K. SETHE, 2. Aufl., Leipzig 1927.

USSISHKIN 1983: USSISHKIN, David, »Excavations at Tel Lachish, 1978–1983. Second Preliminary Report«, *Tel Aviv* 10 (1983), 120–127.

USSISHKIN 1985: USSISHKIN, David, »Level VII and VI at Tell Lachisch at the end of the Late Bronze Age in Canaan«, Ed. TUBB, J. N., *Palestine in the Bronze and Iron Ages. Papers in Honour of Olga Tufnell.* London.

VERBRUGGHE, Gerald P., WICKERSHAM, John M., *Berossos and Manetho.* Michigan 1996.

VITTMANN, Günther, *Der demotische Papyrus Rylands 9.* ÄAT 38. Wiesbaden 1998.

VOLTAIRE, François, *Dictionnaire philosophique.* Édition de [R.] Étiemble. Paris 1967.

VORLÄNDER, Hermann, »Der Monotheismus Israels als Antwort auf die Krise des Exils«, in: LANG, Bernhard, Hrsg., *Der einzige Gott. Die Geburt des biblischen Monotheismus.* München 1981, 84–113.

WATZINGER, Carl, »Zur Chronologie der Schichten von Jericho«, *Zeitschrift der Deutschen Morgenländischen Gesellschaft* 80 (1926), 131–136.

WEIPPERT, Helga, WEIPPERT, Manfred, »Jericho in der Eisenzeit«, *Zeitschrift des Deutschen Palästina-Vereins* 92 (1976), 105–148.

WELLHAUSEN, Prolegomena: WELLHAUSEN, Julius, *Prolegomena zur Geschichte Israels.* Berlin 1905 (1927).

WELLHAUSEN, Composition: WELLHAUSEN, Julius, *Die Composition des Hexateuchs und der historischen Bücher des Alten Testamentes.* 4. Auflage. Berlin 1963.

WESTENDORF, Wolfhart, »Beschneidung«, *Lexikon der Ägyptologie, I.* Hrsg. von HELCK, W. und OTTO, E., Wiesbaden 1975.

WILSON 1938: WILSON, John A., »The Megiddo Ivories«, *American Journal of Archaeology* 42 (1938), 333–336.

WILSON 1964:WILSON, John A., *Signs and Wonders Upon Pharaoh*. Chicago.

WRIGHT, George Ernest, *Biblical Archaeology*. London 1957.

WÜRTHWEIN, Ernst, »Die Josianische Reform und das Deuteronomium«, in: *Studien zum Deuteronomistischen Geschichtswerk*. BZAW 227. Berlin 1994, 188–216.

WW: *Who's who*. London 1932.

WWA: *Who's who in America*. [37] 1972/1973.

WWE: DAWSON, Warren R., UPHILL, Eric P., *Who was who in Egyptology?* 2nd rev. ed., London 1972.

YOYOTTE, Jean, »Un document relatif aux rapports de la Libye et de la Nubie«, *Bulletin de la Société française d'Égyptologie* 6 (1951) 9–14.

YURCO, Frank, »Amenmesse: Six Statues at Karnak«, *Metropolitan Museum Journal* 14 (1980), 15–31.

Bildnachweis

S. 40: mit freundlicher Genehmigung von Éditions du Rocher, Paris, Zeichnung von A. L'Amoulen;

S. 43: Berliner Museen. Berichte aus den Preußischen Kunstsammlungen 41 (1919–20), Abb. 52;

S. 45: ASAE 26 (1926) 127;

S. 47: mit freundlicher Genehmigung des Gerstenberg Verlags, Hildesheim;

S. 48: mit freundlicher Genehmigung des Franz Steiner Verlags, Stuttgart;

S. 50: nach Davies, 1925, Tafel XV;

S. 52: mit freundlicher Genehmigung des Franz Steiner Verlags, Stuttgart;

S. 53: mit freundlicher Genehmigung des Center of Documentation and Studies on Ancient Egypt in Cairo;

S. 58: mit freundlicher Genehmigung des Center of Documentation and Studies on Ancient Egypt in Cairo;

S. 66: nach M. Bietak, Avaris, 1996, Abb. 34;

S. 68: (A) Urkunden des ägyptischen Altertums II, 9 – (B) W.M.F. Petrie, A History of Egypt, 10. Aufl. 1923, Abb.151;

S. 93: mit freundlicher Genehmigung von Heinrich Harrer;

S. 95: mit freundlicher Genehmigung des Gerstenberg Verlags, Hildesheim;

S. 97: Julius Schnorr von Carolsfeld, Die Bibel in Bildern (1857–1860);

S. 123: mit freundlicher Genehmigung des Center of Documentation and Studies on Ancient Egypt in Cairo;

S. 126: nach einer Vorlage des Autors;

S. 135: nach einer Vorlage des Autors;

S. 137: nach E. Lefébure, Hypogées royaux (1889), Abb. 22;

S. 138: nach E. Lefébure, Hypogées royaux (1889), Abb.147;

S. 140: mit freundlicher Genehmigung von Éditions du Rocher, Paris, Zeichnung von A. L'Amoulen;

S. 146: mit freundlicher Genehmigung der Trustees des Britischen Museums;

S. 148: mit freundlicher Genehmigung von Éditions du Rocher, Paris, Zeichnung von A. L'Amoulen;

S. 155: nach J. de Morgan, Catalogue des monuments I (1894) Nr. 87;

S. 159: nach Lepsius, Denkmäler III (1849–1859) 175h;

S. 165: mit freundlicher Genehmigung von Éditions du Rocher, Paris, Zeichnung von A. L'Amoulen;

S. 206: nach Davies (1926), Tafeln IV und VI;

S. 227: nach einer Vorlage des Autors; S. 232: nach einer Vorlage des Autors;

S. 244: mit freundlicher Genehmigung von Éditions du Rocher, Paris, Zeichnung von A. L'Amoulen;

S. 246: mit freundlicher Genehmigung von Éditions du Rocher, Paris, Zeichnung von A. L'Amoulen;

S. 278: mit freundlicher Genehmigung von Zeev Meshel;

S. 279: mit freundlicher Genehmigung von Zeev Meshel;

S. 280: H. Brugsch, Geographische Inschriften altägyptischer Denkmäler (1884), 792;

S. 298: mit freundlicher Genehmigung von © Richard Parkinson;

S. 319: mit freundlicher Genehmigung des Vorderasiatischen Museums PK Berlin.

Register

Aaron 9, 103, 119, 220
Abram, Abraham 176–197, 302
Ai 240 f.
Albright, William F. 178 f., 233, 243, 256
Alexander der Grosse 35, 65, 68, 115, 166, 293
Amenophis III. 47–49, 76, 120, 237
Amenophis IV., s. Echnaton
Amos 284
Amun-masesa
– Abstammung 155–163
– Gegner von Sethos II. 133
– Geschichtsüberlieferung 325–327
– Grab in Theben 136–141
– hieroglypische Namensform 144
– Statuen 155–157
– s. Mase-saja
Antiochos IV. 295 f., 306
Antisemitismus 65, 82 f.
Arad 269
Aramäer, aramäisch 35, 181 f., 204
Artapanos 90–96, 107, 169 f.
Aussätzige 63–83, 104
Aussetzungssage 16–31

Beschneidung 294–305
Breasted, James H. 36 f., 41, 57

Brugsch, Heinrich 152 f.

Calvin, Johannes 11
Carter, Howard 120, 139, 141
Černy, Jaroslav 34, 145, 150, 243
Chabiru, s. Hebräer
Chaldäa 180 f.
Cowley, Arthur 309

Dan 267 f.
Dever, William 260 f., 267 f., 278 f.
Diebner, Bernd J. 323
Dodson, Aidan 147 f., 160, 165
Dussaud, René 241

Echnaton
– Amun 42, 54–60
– Geiergöttin 55 f.
– Kobragöttin 42, 56, 98
– Mondgott 53 f.
– Moses 39–41
– Osarsef 76–78
– Osiris 36, 49
– Ptah 51 f.
– Sonnengott 42–48, 313
Exodus s. Israeliten

Finkelstein, Israel 256 f.
Freud, Sigmund 21, 36–38, 87, 103, 119, 175, 297, 321 f., 329
Fritz, Volkmar 284 f.

Galiläa   248 f., 297
Gardiner, Alan   34, 149
Gezer   233 f., 274
Grimm, Brüder   19

Hazor   248 f.
Hebräer   216–218
Hebron   195, 242, 251
Heine, Heinrich   315
Helck, Wolfgang   139
Herodot   80 f., 94, 105, 182,
   298, 309, 312
Hesbon   14, 226
Holzinger, Heinrich   316
Horma   251–253
Hornung, Erik   42
Hyksos   65–75

Israeliten
– in Ägypten   212–216
– Exodus   81, 118
– Wüstenwanderung   223 f.
– Zwangsarbeit   214 f.
Israel-Stele   243 f., 258 f.
Jahwe   9, 61, 96, 103 f., 219 f.,
   221, 252
– und Aschera   279 f., 282, 291
– und Anat   307 f.
– und Baal   282–284
Jahwist   12 f., 18, 178–180,
   254 f., 271–275, 292, 309 f.,
   315–330
Jericho   228–239
Jerusalem   69, 75, 267, 273,
   275 f., 282–292, 296, 306 f.,
   310
Jesaja   286–288
Joseph   198–211

Josephus Flavius   18, 34,
   65–75, 88, 295 f.
Josia   289–292, 303
Josua   228–231, 339 f.
Juden in Elephantine   306–310

Kadesch Barnea   13, 227,
   252–254
Kaiser, Otto   286–288
Kenyon, Kathleen   236–238
Knauf, Axel   123
Kyros   28–31, 312 f., 329

Lachisch   242–248, 268
Lauth, Franz Josef   121 f.
Lemche, Niels P.   267, 270, 293
Lepsius, Carl R.   151 f.
Lysimachos   77 f.

Makkabäer   193, 274, 294
Manetho   65–76, 327
Mann, Thomas   108, 212
Marduk   311
Marquet-Krause, Judith   241
Mase-saja
– alias Amun-masesa   144–148
– politisch Verfolgter   132 f.
– Vizekönig in Kusch   129 f.
– Vorbild für Moses   149–171
Megiddo   269
Melchisedek   192
Mendenhall, George E.   265 f.
Merneptah   129, 152, 154, 160,
   212, 214, 222, 243, 266
Meyer, Eduard   26, 106, 111,
   274, 301, 307, 322 f.
Mille, Cecil B. de   9, 104, 222
Monddaten   133 f.

Monotheismus 39, 45, 60 f.,
  175, 269 f., 310
Moses
– Aussetzung 16–19, 26–31
– Aussätzigkeit 63 f., 73
– alias Osarsef 73–83
– Anhänger Echnatons
  39–41, 60–62, 76–78
– ägyptische Abstammung
  88–91
– ägyptischer Name 32–38
– Schlangenplagen 92–101
– Flucht vor Pharao 110–114
– Gründer eines Ibiskultes
  94–96
– in Äthiopien (Kusch) 92 f.,
  106–110
– Kindheit und Jugend 88 ff.
– Ehefrauen 101–110, 167
– Prinz 87 f.
– Prophet 9 f., 321 f.
– Rückkehr nach Ägypten
  87 f., 169
– Thronstreit 113 f., 168 f.
– Zauberkünste 220

Nabonaid 311 f.
Nebukadnezar 318, 324

Petrie, W. Flinders 160 f.
Philo 88 f., 108
Pi-Ramses, s. Ramses-Stadt
Pithom (Patumos) 119, 216,
  327
Polytheismus 39, 42–61,
  267–270, 275–284, 306–312

Ramses-Stadt 119, 215, 327

Ramses II. 128 f., 158–162,
  215, 327
Redford, Donald B. 61 f.,
  71 f., 159–163, 198–211
Romulus 24–26

Salomo 118, 214 f., 267,
  275 f., 291
Samaria 293 f.
Sarai, Sara 182–187, 195
Sargon 22
Sellin, Ernst 231 f.
Seth 36, 55
Sethos II. 131 f., 136, 155
Schiller, Friedrich von 79 f.,
  328 f.
Seters, John van 13, 180, 185,
  226, 316
Sodom 189–194, 316
Starkey, James L. 242 f.
Strabon 63

Taanach 269
Thompson, Thomas L. 179 f.
Tirzah 269
Torguten 224
Turm zu Babel 318 f.
Tutanchamun 120, 139, 205

Ussishkin, David 245–248
Videvdat 277
Voltaire, François Marie Arouet
  12, 76
Vorländer, Hermann 311 f.

Watzinger, Carl 231 f., 234
Weippert, Helga u. Manfred
  238 f.

Wellhausen, Julius 12, 110, 116, 178 f.

Würthwein, Ernst 290

Xenophanes 313 f.

Xerxes 319 f.

Yurco, Frank 155 f.

Zarathustra 312, 315

Zeus 306